教育部"十二五"国家级规划教材
教育部"十一五"国家级规划教材
国家汉办教师资格证书考试推荐书目

现代汉语通论（第三版）

上　册

主编：邵敬敏（暨南大学）

顾问：胡裕树（复旦大学）
　　　陆俭明（北京大学）

第三版编者（2016）：
　　导论：邵敬敏（暨南大学）　　　语音：伍　巍（暨南大学）
　　汉字：费锦昌（教育部语言文字应用研究所）
　　词汇：赵春利（暨南大学）　　　语法：邵敬敏（暨南大学）
　　语用：方小燕（华南师范大学）

第二版编者（2007）：
　　导论：邵敬敏（暨南大学）　　　语音：伍　巍（暨南大学）
　　汉字：费锦昌（教育部语言文字应用研究所）
　　词汇：郭　熙（暨南大学）　　　语法：邵敬敏（暨南大学）
　　语用：方小燕（华南师范大学）

第一版编者（2001）：
　　巢宗祺（华东师范大学）　　　池昌海（浙江大学）
　　段业辉（南京师范大学）　　　范可育（华东师范大学）
　　方小燕（华南师范大学）　　　高家莺（华东师范大学）
　　蒋同林（安徽师范大学）　　　孔令达（安徽师范大学）
　　李宗江（解放军外国语学院）　　刘大为（华东师范大学）
　　刘永耕（福建师范大学）　　　邵敬敏（华东师范大学）
　　苏新春（厦门大学）　　　　　唐健雄（河北师范大学）
　　吴继光（徐州师范大学）　　　杨启光（暨南大学）
　　杨锡彭（南京大学）　　　　　周　静（河南大学）

上海教育出版社

目　　录

导论　现代汉语概述 ·· 1

第一章　语音 ·· 8
　　第一节　现代汉语语音概述 ·· 8
　　第二节　音节分析：元音和辅音 ··· 12
　　第三节　音节分析：声母和韵母 ··· 17
　　第四节　普通话声调 ·· 22
　　第五节　普通话音节结构 ·· 27
　　第六节　音位和音位归纳法 ·· 31
　　第七节　音变 ·· 33
　　第八节　节律 ·· 39

第二章　汉字 ·· 46
　　第一节　现代汉字概述 ·· 46
　　第二节　现代汉字的字形 ·· 53
　　第三节　现代汉字的字音 ·· 60
　　第四节　现代汉字的字义 ·· 63
　　第五节　现代汉字形音义的关系 ·· 66
　　第六节　现代汉字的规范 ·· 70
　　第七节　现代汉字的信息处理 ·· 79

第三章　词汇 ·· 85
　　第一节　现代汉语词汇概述 ·· 85
　　第二节　构词法与造词法 ·· 90
　　第三节　词义构成 ·· 96
　　第四节　词义分析与释义 ·· 101
　　第五节　词汇的分类系统 ·· 110
　　第六节　词汇的构成系统 ·· 119
　　第七节　词汇的熟语系统 ·· 124
　　第八节　词汇的发展与规范 ·· 131

导论　现代汉语概述

> **学习要点**：掌握现代汉语的性质、含义与特点，熟悉其书面语和口语形成的过程及其历史地位和语际地位。大体了解现代汉语的三大变体：地域变体、社会变体和功能变体，学习处理好汉语规范与动态观念之间的关系。

一、现代汉语的性质

（一）汉语的定位

语言总是属于一定的社会或民族的，一个民族有一个民族的语言。汉民族的语言就是汉语，它是随着汉民族的形成逐渐发展起来的一种语言，并对中华民族的形成与发展、中国文化的传播与传承起过巨大的作用。我国是一个多民族的国家，除了汉族外，还有55个少数民族，各个民族都有自己的语言。由于使用汉语的人口在全国占绝大多数，所以汉语自然就成了国内各民族之间共同使用的通用交际语言，也是国际上唯一代表中国的国语，是世界上使用人口最多的语言。

汉语是世界上最悠久、最发达的语言之一，在世界上具有极为深远的影响。汉语在东方文化史上处于一个极其重要的地位，对东亚、东南亚邻邦的语言和文化产生过巨大的影响。汉语和汉字曾随着古代中国高度发达的科学文化知识一起传播到日本、朝鲜、越南以及东南亚等国。一直到现在，汉语词汇在这些国家的语言里还占有十分重要的地位，甚至构成了这些语言的基本词汇里非常大的一部分。此外这些国家的古代历史文献都是用汉字记载下来的，因而形成一个"汉字文化圈"。新中国成立以后，随着中国国家地位的日益提高，汉语在世界上的地位也日渐提升，1973年联合国大会把汉语列为联合国的6种法定工作语言之一（其他5种是英语、法语、俄语、西班牙语和阿拉伯语）。改革开放以来，中国国力进一步增强，与世界各国在政治、经济、文化上的交流不断扩大，汉语的国际影响也越来越大，在世界范围里形成了持久不息的"汉语热"。汉语正在大踏步地登上国际舞台，将有可能在21世纪成为强势语言，彰显她的魅力和影响。

汉语的历史一般可以分成四个时期：1. 上古汉语，公元3世纪以前，包括先秦、两汉，并可上溯到有文献（甲骨文等）可考的殷商时代；2. 中古汉语，从公元4世纪到9世纪，包括魏晋、南北朝、隋、唐；3. 近代汉语，从公元10世纪到17世纪，包括晚唐到明末清初；4. 现代汉语，从清初（1636年）开始逐步形成，一直延续到现在。1978年以来，我国进入了一个新时期，一方面改革开放的国策深入人心，中国加入了WTO，经济腾飞，整体国力已经跃居世界第二；另一方面，我国从政治观念到经济体制再到文化理念，各个方面都发生了深刻的变化。尤其是进入21世纪以来，在全球化的大背景下，电脑、智能手机和互联网的普及，不仅改变了我们的世界，改变了我们的思维方式，也改变了我们的语言。现代汉语正在发生着急剧的变化，这是历史发展的必然。新词新语、新的组合形式、新的结构模式、新的使用习惯迅速替代旧的东西。我们看到，现代汉语正在向当代汉语转型。对此，我们必须有充分的心理准备，增强动态意识，并对此进行预测和研究。

（二）现代汉语的定性

狭义的现代汉语，指现代汉民族使用的共同语，即普通话，也叫华语、中文。它以北京语音为标准音，以北方话为基础方言，以典范的现代白话文著作为语法规范。它是我国汉族各方言地区和我国各民族之间用来进行交际的国家法定语言。**广义的现代汉语**指现代全体汉民族适用的语言，包括普通话及其方言。现行各地方言都属于现代汉语,但不是一种独立的语言。

第一,普通话作为国家法定语言,必须具有明确的统一的语音标准,必须以一个具有代表性的地点的语音作为标准音。北京自13世纪以来,即成为全中国的政治、经济、文化中心,因此,选择北京语音为标准音,是历史发展的必然结果,也是中国人的唯一选择。

第二,在汉语众多方言中,北方方言具有很大的优势,使用的人数最多,范围最广,并且方言内部具有比较大的一致性。北方话词汇从13世纪以来就随着官话和白话文传播开来,已经成为书面语白话文坚实的基础。

第三,所谓"语法典范"的著作,是指具有广泛代表性的著作,如著名作家的、语言脍炙人口的名作名篇,普通话可以这些作品中的一般用例为语法规范。要注意的是由于语言,包括语法是在不断发展的,早期的白话文作品中的不少例句已经过时了,已经变化了。因此,我们必须有与时俱进的观念,语法规范也要考虑时代的因素,不能一味守旧。

二、现代汉语的历史地位和语际地位

(一) 现代汉语的历史来源

现代汉语是近代汉语的继承和发展,是在以北京话为代表的北方方言的基础上逐渐形成和发展起来的。现代汉民族共同语的形成,有一个历史发展的过程。从近代汉语的历史发展中,可以清楚地看到宋元以后有两种明显的趋势在北方话的基础上发生:一种是书面语的变化,即白话文学的产生和发展;一种是口语的变化,即"官话"盛行并影响到各方言区。

据文献记载,我国早在先秦就产生了"雅言",汉代又有"通语",它们都是当时统一的书面语。但是在古代社会中掌握书面语的仅仅是少数受过教育的人,书面语代代相传很容易和口语脱节,这就形成一种脱离口语的书面语,即通常所说的"文言"。文言最初也是在口语的基础上形成的,以后却跟口语的距离越来越远。到了唐宋时代,在人民大众口语的基础上又形成了一种新的书面语,这就是"白话",白话始终是和口语密切联系的。宋元以后用白话写作的文学作品就大量出现了,包括《水浒传》《儒林外史》《红楼梦》等文学巨著。它们尽管都带着地方色彩,但所用的基础方言都是北方方言,它们大量流传到非北方话地区,加速了北方方言的推广。很多非北方话地区的人也学会了用白话阅读和写作,这样白话就在一定程度上具有了全民性。**白话就是现代汉民族共同语书面形式的源头。**

在白话文学流传的同时,以北京话为代表的"官话"也逐步传播开去,不仅成为各级官府的交际语言,而且逐渐变成各方言区之间的共同的交际工具。元末明初的《朴通事》和《老乞大》是两种供朝鲜人学习汉语用的会话课本,就是用北京口语写成的,被公认为当时汉语口语的代表。清朝时,在福建、广东等地设立"正音书院",教授官话,并且规定不会官话的人不能当官。这样,**以北京话为代表的北方"官话"就成了现代汉民族共同语口头形式的源头。**

20世纪初,特别是五四运动以后,随着民族民主革命运动的高涨,上述两种趋势就合二为一,加速了现代汉民族共同语的形成。一方面掀起了"白话文运动",动摇了文言文的统治地位,使白话文取得了文学语言的地位;另一方面,"国语运动"的开展促使北京语音成为民族共同语的标准音。这两个运动互相推动、互相影响,使书面语和口语接近起来并有了统一的规范,形成了言文一致的现代汉语普通话,并取得了国家法定共同语的地位。

(二) 现代汉语的语际地位

1. 世界语言谱系

谱系分类法是以来源的共同性为依据对世界诸语言加以分类的方法。这种分类法依照语言之间的亲属关系的亲疏程度把语言分为语系、语族、语支等。语系是具有共同历史来源的亲属语言组成的语言系属;语族是属于同一语系的语言按亲属关系的远近划分出来的较小的谱系;语支是属于同一语族的语言按亲属关系的远近划分出来的更小的谱系。语言的谱系分类就是根据语言的历史来源,或者按照语言的亲属关系对世界语言的分类。同一语支的语言,分化最晚,亲属关系最近,语言要素之间的相似点最多;语支不同而语族相同的语言,分化的时间要早一些,亲属关系就比较疏远一些,语言要素之间的相似点也比较少;语族不同而语系相同的语言,分化的时间更早,亲属关系最为疏远,语言要素之间的相似点也更少,但是仍然有来源上和结构上的共同点。至于不同语系的语言,就往往缺乏共同来源。因而**研究各种语言相同的或不同的特征并进行分类的学科,就形成了语言类型学**。

世界语言的语系大致有:1. 印欧语系(日耳曼语、罗曼语、希腊语、斯拉夫语、波罗的语、阿尔巴尼亚语、亚美尼亚语、印度-伊朗语等);2. 汉藏语系(汉语、壮侗语、苗瑶语、藏缅语等);3. 闪含语系(阿拉伯语等);4. 乌拉尔语系(芬兰语、匈牙利语等);5. 阿尔泰语系(蒙古语、维吾尔语等);6. 高加索语系(格鲁吉亚语等);7. 南岛语系(马来语、高山语等);8. 南亚语系(高棉语等)等。

2. 汉语的亲属语言

亲属语言是指从同一原始基础语分化出来的独立的、彼此有同源关系的语言。汉语的亲属语言包括属于壮侗、苗瑶、藏缅三个语族的语言。

(1)壮侗语族主要分布在中国的中南、西南地区和泰国、缅甸、越南、老挝等国境内。国内的壮侗语族分三个语支:① 壮傣语支:壮语、傣语、布依语,分布在广西、云南、贵州等省区;② 侗水语支:侗语、仫佬语、水语、毛难语,分布在贵州、广西、湖南等省区;③ 黎语支:黎语,分布在海南岛。国外主要有泰语、老挝语等。

(2)苗瑶语族主要分布在中国的西南、中南地区和越南、老挝境内,分两个语支:① 苗语支:苗语;② 瑶语支:瑶语。

(3)藏缅语族主要分布在中国的西南、西北地区和缅甸、不丹、尼泊尔、印度等国境内。国内的藏缅语族分三个语支:① 藏语支:藏语,分布在西藏自治区和青海、四川、甘肃、云南等省的部分地区;② 彝语支:彝语、傈僳语、哈尼语、纳西语、拉祜语、白语,主要分布在四川、贵州、云南等省;③ 景颇语支:景颇语,主要分布在云南省德宏傣族景颇族自治州。国外主要有缅语。

3. 现代汉语和其他语言的联系

美国著名语言学家萨丕尔认为:"语言,像文化一样,很少是自给自足的。交际的需要使说一种语言的人和说临近语言的或文化上占优势的语言的人发生直接或间接接触。"(《语言论》)我们很难指出,世界上哪一种语言是完全孤立的。民族之间的贸易往来、文化交流、移民杂居、战争征服等各种形式的接触,都必然使语言之间产生相互联系。不仅汉语对日本、朝鲜、越南等国家的语言产生过巨大的影响,而且汉语也受到其他语言的影响,比如数量众多的外来词,"葡萄、石榴、菠萝、狮子"等是从西域各民族的语言中吸收的;"佛、菩萨、罗汉、阎罗、魔、僧、塔、刹那"等是从印度语言中吸收的;"胡同、站、蘑菇"等是从蒙古语言中吸收的;"苏维埃、托拉斯、布拉吉、扑克、雷达、吨、霓虹灯、啤酒、卡车、沙丁鱼、高尔夫球"等是从印欧语言中吸收的;"哲学、经验、方针、主观、领土、体操、分子、反应、汽船、纤维、批评、发动、战线"等是从日语中吸收的。不仅词汇,现代汉语的语法也从其他语言里吸收了一些养分。如"过去是、现在是、将来仍然是我们学习的榜样""进行了并正在进行着建设"等欧化句格式就是从印欧语言吸收过来的,从而使现代汉语更加精密、准确,富有表现力。因而**语言的接触、变异及其交融是语言学研究的重要课题**。

三、现代汉语的变体

(一)现代汉语的地域变体

现代汉语的方言也就是它的地域变体。汉族的先民开始时人数很少,使用的汉语也比较单纯。随着社会的发展,居民逐渐向四周扩展,有的集体向远方迁移,有的和异族人发生接触,跟当地土语混杂交融,汉语逐渐地发生分化,产生了分布在不同地域上的方言。汉语的方言,首先可以分为北方方言和南方方言,大体上以长江为界。南方方言可以再分为中部方言和南部方言。长江流域的吴方言、湘方言和赣方言,属于中部方言;而珠江流域和东南沿海的粤方言、闽方言和客家方言属于南部方言。这样区分的依据主要是:第一,方言的可懂度。第二,方言的类型学特征。第三,移民历史。第四,地理位置。中部方言呈现出过渡型方言的特点,而南部方言跟北方方言则相去甚远。总的格局是:北方各方言一致性大、差异性小;南方各方言差异性大、一致性小。

汉语方言的划分,根据不同的目的和标准,可以有不同的分法,大致有七、八、九、十等多种分法(还包括晋语、徽语、平话土话等），都有其一定的理据。主流看法是分为七大方言。每个大方言区下包括不同的方言片，以下还可以细分出方言小片和方言点。

1. 北方方言

也称北方话、官话，以北京话为代表，是汉民族共同语的基础方言，是通行地域最广、使用人口最多的一种方言。分布在长江以北，镇江以西、九江以东的长江南岸沿江地带，四川、云南、贵州、湖北（东南角除外）等省，湖南西北角、广西西北部。使用人口约占汉族总人数的70%以上。八个次方言区是：东北官话、北京官话、冀鲁官话、胶辽官话、中原官话、兰银官话、江淮官话、西南官话。

2. 吴方言

也称江南话或江浙话，以上海话为代表。分布在上海市、江苏省长江以南镇江以东地区（不包括镇江）、南通的小部分地区、浙江省的大部分地区、江西东北部、安徽南部和福建西北角。使用人口约占汉族总人数的8.4%。

3. 湘方言

也称湖南话，以长沙话为代表，分为新湘语和老湘语两个方言片。分布在湖南省大部分地区（西北角除外）、广西北部。使用人口约占汉族总人数的5%。

4. 赣方言

也称江西话，以南昌话为代表。分布在江西省大部分地区（东北沿江地区和南部除外）和湖北省东南、福建西北、安徽西南、湖南东部部分地区。使用人口约占汉族总人数的2.4%。

5. 客家方言

又称客话，以广东梅县话为代表。分布在广东、广西、福建、江西、台湾等省的部分地区和湖南、四川的少数地区。客家人从中原迁徙到南方，虽然居住分散，但客家方言仍自成系统，内部差别不大。使用人口约占汉族总人数的4%。

6. 闽方言

又称福佬话，以福州话为代表，分为闽南、闽东、闽北、闽中、莆仙五个次方言。分别以厦门话、福州话、建瓯话、永安话、莆田话为代表。主要分布在福建、广东的东部、海南和雷州半岛地区、浙江南部和台湾省，华侨和华裔中比较流行。使用人口约占汉族总人数的4.2%。

7. 粤方言

也称白话，以广州话为代表。分布在广东、广西两省部分地区以及香港特区和澳门特区，华侨、华裔中也有不少说粤方言的。使用人口约占汉族总人数的5%。

这些方言之间的差异主要表现在语音、词汇、语法等各个方面。其中语音方面差别最为明显，词汇方面次之，语法结构与功能的差别细微而含蓄，比较隐蔽。

（1）语音上的差别：各方言在语音上有很大的差别。声母方面，有的保留成套的古浊音，有的浊音很少；有的分舌尖前音和舌尖后音，有的不分。韵母方面，有的有-m、-n、-ng、-b、-d、-g韵尾，有的只有-n、-ng，有的-n和-ng也不分。声调方面，各方言的入声情况很不相同，调类也从三个到十个不等，调类相同的，调值也不同。此外，它们声、韵、调的配合关系也不一样。

（2）词汇上的差别：各方言都有自己的方言词，同一件事物在各方言区常常有不同的名称；如北京说"冰棍儿"，沈阳说"冰果儿"，成都说"冰糕"，上海说"棒冰"，长沙说"冰棒"，广州说"雪条"。有时书面形式相同的词在不同的方言区，其真实含义有所变化，表现为词义扩大、词义缩小、词义对换、词义转移等。如普通话的"蚊子"在湘方言里既指"蚊子"又指"苍蝇"。广东人的"房"和"屋子"与北京人的"房"和"屋子"正好词义互换。

（3）语法上的差别：各方言的语法差异更为深刻，主要表现在量词的使用、某些句子的不同格式以及助词、语气词等虚词的使用上。如北京话说"一个人"，客家话说"一只人"。表示比较的句式中，北方方言说"今天比昨天冷"，粤方言说"今日冻过琴日"。苏州话不用"V不V"发问，却另用"阿V"来发问。

虽然现代汉语的各种方言相互间存在不少差异，有的可懂度很低，但它们共用一套汉字符号系统，有着一大批共同的词汇单位，又有大致统一的语法结构和整套关系密切对应的音系。所以汉语的这些方言仍然是从属于汉民族共同语的语言变异形式,是现代汉语的地域变体,而并不是和普通话并立的独立语言。

(二)现代汉语的社会变体

由于性别、年龄、地位、职业、信仰、文化程度等社会因素的不同,人分属不同的社会群体。每一群体都有一些区别于其他群体的语言特点,从而形成语言的各种社会变体,也叫作社会方言。现代汉语的社会变体主要有性别变体、年龄变体、行业变体、阶层变体和社区变体。

1. 性别变体

汉民族文化传统认为男性应该沉着、坚强、勇敢、能吃苦耐劳,女性应该温柔、体贴、端庄。双方应该遵守符合各自身份的语言规范,例如男性讲话可以高声大嗓,偶露粗语也不以为怪;女性讲话应该柔声柔气,文雅而不粗鲁,不能带脏字。此外女性的调值一般比男性高,某些地方的女性还有特殊的发音习惯。在词汇方面,女性较多涉及婚恋、子女、日常生活方面的词语,而男性较多涉及政治、体育、经济等方面的词语。女性表示感叹的词语也比男性丰富,有些还是女性特有的。

2. 年龄变体

比较典型的有青年变体和老年变体,两者差异主要表现在词汇上。青年变体中有大量的新词新语,体现了青年人的求新和求异的心态。老年变体较少使用新词新语,反映了他们守旧和求稳的心态。称谓系统是年龄变体的重要变项,青年人使用亲属词的比例大大低于中老年人,青年人常用的"叔叔""阿姨",中老年人一般不使用。有些方言中还出现了新派和老派的差别。比如上海的老年人对"烟"和"衣"、"简"和"既"两类字的读音分得很清楚,而年轻人已经不分。

3. 行业变体

社会分工形成不同行业群体,群体内部由于特殊交际需要形成自身词汇特点。行业变体可分为专业术语变体和行帮隐语变体两类。专业术语变体没有排他性,随着科学知识的普及和经济发展,很多科技术语和职业用语被吸收到共同语里,成为日常的交际用语。比如股市用语在当代生活中使用十分活跃。行帮隐语是行帮内通用的语言变体,也称黑话,是为了加强凝聚力和保密性而使用的特殊表达方式,具有强烈的排他性,使用范围有限。

4. 阶层变体

由于社会阶层不同而形成的社会变体,如工人变体、农民变体、军人变体、知识分子变体等。知识分子常选用标准变体,书面词语较多,选用的称谓系统也比较持重;工人、农民常使用地域变体,偏重口语词,较多选用亲昵的称谓系统。

5. 社区变体

由于不同社会制度,特别是一国两制的实施,在香港、澳门以及台湾等地,海外华人中间,形成具有社区特色的汉语变体。这最主要反映在词汇方面,有一些反映该社区政治、经济、文化、教育的特殊词语,例如:打工皇帝、直通车、夹心阶层、金鱼缸、楼花、黑金政治、太平绅士等(香港社区词);扫街、冻蒜、拜票、大咖、文宣、终身俸(台湾社区词)。当然在语音、语法等方面也有一些差异。

(三)现代汉语的功能变体

功能变体,主要分为口语和书面语两大变体,此外,我们还要特别关注新兴的网络语言。它们有着不同的功能和特点:

1. 口语

灵活简短,变化多端,用词通俗易懂,多采用俚语俗词和方言词语;多省略句、独词句、非主谓句;多使用插入、移位、追补、省略、重复、修正等手段;生动活泼,短小精悍,便于口头交际。口语变体有多种形式:独白、演说、讲解、对话、交谈、辩论等。

2. 书面语

在口语基础上加工而成,用文字记载下来。由于可以反复思考、斟酌修改,所以显得严谨规范,条理清晰,结构比较复杂,句子比较完整。书面语还可以分为:政论变体、法律变体、文艺变体、科技变体等。

3. 网络语言

这是随着电脑,包括智能手机的普及,借助于网络而产生的新的功能变体,俗称"网络语言",主要表现在词语方面。例如:东东、菜鸟、美眉、恐龙、楼主。此外,还用符号表示特定的感情,例如: :-)(表示微笑);;-(（表示撇嘴）;用数字表示特殊的含义,例如:55(呜呜的谐音,表示哭)、88(再见,英语 Bye-bye 的谐音)、520（我爱你的谐音）。还用字母表示特别的功能,例如:PLMM（漂亮妹妹拼音缩写）、PMP（拍马屁）、BF(boy friend 的缩写,男朋友)。

四、现代汉语规范化问题

（一）语言的规范与规范化

1. 规范与规范化

规范是指"标准、法式",如:道德规范,行为规范,技术规范,语言规范。规范,有成文的规定,也有群体内共同遵守的不成文的习惯。

什么是规范化？就是使人们的思想、行为等更加符合规范。这就需要建立或进一步完善规范的"标准",并使人们接受和遵循这个"标准"。

语言规范化大致有两层含义：一是形成规范,二是遵守规范。形成规范,就是要形成人们普遍接受的语言"标准",有的语言已经形成成文的语言规则;有的语言尚未形成成文的规则,所依据的规范是群体内共同遵守的不成文的语言表达习惯。有的语言在语音、语法方面都已形成系统的规则,有的语言可能在语音方面有了成文的规定,但在语法方面还没有系统的规则。任何一种语言都有其内在的规律,人们都会自觉或不自觉地按规律运用语言,否则人际交流就无法进行。遵守规范,就是要让使用这种语言的人自觉地按已形成的规则运用语言。

2. 语言为什么要规范化

因为如果没有一定的语言规范,人际交流就无法有效地进行。此外,在语言运用过程中,由于各种各样的原因,越出语言结构规则、背离表达常规的现象会时时发生,语言表达形式和内容之间的联系在日常的语言运用中会慢慢地走样,语言规则会在使用过程中受到"磨损"。因此,语言规范化是出于保证社会中运用语言传递信息的有效性的需要。语言的规范化工作不是一劳永逸的。随着社会的进步,特别是随着当今社会信息技术的迅猛发展,人际交流和人机交流的需要对我们的语言运用提出了更高的要求,也对语言的规范化工作提出了新的要求。

实行语言规范化,不仅是必要的,而且也完全是有可能的。一些国家的语言规范化实践证明了这一点。实现语言规范化的基本条件有两个：一是建立合适的规范化标准,二是加强语言规范化的研究和教育。

（二）语言规范与动态意识

一个社会的人群要进行高效的交际,就必须对语言规范;另一方面,我们又必须认识到,语言在使用过程中,必定会发生变化。语言由于自身运用以及与外界接触不可能不变,同时语言的规范又是保证语言正常交际的必要手段,所以,我们应该同时树立语言的规范观和动态观。

语言的规范,首先要根据不同的对象、领域,采取宽严不等的标准,不能搞"一刀切"。比如政府公文、法律文书、中小学教材,规范的要求就应该尽可能地严格;对新闻语言、文艺语言、网络语言等就需要有程度不同的弹性。其次,语言的规范化不应该限制创新,不应该阻碍语言的发展。在人们运用语言的过程中,屡屡发生超越语言规则的现象,这是可以理解的,特别是当前社会发展迅猛,新词新语不断产生,这里面,有的可能很快就被淘汰,有的可能会被广泛使用而吸收进民族共同语的规范系统。语法规则也可能会随着语言的发展而进行调整。因此,现代汉语规范化,既要强调统一性和规定性,也要肯定变通性和宽容性。我们要用发展的、动态的眼光来看待这种变化,在规范和变化中寻求最佳的平衡点,关键是控制好这个"度"。

（三）现代汉语规范化的目标

20 世纪以来,白话文运动、关于汉语标准语的讨论和研究、注音字母的推广,特别是 20 世纪 50 年代以来,《汉语拼音方案》和《汉字简化方案》的制订与推行、推广普通话运动、关于汉语规范化的宣传、语法知识的大普及,等等,这一系列的举措和活动使现代汉语的规范化工作取得了长足的进步。语音方面,由于全国各行各业取得了共同的认识,有明确的目标和规则,有具体的措施和较强的推行力度,因此成绩尤为突出。其他,比如汉字、词汇、语法等方面也都取得了一些成绩。

现代汉语规范化是顺应时代发展的需要,是建设新时期社会文明的需要。要努力形成一种集体的语言规范意识,努力形成人人都重视语言规范、人人都遵守语言规范的局面。在上世纪50年代,我国明确提出了现代汉民族共同语的规范化标准:语音方面以北京语音为标准,词汇方面以北方方言为基础,语法方面以典范的现代白话文著作为规范。这一规范原则对于作为现代汉民族共同语的普通话的形成和普及起到了非常重要的作用。在今天信息化、网络化、传播手段多样化、经济全球化、文化交流频繁的社会发展新时期,这一规范原则有必要进一步细化、完善和改进。

练习题

一、怎么理解广义与狭义的现代汉语?普通话的标准是什么?请结合自己的亲身体会予以说明。

二、请结合自己的亲身经历,说说学普通话有什么作用。

三、举例简述现代汉语书面语和口语的来源及其发展情况。

四、现代汉语有各种地域变体,请结合自己的方言举例说明跟普通话的差异。

五、请举例比较,说说现代汉语某种社会变体的特点。

思考题

一、汉语,在不同场合、不同对象、不同需要的条件下,还可以称为普通话、华语、中文。请说说各自使用的特点和背景。

二、我们提倡学习普通话,有人担心方言最终会消亡,提出应该"保卫方言",你是否认同这一口号?为什么?

三、电脑(手机)与互联网给现代汉语带来的许多新变化,请举例说明如何处理好规范化与动态观的关系。

参考文献

陈其光(1990)《中国语文概要》,中央民族学院出版社。

吕冀平 戴昭铭(1999)《当前我国语言文字的规范化问题》,上海教育出版社。

侯精一(2002)《现代汉语方言概论》,上海教育出版社。

游汝杰(2004)《汉语方言学教程》,上海教育出版社。

第一章 语 音

第一节 现代汉语语音概述

> **学习要点**：了解语音的三大属性：物理属性、生理属性和社会属性。掌握语音的四要素：音高、音强、音长以及音色。熟悉发音器官的基本构造。了解《汉语拼音方案》的内容和作用，能运用拼写规则正确地拼写普通话的音节和词语；一般了解国际音标。

大千世界里有各种各样的声音，水哗哗地流，喇叭呜啦呜啦地响，小鸟唧唧喳喳地叫，人会发出呼噜噜的打鼾声。这些声音异彩纷呈、各不相同，但这些都不是语音，因为它们没有任何约定俗成的意义。

语音是指人类通过发音器官发出来的、具有一定意义的、目的是用来进行社会交际的声音。语音跟自然界其他声音的区别有三：第一，语音是由人的发音器官发出来的；第二，不同的语音代表不同的意义；第三，其作用在于社会交际，具有"社会"的属性。

语言是人类最重要的交际工具，它的显著特点不仅是"有声音"的，而且是"有意义"的，二者不可或缺。世界上有各种语言，有的具备相应的文字，有的至今尚没有文字，其存在与使用的凭借正是语音，这就是"语音是语言的物质外壳"的道理。所谓的"无声语言"实际上是不存在的。

一、语音的属性

语音具有三个重要属性：物理属性、生理属性与社会属性。

（一）物理属性

物理属性是就发音体发音的特点而言。任何声音都是由物体的振动而产生的，语音的发音体是人的声带，它与琴弦、喇叭簧片、鼓等发音体一样也是一种物质振动体，所以语音同样具备音高、音强、音长、音色（音值）四个要素。

1. 音高。**音高就是声音的高低，音高决定于发音体振动的频率，即取决于声带紧张的程度**。声音的频率单位叫"赫兹"（Hz/秒），频率的高低与声音的高低成正比。音高有"绝对音高"与"相对音高"之分，比如女人的声带一般都比男人要窄、短，所以女人的声音要比男人的高；大人的声带一般要比小孩儿的宽、长，所以大人的声音要比小孩儿的低。即使是同一个人，在不同的语境下也有高低的变化。但是，不同的言语者、不同的语境下，每个人均有自己成规律的相对音高显示，并不影响彼此间的说话与传意。可见语音注重的是"相对音高"。

2. 音强。**音强就是声音的强弱，主要取决于发音体的振幅**。振幅指发音体振动时最大的位移距离，即发音体振动的幅度。振幅与音强成正比。语音的强弱同呼出的气流量大小和发音时用力的程度有关。发音时用力大，气流强，声音就强；反之就弱。

3. 音长。**音长就是声音的长短，它决定于发音体振动持续时间的长短**。音长在轻声和语调中有积极的作用，与重音也有一定关系。虽然音长在普通话音节中一般不起区别意义的作用，但在某些语言或方言里有区别词义的作用。例如：

广州话："三"[saːm] ≠ "心"[sam]

"蓝"[laːm]≠"林"[lam]
英　语：beat[biːt]（敲打）≠bit[bit]（少量）
　　　　seat[siːt]（座位）≠sit[sit]（坐）

4. 音色。**音色又叫音值**，在语音学上是指具体发出来的音素，主要取决于发声与共鸣的形式。传统意义上的"音色"主要指声音的特色，比如打击乐与弦乐声音的不同，胡琴与唢呐声音的不同，但并不影响它们演奏同一首曲子，只是风格的差异。就人类的发声而言，男高音与女高音的色彩显然不同，可并不影响他们演绎同一首歌曲；孩子与大人的声音特色有明显差异，也并不影响彼此说话传意。语音学关心的是发音方法与共鸣方法的不同而形成的不同音色（音值），以表示不同的意义。

（二）生理属性

语音是由人的发音器官发出来的，发音器官活动的部位和方法不同，都会造成不同的声音。人的发音器官包括：呼吸器官、发声器官和共鸣器官三大部分。

1. 呼吸器官。主要由肺、支气管、气管组成。肺是语音发音气流产生的动力器官，支气管、气管是发音气流的传输器官。只有由呼吸器官提供气流推动声带的震动，才能发出声音。

2. 发声器官。包括喉头和声带。喉头由四块软骨组成：甲状软骨、环状软骨和两块杓状软骨。这四块软骨构成一个圆筒形的筋肉小室，即喉室，声带位于喉室中央。此外，甲状软骨上面，还有一块会厌软骨，可以上下开合，分别控制气管与食道的开合。当呼吸或说话时，会厌软骨打开，气流顺利通过喉头；吃东西时会厌软骨关闭气流通道，使食物进入食道。

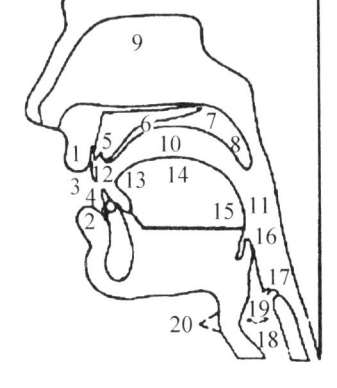

发音器官和共鸣器官图
（1，2）上下唇。（3，4）上下齿。（5）齿龈。（6）硬腭。（7）软腭。（8）小舌。（9）鼻腔。（10）口腔。（11）咽腔。（12）舌尖。（13）舌叶。（14）舌面前和舌面中。（15）舌根（舌面后）。（16）会厌软骨。（17）食道。（18）气管。（19）声带。（20）喉结。

声带是主要的发音震动体，由两片带状的富有弹性的薄膜构成，它的前端固定在甲状软骨上面，后端分别附在两块可以转动的杓状软骨上面，以控制声带的开闭松紧。平时呼吸的时候，声门呈倒"V"形大开；发音的时候声带靠拢，声门留有窄缝，供气流冲击声门，震动声带形成嗓音。

3. 共鸣器官。主要包括喉腔、咽腔、鼻腔和口腔四部分。喉腔位于喉头位置，是声音经过的第一个共鸣腔。咽腔位于喉头上面，是口腔、鼻腔会合处。咽腔往上有鼻腔和口腔两条通道，通过软腭与小舌调节两者的开合。鼻腔共鸣器官主要用于发鼻音和鼻化音。口腔是发音最

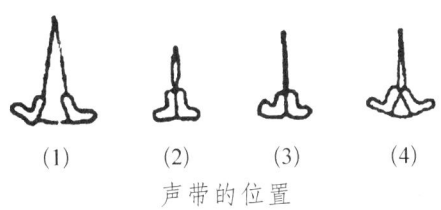

（1）（2）（3）（4）
声带的位置
（1）声门大开，平常呼吸时的位置。
（2）发元音、浊音时的位置。（3）发喉塞音[ʔ]时的位置。（4）耳语时的位置。

重要的共鸣腔，由上腭和下腭两部分构成。上腭有上唇、上齿、上齿龈、硬腭、软腭和小舌六部分。软腭是硬腭后较软的部分，可以上下活动，决定气流进入口腔还是鼻腔。如果软腭下垂，可以堵住口腔通道，使气流进入鼻腔，形成鼻音；软腭上提则堵塞鼻腔通道，形成口音。下腭分下唇、下齿和舌头三部分。舌头是最灵活的发音器官，发音时起重要的调节作用。舌头又可以分为舌尖、舌面和舌根三部分。发音时，因为不同的舌位和活动方式可形成不同的音色（音值）。

（三）社会属性

语音的社会属性是语音最重要的特点，是世界上其他任何声音所不具备的属性，其特点主要有三个：

1. 约定俗成。单纯的声音并无语言价值，只有跟一定的社会意义结合起来的声音才能成为语音。语言的形式和意义间没有必然的联系，同一个声音在不同的语言社会中往往表示不同的意义，如[iaŋ]在汉语中表示"羊"，在英语中表示"年轻"（young）；同样的内容在不同的语言社会里往往可用不同的语音形式来表达，如汉语普通话把装订成册的著作称为"书"[ʂu⁵⁵]，英语为book[bʊk]，俄语为книга[kʼniga]。即使

在不同的区域方言中,同一个东西使用不同的名称也必须是区域的共识,如"马铃薯",有的方言叫"土豆",有的方言叫"地豆",还有的方言称"洋山芋"。用什么样的语音形式来表达什么样的内容不是个人的意志,完全是语言社会成员约定俗成的结果。

2. 系统性。每一种语言的语音都有自己的一套相对独立的系统,内部规则较为完整,主要表现为:

(1) 系统内所包含的音素数目及其相互关系是有序的,例如英语共有 24 个辅音,21 个元音,没有声调;汉语普通话有 21 个辅音声母,39 个韵母,四个声调。在英语、德语、俄语中,清辅音与浊辅音的对立是语音的重要特点,具有区别意义的作用,如英语 beak[bi:k](鸟嘴)不同于 peak[pi:k](山顶)、down[daun](向下)区别于 town[taun](城镇),送气与否却并无别意作用;汉语普通话恰恰相反,不存在清浊对立,可辅音送气与否直接关系到不同的语义,"肚子饱了"截然不同于"兔子跑了"。

(2) 即使是彼此共有的同一个音素,在不同的语音系统中的功能和地位也并不一样,如双唇鼻辅音 m[m]在汉语普通话中只能充当声母而不能充当韵尾,舌根鼻音 ng[ŋ]只能充当韵尾而不能充当声母;在南方的粤语、闽语、客家话中,m[m]与 ng[ŋ]不但都能充当声母,也都能充当韵尾。又如舌尖中鼻音 n[n]与边音 l[l]在大多数汉语方言中是两个能区别意义的对立音位,男(n-)≠兰(l-)、脑(n-)≠老(l-),可在江淮官话、西南官话与多数湘语中,南=兰、脑=老,可见 n[n]与 l[l]在这些方言中并没有意义的区别功能。系统性是语音内部规则的体现。

3. 语音具备一定的民族特征和地域特征。不同的语言的语音表现为不同的民族特征,例如声调是汉语音系不可缺少的成分,而印欧语言却没有声调;颤闪音是斯拉夫语、阿尔泰语常有的语音现象,而汉语并不多见。不同的方言也表现为不同的地域特征,例如吴方言、粤方言、闽方言都保留入声,而普通话则没有;普通话音系分平、翘舌两套齿音声母,南方大部分方言只有一套齿音声母。

总之,音高、音强、音长、音色(音值)是所有发声体共有的特征,生理属性也不是人类语言独有的特征,只有它的社会属性才是人类语言独有的,是区别于其他一切声音的本质属性。

二、《汉语拼音方案》

与印欧等国家的字母文字相比,汉字是表意体系的文字,从字形上无法直接读出字音,这给汉字的学习和使用带来一些不便。拥有一套可以给汉字标音的符号是汉字使用者历来的愿望。古人曾使用过"直音""读若"或"反切"等注音法,但用来注读的仍然是汉字,倘若用来注音的汉字我们仍然不认识,这种方法就失效了。即使我们认识用来注读的字,不同地区的方言发音不一样,仍然确定不了一个生字的规范读音。此后又产生了一套"注音字母",这套方案虽克服了"直音""读若"的某些缺点,但因不是音素标音,也没采用拉丁字母符号,仍不能准确地反映规范语音的面貌,也无法与国际通用的拼音符号接轨,因此《汉语拼音方案》的诞生就成了势在必行。

(一)《汉语拼音方案》简介

《汉语拼音方案》是一个用拉丁字母拼写现代汉语普通话语音的方案,其基本功能是帮助解决汉字、词语等语言单位的规范读音与拼写。从这个意义上说,它是专门为普通话读音而设计的一套语音注读方案,而且只适用于普通话。

《汉语拼音方案》是在总结历史注音经验的基础上,针对现代汉语语音系统的特点,采用国际上通用的拉丁字母与音素标音的方法所制订的一套较为完善的拼音方案。该方案 1955 年由国务院批准设计,1958 年 2 月 11 日经第一届全国人民代表大会第五次会议审议通过。现行的《汉语拼音方案》能够准确地反映现代汉语规范语的语音面貌,并在世界范围内得到承认与使用。

《汉语拼音方案》共分字母表、声母表、韵母表及说明、声调符号、隔音符号五部分。

(参见附录一《汉语拼音方案》)

(二)《汉语拼音方案》的使用与影响

《汉语拼音方案》自颁布使用后,普遍施用于中小学语文课本的汉字认读与拼写注音,为少年儿童的学习及提前认读提供了极大的方便。现代出版的字典、词典与各类汉语工具书基本均以汉语拼音作为拼注、检索的首选方法,为少数民族、外籍人士及所有学习使用汉语的人提供了有效的帮助。此外,《汉语拼音方案》还可作为我国少数民族创制或改革本民族文字的基础。半个多世纪以来,《汉语拼音方案》不仅促进了学校教育、社会扫盲工作、民族共同语的推广和普及,也有效地促进了民族团结和国际文化交流,今天在中国的香港、澳门和中国的台湾均普遍使用。

汉语拼音作为国家标准代号制定的根据,已经广泛应用于各种技术标准和工业产品代号的编排、索引,已被各级图书馆、资料室、户籍管理部门、银行、医院及其他机关团体用作排序、检索的手段。

1977年9月联合国第三届地名标准化会议通过决议,采用《汉语拼音方案》作为中国地名罗马字拼写法的国际标准。1978年9月,国务院正式批准《汉语拼音方案》作为我国人名地名罗马字拼写法的统一规范,1982年8月国际标准化组织发出ISO-7098国际标准文件,规定《汉语拼音方案》作为世界文献工作中拼写有关中国的专门名称和词语的国际标准。新加坡、马来西亚两国先后采用了汉语拼音作为拼写华文的拼音方案,并正式列入当地学校的课程。

近年来,随着电脑、手机的普及与网络的发展,汉语拼音更是信息编码与网络传输不可缺少的信息符号,拼音输入法已逐渐成为大多数汉语应用者汉字输入的首选,汉语拼音的作用得到了前所未有的发挥。《汉语拼音方案》已经同我国国计民生、现代化建设与国际文化交流发生了密切的关系。

三、国际音标

不同的语言、不同的方言各有自己相对独立的语音系统,彼此千差万别。即使是同一个字母"B",汉语读为清塞音[p],英语读为浊塞音[b],俄语读为浊擦音[v],彼此认定不同,因此需要一套世界统一的标音符号就成了各国广泛的要求。

国际音标是国际上目前通用的一套行之有效的记音符号,英文全名是International Phonetic Alphabet(IPA),由国际语音协会(前身"语音教师协会")于1888年制订并公布,后经历次修改与充实。国际音标是根据人类发音器官的生理机能,并参照世界上已经掌握的各种语音的实际情况设计出来的,可以相当准确地标记世界各种语言或方言的语音。

各国目前都用国际音标为自己的语音系统中的每个音加注实际发音的音值,《汉语拼音方案》也不例外。

国际音标包括辅音表、元音表和附加标记符号。现在使用的国际音标表是1996年修订的(参见附录二《国际音标简表》)。

国际音标作为世界通用的一套语音标记符号系统,目前在国际上得到广泛的应用。实践证明,国际音标是我们从事语言研究和教学行之有效的基本工具,具有公认的科学性与权威性。

1. 国际音标运用一符一音的原则。一个音素只用一个完整的符号代表,一个符号只代表一个音素,彼此不兼用。音素和符号一一对应,不发生混淆。这套符号系统要担负准确地标记世界所有语言与方言的语音,所以音标的数量较多(100多个),附加符号也不少。每一种语言只用到它的一部分。

2. 符号大部分采用世界通用的拉丁字母印刷体。字母形体简明清晰,熟悉拉丁字母的人很容易识别。

3. 拉丁字母不够用时,采用倒写、反写、合体、小写尺寸的大写字母字形等,个别的还采用一些希腊字母。为了标音的精确,允许在字母上添加一些附加符号。

4. 以形体相类似的一组符号代表发音部位相同或发音方法相同的一组音,规律整齐,方便记忆与应用。只要稍微接触过拉丁字母拼音的人,学习和应用这些符号并不难。

练习题

一、填空。

1. 语音的三大属性是_____、_____和_____,其中本质属性是_____。
2. 请填写下列各项内容。

术　语	定　　义	取决于什么	在普通话里的作用
音　高			
音　强			
音　长			
音　色			

3. 人的发音器官主要由＿＿＿＿＿、＿＿＿＿＿和＿＿＿＿＿构成。
4. 口腔中的上腭主要由＿＿＿＿＿＿＿＿＿＿＿＿＿＿＿＿＿＿＿六部分组成。
5. 调节发音的重要器官舌头可分＿＿＿＿、＿＿＿＿和＿＿＿＿三部分,舌尖又分＿＿＿＿、＿＿＿＿和＿＿＿＿三部分。

二、判断(对的打"√",错的打"×")。
1. 在区别语义作用上,语音关注的是绝对音高。　　　　　　　　　　　　　　　(　　)
2. 语音共鸣腔分口腔、鼻腔与咽腔。　　　　　　　　　　　　　　　　　　　　(　　)
3. "音高"指振动体的振动频率,音长指振动体振动的幅度。　　　　　　　　　　(　　)
4. 语音的"音色"就像笛子与胡琴的不同,主要指声音的色彩。　　　　　　　　　(　　)

三、用汉语拼音给下列汉字注音标调。
庆　威　羊　岳　轰　忘　泅　英　崔　吞　归　煤
嫩　家　跟　话　学　污　圆　云　盐　最　混　瓮
液　郡　外　染　黄　珉　桥　酒　半　刚　灵　速

四、试用汉语拼音和国际音标给下列字、词语注音。
1. 烟　月　好　夜　铜　雨　水　熊　字　制　戏
　　沉　硬　蚕　粗　耳　姓　娃　开　盆　孙　军
2. 洗脸　保证　商人　严肃　激动　麻木　文明　发展　短促　停留
　　安分守己　千钧一发　万水千山　包罗万象　龙飞凤舞　好事多磨

五、问答。
1. 为什么说物理属性、生理属性不是语音的本质特点?
2. 语音的社会属性主要表现在哪几方面?

思考题
一、试分析"音色""音值"与"音质"三者内涵的异同。(可参考《现代汉语词典》)
二、人发出的所有声音是否都是语音? 为什么?
三、汉语拼音方案的应用领域有哪些?
四、国际音标的优点有哪些?

第二节　音节分析:元音和辅音

> 学习要点:了解音节的基本结构,掌握音节的"音素分析法";熟悉区分元音和辅音的标准及现代汉语元音、辅音的发音特点。

当朗读下面这首诗的时候,我们可以清楚地感觉到发音器官产生了20次明显的紧张过程,而聆听的人也会感受到20个界限清晰的语音单位:

白日依山尽,黄河入海流。欲穷千里目,更上一层楼。

这20次紧张过程,在语音学上就表现为20个音节,用书面形式记录下来就是20个汉字。可见,**音节是**

人们听感容易分辨出来的最小语音片断。从发音角度来说,每个音节的发音肌肉均经历了一次从紧张到松弛的过程;从听感角度来说,每一个音节都有一个明显的响度中心。普通话除儿化音音节外,一个汉字的读音就是一个音节。

一、音节的分析

汉字成千上万,而普通话的音节总数只有 400 个左右。音节是听觉能感知的自然语音单位,但它不是最小的语音单位,它还可以作进一步的分析。目前较科学的分析方法是音素分析法。

音素有元音与辅音两类,音素分析法是对构成音节的具体成分进行分析,以得出一个个最小的具有区别性特征的语音单位。例如"炉"(lú)可以分析为 l-u 两个音;"快"(kuài)可以分析为 k-u-a-i 四个音,所得到的每个音再也不能拆解,这就是音素。**音素是从音色(音值)角度划分出来的最小语音单位。**

普通话里,一个音节可以是一个音素,例如"啊"(ā)、"鹅"(é),也可以是两个或两个以上音素组成,例如"古"(gǔ)、"街"(jiē)、"房"(fáng),但最多只能有四个音素,例如"鸟"(niǎo)、"窗"(chuāng)。音素分析法可以将音节的结构分析得比较细致、准确。

要切记的是汉语是声调语言,每个音节都有一个具体的声调(包括轻声音节的变调)贯穿于音节的始终。没有声调的音节在汉语中是不存在的。

二、元音与辅音

音素可分为"元音"与"辅音"两大类。

元音:发音时气流振动声带,发音部位不受阻碍而形成的音叫元音。元音又叫母音,例如:a[A]、o[o]、e[ɤ]、ê[ɛ]、i[i]、u[u]、ü[y]等。元音的主要功能是构成音节的韵母。

辅音:发音时气流在发音部位受到明显的阻碍而形成的音叫辅音。辅音又叫子音,例如:b[p]、p[p']、m[m]、f[f]、d[t]、t[t']、n[n]、l[l]等。辅音的主要功能是担当音节的声母或韵母的韵尾。

元音与辅音的主要差异有四点:

1. 元音发音时,气流通过发音部位不受阻碍;辅音发音时,气流通过发音部位时受到明显的阻碍。

2. 元音发音时,声带一定振动,声音总是比较响亮,并且能延长;辅音发音时,声带不一定振动(清辅音不振动,如 b[p]、p[p']、f[f]等;浊辅音振动,如 m[m]、n[n]、l[l]、r[ʐ])。

3. 元音发音时,发音器官肌肉保持均衡的紧张状态;辅音发音时,发音器官肌肉局部(成阻部位)紧张。

4. 元音发音时,因声带振动能量消耗,气流较弱;辅音发音时,气流较强。

三、元音的发音原理

元音的发音主要取决于口腔的开合(也就是舌位的升降)、舌头的伸缩,以及唇形的圆展这三个因素,因而改变口腔形状与共鸣形式,就发出不同的元音。

元音发音时,舌头的某个部位会收紧隆起,舌头收紧隆起的发音部位称作"舌位"。根据舌位的不同,元音可分为舌面元音和舌尖元音两大类。此外还有一个较特别的元音,我们称作"卷舌元音":er[ɚ]。

(一)舌面元音

发音舌位位于舌面部分的元音叫"舌面元音"。现代汉语普通话舌面元音共有 a[A]、o[o]、e[ɤ]、ê[ɛ]、i[i]、u[u]、ü[y] 7 个。舌面元音又可根据舌位的前后、舌位的高低、唇形的圆展三个条件加以进一步区分:

1. 根据舌位的前后不同,舌面元音可以分为三类:前元音、后元音、央元音。舌面前元音有 i[i]、ü[y]、ê[ɛ];舌面后元音有 u[u]、o[o]、e[ɤ];舌面央元音有 a[A]。

2. 根据舌位的高低不同,舌面元音可以分为四类:高元音、半高元音、半低元音、低元音。高元音有 i[i]、u[u]、ü[y];半高元音有 e[ɤ]、o[o];半低元音有 ê[ɛ];低元音有 a[A]。舌位的高低和口腔的开口度大小有关,舌位越低,口腔开口度就越大;舌位越高,口腔开口度就越小。

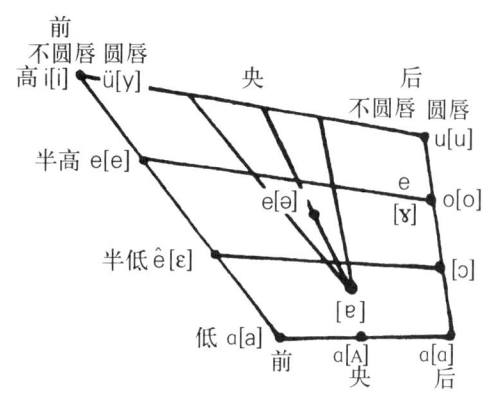

舌面元音舌位图

3. 根据唇形的圆展,舌面元音可以分为两类:圆唇元音和不圆唇元音。圆唇元音有ü[y]、u[u]、o[o];不圆唇元音有i[i]、ê[ɛ]、e[ɤ]、a[ʌ]。

现代汉语普通话7个舌面元音可以描写为:

a[ʌ]:舌面央、低、不圆唇元音;
o[o]:舌面后、半高、圆唇元音;
e[ɤ]:舌面后、半高、不圆唇元音;
ê[ɛ]:舌面前、半低、不圆唇元音;
i[i]:舌面前、高、不圆唇元音;
u[u]:舌面后、高、圆唇元音;
ü[y]:舌面前、高、圆唇元音。

(二)舌尖元音

发音舌位位于舌尖部分的元音叫"舌尖元音"。舌尖元音的区别由舌尖活动的前后和唇形的圆展两个条件来决定。普通话中只有舌尖前元音-i[ɿ]和舌尖后元音-i[ʅ]两个不圆唇舌尖元音。

现代汉语普通话的两个舌尖元音的发音分别描写为:

-i[ɿ]:前、高、不圆唇舌尖元音;
-i[ʅ]:后、高、不圆唇舌尖元音。

要特别注意的是:普通话的-i[ɿ]、-i[ʅ]前面分别加上一小横线,以区别于舌面元音i[i]。舌尖元音不能单独成音节,舌尖前元音-i[ɿ]只出现在z、c、s声母后面;舌尖后元音-i[ʅ]只出现在zh、ch、sh、r声母后面。

(三)卷舌元音

卷舌元音er[ɚ]在汉语拼音方案中用e、r两个符号来标示。卷舌元音er中的"e"代表央元音[ə]——一个位于舌面中央位置的不圆唇元音,是er的主体部分。er中的r并不是一个音素,它只表示在发主体音e[ə]同时的一个伴随动作——翘舌,故被命名为"卷舌元音"。严格地说,普通话的卷舌元音er[ɚ]应属于舌面元音,但它的具体发音并不同于一般的舌面元音,所以还是将er[ɚ]单列为一类,以示区别。

四、辅音的发音原理

普通话里的辅音共有22个,辅音的分类由形成阻碍的部位(发音部位)和克服阻碍的方式(发音方法)两个方面来区分。

(一)发音部位

发音部位是指发音时气流受到阻碍的部位。普通话22个辅音共分七种不同的发音部位:

1. 双唇音,由上下唇构成气流阻碍而发出的音:b[p]、p[pʻ]、m[m]。
2. 唇齿音,由上齿与下唇构成气流阻碍而发出的音:f[f]。
3. 舌尖前音,由舌尖与上齿背构成气流阻碍而发出的音:z[ts]、c[tsʻ]、s[s]。
4. 舌尖中音,由舌尖与上齿龈构成气流阻碍而发出的音:d[t]、t[tʻ]、n[n]、l[l]。
5. 舌尖后音,由舌尖与硬腭部位构成气流阻碍而发出的音:zh[tʂ]、ch[tʂʻ]、sh[ʂ]、r[ʐ]。
6. 舌面音,由前舌面与硬腭构成气流阻碍而发出的音:j[tɕ]、q[tɕʻ]、x[ɕ]。
7. 舌根音,由舌根与软腭构成气流阻碍而发出的音:g[k]、k[kʻ]、h[x]、ng[ŋ]。

(二)发音方法

发音方法主要指发音时形成和克服阻碍的方式。发音部位接触形成阻碍叫"成阻";成阻后蓄积气流,保持成阻点内外气流的压力差以待爆发叫"持阻";克服阻碍冲出发音气流叫"除阻"。所以,发音方法应包括三个方面的内容:(1)成阻和除阻的方式;(2)声带振动与否;(3)呼出气流的强弱。

1. 按照成阻和除阻的方式,普通话的辅音可分为5类:

(1)塞音:成阻部位完全封闭气流通道,然后突然除阻,让气流冲出爆发成声。普通话塞音共有6个:b[p]、p[p']、d[t]、t[t']、g[k]、k[k']。

(2)擦音:成阻部位不完全封闭气流通道,其间留有一条窄缝,让发音气流挤出窄缝摩擦成声。普通话擦音共有6个:f[f]、s[s]、sh[ʂ]、r[ʐ]、x[ɕ]、h[x]。

(3)塞擦音:发音部位先完全封闭,然后打开一条窄缝,让发音气流从中挤出。成阻时为塞音状态,除阻时为擦音状态,两个过程紧密连接,一次完成。普通话塞擦音共有6个:z[ts]、c[ts']、zh[tʂ]、ch[tʂ']、j[tɕ]、q[tɕ']。

(4)鼻音:成阻部位完全堵塞口腔气流通道,声带振动,让发音气流从鼻腔冲出形成鼻腔共鸣。鼻音可以适当延长。普通话鼻音共有3个:m[m]、n[n]、ng[ŋ]。

(5)边音:舌尖抵住上齿龈始终接触成阻,声带振动,让气流从舌的两边通过。普通话里只有一个边音l[l]。

2. 按照声带振动与否,普通话的辅音可以分为清音、浊音两类:

(1)清音:发音时声带不振动的辅音叫清音。共有17个:b[p]、p[p']、f[f]、d[t]、t[t']、g[k]、k[k']、h[x]、j[tɕ]、q[tɕ']、x[ɕ]、zh[tʂ]、ch[tʂ']、sh[ʂ]、z[ts]、c[ts']、s[s]。

(2)浊音:发音时声带振动的辅音叫浊音。普通话共有5个:m[m]、n[n]、ng[ŋ]、l[l]、r[ʐ]。

3. 按照发音时呼出气流的强弱,普通话辅音可以分为不送气、送气两类:

(1)不送气音:发音时吐出气流较弱的音称为不送气音。普通话不送气音共有6个:b[p]、d[t]、g[k]、j[tɕ]、zh[tʂ]、z[ts]。

(2)送气音:发音时呼出气流较强的音称为送气音。普通话送气音共有6个:p[p']、t[t']、k[k']、q[tɕ']、ch[tʂ']、c[ts']。

根据上述发音部位和发音方法,可以综合出一个普通话辅音发音特征表:

普通话辅音发音特征表

发音方法 辅音 发音部位	塞音		擦音		塞擦音		鼻音	边音
	清音		清音	浊音	清音		浊音	浊音
	不送气	送气			不送气	送气		
双唇音(上唇/下唇)	b [p]	p [p']					m [m]	
唇齿音(上齿/下唇)			f [f]					
舌尖前音(舌尖/上齿背)			s [s]		z [ts]	c [ts']		
舌尖中音(舌尖/上齿龈)	d [t]	t [t']					n [n]	l [l]
舌尖后音(舌尖/硬腭)			sh [ʂ]	r [ʐ]	zh [tʂ]	ch [tʂ']		
舌面音(舌面前/前硬腭)			x [ɕ]		j [tɕ]	q [tɕ']		
舌根音(舌面后/软腭)	g [k]	k [k']	h [x]				ng [ŋ]	

根据上表,我们可以对普通话的22个辅音进行描写,顺序依次为：发音部位、发音方法。发音方法依次为：送气不送气、清浊和成阻形式。

b [p]：双唇、不送气、清、塞音　　　　　　　p [pʻ]：双唇、送气、清、塞音
m [m]：双唇、浊、鼻音　　　　　　　　　　　f [f]：唇齿、清、擦音
d [t]：舌尖中、不送气、清、塞音　　　　　　t [tʻ]：舌尖中、送气、清、塞音
n [n]：舌尖中、浊、鼻音　　　　　　　　　　l [l]：舌尖中、浊、边音
g [k]：舌根、不送气、清、塞音　　　　　　　k [kʻ]：舌根、送气、清、塞音
h [x]：舌根、清、擦音　　　　　　　　　　　ng [ŋ]：舌根、浊、鼻音
j [tɕ]：舌面、不送气、清、塞擦音　　　　　　q [tɕʻ]：舌面、送气、清、塞擦音
x [ɕ]：舌面、清、擦音
zh [tʂ]：舌尖后、不送气、清、塞擦音　　　　ch [tʂʻ]：舌尖后、送气、清、塞擦音
sh [ʂ]：舌尖后、清、擦音　　　　　　　　　　r [ʐ]：舌尖后、浊、擦音
z [ts]：舌尖前、不送气、清、塞擦音　　　　　c [tsʻ]：舌尖前、送气、清、塞擦音
s [s]：舌尖前、清、擦音

练习题

一、发音练习。

1. 单元音发音比较,体会舌位和唇形的不同。

ü——u　　　　i——ü　　　　o——e　　　　-i[ɿ]——-i[ʅ]——i
ê——er　　　　　　　　　a[a]——a[A]——a[ɑ]
i——e——ê——a[a]　　　u——o——a[ɑ]

2. 辅音发音比较,体会各类辅音发音部位的区别。

j——z　　　　q——c　　　　x——s
zh——z　　　ch——c　　　sh——s
f——h　　　　l——r　　　　f——s——sh——x——h
l——n　　　　m——n　　　　n——ng

3. 辅音发音比较,体会各类辅音发音方法的区别。

p——f　　　k——h　　　q——x　　　ch——sh　　　c——s
n——l　　　sh——r　　　b——p　　　d——t　　　g——k
j——q　　　zh——ch　　z——c
b、d、g——j、zh、z　　　　p、t、k——q、ch、c

二、填空。

1. 汉语一个音节最少有_____个音素,最多有_____个音素。
2. 元音和辅音最重要的区别是_____。
3. 辅音中可以充当声母和韵尾的是_____,只能当韵尾而不能作声母的是_____。
4. 音节是指_____。

三、下列说法正确的请打"√",如有错误,请予以改正。

1. 元音发音声带一定振动；辅音发音声带一定不振动。　　　　　　　　　　　　　（　　）
2. 所有的单元音都可以直接作韵母。　　　　　　　　　　　　　　　　　　　　（　　）
3. 辅音的发音方法分塞音、塞擦音、擦音、鼻音、边音五种。　　　　　　　　　（　　）
4. 声调一般加在音节的主要元音上,因此它只管主要元音的高低升降。　　　　　（　　）

四、根据所提供的发音条件,写出普通话相应单元音。

1. 前、高、不圆唇舌尖元音（　　　）
2. 前、半低、不圆唇舌面元音（　　　）

3. 后、半高、不圆唇舌面元音(　　)
4. 后、半高、圆唇舌面元音(　　)
5. 央、低、不圆唇舌面元音(　　)

五、根据所提供的发音部位和发音方法,写出相应的辅音。
1. 双唇、浊、鼻音(　　)
2. 舌尖后、清、擦音(　　)
3. 舌根、送气、清、塞音(　　)
4. 唇齿、清、擦音(　　)
5. 舌面、送气、清、塞擦音(　　)
6. 舌面、不送气、清、塞擦音(　　)
7. 舌尖中、不送气、清、塞音(　　)

六、简答。
1. 试发辅音 l 与 n,说出它们的区别在哪里。
2. 试发辅音 z 与 r,说出它们的区别在哪里。

七、绘制舌面元音图,并在正确位置上标出普通话的 7 个舌面元音的位置,并注国际音标。

八、写出普通话的 22 个辅音,并用国际音标标写出来。

思考题
一、汉语拼音方案中的"i""e"两个符号是否只代表一个元音?为什么?
二、"甭""俩""花儿"是一个还是两个音节?为什么?

第三节　音节分析:声母和韵母

> 学习要点:掌握普通话 21 个辅音声母的正确发音。了解零声母音节特点。熟悉 39 个韵母的分类与结构特点,并掌握其正确发音。

一、普通话的声母

(一)声母的本音与呼读音

声母是指音节开头的辅音。普通话里的 22 个辅音有 21 个可以用来作声母,它们是:b、p、m、f、d、t、n、l、g、k、h、j、q、x、zh、ch、sh、r、z、c、s。其中 n 还可以充当韵尾,第 22 个辅音是后鼻辅音 ng 只能作韵尾,不能作声母。

声母的发音有"本音"和"呼读音"的区别。完全按照辅音的发音原理,发出的声母的读音叫本音。由于普通话声母中多数是清辅音声母,其本音发音不响亮,在无元音拼合的情况下难以显示其音色特点,不便于称说,所以在教学中常常在声母的后边加上一个元音,实际上已组成了一个音节,以方便不同声母的称读,这就是呼读音。声母呼读音的发音规律是:

1. 在 b、p、m、f 的后面加上元音 o,读成"bo(玻)、po(坡)、mo(摸)、fo(佛)"。
2. 在 d、t、n、l、g、k、h 的后面加上元音 e,读成"de(得)、te(特)、ne(讷)、le(勒)、ge(哥)、ke(科)、he(喝)"。
3. 在 j、q、x 的后面加上元音 i,读成"ji(基)、qi(欺)、xi(希)"。
4. 在 zh、ch、sh、r 的后面加上舌尖后元音-i[ʅ],读成"zhi(知)、chi(吃)、shi(诗)、ri(日)"。
5. 在 z、c、s 的后面加上舌尖前元音-i[ɿ],读成"zi(资)、ci(雌)、si(思)"。

学习语音,除了呼读音之外,重点要掌握声母的本音,因为只有用本音跟韵母相拼才是正确的拼读。

(二)声母的分类

普通话 21 个声母的分类与其所归属的辅音的分类是一致的,可以参看《普通话辅音发音特征表》。下面按发音部位结合发音方法分别对声母进行训练。

1. 双唇音

b[p]：双唇、不送气、清、塞音。

bāobiǎn(褒贬)　　　biànbié(辨别)　　　bānbù(颁布)　　　bīngbáo(冰雹)

p[p']：双唇、送气、清、塞音。

péngpài(澎湃)　　　pīpàn(批判)　　　piānpáng(偏旁)　　　pūpái(铺排)

m[m]：双唇、浊、鼻音。

mǎimài(买卖)　　　miànmào(面貌)　　　měimiào(美妙)　　　míngmèi(明媚)

2. 唇齿音

f[f]：唇齿、清、擦音。

fǎnfù(反复)　　　fēifán(非凡)　　　fēngfù(丰富)　　　fēnfāng(芬芳)

3. 舌尖中音

d[t]：舌尖中、不送气、清、塞音。

dàodé(道德)　　　diàndēng(电灯)　　　dàdī(大堤)　　　dāndiào(单调)

t[t']：舌尖中、送气、清、塞音。

táitóu(抬头)　　　tàntǎo(探讨)　　　tuántǐ(团体)　　　táotài(淘汰)

n[n]：舌尖中、浊、鼻音。

nánnǚ(男女)　　　nínìng(泥泞)　　　nǎonù(恼怒)　　　néngnài(能耐)

l[l]：舌尖中、浊、边音。

lǎoliàn(老练)　　　liáoliàng(嘹亮)　　　lěiluò(磊落)　　　línglì(伶俐)

4. 舌根音

g[k]：舌根、不送气、清、塞音。

gǎigé(改革)　　　gǒnggù(巩固)　　　gāngē(干戈)　　　guàngài(灌溉)

k[k']：舌根、送气、清、塞音。

kèkǔ(刻苦)　　　kuānkuò(宽阔)　　　kǎnkě(坎坷)　　　kōngkuàng(空旷)

h[x]：舌根、清、擦音。

huīhuáng(辉煌)　　　hānhòu(憨厚)　　　hánghǎi(航海)　　　hàohàn(浩瀚)

5. 舌面音

j[tɕ]：舌面前、不送气、清、塞擦音。

jīngjì(经济)　　　jiānjué(坚决)　　　jiāojí(焦急)　　　jiānjù(艰巨)

q[tɕ']：舌面前、送气、清、塞擦音。

qǐngqiú(请求)　　　qīnqiè(亲切)　　　qíqū(崎岖)　　　qiàqiǎo(恰巧)

x[ɕ]：舌面前、清、擦音。

xíngxiàng(形象)　　　xuéxí(学习)　　　xūxīn(虚心)　　　xiángxì(详细)

6. 舌尖后音

zh[tʂ]：舌尖后、不送气、清、塞擦音。

zhēnzhuó(斟酌)　　　zhǔzhāng(主张)　　　zhèngzhì(政治)　　　zhànzhēng(战争)

ch[tʂ']：舌尖后、送气、清、塞擦音。

chángchéng(长城)　　　chūchǎn(出产)　　　chēchuáng(车床)　　　chíchěng(驰骋)

sh[ʂ]：舌尖后、清、擦音。

shìshí(事实)　　　shénshèng(神圣)　　　shānshuǐ(山水)　　　shǎoshù(少数)

r[ʐ]：舌尖后、浊、擦音。

réngrán(仍然)　　　róngrěn(容忍)　　　ruǎnruò(软弱)　　　róngrǔ(荣辱)

7. 舌尖前音

z[ts]：舌尖前、不送气、清、塞擦音。

zìzūn(自尊)　　　　zuìzé(罪责)　　　　zǔzōng(祖宗)　　　　zàozuò(造作)

c[ts']：舌尖前、送气、清、塞擦音。

céngcì(层次)　　　　cāngcuì(苍翠)　　　cāicè(猜测)　　　　cūcāo(粗糙)

s[s]：舌尖前、清、擦音。

sīsuǒ(思索)　　　　sōngsǎn(松散)　　　sùsòng(诉讼)　　　suǒsuì(琐碎)

（三）零声母

零声母音节是指没有辅音开头的音节，例如：

额 é	二 èr	矮 ǎi	欧 ōu	澳 ào	肮 āng
衣 yī	夜 yè	眼 yǎn	银 yín	央 yāng	硬 yìng
吴 wú	外 wài	文 wén	弯 wān	网 wǎng	瓮 wèng
鱼 yú	玉 yù	月 yuè	云 yún	远 yuǎn	

这说明某些音节并不需要辅音充当声母，而是韵母独自形成音节。汉语拼音中 y、w 两个字母只出现在零声母音节的开头，但它们不是真正的声母，而是起隔开音节作用的字母，如"羊"yáng、"温"wēn、"圆"yuán 这 3 个音节实际上是 iang、uen、üan 3 个韵母独自充当音节，属于零声母音节。严格地说，这些元音起头的音节在发音时韵头仍然带有轻微的摩擦成分，在语音学上称为半元音。汉语拼音方案规定用 y、w 加在 i、u、ü 开头的音节前或替代 i、u、ü，这既是一种书写方法，起到了隔音符号的作用，在发音上也标志了零声母音节开头半元音成分的存在。

二、普通话的韵母

（一）韵母的结构

普通话韵母可分为韵头、韵腹、韵尾三部分，其中"韵腹"是核心，是韵母必不可少的部分。

1. 韵腹：指韵母的主干，也指主要元音。如果韵母还有韵头、韵尾，则韵腹位于这两者之间。韵腹常由 a、o、e、ê 充当；当没有 a、o、e、ê 时，可由 i、u、ü、-i、-i、er 单独充当。

2. 韵头：指韵腹前的元音，因它们介于声母与韵腹之间，又叫介音。普通话中的韵头只有 i、u、ü 3 个元音可以充当。

3. 韵尾：指韵腹后的元音或辅音，它位于韵母的最后，所以叫韵尾。韵尾在韵母中表示主要元音发音时的滑动方向或归结所在。普通话的韵尾只能由元音 i、u(o) 和鼻辅音 n、ng 4 个音素充当。

普通话韵母的结构大致有以下几种类型：

1. 韵腹(元音)。如：衣 yī　乌 wū　鱼 yú
2. 韵头+韵腹(元音+元音)。如：蛙 wā　窝 wō　牙 yá　越 yuè
3. 韵腹+韵尾(元音+元音)。如：爱 ài　澳 ào　欧 ōu
4. 韵腹+韵尾(元音+辅音)。如：恩 ēn　因 yīn　昂 áng　影 yǐng
5. 韵头+韵腹+韵尾(元音+元音+元音)。如：药 yào　由 yóu　外 wài　位 wèi
6. 韵头+韵腹+韵尾(元音+元音+辅音)。如：文 wén　万 wàn　养 yǎng　翁 wēng

（二）韵母的分类

韵母是指一个音节声母后面的部分。韵母由元音或元音加鼻辅音构成。普通话共有 39 个韵母。按结构特点，韵母可划分为三类：

1. 单元音韵母：**由一个元音构成的韵母叫单元音韵母。普通话单元音韵母有 10 个**：

a [A]：舌面央、低、不圆唇元音韵母。

dàshà(大厦)　　　　nǎpà(哪怕)　　　　fādá(发达)　　　　lǎba(喇叭)

o[o]：舌面后、半高、圆唇元音韵母。

bómó(薄膜)　　　pópo(婆婆)　　　pōmò(泼墨)　　　mómo(馍馍)

e[ɤ]：舌面后、半高、不圆唇元音韵母。

hégé(合格)　　　tèsè(特色)　　　gēge(哥哥)　　　kèchē(客车)

i[i]：舌面前、高、不圆唇元音韵母。

bǐjì(笔记)　　　líqí(离奇)　　　jítǐ(集体)　　　xǐyī(洗衣)

u[u]：舌面后、高、圆唇元音韵母。

zhùfú(祝福)　　　gǔwǔ(鼓舞)　　　fúwù(服务)　　　shūchú(书橱)

ü[y]：舌面前、高、圆唇元音韵母。

xūyú(须臾)　　　qūyù(区域)　　　nǚxù(女婿)　　　xùqǔ(序曲)

ê[ɛ]：舌面前、半低、不圆唇元音韵母。

yēzi(椰子)　　　yuèyè(月夜)　　　gāngtiě(钢铁)　　　kēxué(科学)

-i[ɿ]：舌尖前、高、不圆唇元音韵母。

zìsī(自私)　　　zìsì(恣肆)　　　cǐcì(此次)　　　cìzì(刺字)

-i[ʅ]：舌尖后、高、不圆唇元音韵母。

zhīchí(支持)　　　rìshí(日食)　　　shíshì(时事)　　　zhīshi(知识)

er[ɚ]：央、中、不圆唇卷舌元音韵母。

érzi(儿子)　　　ěrduo(耳朵)　　　èrshíèr(二十二)

2. **复元音韵母**：由两个或三个元音组合而成的韵母叫复合元音韵母。共13个：

（1）**前响**(主元音在前)复元音韵母 ai、ei、ao、ou 4个：

ai[ai]　　　kāicǎi(开采)　　　àidài(爱戴)　　　báicài(白菜)　　　mǎimài(买卖)

ei[ei]　　　bèilěi(蓓蕾)　　　féiměi(肥美)　　　pèibèi(配备)　　　hēiméi(黑煤)

ao[ɑu]　　　hàozhào(号召)　　　gāocháo(高潮)　　　cǎogǎo(草稿)　　　pǎodào(跑道)

ou[ou]　　　shōugòu(收购)　　　chǒulòu(丑陋)　　　dǒusǒu(抖擞)　　　ōuzhōu(欧洲)

（2）**后响**(主元音在后)复元音韵母 ia、ie、ua、uo、üe 5个：

ia[iA]　　　jiǎyá(假牙)　　　xiàjià(下架)　　　jiāyā(加压)　　　qiàqià(恰恰)

ie[iE]　　　tiēqiè(贴切)　　　jiéyè(结业)　　　jiějie(姐姐)　　　xièxie(谢谢)

ua[uA]　　　shuǎhuá(耍滑)　　　guàhuā(挂花)　　　wáwa(娃娃)　　　huàhuà(画画)

uo[uo]　　　shuòguǒ(硕果)　　　luòtuo(骆驼)　　　guòcuò(过错)　　　cuōtuó(蹉跎)

üe[yE]　　　juéjué(决绝)　　　quèyuè(雀跃)　　　yuēlüè(约略)　　　juéxué(绝学)

（3）**中响**(主元音在中间)复元音韵母 iao、iou、uai、uei 4个：

iao[iɑu]　　　qiǎomiào(巧妙)　　　jiàotiáo(教条)　　　xiāoyáo(逍遥)

iou[iou]　　　yōuxiù(优秀)　　　jiǔliú(久留)　　　qiújiù(求救)

uai[uai]　　　shuāihuài(摔坏)　　　huáichuāi(怀揣)　　　guāiguai(乖乖)

uei[uei]　　　cuīhuǐ(摧毁)　　　huìduì(汇兑)　　　wěisuí(尾随)

3. **鼻韵母**：由元音与鼻辅音 n 或者 ng 组合而成的韵母叫鼻韵母。共16个：

（1）**前鼻韵母** an、en、in、ün、ian、uan、üan、uen 8个：

an[an]　　　gāndǎn(肝胆)　　　tánpàn(谈判)　　　zhǎnlǎn(展览)

en[ən]　　　zhènfèn(振奋)　　　gēnběn(根本)　　　rènzhēn(认真)

in[in]　　　xīnqín(辛勤)　　　qīnjìn(亲近)　　　xìnxīn(信心)

ün[yn]　　　jūnyún(均匀)　　　jūnxùn(军训)　　　qūnxún(逡巡)

ian[iɛn]　　　tiānbiān(天边)　　　miányán(绵延)　　　qiánxiàn(前线)

uan[uan]　　　zhuǎnhuàn(转换)　　　guànchuān(贯穿)　　　wǎnzhuǎn(婉转)

üan[yɛn]　　　yuánquán(源泉)　　　xuānyuán(轩辕)　　　juānjuān(涓涓)

uen[uən]　　　chūnsǔn(春笋)　　　kūnlún(昆仑)　　　wēnshùn(温顺)

(2) **后鼻韵母** ang、eng、ing、ong、iang、uang、iong、ueng 8个：

ang[ɑŋ]	bāngmáng(帮忙)	cāngsāng(沧桑)	āngzāng(肮脏)
eng[ɤŋ]	gēngzhèng(更正)	zhēngchéng(征程)	fēngzheng(风筝)
ing[iŋ]	mìnglìng(命令)	yīngmíng(英明)	qìngxìng(庆幸)
ong[uŋ]	cóngróng(从容)	lóngtǒng(笼统)	gōnggòng(公共)
iang[iɑŋ]	xiǎngliàng(响亮)	yángxiàng(洋相)	xiāngjiāng(湘江)
uang[uɑŋ]	chuāngkuāng(窗框)	shuānghuáng(双簧)	zhuàngkuàng(状况)
iong[yŋ]	xiōngyǒng(汹涌)	jiǒngjiǒng(炯炯)	xióngxióng(熊熊)
ueng[uɤŋ]	wēngwēng(嗡嗡)	shuǐwèng(水瓮)	yúwēng(渔翁)

(三) 四呼

中国传统语音学把汉语的韵母分为四类："开口呼""齐齿呼""合口呼""撮口呼"，简称"**四呼**"。普通话声母与韵母的拼合有一定的选择性，不同的声母只与"四呼"中的某些韵母拼合，而不能与其他韵母拼合。"四呼"分类有利于揭示普通话声母和韵母的配合规律。

1. 开口呼：**凡韵母开头的元音不是 i、u、ü 的均属于开口呼韵母**。共 16 个。

a、o、e、ê、ai、ei、ao、ou、an、ang、en、eng、ong、-i[ɿ]、-i[ʅ]、er

2. 齐齿呼：**凡韵母以元音 i 开头的均属于齐齿呼韵母**。共 10 个。

i、ia、ie、iao、iou、ian、iang、in、ing、iong

3. 合口呼：**凡韵母以元音 u 开头的均属于合口呼韵母**。共 9 个。

u、ua、uo、uai、uei、uan、uang、uen、ueng

4. 撮口呼：**凡韵母以元音 ü 开头的均属于撮口呼韵母**。共 4 个。

ü、üe、üan、ün

普通话韵母的分类可以参见《普通话韵母总表》：

普通话韵母总表

按结构分 \ 按口形分	开口呼	齐齿呼	合口呼	撮口呼	按韵头分 \ 按韵尾分
单元音韵母	-i[ɿ][ʅ]	i[i]	u[u]	ü[y]	无韵尾韵母
	a[A]	ia[iA]	ua[uA]		
	o[o]		uo[uo]		
	e[ɤ]				
	ê[ɛ]	ie[iE]		üe[yE]	
	er[ɚ]				
复元音韵母	ai[ai]		uai[uai]		元音韵尾韵母
	ei[ei]		uei[uei]		
	ao[ɑu]	iao[iɑu]			
	ou[ou]	iou[iou]			
带鼻音韵母	an[an]	ian[iɛn]	uan[uan]	üan[yɛn]	鼻音韵尾韵母
	en[ən]	in[in]	uen[uən]	ün[yn]	
	ang[ɑŋ]	iang[iɑŋ]	uang[uɑŋ]		
	eng[ɤŋ]	ing[iŋ]	ueng[uɤŋ]		
	ong[uŋ]	iong[yŋ]			

练习题

一、声母辨读练习。

备料——配料	补写——谱写	饱了——跑了	肚子——兔子	读书——图书
蹲下——吞下	米缸——米糠	大狗——大口	干完——看完	精华——清华
长江——长枪	揭开——切开	摘下——拆下	斩掉——铲掉	侄子——池子
清早——青草	做了——错了	沉醉——纯粹	开发——开花	放荡——晃荡
公费——公会	恼怒——老路	河南——荷兰	留念——留恋	出路——出入
卤汁——乳汁	陆地——入地	主力——阻力——举例
短站——短暂——短见	招了——糟了——焦了	手掌——手脏——手僵
姓陈——姓岑——姓秦	商业——桑叶——香液	不少——不扫——不小
诗人——私人——西人	树木——肃穆——畜牧

二、韵母辨读练习。

急促——局促	名义——名誉	知识——姿势	私事——失事
分派——分配	考试——口试	确实——切实	眼瞎——眼花
卫国——外国	灰色——黑色	反问——访问	金银——均匀
邯郸——行当	放盐——放羊	勋章——胸章	脸面——两面
申明——声明	水滨——水兵	辛勤——心情	增进——尊敬

三、填空。

1. "零声母"音节是指 _____ ,例如 _____ 。
2. 前响复元音韵母有 _____ 4个。
3. 后响复元音韵母有 _____ 5个。
4. 中响复元音韵母有 _____ 4个。

四、请判别下列音节的韵母分别属于四呼中的哪一呼？

zhi   er   jiang   wan   yun   ying   en   yuan

五、读准并写出下列音节的韵母,然后按"四呼"给每个音节归类。

刺激　问答　苏区　四十　安乐　木耳　应该　浓烈　演义
璀璨　叶片　捐款　相当　进行　成功　功能　生长　交通

六、请从音色(音值)特点与音节的结构关系上说明普通话 i[i]、-i[ɿ]、-i[ʅ] 3个韵母的区别。

思考题

一、你的家乡话声母跟普通话有哪些差异？请找出它们的对应关系,并举出例字。
二、你的家乡话韵母跟普通话有哪些差异？请找出它们的对应关系,并举出例字。

第四节　普通话声调

> 学习要点：了解普通话声调的性质和功能,调值、调类、调型、调号的特点,读准普通话的声调。对于古今声调的历史演变、普通话声调与方言声调的比较可作一般了解。

声调是指音节读音的高低升降。汉语是有声调的语言,声调是区别意义的重要手段,这是汉语区别于其他语言的重要特征之一,例如：

事(shì)——实(shí)　　　买(mǎi)——卖(mài)　　　收(shōu)——受(shòu)
主力(zhǔlì)——助理(zhùlǐ)　　登记(dēngjì)——等级(děngjí)

声调的高低起伏还是一种音乐成分,平仄与节奏的配合还可以使汉语获得抑扬顿挫的美感,例如：

山高月小(shāngāo-yuèxiǎo)　　　　水落石出(shuǐluò-shíchū)

勤能补拙(qínnéng-bǔzhuō)　　　静以养廉(jìngyǐ-yǎnglián)
千锤百炼(qiānchuí-bǎiliàn)　　　兵强马壮(bīngqiáng-mǎzhuàng)
雨过天晴(yǔguò-tiānqíng)　　　光彩夺目(guāngcǎi-duómù)
热火朝天(rèhuǒ-cháotiān)　　　喜笑颜开(xǐxiào-yánkāi)

一、调值和调类

(一) 调值、调型、调号

调值是指音节读音高低、升降、曲折、长短的具体变化值。

声调主要是凭着人们的听觉比较来判断不同音节高低升降的区别。通过对不同声调的起点、终点和高低变化的比较，寻找它们在模式上的相对差别。对具体调值的确定，我们通常采用赵元任设计的"五度标调法"，方法是建立一个坐标，用从1到5的5度竖轴表示相对音高，用横轴表示音长。其中1表示音高最低点，2表示次低，3表示中高，4表示次高，5表示最高。例如普通话里qing这个音节有四种声调：

清：高而平，标为55；
晴：由中升到高，标为35；
请：由次低降到低再升至次高，标为214；
庆：由高降到低，标为51。

调型指声调高低、升降的变化模式。55为高平调型；35为中升调型；214为先降后升曲折调型；51为全降调型。

调号即声调的标志符号，指标写声调所用的简单明了的符号。即把五度标调法的图形简化为一种不标刻度的声调符号。汉语拼音方案使用"ˉ、ˊ、ˇ、ˋ"分别表示"阴平、阳平、上声、去声"四个声调。语音记录为了直观起见，往往将具体调值标注在音节的右上方。

调　类	阴　平	阳　平	上　声	去　声
调　型	高　平	中　升	降　升	全　降
调　值	55	35	214	51
调　号	ˉ	ˊ	ˇ	ˋ
例　字	春天花开 江山多娇 秃割黑七	人民勤劳 群情昂扬 职识竹急	理想美好 改写底稿 百乞铁笔	胜利在望 万籁俱静 麦药力入

(二) 调类

调类是声调的类别，即把调值相同的音节归在一起所建立起来的类别。也就是说，调类是一种语言或方言中，根据能够区别意义的不同声调调值建立起来的类。一种语言或方言里有多少个不同声调调值，就有多少个调类。

普通话四声与古四声调类比较表

古调类 \ 古声母 \ 普通话调类			阴 平	阳 平	上 声	去 声
平 声	清声母		边低初婚			
	浊声母	次浊 全浊		麻龙娘油 房田雄锄		
上 声	清声母				普短古展	
	浊声母	次浊 全浊			买暖老有	妇稻市旱
去 声	清声母					变对社盖
	浊声母	次浊 全浊				帽漏让望 病大助共
入 声	清声母		七织积哭	节责急革	百铁塔谷	必室客制
	浊声母	次浊 全浊		白毒浊局		木纳日叶

二、普通话四声与汉语方言声调

(一) 普通话和方言在声调上的差异

普通话声调和现代汉语方言的声调都是从古汉语声调发展演变而来的,其演变的过程并不完全相同,反映了语言发展的不平衡性。调类是汉语声调最重要的类别概念,调类的名称沿用的是历史上"平、上、去、入"四声之名,这样就便于了解古今声调的演变规律及其在汉语方言中的分合情况。

在古汉语中,每一个汉字的读音属于"四声"中的哪一个调类是基本确定的。在现代汉语方言中,"四声"有各自不同的分合发展模式,所以古"四声"中的同一个声调(根据声母的清浊)往往又分为阴、阳两类,故出现"阴平""阳平"的调名;也有的方言原属入声调类的字并入了其他调类,发生了调类合并现象,所以缺少入声,故不同的现代汉语方言今天所具备的调类数目不尽一样。

普通话和方言声调上的差异,主要表现在调类和调值两个方面:

1. 调类的数目不同。汉语方言的声调主要分为北方方言声调和南方方言声调两大类型。其调类存在着明显的对应和差别,各方言内部在调类上大体一致,但调值并不相同。北方方言声调的数目比较少,最少可以只有三个(河北滦县),最多为五个,一般是四个。大多数方言点没有入声,且同调类的调值相差很大。南方方言的声调数目比较多,最少是五个,最多有十个(广西玉林),一般是六到八个声调,大多数南方方言都有入声。

2. 调类相同,但是调值不同。例如:

	阳平	上声
普通话	35	214
上海话	34	14
杭州话	213	53
广州话	21	35 13
例 字	时 平	古 老

(二) 北方方言声调特点

北方方言分布的地域极其广阔,但内部一致性很高,一般情况下各地区的人彼此交际大体都能够听得懂,只不过"腔调"不同。这种"腔调"上的差异,与声调的调类、调值差异有很大关系,请看部分北方方言点声调的调值和调类主要差异、联系的对比。

方言点 \ 声调数 \ 调类	声调数	平声		上声	去声	入声	
		阴平	阳平			阴入	阳入
北 京	4	55	35	214	51		
天 津	4	11	45	24	43		
沈 阳	4	33	35	213	41		
济 南	4	213	42	55	31		
郑 州	4	13	42	54	31		
太 原	5	11		53	55	2	54
呼和浩特	4	213	31	53	55		
西 安	4	31	24	42	55		
兰 州	4	53	31	42	24(44)		
成 都	4	44	31	53	13		
昆 明	4	33	31	53	13		
贵 阳	4	55	31	42	13		
桂 林	4	44	21	54	213		
武 汉	4	55	313	42	35		
南 京	5	32	14	22	44	5	
合 肥	5	21	55	34	53	4	
银 川	3	44		53	24		

1. 北方方言各地声调数目一般只有四个，部分地区有五个（如南京、合肥、太原、新乡等地），少数地区只有三个声调（如银川、沧州等地）。

2. 北方方言大多数没有短促的入声调，但少数方言有入声调（如南京、扬州、合肥、太原等地）。

3. 古入声分化有大致相同的趋势。

4. 各地区声调调类大致相同，同一调类的调值却相差很远。

（三）南方方言声调特点

南方方言的声调系统比较复杂，声调数目多，调型、调值多样化。

方言点 \ 声调数 \ 调类	声调数	平		上		去		入	
		阴平	阳平	阴上	阳上	阴去	阳去	阴入	阳入
苏 州	7	44	24	52		412	31	4	23
温 州	8	44	31	45	34	42	22	323	212
福 州	7	44	52	31		213	242	23	4
厦 门	7	55	24	51		11	33	32	5
广 州	9	55(53)	21	35	13	33	22	5 3	2
玉 林	10	54	32	33	23	52	21	5 3	12 1
南 昌	7	42	24	213		45	21	5	21
长 沙	6	33	13	41		55	21	24	
双 峰	5	55	13	31		35	33		
梅 县	6	44	11	31		52		1	5

1. 南方方言的声调数目较多,大多为 7 个左右,最多达 10 个(广西玉林话);
2. 比较完整地保留中古汉语的调类,大多数南方方言平、上、去、入都分阴调、阳调两类(广州、温州),个别地方上声不分阴阳(苏州、福州、厦门、南昌);
3. 各方言声调的对立特征呈多样化形式;
4. 绝大多数南方方言都有入声调,入声一般都带有塞辅音韵尾或喉塞尾。

三、平仄和古入声

"平仄"是声调在语言运用中的另一个分类概念。"平"指古四声中的平声(包括今阴平、阳平)调,"仄"即"不平",指非平声调,包括古四声中的上声、去声和入声调。古体诗词的"粘"和"对"就是利用平仄两类声调有规律地交替使用,形成抑扬起伏的音乐美感。如唐李商隐的《锦瑟》诗,今天读来仍然觉得每个诗句的音节均错落有致:

```
锦 瑟 无 端 五 十 弦 , 一 弦 一 柱 思 华 年 。
 |  |  —  —  |  |  —    |  —  |  |  —  —  —

庄 生 晓 梦 迷 蝴 蝶 , 望 帝 春 心 托 杜 鹃 。
 —  —  |  |  —  —  |    |  |  —  —  |  |  —

沧 海 月 明 珠 有 泪 , 蓝 田 日 暖 玉 生 烟 。
 —  |  |  —  —  |  |    —  —  |  |  |  —  —

此 情 可 待 成 追 忆 ? 只 是 当 时 已 惘 然 。
 |  —  |  |  —  —  |    |  |  —  —  |  |  —
```

古四声发展到今普通话的四声,平声分为阴平和阳平,但仍然是平声;上声一部分字并归去声,上声和去声都是仄声。唯有古入声字原属仄声,现在分别归入普通话的阴平、阳平、上声、去声,分辨起来有些困难。今天我们读古诗词觉得有些地方不协调,那是古今声调发生变化的缘故。现代诗歌创作不必泥古,但从音乐节律的要求来看,充分利用汉语声调特点,注意平仄变化,仍有一定的必要。

练习题

一、声调发音练习——准确地读出下列词组的声调。

清 凉 爽 快　　坑 蒙 拐 骗　　光 明 磊 落
万 感 丛 生　　笑 里 藏 奸　　剑 胆 琴 心
两 地 姻 缘　　舞 袖 轻 盈　　柳 暗 花 明
云 山 雾 绕　　严 肃 紧 张　　姹 紫 嫣 红

二、阅读下列词语,并注上汉字。

bǎituō——bàituō　　cáihuá——càihuā　　cáijué——cǎijué　　jìngyì——jīngyì
jìnqǔ——jìnqū　　chǎngfáng——chángfāng　　gàosù——gāoshù　　rényì——rènyì
fūyǎn——fùyàn　　zhuāngzhì——zhuàngzhǐ

三、用汉语拼音给下列词语注上普通话规范读音。

检举(　　)——艰巨(　　)　　联系(　　)——练习(　　)
举行(　　)——句型(　　)　　才华(　　)——菜花(　　)
万众一心(　　　　)　　畅通无阻(　　　　)
集思广益(　　　　)　　百炼成钢(　　　　)

四、把下列各字按普通话声调分成四组,指出每组字的调值和调类。

1. 威 勇 形 档 节 瓮 体 玉 结 绰
   丹 全 琐 影 倡 年 画 宣 钱 笺
2. 束 克 毕 席 复 悉 烈 约 适 极
   直 绝 骨 目 缩 律 物 习 尺 月

五、什么是"平""仄"？请给下面这首古诗标上平仄。

留春不住登城望，惜夜相将秉烛游。
风月万家河两岸，笙歌一曲郡西楼。
诗听越客吟何苦，酒被吴娃劝不休。
从道人生都是梦，梦中欢笑亦胜愁。（白居易《城上夜宴》）

思考题

一、说说古汉语的入声跟现代汉语的声调的对应关系。

二、两个方言调值相同，调类是否一定相同？调类相同，调值是否一定相同？为什么？

三、仔细研究一下你的家乡话有几个声调，它们跟普通话四个声调间存在什么对应关系？请举出例字加以说明。

第五节　普通话音节结构

> **学习要点**：了解现代汉语的音节结构特点以及声韵配合规律，并能够对现代汉语音节的结构进行分析，掌握音节的拼读方法。

音节是人们的听感容易分辨的最小语音片断，它由最少一个，最多四个音素组成。在书面形式上，一个音节就是一个汉字。

普通话音节由声母、韵母与声调三部分构成。声母、韵母两者处于同一层面，是相互拼合的关系，韵母结构又分韵头（介音）、韵腹（主要元音）、韵尾三部分。声调是汉语音节必不可少的成分，并贯穿于音节发音的全过程。普通话中没有声调的音节是不存在的。

一、声母和韵母的配合规律

普通话声母和韵母的配合有一定规律，这主要取决于声母的发音部位和韵母的四呼。普通话有 21 个辅音声母（不包括零声母），根据发音部位分为双唇、唇齿、舌尖前、舌尖中、舌尖后、舌面、舌根七类。普通话有 39 个韵母，根据韵母开头元音的性质，这些韵母分为开口呼、齐齿呼、合口呼、撮口呼四类。一般地说，如果声母的发音部位相同，与之拼合的韵母四呼类别也基本相同。普通话声母和韵母的配合关系可以列成下表：

配合情况＼韵母＼声母		开口呼	齐齿呼	合口呼	撮口呼
双唇音	b p m	巴 爬 麻	比 皮 米	布（限 u）	
唇齿音	f	发		夫（限 u）	
舌尖中音	d t	搭 他	低 梯	度 图	
	n l	拿 拉	泥 梨	奴 卢	女 吕
舌面音	j q x		鸡 齐 希		居 去 虚
舌根音	g k h	嘎 喀 哈		姑 苦 胡	
舌尖后音	zh ch sh r	渣 茶 沙 让		朱 初 书 如	
舌尖前音	z c s	杂 擦 萨		租 粗 苏	
零声母	ø	阿	衣	乌	迂

表内空格表示声母与韵母不能配合。有汉字的表示可以配合，"限 u"表示这类声母只能和合口呼中的单韵母 u 配合。普通话声韵母拼合的基本规律如下：

1. n、l 的组合能力最强,跟所有四呼的韵母都能相拼;零声母音节的四呼也都齐全。

2. 双唇音 b、p、m 和唇齿音 f,以及舌尖中音 d、t 能与开口呼、齐齿呼、合口呼三类韵母拼合(其中 b、p、m、f 只限于跟单韵母 u 组合),都不能和撮口呼韵母拼合。

3. 舌尖前、舌尖后和舌根三组声母都能与开口呼、合口呼韵母拼合,不能与齐齿呼、撮口呼韵母拼合;而舌面 j、q、x 声母恰恰相反,只能与齐齿呼、撮口呼韵母拼合,不能与开口呼、合口呼韵母拼合,从而形成多重互补格局。

4. 唇齿音 f 的组合能力最弱,只能与开口呼的韵母和合口呼的 u 韵母拼合。

从总体上看,普通话开口呼韵母的配合能力最强,除 3 个舌面音声母外,和其他声母都能配合,开口呼韵母的数目本来就多,几乎达到韵母出现总频率的一半。撮口呼韵母本来只有 4 个,又只能与 6 个声母相拼,因此出现频率很低,不到总频率的百分之五。

上面的表只能说明普通话声韵配合关系的概貌,并没有反映出每个声母和每个韵母的配合细节。例如:er 虽然是开口呼韵母,但不能和任何声母配合;-i[ɿ] 和 -i[ʅ] 也属于开口呼韵母,却只能与同部位的塞擦音、擦音声母配合。

普通话 21 个声母(再加上零声母)跟 39 个韵母可以组合成 405 个基本音节,如果再配以四声,理论上讲,应该有 1 620 个音节,但有些组合不是阴、阳、上、去四声都具备,实际上有意义的音节只有 1 200 多个。

二、普通话音节的拼写规则

汉语音节的拼写要符合《汉语拼音方案》的规则。主要应该注意如下几点:

(一)隔音规则

作为拼写规则,必须要考虑到音节界限的明确。如果不加音节隔音标记,某些音节在连写时可能发生音节界限的混淆,影响正确拼读。例如:jie 可能是"饥饿",也可能是"界";fanan 可能是"发难",也可能是"翻案"。为了使音节界限明确,《汉语拼音方案》采用隔音字母 y、w 及隔音符号的办法。

1. 使用隔音字母 y、w

《汉语拼音方案》规定零声母音节 i 行 ü 行用 y 做开头,字母 y、w 通常表示半元音,高元音 i、u 开头的音节都带有轻微的摩擦,用 y、w 表示比较符合语音实际,有利于读准这些零声母音节的字。使用 y、w 的原则是:

i 行零声母音节,i 如果是韵头,一律把 i 改写成 y,如 ya、ye、yao、yan、yang、yong;i 如果是韵腹,在 i 的前面加 y,这只有三个音节:yi、yin、ying。

u 行零声母音节,u 如果是韵头,一律把 u 改写成 w,如 wa、wo、wai、wei、wan、wen、wang、weng;u 如果是韵腹,在 u 前面加 w,这只有一个音节 wu。

ü 行零声母音节一律在 ü 前加 y,并且去掉 ü 上的两点。实际上这只有四个音节:yu、yue、yuan、yun。

2. 使用隔音符号

a、o、e 开头的零声母音节连接在其他音节后面的时候,如果音节的界限发生混淆,就用隔音符号隔开。但是在实际使用上,无论音节界限是否发生混淆,都一律使用隔音符号。例如:ji'e(饥饿)、pi'ao(皮袄)、xi'an(西安)、fan'an(翻案)。

(二)省写规则

1. ü 行韵母与声母 j、q、x 相拼,ü 上两点省略,ü 行韵母与声母 n、l 相拼,ü 上两点不能省略。例如:

j + ü → jū(居)　　　　　　　　j + üan → juān(捐)

q + üe → quē(缺)　　　　　　　q + ün → qún(群)

x + ü → xū(虚)　　　　　　　　x + üe → xuě(雪)

l + ü → lǚ(吕)　　　　　　　　l + üe → lüè(略)

n + üe → nüè(虐)　　　　　　　n + ü → nǚ(女)

声母 j、q、x 不与合口呼韵母拼合,所以其后的 ü 省略两点后不会被误认为 u,省略主要是便于书写;声母 n、l 既可以与 ü 行韵母拼合,也可以与 u 行韵母拼合,如果省略了 ü 上两点,就可能发生混淆,如 lü(滤)不等于 lu(路),所以不能省略。ü 行零声母音节拼写时加 y,去掉 ü 上两点,也是因为 y 后不可能误会为 u。

2. iou、uei、uen 的省写

当 iou、uei、uen 这 3 个韵母跟辅音声母相拼时,要省写中间的元音 o 或 e。例如:

l + iou→liú(留)　　　　　　　n + iou→niú(牛)
q + iou→qiú(球)　　　　　　　s + uei→suì(岁)
g + uen→gǔn(滚)　　　　　　　ch + uen→chūn(春)

iou、uei、uen 的省写不等于这 3 个韵母的主要元音在实际读音中的完全省略。

(三) 标调规则

声调符号 ˉ(阴平)、ˊ(阳平)、ˇ(上声)、ˋ(去声)原则上应该标在音节的主要元音(韵腹)上面。如果一个音节只有一个元音,声调符号就标在这个元音上;如果一个音节有两个以上元音,声调符号标在开口度最大、舌位最低、声音响亮的那个元音(韵腹)上。

省写拼式的音节,例如 guǐ(鬼)、jiǔ(酒),就标在最后面的一个元音上,qún(群)则应该标在元音 u 上。轻声不标调号,在 i 上标调号时要去掉 i 上的小圆点儿,但是在 ü 上标调号时,ü 上的两点不能去掉。

(四) 词语拼写规则

汉语词语的拼写要符合《汉语拼音正词法基本规则》的要求,它是建立在音节拼写规范的基础上的。多音词要连写,句子、专有名词的开头要有标记。总的原则是简单、明晰、便于书写。

1. 词语拼写的总原则

(1) 以词为拼写单位。例如:

rén(人)　　　　　　　　chī(吃)　　　　　　　　gāo(高)
fàngsōng(放松)　　　　　měilì(美丽)　　　　　　péngyou(朋友)
bówùguǎn(博物馆)

(2) 表示一个整体概念的双音节或三音节结构连写。四个音节以上表示一个整体概念的名称按词分开连写,不能按词划分的全部连写。例如:

quánguó(全国)　　　　　　zhūròu(猪肉)　　　　　　duìbùqǐ(对不起)
shuōyishuō(说一说)　　　　shuōbùhǎo(说不好)　　　nádedòng(拿得动)
zànghónghuā(藏红花)　　　qiūhǎitáng(秋海棠)　　　léidázhàn(雷达站)
sǎnbīngyíng(伞兵营)　　　　　　　　　　　　　　　wúfèng gāngguǎn(无缝钢管)
bàndǎotǐ shōuyīnjī(半导体收音机)　　　　　　　　　yánjiūshēng yuàn(研究生院)
jīngtǐguǎn gōnglǜ fàngdàqì(晶体管功率放大器)

(3) 单音节词重叠,连写;双音节词重叠,分写。例如:

rénrén(人人)　　　　　　kǎolǜ kǎolǜ(考虑考虑)

重叠并列式(AABB)结构,当中加短横。例如:

láilái-wǎngwǎng(来来往往)　　gāngān-jìngjìng(干干净净)

(4) 为了便于阅读和理解,在某些场合可以加短横。例如:

nánzhēng-běizhàn(南征北战)　　tuībō-zhùlán(推波助澜)　　shíqī-bāsuì(十七八岁)

(5) 成语。四言成语可以分成两个双音节来念的,中间加短横;不能按两段来念的四言成语、熟语等,全部连写。例如:

céngchū-bùqióng(层出不穷)　　guāngmíng-lěiluò(光明磊落)
àimònéngzhù(爱莫能助)　　　　bùyìlèhū(不亦乐乎)

2. 大写

大写的作用有两个：一是表示句首，如句子开头的字母大写；诗歌每一行开头的字母大写。例如：

Zhè shì wǒ de shū. 这是我的书。

Qīngmíng shíjié yǔ fēnfēn. 清明时节雨纷纷。

二是表示专有名称，如人名、地名等专有名词开头的字母大写。例如：

Lǐ Huá 李华　Zhūgě Kǒngmíng 诸葛孔明　Lǐ xiānsheng 李先生　Shào xiǎojiě 邵小姐

Běijīng Shì 北京市　Huángpǔ Jiāng 黄浦江　Rénmín Rìbào 人民日报

3. 移行、标点和声调

汉语拼音在行末有时要切断换行，换行时要在行末加上短横表示词语未完。移行要按音节分开，短横只能加在两个音节之间，不能把一个音节拆开。例如：

正确：…………… guāng-　　　错误：…………… gu-
　　　　　míng（光明）　　　　　　　　　āngmíng（光明）

汉语拼音的标点与汉字的标点有些不同，汉字的句号是个圈，汉语拼音的句号是个点；汉字有顿号，汉语拼音没有顿号，该用顿号的地方用一个空格表示。其他的标点大致与汉字相同。

标声调的办法与音节标调规则相同，只是在词语连接时有语流音变，拼写普通话时，只标原调，不标变调。例如"一"的原调是阴平，"一天""一年""一半"只能标成 yītiān、yīnián、yībàn。

详细规则可参见《汉语拼音正词法基本规则》《中国人名汉语拼音字母拼写法》《中国地名汉语拼音字母拼写法》以及《中文书刊名称汉语拼音拼写法》《汉语拼音词汇（专名部门）》等一系列文件。

练习题

一、分析下列音节的结构。

汉 字	拼音	声 母	韵 头	韵 腹	韵 尾	调 类	调 值	调 型	调 号	四 呼
远	yuǎn									
窄	zhǎi									
伟	wěi									
英	yīng									
凉	liáng									
日	rì									
军	jūn									
困	kùn									
屋	wū									
谢	xiè									

二、拼读下列各词，写出汉字。

shìjiè　　zhuānxīn　　tiáojiàn　　bùshǔ　　bǎozhèng　　cùjìn
wěnluàn　　hézuò　　　lǐnghuì　　tuánjié　　jiěchú　　　fēiyuè

三、按正确的拼写规则纠正下列错误的拼写。

Lióuyián（流言）　　uánměi（完美）　　zànláng（赞扬）　　júedòu（决斗）　　jioŭguěi（酒鬼）
hǎiiáng（海洋）　　lǔyióu（旅游）　　dàngàn（档案）　　wuèiái（胃癌）　　mónghuèn（蒙混）

四、将下列一段拼音翻成文字；将文字（词语）写成汉语拼音。

1. Huār wèn guǒshí: Nǐ zài nǎli ya? Guǒshí huídá: Wǒ zài nǐ xīnli ne!

2. 广州市　阿拉伯　刘老师　电子计算机　人大　反反复复

五、汉语音节结构有哪些特点？

思考题

一、比较你所学过的一种外语，例如英语，看看汉语的音节跟外语的音节有什么不同？

二、从普通话声母和韵母配合的规律看看下面这些音节拼写为什么是错误的？

亭 tín　　黑 hī　　风 fōng　　佛 fuó　　帅 sài

文 wún　　信 sìn　　内 nuì　　农 nióng　　楞 lèn

三、汉语音节可以归纳出哪些结构模式？

四、汉语成语如何标写拼音？在什么情况下拼音字母要大写？

第六节　音位和音位归纳法

> **学习要点**：掌握音位理论的基本知识。了解音素和音位的区别，掌握归纳音位的方法和原则，熟悉普通话常见的音位变体。

音位是指**某一特定语音系统中能够区别意义的最小语音单位**。音位分析的前提条件之一，必须在一个具体的音系之中进行，因为不同的音系有不同的语音结构与音节结构的特点；另一个条件是，音位分析的单位必须落实到语音的最小单位——音素。也就是说，音位必须在一个具体的音系中考察不同的音素间有无区别意义的功能，凡是不能作为最小对立体的音不能成为一个独立的音位。归纳某一音系里的全部音位，实际上就是全面寻找最小对立体的过程。

音位与音素是一般和个别的关系，同一个音位的不同音位变体（不同音素）通常使用国际音标加方括号[ ]来表示，而音位则用双斜线//来表示。

一、音位归纳的基本原则

归纳音位的目的是要把语言里数目繁多的音素归并为一套数目有限的音位系统，其基本方法是通过比较与替换，看不同的音之间有无区别意义的功能，以确定最小的对立体。音位划分的基本原则有四条。

1. 对立原则

如果在相同的语音环境中，两个音素互相替换后产生意义的差别，那么这两个音素就是对立的，对立的音素必定属于两个不同的音位。比如 l[l]与 n[n]是两个不同的辅音音素，普通话音系中的"连"lián≠"年"nián，在两个音节的比较中我们发现两者的韵母相同、声调相同，唯一不同的是 l 与 n，所以我们判定辅音音素 l、n 在普通话中有区别意义的作用，所以分/l/、/n/为两个不同的音位。再如"来"lái 由 l[l]、a[a]、i[i]三个音素构成，保留声母[l]、韵尾[i]与阳平声调不变，只将主元音 a[a]替换为 e[e]，则"雷"léi≠"来"lái，可见普通话中的 a[a]、e[e]是具有对立关系的两个音，应当划分为/a/、/e/两个不同音位。

2. 互补原则

在一个具体的音系中，各不相同的几个音素如果不形成对立关系，彼此呈相互补充的分布状态，这几个音素就形成互补关系，应当归纳为同一个音位。属于同一音位中的不同音素称"音位变体"，音位变体又分"条件变体"与"自由变体"两类。

条件变体：**受语音环境制约的音位变体叫作条件变体**。属于同一音位的各个不同的音素只出现于各自不同的条件与语音环境中，彼此形成互补关系的，称之为"条件变体"。例如[a]、[ʌ]、[ɑ]是前、央、后不同发音位置上的三个音素，在普通话中，a[a]只出现在[i]或[n]之前，[ɑ]只出现在[ŋ]和[u]之前，[ʌ]只出现于没有韵头尾，或只有[i]、[u]介音的韵母中，[a]、[ʌ]、[ɑ]三者从不可能出现于相同的语音环境里并起到区别意义的作用，所以[a]、[ʌ]、[ɑ]三个音素是互补关系，只是同一音位/a/三个不同条件下的变体。

自由变体：**不同的音素在同一语音环境里可无条件地自由变读，叫作自由变体**。如果不同的音素在相同的语音环境中自由出现，不受语音条件的限制，也不构成互补关系，且变读不产生意义区别，就属于同一音位中的自由变体。如[l]与[n]是两个不同的音素,在普通话中"连"lián与"年"nián绝对不能混读,因为/l/、/n/是两个对立的音位;在江淮官话或某些湘语音系中,"连"与"年"读音一样,无论将声母读成边音 l 还是鼻音 n,当地人在听感上觉得没有任何意义上的区别,可见 l、n 两个音素在这些方言中是同一个音位,可任意变读的[l]、[n]就是该方言同一音位中的两个自由变体。

3. 音感差异原则

互补分布是把若干音素归并为一个音位的必要条件,不是充足条件。属于同一音位的各个变体在语音上还应该是近似的,至少本地人听起来比较近似;如果两个音的音感差异明显,即使是互补关系也不能归并为一个音位。如普通话的 m 只能出现于音节开头作声母,ng 只能出现于音节末端作韵尾,从整个鼻辅音系统上看,m 和 ng 存在互补关系。但是 m 和 ng 的音感差异较为明显,来源也不同,没有人认为它们是一个音,当然不能归并为一个音位。语音的相似与音感差异是相对的,必须在具体的音系中作具体判断,能否归纳为一个音位,应从整个音位系统的格局考虑。

4. 系统性原则

归纳音位还须考虑归纳出来的全部音位是否系统整齐,简明经济。有时候归为一套音位还是两套音位,似乎都有道理,都符合对立互补原则,语音上也有一定的相似性,这时就主要考虑语音的系统性了。例如:

辅 音	开口呼	齐齿呼	合口呼	撮口呼
j q x	-	+	-	+
g k h	+	-	+	-
z c s	+	-	+	-
zh ch sh r	+	-	+	-

上表说明 j、q、x 这一组辅音跟 g、k、h 和 z、c、s 以及 zh、ch、sh 这三套辅音都形成互补,从理论上讲,j、q、x 跟 g、k、h 或 z、c、s 或 zh、ch、sh 都可以归并为一套音位。但是,从语音的系统上考虑,j、q、x 不论跟哪一组辅音归并,都会造成另外两组辅音音位新的不平衡。而且如果跟 zh、ch、sh 归并的话,辅音 r 也很难处理,因此适宜独立为一组音位。

音位划分的系统性不仅包含共时的原则,也有历时的原则。例如我们根据"音感差异"原则将普通话的 m 和 ng 分为两个音位,可"音感差异"对于不同个体的感知不尽相同。其实,无论在历史汉语中还是今天的南方方言中,m 和 ng 均可分别担当声母和韵尾,而且可在同一语音条件下形成对立。结合历时语音发展的规律与系统原则,我们更有理由将普通话的 m 和 ng 分为两个不同的音位。

二、普通话音位及常见音位变体

(一) 普通话辅音音位

根据音位归纳的四个基本原则,通过全面的比较与替换,得出普通话 22 个辅音音位,而且没有明显的辅音音位变体。

/p/、/p'/、/m/、/f/、/t/、/t'/、/n/、/l/、/tɕ/、/tɕ'/、/ɕ/、/ts/、/ts'/、/s/、/tʂ/、/tʂ'/、/ʂ/、/ʐ/、/k/、/k'/、/x/、/ŋ/。

(二) 普通话元音音位

普通话有 10 个元音音位:

/a/、/o/、/e/、/ɤ/、/i/、/u/、/y/、/ɿ/、/ʅ/、/ɚ/

普通话常见的元音音位变体如下:

1. /a/ 主要音位变体有[a]、[A]、[ɑ]、[ɛ]

[a] 前低不圆唇舌面元音。出现在韵尾-i、-n 之前,在韵母 an、ai、uan、uai 中做主要元音,如"班、竿、呆、开、关、攀、摔、乖"等字的韵母的主要元音。

[A] 央低不圆唇舌面元音。出现在"八、家、华、瓦"等字韵母 a、ia、ua 中做主要元音。

[ɑ] 后低不圆唇舌面元音。出现在韵尾-ng、o 前,如"刚、方、江、王、黄、熬、姚"等字韵母 ang、iang、uang、ao、iao 中做主要元音。

[ɛ] 前半低不圆唇舌面元音。出现在 i 和 n 之间,如"烟、鞭、尖、冤、捐、宣"等字的韵母 ian、üan 里做主要元音。

2. /ɤ/的主要音位变体有[ɤ]、[ə]

[ɤ] 后半高不圆唇舌面元音。出现在 e 韵母中,如"哥、遮"等字的韵母的元音。也出现在韵尾-ng 前,充当 eng、ueng 韵母的主要元音,如"灯""翁"等字主要元音。

[ə] 央中不圆唇舌面元音。出现在"分、恩、温、滚"等字的韵母 en、uen 中做主要元音。也出现于助词"的""地""得"轻声音节韵母中充当主要元音。

3. /ɚ/音位的音位变体有[ɚ]和[ɐr]

[ɚ] 央中卷舌元音,出现在 er 音节阳平、上声音节中。如"儿、耳"等字的元音。

[ɐr] 次低卷舌元音,出现在 er 音节去声中。如"二"字的元音。

(三) 普通话声调音位

辅音音位和元音音位都是由音素成分构成的对立,音素之间的差异是音值,所以一般把辅音音位和元音音位称为**音色音位**。由于它们出现在语流中固定的音段上,所以又叫**音段音位**。声调的差异是音高起落的不同,例如普通话中的"妈"mā"麻"má"马"mǎ"骂"mà 四者的不同只在声调,可见汉语声调有区别意义的功能,也是一种音位体现。

普通话音系中有阴平、阳平、上声、去声四个声调,调值分别是 55、35、214、51,且都能承担区别意义的功能,所以同样能归纳出四个不同的音位,简称"调位":

/55/、/35/、/214/、/51/

调位不是音素的音值差异所形成的对立,所以"调位"属于**非音色音位**或**超音段音位**。

练习题

一、什么是音位？音位和音素的主要区别是什么？
二、什么是音位变体？音位变体有哪几种类型？请举例说明。
三、音位归纳的原则是什么？请举例说明。
四、什么是"非音色音位"？为什么普通话声调也可归纳为四个不同的调位？
五、你认为普通话辅音 m 和 ng 应该归纳为几个音位比较适当？为什么？
六、举例说明/a/、/ɤ/、/u/的主要音位变体及它们出现的条件。

思考题

一、[i]、[ɿ]、[ʅ]有人归纳为一个音位,有人归纳为三个音位,有人归纳为两个音位,这样处理各有什么理由？谈谈你自己的看法。
二、零声母能不能归作一个辅音音位？为什么？
三、轻声能不能归纳成一个单独的调位？为什么？

第七节 音 变

> 学习要点:了解普通话常见的几种音变现象,包括轻声、儿化、连读变调、语气词"啊"的变读等,重点了解轻声、儿化的规律和作用,并能正确运用;掌握普通话词语的规范读音。

我们平时交际的自然口语往往比书面文字符号丰富得多,比如"音变"现象。普通话的音变可分两类:

一类是词语规范所要求的音变,主要表现为轻声词和儿化词读音音变,如"钥匙"(yàoshi)中的"匙"(chí)必须读作轻声音节[ʂʅ⁰];儿化词"门儿"(ménr)必须读作[mɚ³⁵]。另一类是语流连读中所发生的自然音变,如连读变调与连读变音,我们称之为语流音变。例如两个上声调相连,前一上声音节读似阳平;"干吗"(gàn má)一词连读,"干"因受后一音节声母的逆同化,实际发音往往读作"gàm má"。轻声与儿化音变部分是规范的读音要求,在书面拼音形式上有相应的标示与规定;语流音变受自然发音机理的影响,在书面拼音形式上不作标示。

一、轻声

(一)轻声的性质与作用

在词或句子里,某些音节往往会说(读)得相对轻而短,以体现某些语义或语法功能,这一现象叫"轻声"。轻声在形式上主要取决于音长和音高,它与非轻声音节是对比而言的,词语中的轻声音节总处在非轻声音节的后头,音长明显短于非轻声音节,音长一缩短,原来的调值也就发生相应的变化,变为轻声特有的音高形式。

轻声在普通话里有其独特的作用。(以下例词前者是非轻声词语,后者是轻声词语)

1. 非轻声与轻声对立以区别词义。例如:

大爷(傲慢、不劳动的男子)——大爷(对年长男子的尊称)

是非(正确和错误)——是非(纠纷)

莲子(莲的种子)——帘子(用布、竹子等做成的遮蔽门窗的器物)

2. 区分词性。例如:

地道(名词)——地道(形容词)

花费(动词)——花费(名词)

实在(副词)——实在(形容词)

3. 区分短语与词。例如:

火烧(主谓短语)——火烧(名词,一种表面没有芝麻的烧饼)

年月(联合短语:年和月)——年月(名词:时代、日子)

煎饼(动宾结构)——煎饼(名词:一种饼食)

(二)轻声词

轻声词分"语法轻声词"与"口语轻声词"两种:

1. **语法轻声词。**这类词有较强的规律性,这些词或语素在词句里必须读成轻声。

(1)语气词。例如:

来吧　对吗　他呢　好啊

(2)助词"的、地、得、着、了、过"等。例如:

小的　轻轻地　说得好　看着　走了　来过

(3)名词与某些代词的后缀"子、头、们"等。例如:

桌子　椅子　木头　石头　我们

(4)用在名词、代词后的方位词"里、上、下、面、边"等。例如:

屋里　墙上　山下　里面　那里　上边　水池边

(5)用在动词后面表示趋向,或用在形容词后面表示变化的趋向动词"来、去、起来、下去"等。例如:

放下　起来　出去　想起来　坐下去

(6)动词重叠或一些叠音名词的后一个音节。例如:

听听　看看　走走　妈妈　宝宝　蝈蝈　猩猩

(7)量词"个"。例如:

这个　那个　三个

(8) 数词"一"夹在重叠动词之间;否定词"不"夹在动词或形容词之间,或在可能补语结构中,常常轻读。例如:

试一试　走一走　去不去　好不好　说不清　走不开

2. 口语轻声词,由于长期的口语习惯而必须读轻声,口语使用频率很高。例如:

脑袋　胳膊　头发　钥匙　消息　月亮
麻烦　快活　机灵　扎实　认识　凑合

(三) 轻声的音变

轻声作为一种音变现象,只能在词语或者句子中体现出来。轻声的调值短促,书面上轻声不标调号。轻声音节的实际调值取决于它前面那个音节的调值:

1. 当前面音节的声调是阴平、阳平或去声时,轻声音节的调值是一个短促的低调。阴平、阳平之后的轻声落点稍高,大约2度,去声之后的轻声落点最低,大约1度。

阴平+轻声[2]:先生　哥哥　他的　桌子
阳平+轻声[2]:学生　婆婆　馒头　房子
去声+轻声[1]:相声　弟弟　运气　柱子

2. 当前面音节的声调是上声时,轻声音节的调值是一个短促的高调,大约4度。例如:

上声+轻声[4]:伙计　奶奶　老实　椅子

轻声音节的音长较短,音值往往也受到一定的影响,音节里的声母或韵母有时会发生变化。如果声母是不送气的清塞音 b、d、g 或是清塞擦音 j、zh、z,往往会发生浊化。例如:"嘴巴"的"巴",声母有时会变成浊塞音[b];"舍得"的"得",声母有时会变成[d];"风筝"的"筝",声母有时会变成[dʐ]。轻声对韵母元音的音色影响更为明显,往往向央元音靠近。例如:

棉花　[xua]→[xuə]　　　银子　[tsɿ]→[tsə]
出去　[tɕ'y]→[tɕ'iə]　　　师傅　[fu]→[fə]

某些以擦音为声母的轻声音节在极度轻读的情况下,往往会脱落韵母,只剩声母。例如:

意思　[sɿ]→[s]　　　豆腐　[fu]→[f]　　　东西　[ɕi]→[ɕ]

二、儿化

(一) 儿化的性质和作用

在普通话中,某些词在口语中往往要带上一个词尾"儿",以表示某种语义色彩或相关功能。作为词尾的"儿"不自成音节,也并不是一个音素,只是词尾所在音节发音时的一个伴随性的翘舌动作,这一语言现象叫"儿化"。例如:"座儿""门儿"。被"儿化"的音节叫"儿化音节",又称为"儿化韵"。要区别的是"儿化音节"与韵母 er 不是同一个概念。

儿化音节如"花儿"(huār)虽然在"花"huā 音节后加带一个 r,"花儿"仍是一个音节,但在书写上仍然要用两个汉字标写,因为"花儿"是两个语素。例如:

花儿 huār　鸟儿 niǎor　猴儿 hóur　心眼儿 xīnyǎnr　虫儿 chóngr

普通话里的"儿化"现象具有区别词性、词义或表示感情色彩的作用:

1. 区分词性。例如:

盖(动词)——盖儿(名词)　　　画(动词)——画儿(名词)
错(形容词)——错儿(名词)　　亮(形容词)——亮儿(名词)

2. 区别词义。例如:

信(书信)——信儿(信息)　　　眼(眼睛)——眼儿(小窟窿)
头(脑袋)——头儿(带头的)　　面(面条)——面儿(粉末)

3. 一些儿化词往往表示微小的形状或者带有喜爱、亲切等感情色彩。例如:

圈儿　勺儿　伴儿　妞儿　小孩儿　小刀儿

小曲儿　　脸蛋儿　　金鱼儿　　头发丝儿　　一会儿　　一点儿

（二）儿化韵的读音规律

普通话里除了 ê 和 er 外，其余的韵母都可以儿化。儿化韵的发音特点在于韵母的翘舌色彩。在发音上，主要决定于"儿"前一音节韵母主要元音的发音与翘舌动作是否有冲突。如果没有冲突，儿化时就直接在主要元音发音的同时附加一个翘舌动作；如果有冲突，就要在发翘舌的同时变更原来韵母里韵腹、韵尾的音值，使之方便于儿化发音。儿化韵的发音规律大致归纳如下：

1. 韵腹或韵尾是 a、o、e、u 的韵母（包括 ao、iao 中的 o[u]），儿化时原韵母直接加带翘舌动作。例如：

a[A→Ar]　　　　　哪儿　　打杂儿
o[o→or]　　　　　坡儿　　碎末儿
ao[ɑu→ɑur]　　　口哨儿　掌勺儿
u[u→ur]　　　　　爆肚儿　水珠儿
e[ɤ→ɤr]　　　　　打嗝儿　挨个儿
ie[iE→iEr]　　　　锅贴儿　台阶儿

2. 韵尾收 i 和 n 的韵母（in、un 除外），儿化时丢弃韵尾，原主要元音翘舌。例如：

ai[ai→ar]　　　　　小孩儿　盘菜儿
ei[ei→ər]　　　　　宝贝儿　刀背儿
an[an→ar]　　　　包干儿　快板儿
en[ən→ər]　　　　树根儿　嗓门儿

3. 主要元音是 -i[ɿ]、-i[ʅ] 的韵母，儿化时主要元音变为 [ə] 并翘舌。例如：

-i[ɿ→ər]　　　　　台词儿　枪子儿
-i[ʅ→ər]　　　　　树枝儿　果汁儿

4. 收 ng 韵尾的韵母儿化时丢失韵尾后，韵腹变成鼻化元音，同时加翘舌动作。例如：

ang[ɑŋ→ɑ̃r]　　　药方儿　鞋帮儿
eng[ɤŋ→ɤ̃r]　　　板凳儿　灯儿
ing[iŋ→iə̃r]　　　 瓶儿　　钉儿
ong[uŋ→ũr]　　　胡同儿　空儿

5. 单元音 i、ü 韵母后增加元音 [ə] 并翘舌。in、un 韵母丢弃韵尾 n 后增加 [ə] 并翘舌。例如：

i[i→iər]　　　　　小鸡儿　玩意儿
ü[y→yər]　　　　毛驴儿　小曲儿
in[in→iər]　　　　够劲儿　送信儿
ün[yn→yər]　　　裙儿　　合群儿

三、连读变调

普通话音节四个声调的基本调值是指这个音节单念时的调值，这是固定的。但在**连读语流中因音节与音节相连，就有可能使某些音节声调的调值发生变化，这就叫"连读变调"**。普通话连读一般是前一音节发生变调，其变调的高低由后一音节的声调调型决定。

（一）上声的变调

1. 上声 + 上声：214→35 + 214

（1）两个上声连读时，前一个上声由 [214] 变读为 [35]，近于阳平。例如：

理想　美满　友好　水井　处理

（2）上声 + 上声 + 上声的连读变调，主要有两种形式：

① "AB + C"结构：214→35 + 214→35 + 214，即前两个音节都变为 35，后一音节保留 214。例如：

展览/馆　　手写/体　　洗脸/水　　管理/法

②"A+BC"结构：214→21+214→35+214，即第一个音重读变为21，第二个音节变为35，末一音节保留214。例如：

很/美满　　小/老虎　　老/领导　　马/总管

2. 上声与非上声的连读变调：

(1) 上声+非上声，前一音节由214变读为半上21。例如：

上声+阴平：导师　　主张　　演出　　曙光

上声+阳平：演员　　语言　　起航　　理由

上声+去声：讲课　　稳重　　老练　　鼓动

(2) 上声+轻声，有两种读法：

① 前一音节的上声读阳平35。一般是单音节动词重叠或轻声双音节词。例如：

走走　　想想　　洗洗　　打手　　找补　　哪里

② 前一音节的上声读为半上[21]。亲属称谓中的上声重叠词或一些轻声名词。例如：

奶奶　　姐姐　　椅子　　枕头　　耳朵　　宝宝　　老实　　尾巴

(二) "一""不"的变调

"一"的本调是阴平，"不"的本调是去声。读为本调主要有三种情况：(1) 单念；(2) 出现在词句末尾；(3) 表示序数。例如：

一：第一　　八一　　统一　　一组　　十一号楼　　始终如一　　三七二十一

不：我绝不！　　要不……

"一"和"不"的变调规律大体上相同：

1. 在去声前面变读为35，接近阳平。例如：

一对　　一致　　一样　　一唱一和

不对　　不变　　不算　　不上不下

2. 在非去声（阴平、阳平、上声）前，"一"变读为去声，"不"仍读去声。例如：

阴平前：一天　　一般　　一朝一夕　　不多　　不甘　　不高不低

阳平前：一同　　一直　　一言一行　　不来　　不和　　不明不白

上声前：一起　　一早　　一板一眼　　不冷　　不久　　不早不晚

3. 夹在三音节词语中间时，口语中常常读为轻声。例如：

想一想　　看一看　　好不好　　行不行　　走不动　　差不多　　巴不得　　来不及

四、"啊"的变读

语气词"啊"一般用在句末或句中稍作停顿之处，由于受到前面一个音节末尾音素的影响，需要变读。"啊"的变读规律有以下几种：

1. 前一音节末尾的音素是a, o, e, ê, i, ü时，"啊"读作"ya"，汉字也可以写为"呀"。例如：

(1) 多美的画呀！(huà ya)

(2) 快说呀！(shuō ya)

(3) 坐哪趟车呀？(chē ya)

(4) 怎么还不去呀？(qù ya)

(5) 我真该向他道谢呀！(xie ya)

2. 前一音节末尾的音素是u（包括韵母ao, iao末尾的u）时，因为连读音变的影响，"啊"要读作"wa"，汉字可写作"哇"。例如：

(1) 好大一棵树哇！(shù wa)

(2) 是老赵哇！(zhào wa)

(3) 快走哇！(zǒu wa)

(4) 怎么这么小哇！(xiǎo wa)

3. 前一音节末尾的音素是 n 时,因连读的影响,读"na",汉字写作"哪"。例如：

(1) 空气多新鲜哪！(xiān na)

(2) 看他多精神哪！(shén na)

(3) 什么原因哪？(yīn na)

4. 前一音节末尾的音素是 ng 时,读"nga",书面上都写成"啊"。例如：

(1) 你总这么忙啊！(máng nga)

(2) 行不行啊？(xíng nga)

(3) 好多学生啊！(shēng nga)

练习题

一、读准下面的轻声词语,记住轻声发音的规律。

师傅　嘟囔　簸箕　比量　官司　伙计　忙乎　蘑菇　扫帚　软和

打听　提防　窗户　头发　舍不得　套近乎　了不得　势利眼　豁出去

二、朗读下面的词语,请指出各词上声音节的声调变化。

老师　点头　舞蹈　管理　好久　给予　奖品　朗读　警戒

懒洋洋　水汪汪　蒙古语　水手长　导火索　海产品　很简短

三、朗读下列词语,并指出"一"的变调情况。

一致　一般　一溜烟　一言堂　一辈子　一尘不染　一无所有

一路领先　一帆风顺　一干二净　一模一样　一朝一夕　一心一德

一五一十　一唱一和　一举一动　一搭一档　一言一行　一字一板

四、读读下面三段话,请指出"不"的变调规律。

1. 不！不！对不起！你只是写得不好,不能说写得不对,只是不会得优秀罢了。

2. 他该不会说些不利于团结的话来吧。时间不多了,顾不得这许多了,你说是不是啊？

3. 你去不去我想他不会介意,只是不应该不跟他打招呼。活动不要再改了。好,到时不见不散！

五、运用儿化韵的变读规律,读读下面的一段话。

进了门儿,倒杯水儿,喝了两口儿运运气儿,顺手拿起小唱本儿,唱一曲儿,又一曲儿,练完了嗓子我练嘴皮儿。绕口令儿,练字音儿,还有单弦儿牌子曲儿,小快板儿,大鼓词儿,越说越唱我越带劲儿。

六、指出下面轻声词与非轻声词在词义、词性上的区别。

兄弟——兄弟　　地道——地道

自然——自然　　老子——老子

摆设——摆设　　活动——活动

人家——人家　　练习——练习

七、按照"啊"的音变规律,把下列短句末尾的语气词"啊"念准,并在括号里填上适当的汉字。

1. 东西放在哪儿啊（　）？　　　　2. 大声叫啊（　）！

3. 这里的景色真美啊（　）！　　　 4. 大伙儿加油干啊（　）！

5. 没有笔怎么写字啊（　）？　　　 6. 道理谁都能讲啊（　）。

7. 这日子怎么过啊（　）！　　　　 8. 啊,是老张啊（　）！

9. 慢慢来,别着急啊（　）！　　　 10. 这孩子真是无知啊（　）！

八、标出下面一段话里的轻声词与儿化词,然后正确朗读。

池边有一股清泉：有的像金鱼吐水,极轻快地冒上来一溜小水泡；有的像明珠,浮到中途又歪下去,真像一串珍珠在水里斜放着；有的半天才浮上来一个水泡,大,扁一点,慢慢的,有姿态的,摇动上来,碎了；看,又来了一个！有的好几串小碎珠一齐挤上来,像一朵攒得很整齐的珠花,一串一串的,真有趣。

思考题

一、为什么说语流音变是各种语言里普遍存在的现象？你所熟悉的语言或方言中还有哪一些比较特殊的语流音变？

二、有人认为"轻声"和"儿化"的音变现象必须严格控制数量和范围，否则不利于普通话的推广与普及。你同意吗？为什么？

三、除上面介绍的上声连读变调外，普通话的连读还有哪些声调音变？请举例说明。

四、有人说：所有念轻声的字都有本调的，你认为这种说法对不对？为什么？

五、有人认为：普通话轻声是第五个声调，你认为如何？为什么？

第八节 节 律

> **学习要点**：了解普通话常用节律重音、断连和句调等形式特点与基本功能，并能运用节律的一般知识指导普通话表达。

节律是运用言语的节奏和语声规律正确体现语言结构关系、语义关系与逻辑关系的一种表达手段。节律受语义、语法的制约，它将相互关联的语言材料组合成既彼此层次分明，又连接有序的表达单位，是言语过程中不可或缺的表达手段。如"史书／记千古"与"史书记／千古"两者就是运用不同的节律组合成不同的语法结构单位、显示不同的语义，以供表达题旨的需要。

节律的体现形式是语音，但节律的语音形式不同于声母韵母等可以独立存在的音素成分，表现节律的语音形式不能单独存在，它附加于语言建筑材料之上，是对具体语言建筑材料的组合运用，以体现具体的语义、语法与语用功能。

汉语的节律形式是多样的，常用的节律形式主要是重音、断连与句调。

一、重音

在实际话语里，因语义、语法的需要，往往有些音节或词语读得重一些，有些读得轻一些，**重读的音节就叫重音**。重音和轻音是相对而言的，重音一般都是重要语义的负载所在。单音节的实词不存在结构类型，所以不存在轻重读；单音节虚词（如助词"着、了、过、的、地、得"）因语义的虚化，不可能重读。语音实验结果表明，体现重音的主要成分是音长和音高，音强的作用是次要的，因命名的习惯，我们仍然沿用"重音"一词。

（一）语法重音

语法重音又叫基本重音，它是在不受上下文或具体语境规定下，由语言单位自身的结构关系、语义内涵所规定的重音。换句话说，**语法重音是体现语言单位结构关系与语义关系的重音**，所以比较有规律，也相对稳定。语法重音是言语表达首先必须掌握的重音，它关系到表达者对语义的理解与把握，所以比较重要。语法重音呈现在词、短语与句子三级语言单位中，尤以前两者为主。

1. 词重音。指双音节或多音节词的基本轻重格式。词的不同轻重读音格式主要依据于词的结构形式与口语化的程度。词的重读音直接落在构成词的相关语素（音节）上。普通话词的轻重格式按音节多寡的不同可分以下几种情况：

（1）双音节词的轻重格式主要有两种。

中·重：凡非纯口语化的词一般都读"中重"。例如：

国家　法律　治疗　卡车　音乐　司令

重·轻：凡以彻底虚化的语素（如"子""头"等）为后缀的词、词根重叠的词或口语化程度极高的常用词，一般都读"重轻"。例如：

石头　孩子　妈妈　星星　黄瓜　暖和　照顾

（2）三音节词有三种格式，其中以"中轻重"和"中重轻"两种格式为多。

中·轻·重：差不多　　西红柿　　摩托车　　巧克力　　星期天
中·重·轻：为什么　　老太太　　胡萝卜　　小伙子　　不由得
重·轻·轻：朋友们　　姑娘家　　孩子们

(3) 四音节词语因结构的多样,轻重格式较为复杂,常见的有以下两种：

中·轻·中·重：稀里糊涂　　老老实实　　一举两得
中·轻·重·轻：丫头片子　　绣花枕头　　外甥媳妇

2. 短语重音。这是区别不同短语类型的重要形式标志。短语的重音落点与短语的语法结构类型密切相关,不同结构、不同语义关系的短语一般均有相对固定的重音位置。短语是由词构成的,所以短语的重音要落在具体的词上；负担短语重音落点的具体词在体现该短语重音时,仍然要遵循该词基本的轻重读音格式。如"买西瓜"是个述宾短语,该短语的重音要落在宾语"西瓜"上；"西瓜"一词为"重轻"读音格,所以,该短语的重音最后实际叠加在词重音"西"语素（音节）上。短语重音的力度较为自然,只是在词重音的基础上稍加凸显,不宜读得过重。

按结构类型与语义关系的不同,短语的重音模式大体可分为七类。为说明方便,以下例子用着重号表示负担短语重音的具体词语。

（1）主谓短语,重音一般都要落在谓语上。例如：

天气**热**　　灯**亮**着　　太阳**升**起来　　今天**星期天**

（2）述宾短语,重音一般都落在宾语上。例如：

开**车**　　承认**错误**　　有**希望**　　是**扬子江**

（3）偏正短语的重音落点分两种情况：

A. 表示性质、方式、情态、程度、范围、处所、时间等修饰或限定内容的修饰语,一般都是新的、具体信息的负载成分,所以重音一般均落在修饰语上。例如：

假话　　**外科**医生　　**借来**的钱　　**广东**产　　**慢慢儿**说
从**现在**开始　　**很**累　　**都**红了　　**相当**麻烦

B. 以人称代词、人名、亲属称谓词构成的领属性修饰语以及表示概数的数量结构修饰语,因不负载语义焦点,所以重音一般落在中心语上。例如：

她**爹**　　我**爸爸**　　你的**舅舅**　　姥姥的**哥哥**　　一些**东西**　　几个**哥们儿**

（4）述补短语的重音落点分两种情况：

A. 补语表示情态、结果、数量、程度时,补语所追加的是必要的详细信息,所以重音一般都要落在补语成分上。例如：

忙得**团团转**（情态补语）　　听**腻**了（结果补语）
跑了**三趟**（数量补语）　　饿**扁**了（程度补语）

B. 补语表示趋向、可能时,重音要落在述语成分上。可能补语、趋向补语的语义虚化程度比较高,所以没有重读形式,重音一般都要落在中心语上。例如：

满上　　**回**去　　**唱**起来（趋向补语）
写得好　　**受**不了　　**马虎**不得（可能补语）

（5）同位短语的重音落点也分两种情况：

A. 以常用职务、职称、称呼加特指名构成的同位短语,因语义焦点在更具体的特指内容,故重音要落在特指部分上。例如：

周恩来总理　　**鲁迅**先生　　**莎菲**小姐　　**王力**教授　　**雷锋**叔叔

B. 属概念加具体种概念的同位短语,因种概念是具体概念,语义一般凸显的都是具体的种概念,故重音落在种概念部分。例如：

首都**北京**　　动物**大猩猩**　　小说**《红楼梦》**

（6）兼语短语的重音一般都落在前后谓语的中心语上,如果后一中心语还带宾语,则重音由述宾结构承担。例如：

请你**上来**　逼着他**检讨**　赶鸭子**上架**　催学生**交作业**

谓语通常要负载语法重读音这是一般规律。兼语短语的前后两个谓语相比,后一谓语成分是更具体的语义说明所在,所以处于两个谓语中心语间的兼语成分虽是前一谓语的宾语(在独立的述宾短语中负载重读音),但更是后一谓语的主语,所以不能负载语法重音。

(7) 联合短语、连谓短语因短语各部分不分主次,均是语义焦点所在,所以重音并列。例如:

北京、**上海**、**广州**　　**老师**和**学生**　　又**大**又**甜**　　**讨论**并**通过**(联合短语)
出门/**买东西**　　　**搬梯子**/**上房**/**捡漏**(连谓短语)

结构复杂的多层短语,其语法重音分布的基本规律与简单短语相同,整个短语的重音落点按第一层结构的类型确定,相应的下位结构的重音按相应的规律类推。而语句的语法重音与构成语句的基本成分或短语类型大体相同。

(二) 逻辑重音

由具体上下文语义与特定语境所规定的重音叫"逻辑重音"。逻辑重音又称强调重音,是在具体的交际情境中对需要凸显或特别强调的语义所施加的重音,也就是说,具体的交际语义指向什么,逻辑重音就凸显什么,所以它不像语法重音那样受相对固定的规律制约。相对于语法重音而言,它又称为临时重音。

逻辑重音只能出现在语句中,不能出现在无独立表达功能的词与短语中。逻辑重音旨在强调,在重音的力度上明显强于语法重音。

试比较"我在家看书"这句话的语法重音与逻辑重音的区别:

语法重音:我**在家**看书。

逻辑重音却可以根据语句义的不同而变化:

(1)(谁在家看书?)**我**在家看书。　　　(省略式回答:**我**。)
(2)(你在哪儿看书?)我**在家**看书。　　(省略式回答:**在家**。)
(3)(你在家做什么?)我在家**看书**。　　(省略式回答:**看书**。)
(4)(你在家看什么?)我在家看**书**。　　(省略式回答:**书**。)

同样一句话,因为上下文规定与具体表达语义指向的不同,逻辑重音就有不同的落点,可见逻辑重音与语法重音的区别是明显的。上面四个例句中,第(3)句的逻辑重音与语法重音重叠。由于逻辑重音其表现力度比语法重音强,所以,即使发生两类重音的叠加,也不影响逻辑重音的显现。

在具体的交际话语中,有些上下文语境是明显的,有些上下文语境是隐含的,无论是哪一种情况,只要上下文语境是客观存在的,它都会对逻辑重音的落点形成制约。例如:

(1)桂林的山真**奇**啊,……桂林的山真**秀**啊,……桂林的山真**险**啊,……
(2)古时候一个人,一手拿着**矛**,一手拿着**盾**,在街上叫卖。
(3)骆驼很**高**,羊很**矮**。骆驼说:"长得**高**多好啊!"羊说:"不对,长得**矮**才好呢。"

(1)(2)与(3)例分别显现的是并列和对比关系。再如:

(4)**你**若不去,**我**也不去。
(5)**起初**他只是好喝懒做,**后来**才发展到偷窃。
(6)他不但**会**喝酒,而且**爱**喝,有阵子甚至是**无酒不下饭**。

(4)(5)(6)例分别显现的是条件、承接与递进关系。

二、断连

"**断连**"是指语言单位之间的顿断分割与连延组合,它其实是语言结构关系的语音标志形式。如"风能/发电"(偏正短语)不同于"风/能发电"(主谓短语)。

"**断连**"也有人叫"停延",在书面形式上,语句中的某些语言单位间的结构关系可以有相应的标点显示(标点本身就是断连节律的书面标志),但充当语法成分的某些词或短语往往没有标点显示,可是由语言结构关系所规定的顿断与连延依然客观存在。断连主要出现在短语与句子中。

（一）短语的断连

为了说明方便，以下我们以单斜线/作为语言结构单位中第一层顿断的标志（时间稍长），以双纵线‖作为第二层顿断的标志（时间稍短），以下加波浪线 ﹏﹏ 作为连延的标志。

以下诸例中的a、b两式在书面形式上没有任何区别性标志，被称作"歧义短语"，但在实际口语交际中，人们不会有判断上的误会，凭借的正是断连节律的语音区别表征：

(1) a. 无烟/厂　　　　　　　　　　（偏正短语）
　　 b. 无/烟厂　　　　　　　　　　（述宾短语）
(2) a. 设计学院的/大楼　　　　　　（偏正短语）
　　 b. 设计/学院的大楼　　　　　　（述宾短语）
(3) a. 没有买票的　　　　　　　　　（"的"字结构）
　　 b. 没有/买票的　　　　　　　　（述宾短语，"的"字结构"买票的"充当宾语）
(4) a. 穿/破‖衣服　　　　　　　　（述宾短语：宾语为偏正短语）
　　 b. 穿‖破/衣服　　　　　　　　（述宾短语：宾语为词）
(5) a. 一个/教师的‖感想　　　　　（偏正短语：中心语为偏正短语）
　　 b. 一个‖教师的/感想　　　　　（偏正短语：中心语为名词）
(6) a. 他们/三个‖一组　　　　　　（主谓短语：谓语为主谓短语）
　　 b. 他们‖三个/一组　　　　　　（主谓短语：谓语为数量结构）
(7) a. 打‖死/老虎　　　　　　　　（述宾短语：谓语为名词）
　　 b. 打/死‖老虎　　　　　　　　（述宾短语：谓语为偏正短语）
(8) a. 再不/适当‖提高　　　　　　（偏正短语："再不"限定"适当提高"）
　　 b. 再/不适当‖提高　　　　　　（偏正短语："再"限定"不适当提高"）

（二）句子的断连

单句组合成分间的断连与相应的短语基本一致，如"这样做/不好。"是偏正短语作谓语；"这样/做不好。"则是动补短语作谓语。在书面形式上，句间、句末的某些顿断，现代汉语已具备了一套符号表征系统，那就是相应的标点。这些顿断标点的应用依据，同样是实际语言中的节律规定，只不过在形式上换成了书写符号而已（以下用|号表示分句间顿断，斜杠/表示句子第一层次顿断标志，双直杠‖表示第二层次顿断标志）。

(1) a. 不要/走到此处‖大小便！　　　　（单句："到"为介词）
　　 b. 不要走|,到此处‖大小便！　　　（复句："到"为动词）
(2) a. 我/说‖他不会生气。　　　　　　（单句："他不会生气"为全句宾语）
　　 b. 我/说|,他/不会生气。　　　　　（复句：前后分句主语分别是"我"与"他"）
　　 c. 我/说他|,不会生气。　　　　　　（复句：两个分句主语均为"我"）
(3) a. 男人/离开了女人|,就活不成。　　（复句：后一分句主语承前省略）
　　 b. 男人/离开了，|女人/就活不成。（复句：前后分句不同主语）

就一般规律而言，句号、问号、叹号后面的顿断时间比分号、冒号长；分号、冒号后面的顿断时间比逗号长；逗号后面的顿断时间比顿号长（符号/表示并列，>表示"时值长于"）：

　　　　　　　。 / ？ / ！ ＞ ； / ： ＞ ， ＞ 、

至于省略号或是破折号，顿断的时间宜视具体语意而定。段落之间的顿断时间一般又比句末顿断要长。我们不仅要重视有标点符号所显示的"标志顿断"，而且也应当对那些在书面形式上尚没有符号标志，但是在表达实践中确有结构表征作用与语义区别功能的汉语断连予以相应的重视，它们在正确的表达过程中同样是不可或缺的。

重音与断连两种节律形式常常一起使用，并且往往能使表达功能更加显豁。例如：

(1) a. 已/经过了　　　　　　　（偏正短语，"经过"是一个动词）
　　 b. 已经/过了　　　　　　　（偏正短语，"已经"是一个副词）

（2）a. 关于/鲁迅的杂文　　　　　　　　（介词短语：关于……杂文）
　　　b. 关于鲁迅的/杂文　　　　　　　　（偏正短语：关于鲁迅……）
（3）a. 广东/产龙眼。　　　　　　　　　（主谓句）
　　　b. 广东产/龙眼。　　　　　　　　　（偏正短语）
（4）a. 他们/说不来。　　　　　　　　　（主谓句：词"说不来"作谓语：说不到一起）
　　　b. 他们/说//不来。　　　　　　　（主谓句：述宾短语"说不来"作谓语）

三、句调

句调升降主要指句调的音高变化。句调贯穿于整个句子的始终，但却突出地体现于句子的末尾。句末不同的标点实际上是不同语调的标示。不同的句调标志不同的语气，表示不同的句义，如"怕什么？↗"用上升调表示征询；"怕什么！↘"用降调表示的是肯定，意思是没有什么可怕的。

口语中常见的句调形式有降调、升调、平调和曲折调四种，以前两者常见。

（一）降调

说话时句尾呈前高后低的下降句调。表示陈述、祈使、感叹等语气要用降调，如说明、命令、感慨等。在书面形式上，陈述、祈使语气用句号标志，感叹语气用叹号标志。例如：

（1）爷爷和奶奶都退休了。↘　　　　　　　　（陈述）
（2）各位旅客，广州车站到了。↘　　　　　　（陈述）
（3）快，追上去！↘　　　　　　　　　　　　（祈使：命令）
（4）买朵花儿吧，先生！↘　　　　　　　　　（祈使：祈求）
（5）多么蓝的大海啊！↘　　　　　　　　　　（感叹）

（二）升调

说话时句尾呈前低后高的上升句调。升调常表示征询、疑惑、反问等疑问语气。例如：

（1）屋里有人吗？↗　　　　　　　　　　　　（征询）
（2）这么多活儿他一个人就能对付？↗　　　　（疑惑）
（3）难道你没看见？↗　　　　　　　　　　　（反问）

升调只可能出现于疑问句式中，但疑问句不一定都是升调。例如：

（4）这是谁干的？↘
（5）这是什么？↘
（6）在哪儿买票？↘
（7）怎么这么晚才回来？↘
（8）他来不来呀？↘

（4）（5）（6）（7）（8）例虽都是疑问句，但一般均用降调，因为这些句式中已经带有"谁""什么""哪儿""怎么""来不来"等疑问词语疑问结构直接表示疑问，所以即使用降调仍然可以表示疑问语气。如果疑问句本身没有疑问标志，为了疑问表达的需要，就一定要用上升语调显示。例如：

（9）这人你不认识。↘　　　　　　　　　　　（陈述句）
（10）这人你不认识？↗　　　　　　　　　　（疑问句）

（三）平调

说话时句调没有明显的升降趋势，调高一般较平展。平调一般表示冷淡、含蓄的讥讽等语气。例如：

（1）处长的儿子又怎么样？处长的儿子就能目无法纪？→　（表示冷淡）
（2）当班长了？那可了不得。→　　　　　　　（表示冷嘲）
（3）行啦，不要再张家长李家短啦！→　　　　（表示不耐烦）

平调在没有明显调高升降的同时,往往伴随一定的时长。

(四)曲折调

说话时句调的高低有曲折变化。曲折调大多用来表示讥讽、嘲笑、埋怨等复杂的语气。例如:

(1) 就你行,谁能跟你比哟!　　　　　　　　　　　　　　　(讽刺)
(2) 人家现在当经理啦,说话不一样啰。　　　　　　　　　　(讽刺)
(3) 当初你要是信他忽悠呀,那就惨啰!　　　　　　　　　　(感慨)

曲折调也往往伴随一定的时值延长。由此可见,句调升降是在语气、语义、语用等各种因素的作用下形成的。

句调属于语句的范畴,声调属于音节的范畴,但两者在句尾往往发生一定的牵连关系。就总体格局而言,句调贯穿于全句的始末,它不受制于声调调形的升降;当在句子末尾时,句调的升降趋势对处于句末的音节可能产生一定的影响。例如:

(1) 他是小杨? ↗
(2) 他不去? ↗

当句调为升调时,例(1)"杨"的声调调值升得稍高,例(2)"去"的声调降得稍少。

(3) 他是小杨。↘
(4) 他不去。↘

当句调为降调时,例(3)"杨"的声调比原调值稍低些,例(4)"去"的声调降得较低。

句调对音节声调的影响主要表现为改变音节声调的相对音高,以服从句调的基本走势。如果句末音节的声调与句调的升降走向一致,句调就会使声调的高低声域相对扩大;如果句末音节的声调与句调的升降走向不一致,句调就会使声调的高低声域相对缩减,但不会因此完全改变句末音节的基本调形。

句调不仅有区别语气的作用,而且有表达情感与语义分寸的作用,所以它不但与音高有关,而且与音长、音强也有密切的关系。例如:

(1) 他不在家? ↗　　　(一般疑问,以单上升箭头表示。时值与升幅相对较短)
(2) 他不在家? ↗↗　　(强烈疑问,以双上升箭头表示。时值与升幅相对较长)
(3) 他不在家。↘　　　(一般陈述,以单下降箭头表示。时值与降幅相对较短)
(4) 他不在家。↘↘　　(恳切陈述,以双下降箭头表示。时值与降幅相对较长)

练习题

一、按照普通话词语的轻重格式规律,正确地朗读下面的词语。

后悔　恢复　新鲜　安全　便宜　宽阔　距离　咳嗽　列车　帐篷
西红柿　老大爷　电视剧　维生素　一下子　积极性　葡萄酒　没关系
不慌不忙　扬眉吐气　龙飞凤舞　雄心壮志　万马奔腾　改革开放
拿不起来　长江和黄河　三点半　太棒了　在学校　找朋友　看看再说

二、读一读下面的短语、短句,仔细体会前后两者重音落点有什么不同。

1. 真漂亮　　　　　　　　　漂亮极了
2. 自治区西藏　　　　　　　西藏是自治区
3. 他爸爸　　　　　　　　　新修的房子
4. 慢慢儿说　　　　　　　　慢得跟蜗牛儿似的
5. 都几点了,还在磨蹭啊?　 这事儿还是先放下吧。
6. 饭菜做好了?　　　　　　好了好了,别再闹了!

三、朗读下面的两段文字,按照上下文的语意关系,处理语句中的重音。

1. 对于一个在北平住惯的人,像我,冬天要是不刮风,便觉得是奇迹;济南的冬天是没有风声的。对于一个刚由伦敦回来的人,像我,冬天要能看得见日光,便觉得是怪事;济南的冬天是响晴的。

2. 刘家峧有两个神仙,邻近各村无人不晓:一个是前庄上的二诸葛,一个是后庄上的三仙姑。二诸葛原来叫刘修德,当年做过生意,抬脚动手都要论一论阴阳八卦,看一看黄道黑道;三仙姑是后庄于福的老婆,每月初一十五都要顶着红布摇摇摆摆装扮天神。

四、读读下面的话语,体会语句语调的高低升降的变化。

……(李空山)擦了这把脸,他活泼了一些,半笑地说:

"把一个官儿也丢咧,哼!也好,该结婚吧!老丈人,定个日子吧!"

晓荷回不出话来,只咧了一下嘴。

大赤包极沉着地问:"跟谁结婚?"

"跟谁?跟招弟呀!还有错吗?"

"是有点错儿!告诉你,空山,拣干脆的话,你引诱了招弟,我还没有惩治你呢!结婚?休想!两个山字落在一块儿:出去!"

五、判断下列短语有无歧义?若有歧义,你在实际口语中是如何用节律手段加以区别的?

1. 参观大厅
2. 从一开始
3. 爸爸和妈妈的朋友
4. 咬伤了猎人的狗
5. 别跑啰
6. 累死了

思考题

一、现代汉语的节律系统里所有起作用的语音形式有哪一些?能够区别语义与语言结构的有哪几种?举例说明。

二、语句重音有哪两种,各有什么特点?

三、词重音与短语重音、语句重音之间是什么关系?

四、举例说明顿断与连延节律的作用。

五、疑问语气是否都是升调?为什么?

参考文献

徐世荣(1980)《普通话语音知识》第四章,文字改革出版社。

罗常培 王 均(1981)《普通语音学纲要》,商务印书馆。

李 荣(1982)《音韵存稿》,商务印书馆。

董少文(1988)《语音常识》,上海教育出版社。

林 焘 王理嘉(1992)《语音学教程》,北京大学出版社。

石 锋(1994)《语音丛稿》,北京语言学院出版社。

傅国通 殷作炎(1998)《普通话导学》,浙江教育出版社。

王洪君(1999)《汉语非线性音系学》,北京大学出版社。

冯胜利(2009)《汉语的韵律、词法与句法》,北京大学出版社。

第二章 汉　　字

第一节　现代汉字概述

> 学习要点：了解汉字的历史和功绩，掌握现代汉字的性质和特点。能够运用传统造字法以及新造字法分析现代汉字，并能分析现代汉字构形成分的属性。

一、汉字的历史和功绩

汉字是汉民族在长期的劳动生产和社会实践中为适应交际需要而独立创造出来的书面交际工具。在人类文字发展的历史长河中，汉字是一种重要而独特的文字系统。它在记录语言的方法、造字的方式、字形的结构、字体的呈现等诸方面都有鲜明的特点。

汉字是世界上历史最悠久的一种独立发展的文字。过去汉字曾被亚洲一些国家（例如越南、朝鲜、日本）长期使用，形成了"汉字文化圈"。现在，除中国（包括台湾省和香港、澳门特区）外，在局部范围内使用汉字的国家还有日本、韩国、新加坡和马来西亚。今天世界上使用汉字的人口超过十三亿。

汉字在漫长的历史进程中建立了不可磨灭的功绩。首先，它为维护民族团结、国家统一发挥过并继续发挥着积极的作用；其次，它为中华民族保存了无比丰富的文化遗产；第三，它还为促进中外文化交流、发展人类文化作出过巨大贡献。汉字的计算机输入、输出和存储这一难题，现在已经解决。在世界进入信息时代的今天，先进的电脑与古老的汉字正在有机地结合起来。这种结合使汉字不再仅仅是人与人之间交流信息的工具，而且成为人与机器沟通信息的纽带。使用范围和效能上的这种变化使汉字面临一场新的挑战，为汉字的应用和发展开辟了极其广阔的前景。

二、现代汉字的性质和特点

现代汉字指现阶段正在使用的汉字，它记录的主要对象是现代汉语，与传统汉字相对应。判断一种文字符号体系的性质，首要的是研究这种文字与它所记录的语言之间的关系。考察现代汉字的特点，还必须跟拼音文字符号体系进行比较。

（一）现代汉字是一种意音文字

语言是音义的结合体。文字记录语言的时候，或者从音入手，或者从义入手，或者同时从音义入手。拼音文字记录语言都是从音入手的，即用音符记录语言。例如英文单词 man（人）是用音符 m、a、n 来记录英语中 [mæn] 这个名词的。汉字记录汉语则兼用三种方法：

1. 从义入手，用意符（形旁）记录语言。例如用"𠂉"（侧身而立的人形）来记录 rén（人）这个名词，用"🌱"（伸手采摘树上果子）来记录 cǎi（采）这个动词，用"三"（三条横线）来记录 sān（三）这个数词。

2. 从音入手，用音符记录语言。例如"亦"的古字形像人臂下的胳肢窝，后借去记录副词 yì（"亦步亦趋"的"亦"）；"须"的古字形像胡须，后借去记录副词 xū（"必须"的"须"）。这些字形符号，当它们被借去记录同音语词的时候，原字和新字的字义失去逻辑上的联系，仅在语音上保持一致。

3. 同时从音义入手，兼用音符和意符记录语言。例如"柑"，左半是树木的标记，跟名词"柑"在意义上保持联系,是意符;右半"甘"标注这个词的读音,是音符。意符和音符互补,提供了字形记录大量语词的可行性。

汉字绝大多数都是兼用表音和表义的方法,所以形声字约占全部汉字的90%左右。但是现代汉字的意符和音符所起的表义标音作用已经有限。原因主要有二:一是部分字的语义和语音在长期使用中已经发生了变化,而这些汉字的意符或音符本身的意义和语音却并无变化,这就发生了脱节的现象,例如"鲸"的字义与意符、"江"的字音与音符就不一致;二是汉字在几千年的发展过程中,形体自身也多次发生变化。特别是从秦汉开始,汉字进入隶楷阶段,汉字形体跟它所记录的汉语在音、义上的联系变得非常松散。一些表义符号已经看不出原先所象之形和所表之意,成了既不象形又不表意的记号;一些表音符号跟它所记录的语词的实际读音也已相距甚远,成了不表音的记号。但是这些记号在汉字符号总量中还未占到多数,而且这些记号本身也是从意符音符演变过来的,所以总起来说,**现代汉字是一种兼顾意音的文字,可以简称为"意音文字"**。

汉字的音符,也叫声旁,同表音文字的音符有很大的区别。前者是非专职的,是借用本来既有音又有义的现成字符充当的,而后者则是专职的。有些符号(例如"耳"),既可以独立成字,也可以在这个字中充当意符(例如"聆"),在那个字中出任音符(例如"饵"),在另外的字中既作音符又作意符(例如"珥")。表音文字的音符数量很少,一般只有二三十个。现代汉字中音符的数量很多,超过一千个。表音文字的音符跟它提供的语音信息基本一致,现代汉字的音符跟它提供的语音信息常常不一致,但它们毕竟显性或隐性地传递了语音信息,为记录和认读汉字提供了有利条件。

汉字的意符,也叫形旁,在传递语义信息上的功能,是单纯的表音文字所不具备的。尽管绝大多数意符只能提示语义的类别或范围,不能传递准确、具体的语义信息,但是,从总体来看,现代汉字的意符反映了字义的系统性,从字形上区别了语音信息相同且采用同一音符的语词,例如"消、销、逍、宵、霄、硝、绡、魈"。相对于表音文字来说,意音文字仍属于表意文字体系。现代世界各国所用的文字多数是表音文字,我国的藏文、蒙文、维吾尔文等也都是表音文字,唯独汉字基本上仍是一种兼顾意音的表意文字符号体系。

(二)现代汉字基本上是一种语素文字

表音文字根据文字所记录的语言单位的不同,可以分为音素文字和音节文字两种类型。音素文字用符号(字母)记录语言中的音素,例如英文、俄文;音节文字用符号(字母)记录语言中的音节,例如日文的假名和梵文。

汉字的字符记录的语言单位大致有四种情况:

1. 有的汉字由一个意符单独组成,该意符记录的是音义结合的语素,例如"门",它所记录的语素,其语音为 mén,语义为"建筑物的出入口"。

2. 有的汉字由几个意符组成,这些意符分别表示的只是跟被记录的语素义相关的一部分意义成分,例如"休",由"亻"和"木"两个意符组合而成,《说文解字》:"息止也。从人依木。"用人倚靠树旁来记录"休(息)"的语义。

3. 有的汉字由一个意符和一个音符组成,意符记录该语素的义类,音符记录该语素的音节,例如"花",意符是"艹",表示这个语素的意义属植物一类,音符是"化",表示该语素的读音近似于 huà。

4. 有的汉字由一个音符单独组成,该音符记录的是非词语素的音节,例如"马达"的"马",它在词中只起记录音节 mǎ 的作用。

汉字在记录语言时,利用了语素音义兼顾的特点,用能产性极强的形声字分别记录语素意义所属的类别和语素的音节。因此,**从汉字符号记录语言的单位来看,现代汉字是一种语素文字**。

(三)现代汉字在形体上呈现为方块形式

文字符号的组合主要有两种方式:一种是线性排列,一种是平面组合。大多数拼音文字(拉丁系文字、斯拉夫系文字和阿拉伯系文字)是线性文字,它们的构成成分像一条线似地依次排列,顺着一个方向延伸。汉字是一种平面性文字,它的构成成分是从横和纵展开,形成平面布局。在一个平面内,不管有多少个构成成分都要均衡地分布在方方正正的框架里,呈现为方块形式,所以汉字又叫作"方块字"。

汉字从隶书发展为楷书,形象性减弱,符号性加强。这一变化要求构成字形的线条本身必须具有鲜明的特征,以此来保证每个汉字字形具有较高的区别性。汉字字形整体形象性的减弱和字形线条个性特征的加强,正是笔画得以产生的基础。于是汉字逐渐实现从线条化向笔画化的转化,形成了汉字的笔画系统。

汉字呈方块形式的特点,有利也有弊。优点主要表现在阅读上:(1)方块组合比线性排列结构紧凑,占用空间小,能够节省篇幅,节省目力,有利于阅读。(2)方块形式的汉字,不管笔画多少,从一画的"乙"字到三十六画的"龘"字,都分布在大小相同的方块形平面之中,造成单位面积内笔画密集程度不一。因此,汉字符号之间在形体上的差异度较大,视觉分辨率较高,有利于快速阅读。缺点主要表现在书写上:(1)方块形式的汉字字符,其笔画呈现多向分散,例如"米"字,运笔方向分散,加长了笔程,影响了书写速度;而线形的拼音文字,运笔方向单一,书写时顺手就势,速度较快。(2)从信息处理来看,线性的拼音文字可以直接输入输出电脑,而汉字要通过编码把方块组合拆散成线性排列,实现输入,再由线性排列还原成方块组合,实现输出,程序比较复杂,影响了计算机处理汉字的效率。

方块汉字不实行分词连写,人们阅读时不是以一个个词为单位,而是以一个个字为单位映入视网膜。使用者要准确理解语义,必须在头脑中作一番组字成词的工作。有时必须把一串字符看完后联系上下文才能确定某字是与前一字还是与后一字组合,这样就会影响阅读速度。例如"发展中国家用电脑"这一字符串,其中"国"与前面的"中"字相连可以组成"中国",与后面的"家"字相连又可以组成"国家",究竟是"发展/中国//家用///电脑",还是"发展中//国家//用//电脑",必须联系上下文才能确认。近年来,有些学者提出在书面上实行分词连写的主张,不过响应者还甚少。尽管汉字优点与缺点都很鲜明,但比较而言,优点明显大于缺点,而且更为重要的是汉字几千年来很好地为汉语服务,是汉语极为重要的衍生产品,对汉语的表达与发展起到重要的促进作用。

总之,**现代汉字是一种兼表意音的语素文字**,这是它区别于纯粹表音的音素文字或音节文字的基本特点。

三、汉字的造字方法

现代汉字中,相当一部分是从古代汉字演变而来的传承字,还有一部分是现代新造的字和经过简化、整理的字。分析现代汉字的造字法主要是要分析传承字和新造字的造字法。有关汉字简化的方法,将放在有关简化汉字的章节中去讨论。

造字法,通常采用传统的"六书"来分析,**"六书"是指象形、指事、会意、形声、假借、转注**。目前主流看法认为假借、转注是用字手段,象形、指事、会意、形声才是造字方法。

(一)象形

用线条描画出事物的形象,其字形与字义的联系比较具体、紧密。这类字大多表示自然界和日常生活中的实物。例如:

ᐊ(衣),像一件衣服。

ᛰ(鸟),像合翅停立的鸟。

许多事物用几根线条很难画出,有的即使能画,也非常复杂,不符合书面交际的要求,所以用这种方法造出来的字并不多。在《说文解字》里,象形字约占4%左右。由于字形历史演变等原因,这类字的形体象形意味现在大为减弱,不少已经失去了跟字义的直接联系,有些还变成了记号。

(二)指事

用抽象符号来提示字义。这类字可以分两种:

1. 纯符号的。例如:

一(一),用一根线条表示所记录的数字。

⼆（上），用一根短线条在另一根长线条之上表示方位。

这些线条记写的不是木棍、木条之类的具体事物，而是抽象的数字或方位。

2. 在具体事物的图形上添加抽象符号。例如：

ᚐ（末），在树木的顶端加一短横，指示那里是树梢。

ᚑ（刃），在刀锋处加一个点儿，表示那里是刀口。

这种方法造的汉字局限性很大，所以字数极少，纯符号的指事字更少，《说文解字》里仅占1.1%左右。

（三）会意

用两个或几个物体的图形的组合产生字义。例如：

ᚒ（涉），用人的两脚分别在小溪两侧，表示徒步涉水的意思。

ᚓ（析），用斤（斧子）砍木头，表示分开的意思。

会意字是在象形字基础上创造的，所表示的字义可从几个象形字组合的关系上显示出来，所以能把没法直接描画的一些动作、状态表示出来。会意字在《说文解字》里约占12.4%左右。这种造字方法，现在仍在少量地应用。例如：

拿，用单手握紧或两手合拢表示拿物的动作。

尖，用上"小"下"大"，表示尖的形状。

（四）形声

由形旁与声旁组成，形旁表示大致的字义或字义的类属，声旁提示字的读音或近似的读音。例如：

湖，用"氵"（三点水）表示字义跟水有关，用"胡"注明字的读音。

盛，用"皿"（皿字底）表示字义跟器皿有关，用"成"注明字的读音。

形声法综合利用字形表义和字形表音这两种手段，例如"芭"（bā）/"疤"（bā）/"笆"（bā）/"把"（bà）/"爸"（bà），声旁都是"巴"（个别字声调不同），用不同的形旁区别字形；再如"松"（sōng）/"柏"（bǎi）/"杉"（shān）/"桐"（tóng），这些形旁相同的字，由于声旁不同，字形也能够得以区分。形声法是汉字最主要的造字方法。在《说文解字》里，形声字已占82%。

现代新造的字，它们的造字法主要是继承传统，但也有少数是新创造的。

1. 切音合形造字法。把两个字合成一个字，字义也合，读音则利用切音方法记录，即取前字的声母、后字的韵母（或近似韵母）和声调。例如"甭"，音béng，是"不"和"用"的切音，字义为"不用"，是"不"和"用"的合义。

2. 省形的切音合形造字法。字音和字义跟上面的方法相同，只是字形各取其半。例如科技用字"巯"，音qiú，是"氢"（qīng）和"硫"（liú）的切音，字义是"有机化合物中含硫和氢的基"，字形则从原有汉字"氢"和"硫"中各取一半。

3. 省形造字法。在原有汉字字形的基础上省略部分笔画而成。例如象声字"乒"和"乓"，就是"兵"各省略了一笔；粤方言表示"没有"的方言字写作"冇"，就是"有"字缺失了中间两小横。

四、现代汉字构形成分的属性

对现代汉字构形成分进行分析，得到的是构字部件。构字部件的属性，指的是部件跟整字在音义上的关系，这可以分为三类：意符、音符和记号。**凡是跟整字在意义上有联系的部件，称为"意符"。凡是跟整字在读音上有联系的部件，称为"音符"。凡是跟整字在意义和读音上都没有联系的部件，称为"记号"。**

根据现代汉字构字部件的数量，可以把现代汉字字形分为单部件字和多部件字两大类。

（一）单部件字

单部件字有：**意符字和记号字**。

1. 意符字

由一个意符单独构成,从现代汉字的字形上就可以大致读出字义。例如:

凸　字义是"高出周围"。

凹　字义是"低于周围"。

还有"一""二""三"等字。这类字在现代汉字中数量很少。

2. 记号字

由一个记号单独构成,从现代汉字的字形上,既不能知道读音,也不能读出字义。这些字的来源如下:

(1) 有的是古代的象形字。例如:水,古字形写作㊀,像小河流水,现代汉字字形已经没有一点儿流水的样子了。

(2) 有的是古代的指事字。例如:前边讲到的"末""刃",现代汉字字形已经看不出树木末梢和快刀刀锋的样子了。

(3) 有的是古代的假借字。例如:求,古字形写作㊀,像带毛的兽皮,现代汉字的字形跟现代汉字的字音、字义都联系不起来了。

(4) 有的是古代的形声字。例如:年,古字形写作㊀,金文㊀像人肩负禾谷而归,小篆把"人"讹变为"千",写作㊀,《说文解字》:"从禾,千声。"现代汉字的字形已经粘连,看不出原来的意符和音符了。

(5) 有的是多部件字的简化形体。例如:门,繁体字写作"門",是从古字形門演变来的,从简化形体已看不出任何字音、字义的信息。

(二) 多部件字

多部件字主要有三类:合成意符字、意符音符字、合成记号字。

1. 合成意符字

由两个或两个以上意符构成,从现代汉字字形看,可以说是合字表义。例如:泪,用"氵"(三点水)和"目"表示眼泪;掰,用两只"手"和"分"表示用两手分开东西。

2. 意符音符字

由意符和音符构成。从意符可以大致知道字义的类别,从音符可以大致读出字音。例如:惊,意符是"忄"(心),音符是"京",字义表示"精神受了刺激,突然不安";驹,意符是"马",音符是"句",字义表示"小马"。

3. 合成记号字

组合成字的部件都是既不表示字音又不表示字义的记号。这类字有的是从古代象形字演变而来的。例如:鱼,古字形写作㊀,象形。组成现代汉字字形"鱼"的部件都不能表示鱼的字音或字义。有的原来是形声字,在现代汉字中,它们的意符和音符都失去作用,变成了记号。例如:特,原来是形声字。意符是"牛"(《说文解字》:"牛父也。"指没有阉割的牛),音符是"寺"。现代汉字的字义是"特殊的、不平常的",字音是 tè,原来的意符、音符都成了记号。还有的是简化形体。例如:圣,部件"又"和"土"跟字音、字义都没有联系,是两个记号合成的字。

五、现代汉字的字体

(一) 古今汉字字体的演变

字体指的是同一种文字的各种不同体式。 例如汉字的楷书、行书、草书,印刷的宋体、仿宋体、楷体、黑体等。至于书法艺术上的种种字体,例如欧体、颜体、柳体,指的是书法的派别,又称"书体",不属于严格文字学的范围。

汉字的字体经过了漫长的演变过程,先后出现过甲骨文、金文、小篆、隶书、草书、楷书、行书等各具特点的字体。 汉字字体演变的总趋势是由繁难变为简易。由甲骨文、金文发展到小篆,是一个简化的过程。小篆又简化为隶书,隶书又简化为草书和楷书,楷书又跟草书结合为行书。其中,**隶变在字体演变史上的地位最为重要,它是古今汉字的分水岭。**

汉字字体演变的简化趋势,主要表现在字形的结构和写法上。例如结构成分的归并或省减;书写时图画性减弱,符号性增强;绘画式的线条变成由点和直线构成的笔画。字体演变过程中也有字形结构繁化的现象。为了区别同音异义字而添加形旁就是典型的一类,例如"其"的原义是簸箕,借为虚词后,用添加"竹字头"的"箕"记录簸箕义。相对"其"字,"箕"的字形结构趋于繁复,但是繁化只是极少数,简化则是大趋势。许多加旁现象可以看作文字的分化或字数增加,不应视为字形繁化。简化是汉字字体演变的主流,这是由文字必须适应交际需求这一基本功能决定的。下面以"日、月、车、马"四个字为例,说明汉字字体的演变趋势。

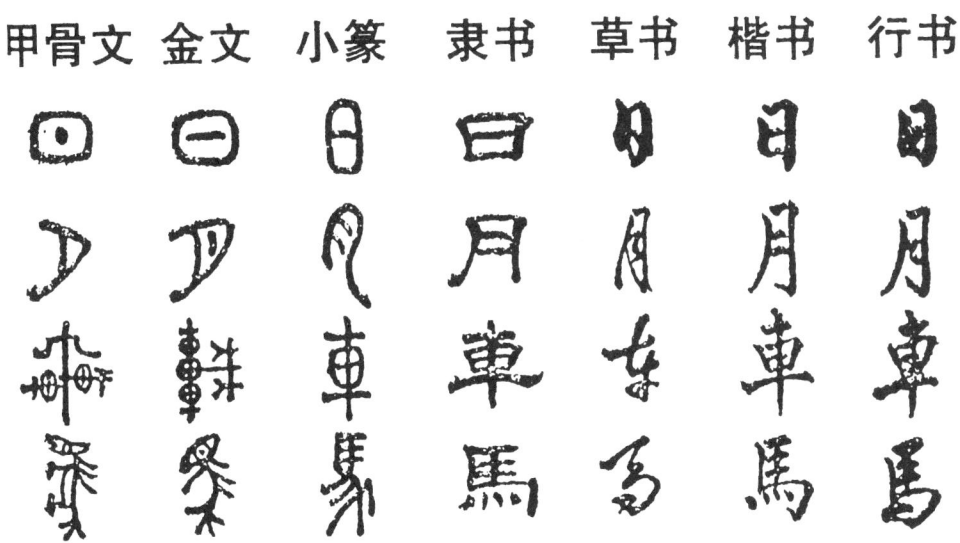

汉字字体演变图

字体的演变一般是缓慢的、渐进的。不是新的字体一出现,旧的字体就淘汰,而是经过一段新旧字体并存的时间,才会由新体逐渐代替旧体。旧体不通行后,也不是立即废弃,而是在某些场合仍旧使用。例如汉魏两代,小篆已经不通行了,但《说文解字》仍用篆书。隋唐两代,楷书早已通行,但在石刻上仍旧有人写隶书。直到现代,在写对联、刻印章、绘画题词时还有人把篆书或隶书作为艺术性的字体来使用。

汉字字体的演变,其根本原因是人们的社会交际需要,即要求文字高效率地服务,要求书写快捷、辨认清晰、印刷方便。其次的原因才是书写工具的改进以及政治上的需要。从甲骨文以来,汉字的书写速度和辨识效率一直是字体发展的矛盾着的两个方面,两者互相制约又互相促进,在竞争中达到新的平衡,从而形成了汉字的多种字体。

(二)现代汉字字体的种类

现代汉字的字体可分为手写体和印刷体两大系列。手写体灵活、多样,易于表现个人风格;印刷体清晰、端正,在文字的传播和教学中起规范作用。

1. 手写体

手写体是指文字的手写形式。现代汉字手写体主要有楷书、草书、行书等三种。

(1) 楷书是现代通行的汉字手写正体字,也叫正楷。"楷"是楷模、法式的意思。楷书笔画分明,笔形规整,结构端庄,字形方正,是汉字的标准字体。

(2) 草书打破了汉字的方块形体和结构系统,改变了楷书向四面八方用笔和不断起笔落笔的书写方法,而把许多原来的笔画和偏旁变成易于一笔连写的符号。这样就把方块字的结构和写法高度简化,达到书写快捷的目的。

(3) 行书是介于楷书和草书之间的一种字体。它接近楷书而不拘谨,近于草书而不放纵;笔画连绵而各字独立,字形清晰易认,书写效率高,实用性强,是楷书的主要辅助字体。

2. 印刷体

印刷体是指文字的印刷形式。现代汉字印刷体主要有宋体、仿宋体、楷体、黑体四种。

(1) 宋体又称老宋体。笔画严谨,横细竖粗,结构紧密,字形方正。书报的正文一般都用宋体。

(2) 仿宋体是采用宋体的结构、楷书的笔法而成的。笔画粗细一致,结构匀称,字形清秀,有长、方、扁三体。多用于一些特殊场合,例如诗词的正文、文章的引文、书籍的序言或图片的说明等。

(3) 楷体又称活体。笔画浑圆,笔调灵活,结构端正,字形美观。多用于排印通俗读物、中小学课本和儿童读物。

(4) 黑体又称粗体、方头体。笔画粗重,横平竖直,笔端统一,字形丰满。多用于标题、标语、广告或文章中表示着重点的部分。

下面以"学"字为例列出印刷体的四种字体。

字　　体	宋体	仿宋	楷体	黑体
例　　字	学	学	学	**学**

以上四种字体中,宋体和楷体是最常用的印刷体。在字形整理前,宋体的字形结构和笔形同楷体的字形结构和笔形有较大的差别。例如楷体的"即"字,宋体作"卽",楷体的"真"字,宋体作"眞"。宋体和楷体之间存在的这种差别,不仅给汉字的识字教学增添了负担,也给人们的应用带来不便。为此,20世纪50—60年代有关部门对印刷宋体字形进行了整理。由于印刷楷体的字形结构和笔形同手写楷书基本一致,为便于人们学习和应用,整理字形的一条重要原则就是尽可能使宋体的字形结构和笔形向楷体靠拢。1965年1月文化部和中国文字改革委员会联合发布的《印刷通用汉字字形表》,为6 196个通用汉字规定了通用字体(宋体)的规范字形。印刷部门遵照这个规范刻制成铅字字模。此后一般书报期刊都采用这种规范的字体来印刷。

印刷体根据字体大小编号。常用的字号从大到小有初号、头号、二号、三号、四号、小四号(新四号)、五号、小五号(新五号)、六号、七号等十种。

练习题

一、填空。

1. 在空格内填上各字的造字方法。

例　字	木	本	禾	休	沐	林	果	采	相	校
造字方法										

2. 在相应的造字法下面打钩。

例　字	丘	甘	卉	囚	束	析	刺	崇	慕	燕	固	颖
象　形												
指　事												
会　意												
形　声												

二、问答。

1. "森"表示树多貌,"淼"表示大水貌,运用同样的造字法所造的汉字,你还能举出4—5个例字来吗?
2. 新造字的造字方法有哪几种跟传统方法不同的?请举例说明。
3. 从甲骨文到行书,汉字发生了哪些变化?最重要的变化是什么?为什么?
4. 举例说明现代汉字多部件字的构字方式。

思考题

一、有人认为汉字属于表意文字,所以落后,应该改为拼音文字;但是也有人认为汉字是全息码文字,属最高级的文字,是世界文字发展的方向。你认为应该如何正确评估汉字的优点和缺点?

二、为了提高汉字阅读和信息处理的效率,有人建议实行"按词书写",即在词与词之间留出空白。你认为这一建议有无必要和可行性?为什么?

第二节　现代汉字的字形

> **学习要点**:了解并掌握现代汉字笔画类别以及笔画顺序;能够运用现代汉字常用部件和部件拆分方法对汉字进行结构分析。掌握重要概念:笔画、部件、偏旁、部首、独体字、合体字。

现代汉字的字形构成是分层次的,可以逐层进行分析。从整字分解出部件,从部件分解出笔画;也可以反过来说,由笔画组合成部件,由部件组合成汉字。例如"焦"的字形结构层次如下图:

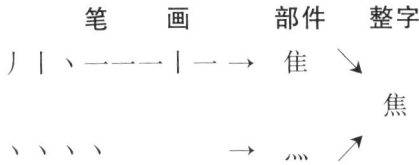

一、笔画与笔顺

(一) 笔画

笔画是构成楷书字形的最小单位。 早期书写汉字的主要工具是刻刀和龟甲兽骨,后来为了提高书写效率,人们又发明了柔软的毛笔和纸张。汉字字形形象性的减弱和符号性的增强,要求构成汉字字形的线条本身必须具有鲜明的个性,只有这样才能保证每个汉字字形有较高的区别性特征。

就书写过程而言,笔画是有起止的线条,从落笔到下一次提笔的过程中写出的点和线就叫一笔或一画。在不同的字体中,笔画的表现形式可能不完全相同。这里所说的笔画是以印刷体的主流字体宋体、楷体作为分析对象的;所说的笔画数、笔画形状、笔画顺序一律以国务院 2013 年 6 月 5 日发布的《通用规范汉字表》提供的字形为准。

1. 笔画的数目

现代汉字整字的笔画数,少的只有一画,例如"一""乙"(笔画、部件和整字三位一体),多的有二三十画,例如"爨"30 画、"龘"36 画。笔画数的多少是现代汉字区别字形的重要手段之一。

准确计算每个汉字的笔画数,需要两个条件:一是统计的对象必须是规范字形。例如"鬼",规范字形是 9 画,而已被整理淘汰的旧字形"鬼"则是 10 画。二是要遵守汉字书写的基本规则。如同一个笔画,笔尖只能走一次,不能来回走。又如横笔的走向只能从左到右,不能从右到左;竖笔、撇笔、捺笔的走向只能从上到下,不能从下到上。为了正确计算笔画数,还要注意以下规则:(1) 笔画与笔画在字的左上角相接时,分作两笔,例如"厂、日"等。(2) 笔画与笔画在字的左下角相接时,有两种情况:如是全包围结构的字,例如"回、田"等,分作两笔;如不是全包围结构的字,连作一笔,例如"山、区"等。(3) 笔画与笔画在字的右上角相接时,连作一笔,例如"月、句"等。(4) 笔画与笔画在字的右下角相接时,分作两笔,例如"由、雷"等。

根据统计,《通用规范汉字表》收字 8 105 个,9 画的字最多(899 个),其次是 10 画(826 个)和 11 画(816 个)的字。

2. 笔画的类别

依据笔势和走向,现代汉字的笔画可以有 31 种不同的形式。**笔画的形式简称为笔形。** 现代汉字的笔形可以有概括的和细致的两种分类法:概括的分类法把笔形分为八类或五类;细致的分类法先把笔形分为基本笔形和派生笔形(也称复合笔形)两个大类,然后再分出小类。

(1) 汉字笔形八类说和五类说

八类笔形是指:点、横、竖、撇、捺、提、折、钩。因为楷体"永"字刚好含有这八种笔形,书法界就有"'永字八法"之说。

五类笔形是指：横、竖、撇、点、折。因为"札"字刚好含有这五种笔形,就有"'札'字法"的名称。

五类说是把八类说中有可能是变形的笔画并入了非变形笔画,因而减少了类别数目。例如把"提"并入"横",因为"提笔"大都出现在左旁的末笔(例如"孙""站""耻""转"等字的左旁末笔),当左旁部件独立成字或置于其他部位时,这些"提笔"都要改成"横笔"。又如把"捺"并入"点",独立的"木""又""米""火"等字中,当它们处于字的右旁或下方时,都是"捺",但当它们处于字的左旁时,例如"林""欢""粘""焰"中,"捺笔"就改成了"点笔"。由于五类说对笔形的分类更为概括,所以经常用于工具书的排序。

（2）基本笔形和派生笔形的类别

书写时,笔画的方向自始至终没有变化的笔形是基本笔形,笔画的方向有所变化的是派生笔形。派生笔形是指各式各样的折笔。基本笔形、派生笔形的类别,目前还没有国家标准作为依据。下表中所列可作参考：

现代汉字笔画(笔形)表

序　号	笔画(笔形)类别		名　称	例　字
1	基本笔形	一	横	十的第1笔
2		丨	竖	中的第4笔
3		丿	撇	人的第1笔
4		丶	点	主的第1笔
5		㇏	捺	大的第3笔
6		㇀	提	江的第3笔
1	派生笔形	𠃍	横折	日的第2笔
2		𠃌	横撇	又的第1笔
3		㇖	横钩	写的第2笔
4		㇆	横折钩	月的第2笔
5		㇊	横折提	记的第2笔
6		㇈	横折弯	朵的第2笔
7		𠃑	横折折	凹的第2笔
8		㇌	横折斜钩	风的第2笔
9		㇈	横折弯钩	九的第2笔
10		㇉	横撇弯钩	队的第1笔
11		㇅	横折折撇	及的第2笔
12		㇋	横折折折钩	乃的第1笔
13		㇇	横折折折	凸的第4笔
14		㇗	竖提	民的第3笔
15		㇄	竖折	山的第2笔
16		㇚	竖钩	小的第1笔
17		㇄	竖弯	西的第5笔
18		㇟	竖弯钩*	己的第3笔
19		㇉	竖折撇	专的第3笔
20		㇋	竖折折	鼎的第6笔
21		㇃	竖折折钩	马的第2笔
22		㇂	撇点	女的第1笔
23		㇇	撇折	公的第3笔
24		㇂	斜钩	我的第5笔
25		㇁	弯钩	家的第6笔

* 楷体有一种派生笔形叫卧钩(心的第2笔),宋体写作竖弯钩。

笔形分类或粗或细,要视分类的目的而定。目的不同,分类自然有别。如果是为了工具书编排和查检的需要,分类无妨粗些;如果是为了写好字,方便书法教学,分类应该略细。同是为了书写,使用软笔和硬笔又有所不同,如适应硬笔书写的竖笔类,软笔书写时还可以分为短竖、长竖、悬针竖等笔形。

3. 笔画的组合关系

现代汉字笔画的组合关系有三种:

(1) 相离关系:例如"三、八、川、小"等字,它们的笔画之间都有或大或小的距离。

(2) 相接关系:例如"工、刀、厂、口"等字,前一笔和后一笔都是互相连接的关系。

(3) 相交关系:例如"十、九、丈、女"等字,前一笔和后一笔都是相互交叉的关系。

由于多数汉字是由几个甚至十几个笔画组成的,所以,在一个字内,笔画的组合关系是多种多样的。例如"亏"由3笔构成,第二个横笔跟第一个横笔是相离关系,跟下边的竖折折钩则是相接关系。再如"母"由5笔构成,包含相接、相离、相交三种关系。笔画数目和笔画形状相同,只因为笔画的组合关系不同就可以构成不同的字。笔画组合关系也是构成不同汉字字形的重要手段。例如:八/人/入、刀/力、几/九、工/土/干、田/由/甲,等等。

(二) 笔顺

书写汉字时笔画的走向和次序叫作笔顺。笔顺包括两方面内容:一是笔画的走向,也有人称"笔势",例如横(一)是从左到右,竖(丨)是从上到下;二是笔画出现的先后次序,也有人称"笔序",例如"山",由三笔组成,它们出现的次序是:丨 山 山。笔势和笔序合起来称为笔顺。

汉字是笔画向右、向下运动构成的二维文字,所以,笔顺规则的总出发点是:书写的起点在左、在上,终点在右、在下,两个相关笔画之间以最短距离为运笔最佳选择。笔顺的基本规则,可以概括为以下10条:

(1) 从左到右。例如"川"(丿 丿丨 川);

(2) 从上到下。例如"草"(一 艹 艹 苩 荁 苜 草);

(3) 先横后竖。横竖相交及竖笔的笔首与横笔相接的字或部件,绝大多数是先横后竖。例如"丰"(一 二 三 丰)、"于"(一 二 于);

(4) 先竖后横。多笔横、竖笔画相接或相交,最后一个横笔与竖笔相接时,要先竖后横,例如"王"(一 二 干 王)。长竖与短横相接时,要先竖后横,例如"非"(丨 丨一 丨一 丨二 丨三 非 非 非);

(5) 先撇后捺。撇笔与捺笔组合时,不管是相离、相接还是相交,书写时都是先撇后捺。例如"八"(丿 八)、"入"(丿 入)、"乂"(丿 乂);

(6) 先撇后折。撇笔和折笔组成字或者部件,书写时多数是先撇后折。例如"九"(丿 九)、"勺"(丿 勺)、"犭"(丿 犭 犭)等。不过,"刀"(丁 刀)、"万"(一 丁 万)、"女"(乆 女 女)等字是先折后撇;

(7) 先外后内。部分独体字、两面或三面包围字,书写时大多数是先外后内。例如"寸"(一 十 寸)、"疗"(丶 亠 广 疒 疒 疗 疗)、"司"(丁 刁 司 司 司)、"闪"(丶 亠 门 闪 闪)。不过,含"辶""廴"的两面半包围字和缺口在上的三面半包围字,要先内后外,例如"进"(一 二 井 井 讲 进)、"延"(丿 丆 下 正 延 延)、"函"(了 了 了 孑 承 函 函)。至于缺口在右的三面包围字,则先上后内再左、下,例如"区"(一 丆 乂 区);

(8) 先外后内再封口。全包围结构字都是先写三面,接着写内部,最后封口。例如"田"(丨 冂 月 田 田)、"园"(丨 冂 冂 闬 园 园 园 园);

(9) 先中间后两边。例如"办"(丁 力 办 办)、"承"(乛 了 了 手 丞 承 承)、"率"(丶 亠 玄 玄 玄 玄 玄 玄 率);

(10) 包在主体内的点和右上角的点最后写。前者例如"瓦"(一 丆 瓦 瓦)、"兔"(丿 丿 仃 匃 召 仱 兔 兔),后者例如"犬"(一 ナ 大 犬)、"求"(一 十 寸 才 求 求 求)。

错写笔顺,除了影响书写速度和字形美观外,还会妨碍正确掌握和使用某些查字法。下面列出笔顺容易歧误的字备查:

笔顺易错字表

笔画数	汉字	笔　　顺	笔画数	汉字	笔　　顺
2	九 乃	ノ九 乃乃	8	妻 非 虎 垂 肃	一一三丯圭妻妻妻 丨丨丨丨丨一非非非 一厂广卢卢虎虎虎 一一二千千千乖垂垂 一ヨヨ肀肀肀肃肃
3	与 山 及 叉	一与与 丨山山 ノ乃及 フ又叉	9	重 叟 姜	一一一二千千百百重重 丨丨日日白白臾叟叟 丷丷丷丷羊姜姜姜姜
4	五 比 瓦 方 火 丑	一丆开五 一上比比 一丆瓦瓦 丶亠方方 丶丷少火 フ刀丑丑	10	脊 鬯	ノ丷丷丷丷丷丷炎脊脊脊 ノメ☒☒☒☒☒鬯鬯鬯
5	凸 凹 北 讯 必 皮 出 母	丨丨丨凸凸 丨冂冂冋凹 丨上斗北北 丶讠讯讯讯 丶心心必必 一厂广皮皮 凵屮中出出 凵凵口母母	11	爽 敝 兜 率 渊	一一一百百百夾夾爽爽爽 丶丷丷冂冂冂冂敝敝敝敝 丨冂冂冃白白白兜兜兜兜 丶亠亠玄玄玄玄𢆯率率率 丶氵氵汌汌汌汌渊渊渊渊
6	再 舟 臼	一丆冂冂冉再 ノ丿爿月舟舟 丨丨𠂇𠂇𠂊臼	12	鼎 黑	丨冂冂冃日目鼎鼎鼎鼎鼎鼎 丨冂冂曱里里黒黒黒黒黒黑
7	巫 辰 里 坐 卵	一丆T亚亚巫巫 一厂厂厂厅辰辰 丨日日日甲里里 人亻亻从丛坐坐 丶丿丬丱卵卵卵	14	聚 舆	一一耳耳耳取取聚聚聚聚聚聚 丨丨F F F F 卢闩闩闩闩臾舆舆
			16	燕 噩	一十廿廿廿甘甘甘甚甚莊菀燕燕燕 燕 一丁丌亞亞严严严严严严严噩噩噩 噩
				器	丨𠮛丨卩口口叩叩叩哭哭器器器器 器

二、部件

现代汉字用 30 多个不同形状的笔画组合成六七百个部件,再用六七百个部件组合成数以万计的整字。

(一) 部件的定义及分类

部件是由笔画组成的、能独立运用的、具有组配汉字功能的构字单位。部件也可以看作是对整字进行一次或几次切分后得出来的构字单位。大多数部件是由一些笔画组合成的"构件",它们可以独立运用,以组合的形式充当构字单位,例如氵、宀、亻、衤;有少数部件本身就是一个字,例如,构成"妈"的部件"女""马",构成"想"的部件"木""目""心";也有少数部件本身就是一个笔画,例如"礼、乱、孔、乳、扎、札"中的"乚";还有少数部件本身既是笔画又是整字,例如"旦"字下边的部件"一","艺"字下边的部件"乙"。可见,无论是构件、整字还是笔画,作为部件,它们在组构汉字字形的时候都能够独立运用。

部件可以从多个角度予以分类:

(1) 单笔部件/多笔部件:只有一个笔画的部件,叫单笔部件,例如"乚";由两个和两个以上笔画组成的部件叫多笔部件,例如"也""子"。

（2）成字部件/不成字部件：可以独立成字的部件,叫成字部件,例如构成"病"的"丙"；不能独立成字的部件,叫不成字部件,例如"疒"。

（3）基础部件/合成部件：最小的不再拆分的部件叫基础部件,又叫单纯部件；由于基础部件总是处在组字的最低层次,所以又称末级部件。由两个和两个以上基础部件组成的部件叫合成部件。例如"倍"字中的"咅"(tòu)属合成部件；"咅"中的"立"和"口"属基础部件。

（二）部件的名称

学习和使用汉字,常常需要把汉字的构成部件说出来。例如"尊姓?""姓张,弓长张。"成字部件可以按字的读音去称说部件。多音的部件可以选取常用音去称说部件。不成字部件,一部分有习惯上的描写性称说,不过,说法往往不一致。例如"冖"有"秃宝盖"与"平宝盖"两种称说法。部件的名称有待于规范。大量不成字部件还缺少大家习惯的称说法,需要集思广益予以定名。下面是称说比较一致的不成字部件的名称：

立刀旁（刂） 单人旁（亻） 两点水（冫） 言字旁（讠） 单耳旁（卩）
双耳旁（阝） 提手旁（扌） 草字头（艹） 大口框（囗） 双人旁（彳）
三撇儿（彡） 反犬旁（犭） 折文旁（夂） 反文旁（攵） 竖心旁（忄）
三点水（氵） 走之底（辶） 绞丝旁（纟） 老字头（耂） 四点底（灬）
病字头（疒） 衣字旁（衤） 虎字头（虍） 竹字头（⺮） 足字旁（⻊）

目前还没有一致称说法的不成字部件,可以先选一个以该部件组成的常用字来称说。例如：

区字框（匚） 同字框（冂） 建字底（廴） 弄字底（廾）
常字头（⺍） 青字头（龶） 春字头（𡗗） 卷字头（⺈）
登字头（癶） 栽字头（𢦏） 将字旁（爿）

（三）部位的名称

要确定部件的名称,还要给汉字字形结构的各个位置定名,这就叫部位。可以分为八类：

（1）头：上下结构的上部。"分"的上部称为"八字头","压"的上部称为"厂字头"。

（2）底：上下结构的下部。"兄"的下部称为"儿字底","显"的下部称为"业字底"。

（3）旁：左右结构的左边。"快"的左边称为"竖心旁","灯"的左边称为"火字旁"。

（4）边：左右结构的右边。"体"的右边称为"本字边","红"的右边称为"工字边"。

（5）心：内外结构的内部。"国"的内部称为"玉字心","问"的内部称为"口字心"。

（6）框：内外结构的外部。"固"的外部称为"大口框","问"的外部称为"门字框"。

（7）腰：左中右或上中下结构的中间部分。"湖"的中间部分称为"古字腰","曼"的中间部分称为"四字腰"。

（8）角：上下结构的四角。"嚣"的四角均称为"口字角","赢"的左下称为"月字角",右下称为"凡字角"。

综合起来,可以把汉字结构部位的名称编成16字口诀：

上"头"下"底",左"旁"右"边",
内"心"外"框",中"腰"四"角"。

使用统一规范的部件和部位名称,可以把一个结构复杂的汉字称说得既准确又清楚,这就叫"部件识字法",例如"赢"可以称说为："亡字头,口字腰,贝字底,左下'月字角',右下'凡字角'。"

（四）偏旁、部件、部首的异同

偏旁就是用二分法对合体字进行一次性切分而获得的结构单位,可分为"形旁"和"声旁"两类。形旁通常表示该字的意义类别,声旁通常表示该字的大致读音。多数形声字由一个形旁和一个声旁组成,例如"根""柱""梢""杖"的形旁都是"木",而声旁分别为"艮""主""肖""丈"。会意字的两个偏旁都属于形旁,例如

"伐""甜""明""劘"。

"部件"这个术语是适应现代汉字分析字形的需要而提出来的。部件这个概念可大可小：有时部件是对合体字进行一次切分而得出的两个单位，这时的部件往往相当于偏旁；有时部件是对合体字进行多次切分而得出的多个单位，这时的部件就小于偏旁。

"部首"是指可以成批构字的一部分部件。含有同一部件的字，在"字集"中均排列在一起，该部件作为领头单位排在开头，成为查字的依据。部首一般包括两类：一是形旁，例如"栋""梁"的部首都是"木"；二是某些笔画，例如"头"的第一笔"、"就是部首。

通用汉字的偏旁约有 1 500 个。3 500 个常用字的部件有 514 个。《说文解字》的部首是 540 个，《现代汉语词典》(第 6 版)的部首是 201 个。可见，偏旁、部件、部首是三个不同的概念。

三、整字与字形组合模式

（一）独体字和合体字

现代汉字的结构类型可以分为两类：独体字和合体字。

独体字是指无法分离出两个或两个以上部件的汉字，例如"广""手""甘""禾"。有些字笔画相交，结构呈镶嵌式，即使笔画很多，由于从字形上不能分解出相离的部件，因而也是独体字，例如"串""东""夷""事""重"等。有些字分解后就是相离而又对称或平行的笔画，这类字也宜看作独体字，例如"八""儿""三""川"等。独体字在现代汉字中约占 3%—5%，绝对数量为三百上下，它们是构成现代汉字字形的基础。

合体字是由两个或两个以上部件组合而成的汉字，例如"的""何""合""赤""晶""翼""饟"。

象形字、指事字一般属于独体字，会意字、形声字通常属于合体字。独体和合体在汉字形体演变过程中会互变。有些字在古代原是独体字，到了现在却成了合体字，例如"泉"，小篆作𤽄(原意是"水源")；还有些字在古代原是合体字，现在却成了独体字，例如"及"，小篆从又(手)从人，作𠁥(原意是"逮")。

（二）合体字字形组合模式

现代汉字合体字的结构模式可以用层次法和平面法去分析。

1. 按照层次分析法分析出的合体字基本结构模式，有三大类：

（1）左右结构：休、到、江、杨

（2）上下结构：分、盅、花、家

（3）里外结构：因、回、团、困

此外，还有一些从基本结构变化出来的派生结构，这主要有：

（4）左中右结构：街、辫、斑、辩

（5）上中下结构：裹、禀、帚、莽

（6）品字结构：晶、淼、森、焱

（7）镶嵌(或对称，或框架)结构：坐、乘、爽、巫

（8）半包围结构：

两面包围：上左包围——庆　疾　房　尼

左下包围——这　延　起　旭

上右包围——戴　司　枭　氧

三面包围：左上右包围——冈　风　向　闹

左下右包围——凶　函　画　击

上左下包围——区　医　匡　匹

2. 按照平面分析法分析合体字，虽然比较复杂，但是由于分析细致，更加符合汉字教学以及计算机信息处理的需要。下面列举由 3 个部件组成的 21 种结构模式的结构框图：

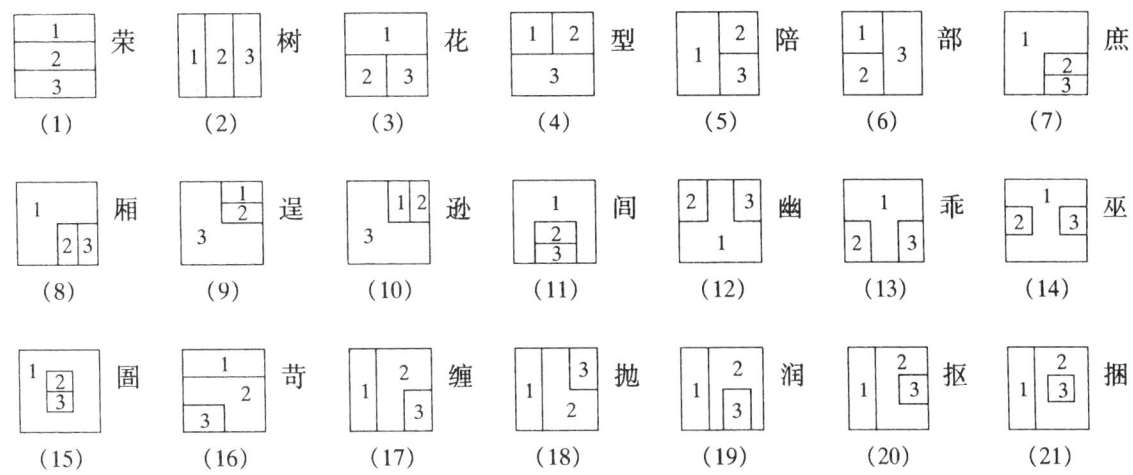

据统计,左右结构的字占现代汉字的大多数。《汉字信息字典》(李公宜、刘如水主编,科学出版社 1988)统计了 7 785 字,左右结构的字共 5 055 字,占 64.93%,其次是上下结构的字,共 1 643 字,占 21.11%。了解汉字的组合方式,在书写汉字的时候要有意识地运用这些知识,使写出来的汉字准确、匀称、紧凑、美观。

练习题

一、填空。

1. 准确计算汉字笔画数的四条规则是:(1)_____,(2)_____,(3)_____,(4)_____。
2. 五类笔形是指_____、_____、_____、_____、_____。
3. 部件是_____构字单位。
4. 独体字是_____,合体字是_____。
5. 现代汉字合体字的基本结构模式有_____、_____、_____,派生结构模式有_____、_____、_____、_____。
6. 仿照教材称说"赢"字的方法,用部件和部位名称称说"赢"字:_____。

二、选择。

用打"√"法指出下列合体字的形旁、声旁及其位置。

	架	博	圆	盲	蝗	切	翎	宇	闷	固	辩	霜
左形右声												
左声右形												
上形下声												
上声下形												
里形外声												
里声外形												

三、分析。

1. 指出下列汉字各个笔画之间的空间关系(相离、相接、相交)。

木　各　参　车

2. 根据汉字的结构模式逐层分析下列汉字的结构关系。

蕊　垒　崭　咖　岚　烈　哭　崂　膏　罚

3. 指出下列汉字的结构类型。

恋　社　姜　匠　远　闽　疾　婆　焱　圊　辨　衷

4. 按照五类说用笔画式写出下面6个字各笔的笔形(折笔用"一"代表),并按笔形次序(横、竖、撇、点、折)给这6个字(都是9笔)排序。

赵　贺　钟　姚　洪　荣

四、问答。

1. 写出"及""比""丑""凸""必""母""再""虎""肃""聚"的规范笔顺。(书写时,注意哪些字写错了笔顺,错在哪里?)

2. 请分析"凹""典""昼""叛""樱""编"6个字的部件、偏旁和所属部首。

3. "王英""王贤""王青"三人,姓相同而且名字的笔画数又相同,在排序时按照笔形应该谁先谁后呢?为什么?

思考题

一、比较字形结构模式的层次分析法和平面分析法,你觉得哪一种方法更加适合于汉字教学?

二、"偏旁""部件""部首"这三个概念有什么联系和区别?说说在学习和使用汉字中的不同作用。

第三节　现代汉字的字音

> 学习要点:熟悉现代汉字字音的特点。根据形声字的表音功能,利用声旁来分析汉字的字音。

一、现代汉字字音的特点

(一) 现代汉字与音节的关系

一个汉字记录的语音单位基本上是一个音节。在汉字里,也曾有过少数汉字用一个字形记录两个音节的情况,例如:"瓩"记录的是 qiānwǎ 两个音节,"浬"记录的是 hǎilǐ 两个音节。1977年7月,中国文字改革委员会和国家标准计量局发布规定,淘汰了这类复音字,改用双音节词"千瓦"和"海里",保持了一个汉字记录一个音节的统一性。现代汉语书面语中还有少量用两个汉字记录一个音节的,例如"花儿"(huār)、"画儿"(huàr)、"盖儿"(gàir)、"尖儿"(jiānr)等。这类音节在汉语中称为儿化音节,是在一个音节的末尾附加卷舌动作。这个卷舌动作发出的音并不构成一个独立完整的音节。汉语音节数量是有限的,《新华字典》(第11版)"汉语拼音音节索引"收录不标声调的音节416个,《现代汉语词典》(第6版)"音节表"收录标声调的音节1 282个,而汉字的数量则大得多,仅《通用规范汉字表》就收录8 105个汉字,其中读为 yì 音节的就有"弋、亿、义、艺"等73个汉字。

拼音文字中的音素文字是一个字母记录一个音素,例如英语中"university"共有5个音节、10个音素,用10个字母来记录;汉语中的"大学"是两个音节,用两个汉字来记录。拼音文字中的音节文字,它们的字母也记录一个音节,但同一个音节一般都用同一个字母来记录,即每个音节跟字母符号是固定的关系,如日语中的 ka 一律写作か(平假名)或カ(片假名),ki 一律写作き(平假名)或キ(片假名),而现代汉语的同一音节却往往用不同的字形来记录,例如记录 shī 这个音节的汉字,在《新华字典》(第11版)中有"尸、鸤、失、师、狮、浉、鸤、施、湿、虱"等17个汉字。

(二) 现代汉字字形与读音的关系

同一个汉字可以有不止一个读音,同一个读音也可以由多个字形共同拥有。现代汉字中许多字只有一个读音,例如《汉字信息字典》所收7 785个字中,单音字共7 038个,占90%,而另外10%的字则是多音字。**所谓多音字,是指一个汉字可以有两个或两个以上的读音**。例如:尾(wěi、yǐ),参(cān、cēn、shēn),差(chā、chà、chāi、cī)等。

现代汉字中,很多字光凭字形不能准确地读出字音来。其原因是:

(1) 现代汉字中约有10%的字,字形本身不提供任何字音信息。例如:"大""小""书""头""又"等。

(2) 形声字虽有标音的声旁,但是,表音作用有限。

1) 汉字的声旁不是专职的。例如:"刀"在"叨""召""切""魛"中是声旁,在"切""分""剪""劈"等字中又是形旁了。

2) 在字形的发展变化中,有的声旁消失了,有的声旁不全了。例如:"春"字,小篆写作𣎃,表音偏旁是"屯",在字形结构演变过程中,声旁不见了;"盘"字,原写作"盤","般"是声旁,在简化字形中,声旁"般"只剩下左边的一半"舟"了。

3) 不同的声旁可以记录同一个音节,同一个声旁也可以记录不同的音节。例如:"溪""熄""蟋""稀""牺"都读 xī,而它们的声旁分别是"奚""息""悉""希""西";"治""冶""抬""怠""怡"的声旁都是"台",却分别读作 zhì(治)、yě(冶)、tái(抬)、dài(怠)、yí(怡)。

二、现代汉字形声字的表音功能

(一) 形声字的表音功能

(1) 字音跟声旁的读音在声、韵、调上完全相同,即声旁能准确地表示字音。例如:

包(bāo)——胞(bāo)　　考(kǎo)——烤(kǎo)
青(qīng)——清(qīng)　　羊(yáng)——洋(yáng)

(2) 字音与声旁的声母、韵母相同,声调不同。例如:

元(yuán)——远(yuǎn)　　北(běi)——背(bèi)
昌(chāng)——唱(chàng)　　非(fēi)——匪(fěi)

(3) 字音与声旁的声母相同,韵母不同。例如:

贝(bèi)——坝(bà)　　叉(chā)——钗(chāi)
既(jì)——厩(jiù)　　去(qù)——怯(qiè)

(4) 字音与声旁的韵母相同,声母不同。例如:

寿(shòu)——筹(chóu)　　户(hù)——雇(gù)
山(shān)——灿(càn)　　延(yán)——诞(dàn)

(5) 字音与声旁在声、韵、调上完全不同,或只是声调相同。例如:

斥(chì)——诉(sù)　　工(gōng)——江(jiāng)
寺(sì)——特(tè)　　者(zhě)——都(dōu)

(二) 统计声旁表音功能的标准

统计声旁的表音功能有严、宽两种不同的标准。

严格的标准是:声旁必须和整字的声母、韵母、声调全部相同。这种声旁就叫"全表音声旁"。《现代汉字形声字字汇》(倪海曙编著,文字改革出版社 1975)收正字 5 990 个,声旁共 1 552 个,其中成字声旁为 1 260 个。成字声旁中除去多音声旁(例如"参""长"等)外,一音声旁 1 090 个。统计结果,字音与声旁的声、韵、调全部相同的只占 26.3%。

宽松的标准是:把部首以外的另外半边一概看作声旁,只要声母、韵母相同就看作有表音功能。这样统计的结果,现代汉字声旁的有效表音率也只占 39%。

这两个百分比数字说明,现代汉字中可以通过声旁准确读认字音的比例是不高的。如果用"秀才识字读半边"的办法去读汉字,大约有四分之三的误读概率。例如形声字"础""绌""黜""拙""茁""咄""诎"都以"出"为声旁,可是其中没有一个与"出"(chū)同音。"础(chǔ)""绌黜(chù)",同声韵不同调;"拙(zhuō)""茁(zhuó)""咄(duō)""屈诎(qū)",有的同调不同声韵,有的声、韵、调都不同。

(三) 声旁表音功能的利用

声旁表示字音的情况大致有以下三种类型:全表音、半表音、不表音。

1. 全表音声旁

只要记住声旁的读音,就可以准确读出它所构成的形声字的字音。可惜这些声旁的组字率不高,只占全部形声字的 7.17%。例如以下 18 个声旁可以起到记住一个声旁就可以类推一批形声字字音的作用:

代:岱 贷 袋 玳 黛　　　　　　段:锻 缎 椴 煅
奂:换 唤 痪 焕 涣　　　　　　皇:煌 蝗 凰 惶 遑 隍 湟 徨 篁 鳇
阑:澜 斓 谰 镧　　　　　　　　历:沥 坜 苈 呖 枥 疬 雳
厉:励 砺 蛎 粝　　　　　　　　廉:镰 濂 臁 蠊
农:浓 脓 侬 哝　　　　　　　　容:榕 蓉 熔 溶
式:试 轼 拭　　　　　　　　　斯:嘶 撕 澌
唐:糖 塘 搪 溏 瑭 螗　　　　　亭:停 葶 婷
希:稀 烯 郗 唏 浠　　　　　　析:晰 蜥 菥 淅 晳
休:咻 庥 鸺 貅 髹　　　　　　庸:埔 慵 镛 鳙

2. 半表音声旁

半表音声旁是指在一部分形声字中能准确表音,而在另一部分形声字中不能准确表音或只能近似表音的声旁。利用半表音声旁只能猜读字音。例如:

声　　旁	声旁能准确表音的字	声旁不能表音或只能近似表音的字
垂(chuí)	陲 捶 锤 棰	睡(shuì),唾(tuò)
非(fēi)	菲① 啡 绯 扉 鲱 霏 蕃①	腓(féi),匪 榧 篚 菲②诽 悱 斐 翡 蜚②(fěi),痱(fèi),辈(bèi),排俳徘(pái)
宣(xuān)	萱 喧 揎 暄 煊	渲 楦 碹(xuàn)

3. 不表音声旁

声旁不能提示该字的读音。不表音声旁占 13.3%。这些声旁构成的形声字最容易发生误读。大家可以编制"容易误读字表"来帮助记忆。例如:

声　　旁	声旁不表音的形声字
出(chū)	础(chǔ),绌黜(chù),拙(zhuō),茁(zhuó),咄(duō),屈诎(qū)
寺(sì)	持(chí),诗(shī),侍恃峙②(shì),峙①痔(zhì),特(tè),待(dài),等(děng)
夭(yāo)	袄(ǎo),吞(ào),笑(xiào)

* 表中的①指该字的第一读音,②指该字的第二读音。

尽管现代汉字形声字声旁的表音能力不高,但由于汉字形声字的构成原来是有较强系统性的,在学习和使用过程中,还是可以充分发掘并发挥声旁的积极作用。例如:

(1) 利用声旁类推,帮助记忆成组的普通话字音。例如"正"(zhèng)的声母是 zh,用"正"作声旁的一组字"政、整、证、症、征、怔、钲"的声母也都是 zh;"门"(mén)的韵尾是 n,用"门"作声旁的一组字"们、闷、钔、扪、闽、闵"的韵尾也都是 n。

(2) 利用声旁认读生僻字。在现代汉字中,生僻形声字的声旁表音率往往高于常用形声字。这一规律可以用来帮助我们掌握比较生僻的形声字的读音。例如:葵(kuí)——揆、暌、睽(kuí)/善(shàn)——膳、缮、鄯、鳝(shàn)。

(3) 利用声旁分辨字形。例如已经知道声旁"仑"读 lún,就可以知道韵母为 un 的"论、轮、伦、抡、沦、纶、囵",它们的声旁一定是"仑",而不是形近的"仓"(cāng)。

(4) 充分利用形声字的系统性,尽可能发掘出声旁在帮助认读汉字上的积极作用。如声旁独用时的读音和由它所构成的形声字的读音完全不同,无法通过声旁的个体来确定读音,但该声旁经过归纳仍然具有提示读音的作用。例如"组"的声旁"且",它独用时的字音跟所构成的形声字"组"的读音完全不同,但如以同类字"组(zǔ)、祖(zǔ)、租(zū)、阻(zǔ)"作为背景,进行归纳,那么"且"仍然可以具有提示"zu"这个读音的作用。

练习题

一、用三个实例来说明汉语的同一个音节可以用不同的字形来记录。

二、给下列由相同声旁构成的形声字注上汉语拼音,并从声、韵、调三个方面与声旁进行比较,看看有什么异同。

1. 各(gè):骼 铬 酪 洛 貉 赂 略 咎 骆
2. 工(gōng):江 豇 项 空 肛 邛 汞
3. 合(hé):颌 哈 洽 给 拾 鸽 龛 答
4. 且(qiě):姐 疽 粗 趄 俎 沮 助 祖

三、根据汉语拼音从四个字中选出正确的一个填入下列成语。

1. mò 守成规(默、漠、莫、墨)
2. bān 门弄斧(搬、班、板、斑)
3. 直言不 huì(悔、汇、贿、讳)
4. 原形 bì 露(必、毕、逼、秘)
5. 出奇 zhì 胜(制、之、致、智)
6. 仗义 zhí 言(直、之、执、致)
7. 相形见 chù(浊、灼、茁、绌)
8. 一 gǔ 作气(谷、股、鼓、骨)
9. 始终不 yú(愉、揄、逾、渝)
10. 出类拔 cuì(淬、萃、粹、悴)

思考题

一、举例说明,为什么汉字形声字声旁的表音功能是有限的。
二、以声旁表音功能为标准,举例说明声旁可以分为哪三类。
三、结合实例说明如何充分发挥形声字声旁的积极作用。

第四节　现代汉字的字义

> 学习要点:了解现代汉字字义的特点。根据形旁的表义功能,能够对汉字形旁记录字义进行分析。

一、现代汉字字义的特点

(一) 现代汉字多数记录的是语素义

汉字字形跟字义的关系大致有三类:

1. 字形记录的是词义。一个汉字记录单音节语素,而且可以独立成词,因此,字义实际上就是语素义,也是词义。例如:"书、笔、走、说、美、香、很、最、不、但"。

2. 字形记录的是语素义。一个汉字只记录一个语素,而这个语素在现代汉语中不能单独构成一个词。例如:"民、丽、月、耳、道、习、历、释"。

3. 字形记录的仅仅是一个音节,它没有字义,例如"仿""佛"。当它们单独存在时,它们记录的既不是语素,更不是词,而只是音节。只有当它们合起来的时候,才构成一个语素,这种由一个语素组成的双音节词,还有"浪漫、蟋蟀、玛瑙、玻璃"等。

(二) 字义与字形的关系

早期的汉字如甲骨文、金文,多用象形、会意的方法记录字义,图画意味很浓,所以往往能"见形知义",例如:

⛰(山),像连绵起伏的山峰。

👁(目),像眼睛。

㣚(从),像一个人跟随着另一个人。
㣚(明),像日月同辉,表明亮。

汉字字形经过不断简化特别是符号化,早期阶段的象物表意功能逐渐淡化。例如:

目,已经看不出眼睛的模样,反倒像一架梯子。

日,已经看不出太阳的形状,反倒像一扇窗户。

山,已经看不出山峰的形状,反倒像一把叉子。

口,已经看不出嘴巴的样子,反倒像一个方框。

与此同时,汉字的字义经过假借(常用读音相同的字形记录跟这个字形毫无联系的字义)、引申(同一字形增加跟原始本义有联系的字义)等发展途径,有些初始义变为罕用义甚至消退了,字形跟常用字义的表达关系模糊了。例如:

我(㦰),古字形像一种带齿的兵器,后来假借为记录第一人称代词的字,字形跟现代常用义毫无联系了。

物(㸦),古字形像宰牛时刀上滴血的样子。甲骨文中指称杂色牛。后来引申泛指一切事物。带"牛"旁的字形跟现代常用义的联系看不出来了。

这些字例表明,跟古代汉字相比,现代汉字字形记录字义的方式已经发生了很大变化。许多汉字已经无法直接从它的现代字形中探知字义了。当然,现代汉字中也有少数用会意法造出来的字还是可以直接从字形推知字义的,例如"尘"(小土)、"灭"(用物压灭火焰)、"歪"(不正)、"劣"(少力)等,但数量极少。

《汉字信息字典》对 7 785 字作了统计,593 字为缺失字义的字形,例如"葡、萄、玻、璃、咖、啡"等;只有一个义项的字(单义字)有 4 139 字;有两个或两个以上义项的字(多义字)有 3 053 字。

二、现代汉字形旁的表义功能

(一) 形旁与字义的关系

古代汉字字形的象形表意功能很强,从字形就可以知道它们的形旁表示的是什么意思,例如爲(为)㸚,从字形就可以看出是人用手牵着大象在劳动。随着汉字字形的形象性渐渐丧失,形旁直接用字形的图像来表意的功能消退了。但这些符号化的形旁跟它们所表示的字义已经产生了固定的联系,也就是它们各自表示的字义已经一一固定在相对应的形旁上了。人们通过学习,也在自己的知识库里建立了这种联系。尽管"日"已经不像太阳,但人们一看到"日"这个形旁,马上就会跟"太阳"联系起来,例如"晴、晒、早、晓"。

由于语词表达的概念千差万别,而汉字形旁的记录功能存在很多局限,特别是语词的概念在发展,汉字形旁的形体却相对固定化,这就使得汉字的形旁在记录字义时出现不少矛盾:同一个形旁记录了不同的义类,同一义类却用了不同的形旁。例如"轨"(车轮碾压的痕迹、轨道)、"软"(不硬、柔和、无力)、"较"(对比),都用"车"作形旁;"说""讲""喊""唱",都是嘴巴发出的动作,却分别用了"言""口"作形旁。许多字的现代字义已不同于古代造字时的本义,例如"伐",本义是"砍头",现代字义是"砍"(例如:伐树)和"征讨""攻打"(例如:讨伐)。有些字的引申义、假借义成了常用义,记录本义的形旁失去了表义作用,例如"错"有锉刀义,所以形旁用"金字旁",现在的字义是"不对、不正确",跟金属联系不上了。随着人们对客观世界认识的深入,有些形旁逐渐失去了表义作用,例如:"思""想"都是大脑的思维活动,跟形旁"心"提示的"心脏"无关,等等。

在形声字中,形旁主要提示跟字义有一定联系的信息。形声字的形旁和整字字义的关系有以下几种:

(1) 形旁完全表义,即形旁跟字义相同。例如:舟—船/父—爸/光—辉/香—馥。

(2) 形旁基本表义,可分为三种:

1) 形旁表示字义的大致类别。例如:鸟—鹊(鸟类)/金—钢(金属类)/木—柏(树木类)/心—忍(心理类)。

2) 形旁与字义直接相关。例如:扌—打(与手有关)、火—烧(与火有关)、氵—渴(与水有关)、土—地(与土有关)。

3) 形旁与字义间接有关。例如:艹—芳(花草的香味)/犭—狡(用狡猾的动物表达狡猾的品性)/羊—

群(用羊儿聚群表达聚在一起的人或物)/口—唢呐(用口吹的乐器)。

(3) 形旁不表义,即形旁变成了记号,与字义无关。例如:女—始(开始、起头、最初,已与"女"无关)/牛—特(特殊、不平常的、超出一般的,已与"牛"无关)。

在现代汉字中,表义部件的主要作用有二:一是提示,二是区别。"提示"是指表义部件帮助人们联想到该字所记录的语素义或词义的大致范围,这就增加了现代汉字的理据性;"区别"是指用表义部件区别同音字,尤其是那些读音相同声旁也相同的字。例如:姑—菇—估—咕—沽—牯—轱—钴/铜—桐—筒—酮—侗—峒。

有人以1988年发布的《现代汉字通用字表》为统计对象,该表所收的5 631个形声结构的字中,形旁完全表义的占0.83%,基本表义的占85.92%,不表义的占13.25%。形旁的总体表义率为43.79%。

(二) 形旁的表义功能

形旁表义功能的强弱,与汉字的使用频度成反比关系。常用字字义的变化比罕用字大。不少常用形声字,由于客观事物或字形、字义的发展变化,其形旁早已失去它的表义作用。例如"验",本是一种马的名称,由于经常假借为"灵验"的"验",本义渐渐淡化了。"马"旁常用字还有"驳""驸""驻""骈""骗""骤"等,它们的字义和形旁"马"的意义也已经基本脱钩,难于利用"马"这个形旁来推测字义了。

形旁对整字的有效表义率由于统计者的方法和标准宽严不一,还很难有比较一致的认识。不过,有一点是肯定的,即跟声旁的有效表音率相比较,形旁的有效表义率要高一些。从抽样调查的统计数字看,可能平均会达到40%—50%。

(三) 形旁表义功能的利用

虽然汉字形旁的表义作用有限,但是在识字教学中,我们仍然可以并要尽量充分利用那些还有表义作用的形旁。例如:

1. 分析、归纳形旁的意义类别,编制"形旁义类表",帮助人们巩固字形与字义的联系。

"口"旁义类表

(1) "口"旁表示与"口"有关的器官或事物	唇、嘴、咽、喉、咙、哨……
(2) "口"旁表示与"口"有关的动作、行为	吐、吃、喝、吸、喷、呛、咬、唱、叹、唤、叫、问、唠叨、叽咕……
(3) "口"旁表示语气和感叹(多为语气词叹词)	吗、啊、啦、哇、呢、哎、咦、哦……
(4) "口"旁表示对声音的模拟(多为象声词)	叭、哗、呜、哈、啪、啐、啾、嗖……
(5) "口"旁表示外来音译词	卟、唑、啶、喱、啤、呔、咖、啡……
(6) "口"旁表示标音性方言字	咇、呔、喱、啫、嗷、嘢(粤语、吴语的一些方言字)

2. 联系形旁的古义,比较、分析形似易混偏旁,以纠正或减少错别字。例如:"目"与眼睛有关,"月(肉月旁)"与人体器官有关,从而分辨"盲——肓""眈——肫""睑——脸""瞠——膛"各组字。"目"与眼睛有关,"贝"与货币、财物有关,从而分辨"眨——贬""睹——赌""瞻——赡"各组字。

3. 在分散识字基础上,把形旁相同的形声字集中起来,以巩固和深化字形、字义的学习。对形旁有表义作用的字,在日常分散的汉字教学过程中,可适当利用形旁的类别作用,例如"跳""跑""蹲""跨""踩""踏""跟""跕""蹦"等字,由于这些动作都必须用脚,所以,都用"足"旁,并可推而广之,例如"跷""跛""蹄"等字也跟"脚"有关。再进一步还可以发现"跟跄""踯躅"等词语跟"脚"也有一定联系。

(四) 字义与词义的关系

一个汉字在多数情况下,记录的是现代汉语的一个语素。字义也就是语素义。现代汉语的词除一部分单音节词外,大量是语素和语素组合而成的双音节合成词或多音节合成词,写下来就是两个或多个字。这里要注意两点:

1. 有的字仅仅代表一个音节,并不代表语素,这时,汉字也就没有字义。例如音译词"沙发"中的"沙"和"发",联绵词"芙蓉"中的"芙"和"蓉"。

2. 有的字在某个词语中没有意义,但是在另外一个词语中却是有意义的。例如"沙发"中的"沙"没有字义,但是在"沙漠""沙丘""沙子"中的"沙"是有意义的。

当语素和语素组合成词时,新词的词义往往不等于字义和字义的简单相加。例如"书空""对红"这两个词,单凭字面是很难正确理解词义的,甚至于可能怀疑这些词是否成立,原因就在于这些词的词义不能用组成字字义简单相加的办法来理解。"书空"是比画着字的笔画凌空书写。"对红"是指书刊开印之前对着红笔修改过的错误做最后一次校对。

词义基本上是语素义或者是语素义添加组合的情况比较少,例如:蓝天=蓝色的天空,备战=准备战争。大部分语素义只反映词义的部分内容,例如:合唱=(分声部)共同演唱,挂面=挂起来(晾干而制成的)面条,硬朗=(老人身体)健壮。也有一些词的部分语素义已经失落,例如:窗户=窗,干净=净,国家=国。还有些词的词义是语素义的借代、比喻用法,例如:眉目("眉"和"目"是脸的主体,借以代替条理、头绪等),红娘(借"红娘"这个名字表示恋爱、婚姻的牵线人),鹰犬(以打猎使用的鹰和犬比喻受驱使、作爪牙的人)。

以上情况说明,字义在一定程度上可以帮助我们理解词义,但是由于语素与语素在组合时的情况比较复杂,语素义以及词本身在历史发展过程中又有不同的变化,所以,我们不能过分依赖字义来理解词义。"望文生义"是常常得不到准确词义的。

练习题

一、汉字字形跟字义的关系大致有三类,请分别举例说明。

二、在现代汉字中,形旁的主要作用有二:一是提示,二是区别。请分别举例说明。

三、仿照教材中的"'口'旁义类表",编制"'扌'旁义类表"。

四、教材以"书空""对红"为例,说明当语素和语素组合成词时,新词的词义往往不等于字义和字义的简单相加。请再举出3—4个例子。

思考题

一、举例说明形声字的形旁和整字字义的关系。

二、现代汉语常用字只有3 500个,小学毕业生基本上都认识这些字,可是,当他们阅读各种书报杂志时,为什么还有不少地方看不懂?

三、形旁的表义率究竟是高还是低,请研究一下《新华字典》(第11版)中的"艹"旁字,按照作用大、作用小和没作用这么三种情况作个粗略的统计分析。

第五节 现代汉字形音义的关系

> **学习要点**:了解近形字、同音字、多音字、多义字与多音多义字的特点,并能够鉴别和分析。

字形是文字的物质外壳,是文字层面上的要素;字音和字义是文字所记录语言的音和义,是语言层面上的要素。字形与字音以及字义这三者之间形成了错综复杂的关系。

一、现代汉字形音义分析

文字的一个形体如果只记录语言单位的一个读音、一个语义,那么事情就简单了。可是实际上,文字同语言的关系不是那么单一。现代汉字学的术语中,例如"多音多义字、同音字、异读字、异体字、繁简字、同形字"等,它们的内涵有一些交叉或重叠,这是因为给这些名称命名时的出发点不同,但不管从哪一方面着眼,实际上都必须考虑到字形、字音、字义这三个方面。下面分别予以说明:

（1）单音单义字：即一形对一音一义。这样的字多半不是常用字，而是专用字或较冷僻的字。例如"灸"(jiǔ)，动表示中医用艾绒熏烤穴位的一种治疗方法；"悼"(dào)，动悼念。

（2）多音多义字：即一形对数音数义，例如"打(一)"(dá)，量十二个为一打。"打(二)"(dǎ)，动① 用手或器具撞击物体；② 器皿、蛋类等因撞击而破碎……（详见《现代汉语词典》第 6 版）又如"量(一)"(liáng)，动① 用尺、容器或其他作为标准的东西来确定事物的长短、大小、多少或其他性质。②"量(二)"(liàng)，① 古代指测量东西多少的器物；② 能容纳或禁受的限度……（详见《现代汉语词典》第 6 版）

（3）异读字：即一形对数音一义。不同读音之间一般没有语义差别，仅仅是不同的人、不同的习惯读法。例如"械"，有人读 xiè，有人读 jiè，经过审音，规定统读 xiè；"法"，有人读 fǎ，有人读 fà，经过审音，规定统读 fǎ。异读字原则上应该统读。少数文白异读，目前还保留着。例如"熟"有 shú 和 shóu 两个读音。shú，文读音，例如"熟练"；shóu，白读音，例如"葡萄熟了"。

（4）异体字（也叫异形字）：即数形对一音一义。不同字形之间没有任何音义差别。例如"拿"和"挐挈舒"，经过整理，规定"拿"为正体字，淘汰了后三个字形。"窗"和"牕牎窻窗"，这 5 个字形都记录同一个字音 chuāng，同一个字义"名窗户"。经过整理，规定字形"窗"为正体字形，后 4 个字形为异体字形，不在通用层面使用。

（5）繁简字：即一为笔画比较多的字，一为笔画比较少的字，字音和字义都相同。例如"國"和"国"是繁体和简体的关系，都读 guó，它们的字义都是"① 国家；② 代表国家的，属于本国的"。

（6）同音字：狭义的同音字指同形同音异义字，例如"打仗"的"打"和"打哪里来"的"打"，字形、字音相同，字义不同。广义的同音字指异形同音异义字，例如"张""章""漳""蟑"，字形不同，字音都是 zhāng，字义各异。

（7）同形字：一是音相同，义不同，相当于狭义的同音字。例如"乘"，动乘马，乘船；"乘"，动进行乘法运算。二是音不同，义不同，相当于多音多义字。例如"打"(dǎ)，动打仗，打球；"打"(dǎ)，介打哪儿来。/"打"(dá)，量十二个为一打。

现把上述情况列成简表如下：

名　　称	形与音义的关系	举　例　说　明		
（1）单音单义字	一形：一音一义	灸	jiǔ	艾绒熏烤穴位
（2）多音多义字	一形：数音数义	打	dá	音译量词，十二个为一打
			dǎ	动词，"打铁"之类
				介词，"打哪儿来？"
（3）异读字	一形：数音一义	械	xiè	规范读音
			jiè	此音已淘汰
（4）异体字	数形：一音一义	A."拿"和"挐挈舒"		前者正体字，后三个为异体字，已淘汰
（5）繁简字		B."龙"和"龍"		前者简化字，后者繁体字
（6）同音字	一形：一音数义 数形：一音数义	"打"(打仗)和"打"(打哪儿来) "张、章、彰、樟、蟑"，字义各异		
（7）同形字	一形：一音数义 一形：数音数义	"乘"(乘船)和"乘"(进行乘法运算) "中"(zhōng 跟四周距离相等、中国)和"中"(zhòng 正对上、受到)		

二、近形字

（一）近形字的形成

近形字也称形近字，是指字形相近而音、义有别的字。近形字会给汉字的使用带来种种不便，例如"没"

和简化的"设"就比较难分辨。如果用到军事上,把"山上没有炮楼"和"山上设有炮楼"弄混了,会出大事的。近形字的差异大体表现在以下四个方面:

1. 笔画数的微小差异。例如"乌"和"鸟"、"卯"和"卵"、"夕"和"歹"、"日"和"目"、"免"和"兔"、"戍"和"戌"。

2. 个别笔形的差异。有的仅仅是一两个笔形不同,例如"旧"和"归"、"母"和"毋"。有的仅仅在笔画的长短和高低上有差别,例如"土"和"士"、"已""巳"和"己"。

3. 笔画组合关系的差异。例如"冈"和"内"、"开"和"井"、"几"和"九"、"元"和"无"、"矢"和"失"。

4. 构字部件有局部差异。例如"拴"和"栓"、"要"和"耍"、"字"和"宇"。

(二)形似部件构成的近形字

汉字的有些部件十分相像,在书写由它们分别组成的字时也极易混淆。例如:

十(协)——忄(怀)　　　丨(旧)——丿(归)
卩(却)——阝(那)　　　又(叙)——攵(敢)
犮(拔)——发(拨)　　　厷(旅)——辰(派)
丌(鼻、痹)——廾(弃、弄)　　　⺌(步、频)——少(沙、妙、劣)
土(社、尘、寺)——士(吉、志、壮)　　　爪(抓、爬)——瓜(狐、孤)
仓(抢、苍)——仑(沦、论)　　　癶(登、葵)——夊(祭、察)
艮(即、既)——良(郎、廊)　　　臣(宦、卧)——臣(姬、颐、熙)
朿(刺、策、枣)——束(剌、辣、速、赖)　　　粤(粤)——奥(奥、澳、懊)
⺗(恭、慕、添)——氺(隶、泰、漆)　　　儿(兜、兕)——几(壳、虎)
㔾(犯、危)——巳(导、异、巷)——己(岂、忌、配)

三、同音字

(一)同形同音异义字与异形同音异义字

同音字是指两个或两个以上的汉字,读音相同、意义不同而且意义没有联系。同音字按字形是否相同可以分为同形同音异义字和异形同音异义字两类。

狭义的同音字只指同形同音异义字,例如下面有三个"是":

(1) 实事求<u>是</u>　(2) 他<u>是</u>教师　(3) 唯你<u>是</u>问

(1)"是"为名词,表示正确、合理的东西;(2)"是"为动词,表示解释、判断、分类;(3)"是"为代词,表示这、此。这三个"是"的字形和字音虽然相同,但从字义看,三者完全不同,而且没有什么联系,所以严格地说是"同形同音字"。又如表示上海别称的"申"、表示天干地支的"申"和表示"说明""申述"的"申","花朵"的"花"和"花钱"的"花"也属于"同形同音字"。这一类字在汉语里数量不太多。

广义的同音字,除了同形同音字之外,还包括了异形同音字,即读音完全一样,而字形、字义不同的一组字。例如读"jī"音的字,《新华字典》(第11版)收录有"玑、击、积、鸡、基、跻、激"等41个字。它们的字形和字义都不同。

(二)同音字与同音词

同音的汉字虽然很多,但是同音的词却不是很多,除了单音词同声同韵同调的情况比较多一些之外,双音节、多音节词中的同音现象(例如"琵琶"和"枇杷")就比较少。《普通话三千常用词表》所收 3 996 个常用词中,声韵调完全相同的同音词共有 231 组、496 个(包括单音同音词在内),只占总词数的 12.41%。计算机采用汉语拼音输入法时,应该大力提倡以词为单位,以减少同音字选择的数量。加强字符串之间的区别性,有助于提高电脑处理语言文字的效率和质量。

同音字也有一定的积极作用,如可用同音字注音,此外,谐音双关、谐音别解等修辞手段具有特殊的表达效果。例如:年画中画两条鱼,表示"吉庆有余(鱼)",歇后语"小葱拌豆腐——青(清)二白"等。同音字一般不会妨碍交际,阅读时,由于字形不同,不会产生混淆。但听、说的过程中有时会出现一些交际障碍,例如把"治癌"听成"致癌",把"越剧"听成"粤剧"。书写时,如果误用同音字,就会写别字,例如把"启事"误写成"启示",把"川流不息"误写成"穿流不息"等。

异形同音字是汉字使用中的难点,学习时要注意分清各自的语境,写作时要谨慎选用同音字。一旦字形记不清楚、写不准确,就应勤查字典。尤其是成语,常常出自某个典故,用字有其特定性。下面列举的成语中,有的字常常容易错写成同音别字(括号里是错的):

黯然销魂(暗然销魂)　　班门弄斧(搬门弄斧)　　破釜沉舟(破斧沉舟)
按部就班(按步就班)　　一筹莫展(一愁莫展)　　卑躬屈膝(卑恭屈膝)
川流不息(穿流不息)　　披星戴月(披星带月)　　刻苦耐劳(克苦耐劳)
循序渐进(寻序渐进)　　风靡一时(风糜一时)　　怨天尤人(怨天由人)

四、多音字

(一) 多音多义字

所谓多音多义字就是同一个字形却记录不同的读音和不同的字义。例如:

长:cháng 长短/zhǎng 生长

参:cān 参加/shēn 人参/cēn 参差

有人统计,在 1988 年发布的《现代汉语常用字表》3 500 个常用字中,有多音多义字 405 个,占总数的 11.6%。多音字节省了造字数量,但同时带来一字异读的麻烦。

(二) 异读字

异读字即多音同形同义字。异读字有两个或两个以上的字音而字形和所记录的字义是相同的。例如"波",以前有 bō 和 pō 两个读音,字义都是"江、河、湖、海等因振荡而一起一伏的水面"。

造成异读的原因,有的是因为文白异读,有的是因为保留了方言读音。1985 年 12 月 27 日国家语言文字工作委员会、国家教育委员会和广播电视部联合发布了《普通话异读词审音表》,除了少数异读词在实际使用中还有保留的必要外,多数异读词已经统一为一个读音。

练习题

一、根据下列各字的形与音、义的关系,在相应的名称下打"√"。

字类＼字例	异体字	异读字	同音同形字	同音异形字	多音多义字
行 xíng 行 háng					
回、囘、囬					
公:公家 公:公婆					
翻、番、帆					
发:fā 发信 发:fà 理发					
血:xuè xiě					

二、举例说明同音字的定义和类别。

三、给下列各组近形字注音并组词。

1. 崇——祟　　2. 瞻——赡　　3. 庇——疵　　4. 陡——徒——徙

5. 辍——掇——缀　6. 戍——戌——戊——戎

四、根据括号里的注音,填上规范的汉字。

1. ____(yíng)造　　　____(yíng)屏　　　晶____(yíng)
2. ____(shàn)长　　　____(shàn)养　　　____(shàn)食
3. ____(jiǎo)获　　　____(jiǎo)和　　　____(jiǎo)正

五、给下列常用字注音并释义。

字	注　音	释　义	字	注　音	释　义
卓			濒		
徙			掀		
阐			绽		
赐			盹		

思考题

一、如何识别多音多义字?它跟多音字、多义字有何区别?

二、利用汉字的形近、音同、义似,我们可以设计哪些智力游戏?

第六节　现代汉字的规范

> 学习要点:掌握"规范汉字"的定义,明确现代汉字规范的定量、定形、定音、定序。重点了解简化字的简化方法,并能进行简繁字的比较。学习并掌握《通用规范汉字表》。熟练掌握现代汉字的常用查字法。

2001年1月1日起施行的《中华人民共和国国家通用语言文字法》明确规定:"国家推广普通话,推行规范汉字。"现代汉字规范主要表现在定量、定形、定音和定序上,俗称"四定"。

"规范汉字"指经过系统整理、由国家发布、通行于大陆现代社会一般应用领域的标准汉字。"经过系统整理"保证了科学性,"由国家发布"标明权威性,"通行于大陆"确定地域性,"通行于现代社会"指明时代性,"通行于一般应用领域"明确使用层面。

一、现代汉字的定量

(一)现代汉字的字量

1. 汉字的字量

汉字的总数,人们一般认为有五六万。历代字书和现代大型字典所收字数统计如下:

汉代《说文解字》: 9 353 个　　　宋代《广韵》: 26 194 个

明代《字汇》: 33 179 个　　　　清代《康熙字典》: 47 043 个

现代《汉语大字典》: 54 678 个　　现代《中华字海》: 87 019 个

表面上看,汉字总量不仅庞大,而且呈现渐增趋势。实际上,总量中包含着大量处于储备状态的字,还有很多异体字。例如《康熙字典》4万多字中,异体字就占了40%。如果去掉这些异体字,按不同的字来统计的话,字种的实际数量会大大减少。**所谓的"字种"是指汉字的个体种类(即不同的汉字),异体字、繁体字、简体字和变体字都不影响字种的数量。**例如"群、羣"以及"众、衆"都只算一个字种。北京国安资讯设备公司汉字字库收字 91 251 个,是目前收字较全的字库。如果以各个时代实际使用的汉字为考察对象,就会发现汉字的总量其实是相当稳定的。从汉代到现代,各个时代实际使用的汉字总数都不曾超出一万字。

2. 精简字数

汉字的总量和实际用量都不少,适当减少汉字字数是减轻汉字学习和使用难度的办法之一。20世纪50年代以来,主要通过以下途径来精简汉字字数:

(1) 淘汰异体字

汉字存在不少音同义同而形不同的异体字。1955年12月,文化部和中国文字改革委员会联合发布了《第一批异体字整理表》,对810组异体字进行整理,淘汰了其中重复多余的异体字1 053个。例如:

窗[窓牕窓窻窗]/叠[疊疊疊]/劫[刼刦刼]/烟[煙菸]/炮[砲礟]/村[邨]/群[羣]([ ]前是选用的正体字,[ ]内是被淘汰的异体字)

2013年公布的《通用规范汉字表》对异体字又进行了科学调整。

(2) 更改地名生僻字

我国地名中有些生僻字除去记录地名外没有其他用处。从1956年到1964年,经国务院批准,用同音的常用字代替了35个县级以上地名中的生僻字,共精简了15个地名字。例如陕西的"盩厔县"改为"周至县",青海的"亹源县"改为"门源县",新疆的"和闐县"改为"和田县",江西的"雩都县"改为"于都县",四川的"越嶲县"改为"越西县",等等。(详见《简化字总表》附录)

(3) 统一计量单位名称用字

我国计量单位名称用字中,过去有不少特造的计量字。有的口头上说时是双音节,书面上却只写作一个字形。1977年7月,中国文字改革委员会和国家标准计量局联合发布了《部分计量单位名称统一用字表》。该表通过统一计量单位名称用字,精简了20个字,例如"呎""吋""哩""呎"和"斫"都被淘汰。

通过以上三条途径,通用层面被精简的汉字总数达上千个。

(二) 现代汉字的通用量和常用量

1. 现代通用汉字的数量

通用汉字就是书写现代汉语通常要用到的字,也就是除去有特定使用范围的专用字和罕用的生僻字以后的那一部分字。

根据历代文字资料的统计,从商代到现代,一般通用层面使用的汉字数量没有显著变化,可能一直在五六千个左右。现代制定的具有通用字表性质的汉字标准,基本上维持这一数目。出版印刷方面:2013年国务院公布的《通用规范汉字表》,其中主要满足出版印刷、辞书编纂和信息处理等方面的一般用字需要的一、二级字表收字6 500个。信息处理方面:1981年国家标准局发布的GB2312-80《信息交换用汉字编码字符集·基本集》收字6 763个。电报通讯方面:1983年邮电部编制出版的《标准电码本》(修订本)收字7 000多个。国家语言资源监测与研究中心2007年调查报纸、广播电视、网络(新闻)用字情况,测得报纸、广播电视、网络三种媒体都出现的汉字字种也只有6 192个。

通用字是相对于专用字而言的,因此通用字的数量确定后,还要研究各种专业用字的字量,并根据专业的门类制订各种专用字表。专业用字可分为姓名专用字、史地专用字、科技专用字、宗教专用字、民族专用字、译音专用字、方言专用字等。

2. 现代常用汉字的数量

常用字就是书写现代汉语时经常要用到的字。汉字总字数很多,通用字的数量也不少,可是人们经常使用的字量并不多,往往只集中在有限的两三千个字种上。据统计,孙中山的《三民主义》只用了2 134个字种,老舍的《骆驼祥子》只用了2 413个字种,《曹禺选集》(《雷雨》《日出》《北京人》)只用了2 808个字种,即使长达五卷的《毛泽东选集》也只用了3 136个字种。这说明人们实际上经常使用的汉字数量是有限的。

如果我们根据政治论文、文艺作品、新闻通讯、科学技术等几方面的语料作字频统计,那么现代汉语用字集中的情况将进一步得到证实。下面我们综合各家字频统计的结果,列表说明一个大概情况。

字 种 数	覆 盖 率(%)	不 足 率(%)
1 000	90	10
2 400	99	1
3 800	99.9	0.1
5 200	99.99	0.01
6 600	99.999	0.001

该表说明，前 1 000 个高频字种能覆盖全部被统计语料的 90%，前 3 800 个高频字种能覆盖全部被统计语料的 99.9%。汉字用字相对集中的情况给我们一个重要启示：学习和掌握汉字，必须首先抓住出现频率高的那些常用字，它们是汉字学习的重点。

3. 现代汉语常用字的特点

（1）常用性。主要的依据是该字出现的频率，例如"的、一、是、在、不、了、有、和、人、这"等字在各家的统计资料中出现频率都是名列前茅的。

（2）能产性。常用字大都构词能力比较强，由于能产性强，经常被选作记录新词语的构成成分。例如"电"字，由它参与构成的词多达数百个。

（3）稳定性。虽然社会发生了很大变化，但人们在书面交际中最常用的字却相对稳定。这是因为常用字记录的语素所代表的事物本身具有稳定性。常用字的稳定性说明一份科学的常用字表具有相当长的时效性。

（4）简易性。指书写简易。高频字因为经常使用，成为简化的重点对象。高频趋简，这是汉字字形发展演变的一条重要规律。以《现代汉语常用字表》为例，2 500 个常用字中，简化字共 837 个，占 33.4%；1 000 个次常用字中，简化字共 279 个，占 27.9%；两者合计，3 500 个常用字，简化字共 1 116 个，占 31.8%。

二、现代汉字的定形

定形包括繁体简化、异体整理、字形整理以及笔画、部件规范等各个方面的工作。

（一）笔画简化

从汉字字形发展来看，同一个汉字往往有笔画简易和繁复的字形并存，这就形成了简体字与繁体字，它们是一对孪生兄弟，历史几乎一样久远。一字多形显然不利于使用，需要加以整理、取舍，笔画简易的往往成为首选。

1. 《汉字简化方案》和《简化字总表》

1956 年 1 月，国务院通过并发布了《汉字简化方案》。这个方案中有 223 个简化字跟 1935 年发布的《第一批简体字表》完全相同。1964 年，有关部门根据推行的实际情况，并加上了遵照国家规定用简化字和简化偏旁作为构字偏旁得出来的简化字，重新整理、编制了《简化字总表》，于 1964 年 5 月出版发行。因此，**简化字专指政府有关部门公布的规范的简体字**。

《简化字总表》共分三个表：第一表收的是 352 个不作偏旁用的简化字。这些字的繁体如果作为别的字的偏旁，也不依简化字形作类推简化。例如"兒"简化为"儿"，但"倪"的右边不能简化作"儿"。第二表收的是 132 个可作偏旁用的简化字和 14 个简化偏旁。可作偏旁用的简化字例如"華"简化为"华"，那么"嘩""樺""曄""燁"等都可类推简化作"哗""桦""晔""烨"。14 个简化偏旁中，"讠""饣""纟""钅"只能用于左偏旁，其他 10 个简化偏旁不论在字的任何部位，都可类推简化。第三表是应用第二表的简化字和简化偏旁作为偏旁类推出来的简化字，共 1 745 个。三个表实收简化字 2 236 个。表内所有简化字和简化偏旁后面，都在括弧里列入原来的繁体。对于一部分有特殊情形、需要加以说明的简化字，则都加了脚注。

为了纠正社会用字混乱现象，便于群众使用规范的简化字，经国务院批准，国家语言文字工作委员会于 1986 年 10 月重新发表《简化字总表》，共收录简化字 2 235 个，并对个别字和注解作了调整。

2 235个简化字,其相对应的繁体字平均笔画是每字16.1笔,简化后为10.3笔。被简化的字大都是常用字,使用频率很高,所以,两千多字的简化大大缓解了汉字书写的繁难。据有关方面调查,现在全国人口中用简化字阅读书写的占92.25%,简化字繁体字并用的只占3.84%。

2. 所谓"二简"字

"二简"是1977年发布的《第二次汉字简化方案(草案)》的简称,共收简化字853个。由于"二简"中有些简化字不够成熟,有的也简化得不很合理,试用步骤又过于急促,因此,不到一年就停止试用。1986年,国务院同意国家语言文字工作委员会"关于废止《第二次汉字简化方案(草案)》和纠正社会用字混乱现象的请示",决定立即停止使用"二简"字,并指出:"今后,对汉字简化应持谨慎态度,使汉字形体在一个时期内保持相对稳定,以利于社会应用。"

"二简"方案虽然废止了,可是方案中的字却废而不止,有的仍在社会上流行。例如(括号内为"二简"字):

餐(歺)　赛(宀)　漆(沏)　演(汈)　藏(芷)
舞(午)　街(丅)　道(辺)　建(迠)　感(忈)

我们应该遵照国务院的决定,停止使用"二简"字。

3. 汉字简化方法

同一个字有几个形体,笔画比较多的叫繁体字,笔画比较少的叫简体字。至于"简体字"则有特定的含义,指由国家明文规定取代繁体字而推广使用的简体字。单纯从形体结构上分析,比较繁体字和简体字,可以归纳为三种简化方法:

(1) 局部删除。即在原繁体字的基础上,作局部的删除。

1) 删除大半。例如:術—术、豐—丰、醫—医、滅—灭

2) 删除一半。例如:隸—隶、號—号、麼—么、飛—飞

3) 删除小半。例如:婦—妇、孫—孙、霧—雾、隨—随

4) 删除中间,保留轮廓。例如:廣—广、奪—夺、癰—疟、齒—齿

5) 删除后还有小的变形。例如:穩—稳、縣—县、傘—伞、類—类

(2) 偏旁更换。

1) 更换的偏旁便于识读。例如:癥—症、艦—舰、癱—痈、憶—忆、醖—酝、樁—桩、態—态、郵—邮

2) 更换的偏旁便于称说。例如:慶—庆、聯—联、邊—边、屬—属

3) 更换成记号便于书写。例如:樹—树、戲—戏、歡—欢、僅—仅、雙—双、對—对、鳳—凤、風—风、岡—冈、區—区、趙—赵、棗—枣、攙—搀

(3) 整字替换。简化字和繁体字的结构模式完全不同。例如:

釁—衅、聽—听、竈—灶、衛—卫

第(1)(2)类的简繁字形有一定联系,区别在于:第(1)类是简化字形包孕在繁体字形里面,也可以说,简化字形是从繁体字形中脱胎而出的;第(2)类是简繁字形参半,也就是说,保留一半更新一半。只有第(3)类的简化字形跟繁体字形完全失去联系。

还可以从简化字来源来分析简化方法,大概有三类:

(1) 起用古字。即重新起用笔画相对比较少的古字。例如:

從—从、雲—云、禮—礼、衆—众

(2) 草书楷化。即把繁体字的草书写法用楷体笔法呈现出来。例如:

書—书、農—农、為—为、專—专

(3) 同音替代。即用现成的笔画简单的同音、近音字代替繁体字。例如:

鬆—松、籲—吁、麵—面、齣—出

4. 简化字与繁体字对应问题

据统计,《简化字总表》的2 235个简化字,在简繁转换中有95.5%是一对一的关系,就是一个简化字形只对应一个繁体字形,简体和繁体的字音、字义都相同。例如"马—馬""体—體""铁—鐵""说—說"。还有

4.5%,一个简化字要对应两个或三个繁体字(或传承字)。例如"发(發/髮)""里/里(裏)""台(臺/檯/颱)"。这样的简化字约有100个,在简繁转换时经常会出现差错。这种误转的类型大致有四种:

(1) 一个简化字形同时对应两个繁体字形。例如:

复—(重复、繁复)複:复写、复印、复合、复姓

复—(转过来转过去、回答、再、恢复)復:反复无常、复信、光复、报复

有时会把"复写"误转为"復写"(应是"複写"),把"光复"误转为"光複"(应是"光復")。

发(fā)—(交付、放射)發:发生、揭发、发达、发愁、发扬、发育、发人深省

发(fà)—(毛发)髪:头发、毛发、理发、结发夫妻

有时会把"理发"误转为"理發"(应是"理髪")。

这类一对二、一对三的简繁字主要有:

复(復/複)、获(獲/穫)、团(團/糰)、签(簽/籤)、纤(纖/縴)、苏(蘇/囌)、干(乾/幹/榦)、须(鬚/鬚)、脏(髒/臟)、当(當/噹)、发(發/髮)、历(曆/歷)、摆(擺/襬)、钟(鐘/鍾)

(2) 简化字与传承字(非简化字)同形。例如:

表/表(錶)、斗/斗(鬥)、谷/谷(穀)、出/出(齣)、里/里(裏)、后/后(後)、合/合(盒)、几/几(幾)、困/困(睏)、别/别(彆)、千/千(韆)、云/云(雲)、制/制(製)、冬/冬(鼕)、胡/胡(鬍)、舍/舍(捨)、松/松(鬆)、干/干(乾/幹)、蒙/蒙(懞/濛/矇)、台/台(檯/臺/颱)

(3) 同音替代的简化字跟非简化字同形。例如:

系:"系统""中文系"(非简化字);"关系(係)""系(繫)绳子"(简化字)。

干:"干支""相干"(非简化字);"干(乾)净""干(幹)活儿"(简化字)。

有的人不了解这种同形字现象,遇到要写繁体字的场合,就会产生差错。电脑进行简繁体自动转换时,也时常出现这类毛病:

窗明幾净(应是"窗明几净")、封麵设计(应是"封面设计")

聖賢故裏(应是"聖賢故里")、詩雲子曰(应是"詩云子曰")

(4) 简化偏旁的类推可能出现问题。因为汉字简化时,为了求简,汉字构字的系统性常常会有所突破:一是相同的偏旁部件简化后,却分化为不同的偏旁,例如"卢(盧)""泸(瀘)""颅(顱)""鲈(鱸)""炉(爐)""庐(廬)""芦(蘆)""驴(驢)",声符"盧"简化后分化为"卢"和"户";二是繁体字中不同的偏旁简化后,反而成为相同的偏旁,例如"邓(鄧)""对(對)""难(難)""欢(歡)""戏(戲)",左偏旁都简化成了"又"。不熟悉简化字的人要特别注意这类情况,防止不恰当的简化偏旁类推。

(二) 异体整理

1. 异体字的定义

异体字指音义都相同仅形不同的字。例如"吸 yān"的 yān,至少有三种写法:"烟/煙/菸"。这三个字形互为异体字,经过整理以后,正字规定为"烟",称为"选用字",而把另外两个非选用字"煙/菸"称为"异体字"。

1955年发布的《第一批异体字整理表》,除了符合严式定义的异体字外,还有包孕关系的异体字,即甲字的音义多于乙字,例如"豆""荳"只在"黄豆、绿豆的豆"这个音义上构成异体字关系;还有交叉关系的异体字,即甲字只有部分音义跟乙字的部分音义相同,例如"夹""挟"只在字音是 jiā,字义是"夹在胳膊底下"时构成异体字关系。

《第一批异体字整理表》把"包孕异体字""交叉异体字"也作为整理对象,且采用淘汰的办法,曾给社会用字带来不便。典型的例子是"熔[鎔]",这两个字仅在字义同为"熔化"时构成异体字关系,而"鎔"还有"铸器的模型""矛类武器"等字义。不恰当地淘汰了"鎔",一度给报刊报道有关"朱镕基"的消息时造成诸多麻烦。

2. 整理异体字的原则

整理异体字时,主要采用"从俗从简"的原则。从俗,即去生留熟,选用社会和出版物上比较通行的字形,例如选"针"去[鍼],选"仙"去[僊],选"脚"去[腳],选"蝶"去[蜨]。从简,即选用笔画相对较少的字形,例如选"捆"去[綑],选"猫"去[貓],选"升"去[昇/陞],选"窑"去[窯/窰]。当从俗从简不一致时,往往依据

从俗,例如选"霸"去[覇],选"船"去[舩]。采用从俗从简的原则,整理的结果便于在社会通用层面推行。

(三) 字形整理

以前,我国出版物上使用的汉字字形相当混乱,除了繁体、简体的问题外,还存在字形的小差异。有些字的结构和轮廓相同,笔画数目和笔形却有少量差异。例如"吴"与"吳"、"户"与"戶""戸"等。1965年1月,文化部和中国文字改革委员会联合发布《印刷通用汉字字形表》,为6 196个通用汉字规定了通用字体的印刷规范字形。这个规定涉及笔画的数目、笔画的形状、笔画的顺序和字形的结构模式等。之后,人们就把《印刷通用汉字字形表》规定的字形称为新字形(例如"吴"),把过去的字形称为旧字形(例如"吳")。这一名称还有待学术规范。

对旧字形的整理主要考虑从简从俗,让印刷体尽量跟手写体一致,笔画和笔势尽量便于横写等,具体表现在四个方面:1.部件的调整;2.笔画的调整;3.笔画、笔势和结构尽量便于横写;4.印刷体力求与手写体一致。《印刷通用汉字字形表》公布之后,我国报刊书籍的铅字字形基本上都采用了新字形,大大减少了同一个字形存在细微差别的混乱情况。

《第一批异体字整理表》(1955)、《简化字总表》(1964)以及《印刷通用汉字字形表》(1965),确定了现代汉字的正体字、简化字字形和新字形;后来,《现代汉语通用字笔顺规范》(1997)和《信息处理用 GB13000·1 字符集汉字部件规范》(1997)又确定了现代汉字的笔顺规范和电脑用部件规范。

三、现代汉字的定音

定音就是确定现代汉字的规范字音。有关规定主要有:

1. 《汉语拼音方案》(1958)确定了普通话的声、韵、调系统。
2. 《普通话异读词审音表》(1985年修订稿)对一千多条异读词作了审订和修订,为字音的标准化打下了基础。多音字只稍带作了整理,尚需作全面研究和修订。

至于普通话的音节数目各家说法不一,有待标准化。普通话轻声词、儿化词的范围,也有待规定后公布《普通话轻声词表》和《普通话儿化词表》。

四、现代汉字的定序

(一) 汉字字序问题的复杂性

字序就是汉字排列的先后顺序。成千上万个汉字集合在一起,就有一个排列次序问题。在社会生活中,字序的应用极为广泛。不论是辞书排定字头、图书资料编排目录、人名排序,还是电脑研制编码方案,都需要有科学、合理、简明、便用的汉字序列法。

汉字字序的复杂性表现为汉字的排序具有多样性和互补性的特点:

排序的多样性是指汉字的序列法多种多样,有形序法、音序法、义序法。每种序列法都自成系统,掌握任何一种序列法都必须掌握这种序列法的系统。

排序的互补性是指众多序列法各成系统又互为补充。也就是说,汉字的每一种序列法都有用,但又都往往不能单独地依靠一种序列法来完全解决汉字的排序问题。每一种序列法都需要借助其他序列法来弥补其不足。例如按音序法排序时,遇到同音字就要借助形序法;按部首法排序时,遇到同部字就要借助笔画法或笔形法。事实上,由于需要排序的汉字数量较多,想要仅仅用一种序列法来把上万个汉字都排定位次是不大可能的,必须同时运用几种序列法,分层次地、逐步地予以离散、组合。目前通行的工具书,一般都以一种序列法为主,辅以别的序列法。例如《新华字典》和《现代汉语词典》,正文按音序排列,前边又列有部首检字表;《汉语大字典》和《汉语大词典》,正文按部首排检法排序,后边又附有笔画检字表。这些工具书由于采用几种查字法,相辅相成,适应了不同读者的需要。

(二) 现代汉字的序列法

汉字序列法主要有两种:音序法、形序法,形序法又分部首法、笔画法和笔形法。

1. 音序法

音序法是按照字音来排列字序的方法。汉字的音序法经历了声韵序列法、注音字母序列法和汉语拼音字母序列法三个阶段。

自1958年《汉语拼音方案》公布后,许多字典都用汉语拼音给汉字注音,同时也用汉语拼音来给汉字排列次序。汉语拼音序列法内部还有两种:

(1) 单纯的字母序列法以《汉语拼音词汇》(1958)为代表。它安排词条纯粹根据全词的汉语拼音写法,按字母表的字母顺序排列。声母和韵母相同的字按声调以阴、阳、上、去、轻为序排列。声、韵、调全同的同音字按笔画多少排列,笔画数相同的再按笔形以横、竖、撇、点、折为序排列。

(2) "音节·汉字·字母分层序列法"以《新华字典》《现代汉语词典》为代表。它先按汉语拼音音节表中的音节次序排列字头,音节相同的字则按字头的汉字字形排序。当几个多音节词条具有相同的字头时,再根据第二字的拼音字母顺序安排词条的次序。

用音序法排检汉字简单、迅速,一查即得。由于字母的次序和音节的次序目前已取得一致,因而基本上可以做到字有定序。音序法也有局限,主要是遇到不认识的字或读不准音的字,还得借助别的查字法。此外,目前我国普通话还未完全普及,汉语拼音也不是人人都已掌握,一部分读者运用音序法还有困难。

2. 形序法

形序法是按照字形的各个方面特点来排列字序的方法。形序法包括部首法、笔画法、四角号码法等,其中部首法历史最悠久,使用也最普遍。

(1) 部首法:按照字的部首来排列汉字。同部首的字按笔画数多少顺序排列,笔画数相同的字再按起笔笔形顺序排列,笔画数、起笔笔形都相同的字按次笔笔形顺序排列。

部首法主要根据形旁分部检字,同部的字在字义上往往有一定联系,因而兼有分类编排的作用,多用于大型语词性辞书的编排,例如《辞海》(部首版)、《汉语大字典》《汉语大词典》等。

(2) 笔画法:按照字的笔画数目来排列汉字。笔形法按照字的首笔笔形的类别来排列汉字。目前大都采用混合法:A. "笔画——笔形法",先按字的笔画多少归并汉字,笔画数相同的字再按首笔、次笔两笔的笔形排列先后顺序,例如《通用规范汉字表》笔画检字表。B. "笔形——笔画法",先按首笔笔形分类排列,再把首笔笔形相同的字根据笔画数的多少分成小类来排列,例如《学文化词典》。

(3) 四角号码法:把汉字四角的笔形编成数码,再按每一个字的数码来编排查检汉字。它实际上也是笔形法,是一种笔形代码法。它把汉字四角的笔形归纳为十种,并分别用0—9这十个数码代表:

号码	笔名	笔形	举例	说明	注意
0	头	亠	言主广疒	独立的点和横相结合	1 2 3都是单笔,0 4 5 6 7 8 9都由二以上的单笔合为一复笔。凡能成为复笔的,切勿误作单笔;如亠应作0不作3,寸应作4不作2,厂应作7不作2,丷应作8不作3、2,小应作9不作3、3。
1	横	一一乙㇄	天土地江元風	包括横、挑(提)和右钩	
2	垂	丨丿丿	山月千则	包括直、撇和左钩	
3	点	丶ヽ	宀衤厶之衣	包括点和捺	
4	叉	十乂	草杏皮刘大對	两笔相交	
5	插	扌	扌找中史	一笔通过两笔以上	
6	方	口	國鳴目四甲由	四边齐整的方形	
7	角	フ厂⊐匚厂一	羽门灰陰雪衣學字	横和垂的锋头相接处	
8	八	八丷人𠆢	分頁羊余災余足午	八字形和它的变形	
9	小	小小⺌个忄	尖糸蕊呆惟	小字形和它的变形	

为了便于记忆,有人编了"四角号码口诀":"横一垂二三点捺,叉四插五方块六,七角八八九是小,点下

有横变零头。"

每个汉字依据左上角、右上角、左下角、右下角顺序取得四个数码,然后依据这四个数码从小到大排列顺序。查检时只要确定所查字的四角笔形及号码,即可在正文中直接找到要查的字。例如"匹"是7171,"截"是4325。

四角号码法见形知码,可以一步查到该字在辞书中的位置,因此,只要熟悉规则,查检起来简便迅速。但由于具体规则较多,掌握起来比较麻烦,重码也较多,有的字取码有二义性。

上述序列法各有优缺点,在辞书中各成系统又互为补充,而且都以在社会上有影响的辞书作为载体,已为广大读者所熟悉,其中部首法的影响和作用最大。但是,在今天,唯有音序法最能适应自动快速检索的信息化时代的需求。为了使汉字能顺利输入电脑,人们还设计了几百种编码方案,也就是要解决在电脑上使用汉字的定序问题。这丰富了字序研究的内容,加深和扩展了字序研究的深度和广度。

(三) 部首法的规范

1. 传统部首与改良部首

部首法是东汉许慎在《说文解字》中首创的。《说文解字》把汉字按其来源分为540部,每部把共同傍从的形旁字列在开头,称为部首。部首法自创立以后千百年来一直为编纂字书的人所采用,只是分部的多少和字的归部原则有所不同。例如明代梅膺祚编的《字汇》将部首按楷书改并为214部。之后,清代的《康熙字典》、1915年版的《中华大字典》和《辞源》,以及1936年版的旧《辞海》等都继承214部的传统。

214部的部首系统混合使用据义定部和据形定部两个标准,有些部首立部不尽合理,有些具体字的归部也欠妥当。例如"奉、奏、春、泰"四个字,楷书字形结构类型相同,却按字源把"奉、奏"归入"大"部,而把"春、泰"分别归入"日"部和"水"部。《新华字典》1966年以后的版本,根据新华辞书社拟制的部首检字法,把部首数目归并为189部。用"艹、辶、阝(在左)、阝(在右)"取代"艸、辵、阜、邑";将"氵、忄、扌、犭、攵、灬、礻、衤"等从"水、心、手、犬、攴、火、示、衣"等部中分离出来。《现代汉语词典》也采用189部。1964年,汉字查字法整理工作组提出了新的《部首查字法(草案)》。"草案"严格贯彻依据字形定部的原则,设立250个部首,1979年版的新《辞海》采用了"草案"的250部。但250部数目偏多,有的部只有部首而部内无字,例如"龟"部。1983年,统一汉字部首排检法工作组采用据形定部的原则,拟定了《统一汉字部首表(草案)》,共设201部。《中华字典》即按此201部定部。《汉语大字典》和《汉语大词典》比较倾向于据义定部,设立200部。

语文学界为了便于讨论部首问题,把214部的部首系统称为"传统部首",而把改变214部的现代各种部首系统称为"改良部首"。

2. 部首法的分歧与规范

部首法的分歧主要表现在设部和归部两个问题上。

设部的分歧主要有两点:一是设立部首总数的差异(有214部、189部、250部、201部、200部五种);二是应该设立哪些部首,不设立哪些部首。这些分歧给读者查检增添了许多不便,因此在设立部首问题上首先应该规范,既照顾传统,又有所革新。

归部的分歧主要是从义取部为主,还是从位取部为主。传统部首是从义取部为主的,但是独体字不易找出表义成分,归部较困难,现代辞书一般按这些字的首笔或上方笔形归部。例如"民"字,《康熙字典》入"氏"部,而《新华字典》和《现代汉语词典》则根据"民"的首笔入"乙"(一)部。合体字虽有表义成分,但形旁位置不固定,如果不认识某字,就无从判断形旁,归部也较困难。于是根据从位取部的原则规定:在可取两个或两个以上部首时,一律按取上不取下、取左不取右的原则定部。其实,合体字,特别是形声字,只可选形旁部首,归部才不会产生分歧,例如"油、刚、病、访、情、草"等。少数可取两个或两个以上部首的会意字,根据书写顺序,往往先取形旁位置在左面的或在上面的形旁,因此,不论是从义取部还是从位取部,归部基本上是一致的。但也还有极少字,归部时难以确定,例如"相、在、哀"等。《康熙字典》将"相"归入"目"部,"在"归入"土"部,"哀"归入"口"部。如果从位归部,"相"应入"木"部,"在"应入"一"部,"哀"应入"亠"部。这样,查检时是一个部首,理解字义时又是另一个部首,显然也不妥当。为了方便查阅者,也有采用"兼容"办法的,即按照一个字可能有的部首把这个字分别归入几个部中,俗称"多开门"。例如《新华字典》《现代汉语词典》,

将"相"分别归入"木"部和"目"部,将"在"分别归入"一"部和"土"部,将"哀"分别归入"亠"和"口"部。

部首法的分歧,除了上述两个问题,还有同一部首内汉字的排序问题。目前有两种排列方法,一种是以笔画多少排列;另一种是按起笔笔形并照顾到偏旁的同一性。以笔画多少排列,还要解决笔画数相同的字如何按笔形顺序排列的问题。现行辞书的笔形多按一丨丿、乛顺序。在设部和归部上产生分歧的原因,是各家设部和归部的原则不同。

五、《通用规范汉字表》的制定和发布

《通用规范汉字表》于 2013 年 6 月 5 日由国务院发布。该表发布后,社会一般应用领域的汉字使用应以此表为准,原有相关字表(例如《第一批异体字整理表》《简化字总表》《现代汉语常用字表》《现代汉语通用字表》)全部停止使用。

1. 《通用规范汉字表》的总体特点

(1) 整合多个规范,调适内部矛盾。《通用规范汉字表》在整合《第一批异体字整理表》(1955)、《简化字总表》(1986)、《现代汉语常用字表》(1988)、《现代汉语通用字表》(1988)的基础上制订。它集众多字表于一表之中,调适了各规范之间相互矛盾的地方,用一个字表覆盖了以前多种字表的功能,便于使用。

(2) 照顾不同需要,科学划分字级。以前的汉字规范工作是在文化教育大普及时代制订的,更多考虑普及层面对汉字的需求。《通用规范汉字表》必须充分考虑社会各阶层对汉字需求的差异。字表把规范汉字分为三个字级,提高了字表的实用性,增强了规范标准的亲和力,更有利于构建和谐的语文生活。

(3) 预测信息储备需要,增加特殊领域用字。《通用规范汉字表》特别采集了常用的姓氏人名用字、乡镇以上地名用字、与民众生活相关的科技用字和教材印刷需要的文言用字,使大众传媒用字的准确程度、通过网络传递信息的信度和速度,都得到进一步的改善。

(4) 促进海峡两岸信息互通,分解简繁对应关系。《通用规范汉字表》在附表中对简化字和繁体字的对应关系进行了分解,方便了繁转简与简转繁双向运作,有利于港澳台与大陆之间信息互通与文化交流。

2. 《通用规范汉字表》的整体结构

《通用规范汉字表》收字 8 105 个,分为三级。不同级别的汉字,通行度不同,其作用也明显有别。一级字表共收 3 500 字,是使用频度最高的常用字集,主要满足基础教育和文化普及的基本用字需要。二级字表共收 3 000 字,使用频度仅次于一级字。一、二级字表合计 6 500 字,主要满足出版印刷、辞书编纂和信息处理等方面的一般用字需要。三级字表收字 1 605 个,是姓氏人名、地名、科学技术术语和中小学语文教材文言文用字中未进入一、二级字表的较通用的字,主要满足信息化时代与大众生活密切相关的专门领域的用字需要。

练习题

一、填空。

1. 写出相应的繁体字,并指出简化的方法。

简 化 字	繁 体 字	简 化 方 法	简 化 字	繁 体 字	简 化 方 法
乐			奋		
后			兰		
战			还		
累			邓		

2. 从简化字的来源分析,指出下列简化字采用了什么样的方法。

丑(醜):_____ 龟(龜):_____

专(專):_____ 学(學):_____

长(長)：_____　　　　　　　　泪(淚)：_____

谷(穀)：_____　　　　　　　　书(書)：_____

3. 现代汉字的标准化包括四个方面的内容：(1)_____(2)_____(3)_____(4)_____。

4. 《说文解字》把9 353个汉字归为____部，《字汇》和《康熙字典》把部首归并为____部，《新华字典》和新《辞海》分别把部首定为____部和____部，而《汉语大字典》又把部首定为____部。

5. "四角号码检字法"将四角和号码的对应关系用四句口诀来概括，这四句口诀是_____，_____。

二、选择。

1. 《通用规范汉字表》共收二级字(1) 6 196个 　(2) 3 500个　 (3) 7 000个 　(4) 3 000个。（　　）

2. 常用字最根本的特点是(1)能产性　(2)常用性　(3)简易性　(4)稳定性。（　　）

3. 以姓氏笔画为序，下面姓氏的排列顺序应该是(1)冯匡范张倪　(2)匡冯范张倪　(3)冯匡张范倪 (4)匡冯张倪范。（　　）

4. "非"字在《新华字典》检字表里列入(1) 丨部　(2) 一部　(3) 非部　(4) ㇄部。（　　）

三、判断(对的打"√"，错的打"×")。

1. 《汉语大字典》收字5.6万字，这个收字量反映了目前通用层面实际使用汉字的数量。（　　）

2. 常用字的平均笔画数比非常用字的平均笔画数少。（　　）

3. 汉字可以像拼音文字一样用一种序列法将所有的字都排定位次。（　　）

四、问答。

1. "从群众中来，到羣衆中去。"一句中含有多少个不同的字种？

2. 《通用规范汉字表》为什么要增设"三级字表"？

3. 参照《通用规范汉字表》所附《规范字与繁体字、异体字对照表》，把"理发""皇后""干事""茶几""人云亦云""荣归故里""黄山松涛""院系调整确系当前教育系统的首要任务"准确地转换成繁体字。

4. 20世纪50年代以来，主要通过哪几条途径来精简汉字的字数？

5. 分别运用音序法和部首法，在《新华字典》(第11版)里查找下列汉字：

乃　隶　亚　柔　香　书　用　果

6. 分析下面各字，看看可以分别归入哪个部首？然后用《新华字典》(第11版)来验证。

取　娶　现　暮　国　戒　教　颠　恭　笔　献　弄

7. 请说说"简体字"与"简化字"的区别。

8. 部首法的分歧主要表现在哪些方面？

9. 汉字字序的复杂性表现在哪些方面？

思考题

一、台湾省、香港特区、澳门特区以及海外部分地区还在使用繁体字和一部分异体字。你觉得以后海峡两岸实现"书同文"的前景如何？有什么比较好的办法吗？

二、有人提出全面推行"识繁写简"，你同意这一提法吗？为什么？

三、请说说"高频字"在小学语文教学以及对外汉语教学中如何发挥积极的作用。

四、有人认为汉字数量太多了，不利于学习和使用，所以建议3 500个常用字之外的汉字全部淘汰，用同音字来替代，你以为这个办法是否可行？

第七节　现代汉字的信息处理

学习要点：了解汉字信息处理的输入方式、汉字键盘输入的方法和汉字编码方案的优缺点；熟悉汉字信息处理对汉字规范化的要求。

20 世纪 40 年代计算机(电脑)诞生以来,计算机技术已经得到了空前广泛的应用。以语言文字为主要载体的信息的存储、加工、传递手段的现代化也离不开计算机技术。**所谓语言信息处理就是指用计算机对自然语言的形、音、义等信息进行处理。汉字信息处理就是利用计算机对汉字符号系统进行处理的一项科学技术。**

汉字信息处理不等同于中文信息处理。中文信息处理指的是利用计算机对汉语书面形式和口语形式这两种信息进行各种加工,而加工的结果是形成各种信息处理系统。汉字信息处理系统则是中文信息处理系统中一个关键和基础的部分,是中文信息处理系统得以建立的工具。

世界上的文字有上百种,其中大部分是拼音文字;以拉丁字母为基础的西方文字可以在键盘上直接输入计算机,如英文;有的拼音文字则需要对普通键盘做一些改造,例如法文、德文、俄文,乃至日文。由于汉字性质不同于拼音文字,因此用计算机处理汉字就遇到了许多新的问题。

汉字信息处理,对使用者来说,最主要的是汉字信息的输入与输出。

一、汉字信息的输入

(一) 汉字的键盘输入

汉字的键盘输入是目前应用最广泛的输入方式,相应的软件处理技术也最为成熟。

汉字键盘输入方式大体上经历了三个发展阶段:整字输入法、汉字编码输入法、汉语拼音输入法。

1. 整字输入法是把整个汉字作为输入符号。一般是把几千个汉字按照一定的顺序排列在一个大键盘上,使用者用键盘击打或电笔点触输入。这种大键盘输入方式的优点是一字一键,无重码,直观性好,操作简单;缺点是需要特制键盘,速度较慢,设备笨重,成本昂贵,难以普及。

2. 汉字编码输入法是把每个汉字编成一个代码,然后利用国际通用小键盘把代码输入计算机。这种输入法需要进行专门的学习和训练,优点是速度快、重码少,但是对于用计算机进行写作的人来说,由于加上了思考编码的负担,写作过程不断受到干扰,使用起来十分不便。

汉字编码方案的优劣成为影响汉字编码输入方式最重要的因素。根据抽取汉字信息特征的不同,汉字编码方案可分为音码、形码、音形结合码三类。

(1) 音码

音码是按照汉字字音编码输入的设计。音码输入实际上是一种拼音转换法,即利用现行的汉语拼音方案输入拼音,把汉字转换成国际通用的拼音编码输入计算机,再由计算机自动转换为汉字。拼音编码输入法在具体实施中有两种不同的方案:一种是全拼式,一种是双拼式。全拼式依汉语拼音字母的顺序编排,以字母为单位逐个输入。这种方案的击键次数较多,包括辅助标识符在内,最多时一个汉字要击键 7—8 次,平均约 4—5 次。双拼式依声母、韵母的顺序编排,以声母和韵母为单位逐个输入。为此键盘上的键位必须按声母、韵母重新设计。这种方案的击键次数较少,包括辅助标识在内,最多一个汉字击键 3—4 次,平均不超过 3 次。全拼式符合规范的汉语拼音书写方法,双拼式则根据编码设计者的设计确定。

音码的优点在于它可以使用计算机上的通用键盘,并且只要使用者基本掌握汉语拼音方案和普通话语音即可进行操作,不需要专门培训。缺点在于同音字需要二次选择,影响输入速度。目前已有多种音码实现"字为基础,词为主导",以词定字,在一个有限的范围内解决了同音字的问题。

(2) 形码

形码是按照汉字字形编码输入的设计。它将汉字的形体分解为若干字元(例如笔画、部件、偏旁、部首),再利用字元代码表和字元排列顺序规则得到汉字编码,然后在键盘上输入。影响较大的有五笔字型输入法、笔形编码法等。形码着眼于汉字形体,有效地避免了同音字的问题,因此输入速度大大提高。其缺点在于掌握字形编码方案需要专门训练;并且大部分形码输入设计对汉字字形的拆分规则和编码规则与人们对汉字原有的认知结构不相吻合,即牺牲了输入设计的"易学性"。常见的字形编码方案有笔形编码、部件编码、部首编码和四角编码等四种。

1) 笔形编码以李金铠的八笔编码为代表,采用汉字的基本笔画作为输入单位,即把笔形分成若干种,并分别给以确定的代码。问题是遇到笔画多的字,码字较长,相应的击键次数就多,不太实用。

2) 部件编码以王永民的五笔字型码为代表,即把每个汉字分解成部件序列,再把这些部件转换成对应的数字或拉丁字母,得出代码序列。优点是码元少,重码率低,熟练后输入速度快;缺点是记忆负担重,部件切分不合常用规范,词库比较小。

3) 部首编码以王安三角编码为代表,优点是规则较简单,重码较少,但基本字元代码数较多,不便记忆。此外还有台湾的天龙仓颉编码方案,该方案规则较复杂,使用不太方便,输入速度较慢,而且重码也较多。

4) 四角编码就是直接用王云五的四角号码作为汉字编码,优点是码长较短,但数码不易一次认准,重码也较多,必须附加一定标识符来区分重码字。

(3) 音形结合码

为了克服形码和音码各自的缺点,形音结合的输入法应运而生。这类编码方案又可分为两种:一种是以字形为主字音为辅的形音码,一种是以字音为主字形为辅的音形码。形音码与纯形码的不同在于还要利用某些字音信息,即在形码上附加音码。其中最有代表性的是支秉彝的"见字识码"方案。形码大都采用部件、偏旁、部首的信息,也有采用起笔、末笔信息或语义类别信息的。在实际操作过程中,音形信息的转换往往影响使用者思想的连贯性。

上述各种编码方案,各具优点,也各有不足。形码的优点是按形取码,不涉及字音,因此不认识的字也同样可以编码输入,输入速度较快;但汉字形体结构复杂,分解标准不一,主观随意性太强,因而不少方案规则较多,难于掌握。音码的优点是简单易学,可以盲打,缺点是不认识的字输入较困难,同音字较难处理。从目前的应用情况看,会说普通话、懂汉语拼音的人爱用音码,操方言者多根据自己的兴趣爱好选用某种形码。

(4) 汉字编码方案的标准化

汉字编码方案的标准化,即一般所说的选优工作。目前国内各计算机使用部门采用的输入编码方案各不相同。内地多用 GB 码,台湾多用 BIG 码,香港、澳门情况不一,各种码都在使用。关于选优的评定标准主要有四条:1) 基本符号少,能实现盲打;2) 规则简单易记,操作方便易学;3) 一字一码,没有重码;4) 输入和处理效率高,设备经济实用。根据上述要求优选制订出最佳方案推广试用,在试用中进一步完善,从而形成汉字输入编码方案的国家标准。

3. 汉语拼音输入法的优越性。汉语拼音输入是以汉语拼音连续输入为手段,而由计算机自动转换为汉字的一种计算机汉字处理技术。

(1) 不需要编码规则。汉语拼音输入法是一种无编码方案,使用者无须记忆编码规则,只要掌握汉语拼音和普通话,就能应用自如。

(2) 体现语言中以词为单位的特点。它的词库里贮存大量现代汉语的词汇,词汇之间可以自动切换,这样就在很大程度上弥补了同音字多的不足。

(3) 输入与思维同步进行。汉语拼音输入法要求人们向计算机输入规范的汉语拼音,实质上是要求人们在键盘上使用汉语拼音来书写普通话,把写作者的思想直接表达出来。这一点对使用电脑写作的人来说,具有特别意义。

(4) 有利于学习普通话和汉语拼音。应用汉语拼音输入法一般不需要经过特别培训,相反地还可以进一步帮助人们学好普通话和汉语拼音。

(5) 有利于国际的信息交流。汉语拼音已经成为国际标准,因此,外国人同样可以使用汉语拼音输入法来操作计算机,在信息网络上获取他们所需的汉语汉字信息。任何汉字字形编码都无法取代汉语拼音这一重要作用。

汉语拼音输入法符合我国国策,是发展方向,但在实际应用中还存在一些问题,需要逐步解决,使之日趋完善。其中减少同音选择是完善汉语拼音输入法的关键。实践经验告诉我们,"以词定字""高频先见"和"用过提前"是根据汉语内在规律总结出来的减少同音选择的好方法。

(二) 汉字的字形识别输入

采用键盘输入方式,要靠操作人员击键输入,速度较慢,工作量也大。如果能让计算机自动识别汉字,将会极大地提高整个计算机系统的效率。

汉字的字形识别输入就是通过特定的文图扫描装置,对印刷在纸上或写在纸上（或其他材料上）的汉字字符进行分类判别。它用光学字符识别器"扫描仪"抽取汉字字形特征,将纸面上的汉字信息转换成离散的电信号,然后再送入计算机识别,形成汉字内部码。汉字识别在学科上属于模式识别和人工智能范畴,在应用上属于汉字信息处理系统的一种高速输入方式。

目前比较成熟的识别方法有图形匹配法和结构分析法两种。图形匹配法就是将输入的待识别的汉字图形跟存储在计算机内的标准汉字图形直接进行配比,求出它们的相似度。跟待识别字相似度最大的标准汉字就是机器寻求的答案。结构分析法首先要通过对汉字图形结构的分析提取汉字的特征量,然后根据待识别字的特征量跟存储在机器内的标准汉字的相应特征量之间的距离来判定汉字字种的归属。

汉字字形识别可以分为印刷体汉字自动识别和手写体汉字自动识别两类。印刷体汉字自动识别是国内汉字识别研究的主流,手写体汉字识别又可分为联机和脱机两种。

（三）汉字的语音识别输入

汉字的语音识别输入就是通过与计算机连接的传声装置,利用语音分析技术,抽取语音特征参数,由计算机进行辨识并形成汉字内部码。语音识别的原理是把语音先根据语法规则切词,根据语音规则切音段,再根据语境、语用和语义规则辨别词句。语音识别在学科上属于模式识别和人工智能范畴,在应用上属于汉字信息处理系统的一种人机交互自动输入方式。

根据输入者的身份,语音识别可以分为特定人的语音识别和非特定人的语音识别两类。根据输入者的发音方式,语音识别又可分为孤立词语音识别和连续语音识别两类。

汉字语音识别输入,不需要事先进行复杂的专门训练,不需要记忆大量的编码规则,也不需要进行键指法练习,只要会说普通话或不太标准的普通话,就可以输入汉字,使汉字输入工作能以普及化的方式进行。

二、汉字信息的输出

汉字信息的输入是把汉字外部编码转换为可供计算机处理系统识别的内部编码的过程,汉字信息的输出则是把汉字内部编码还原为汉字外部字形、字音信息的过程。目前汉字信息的输出可分为汉字字形输出和汉字语音输出两大类。

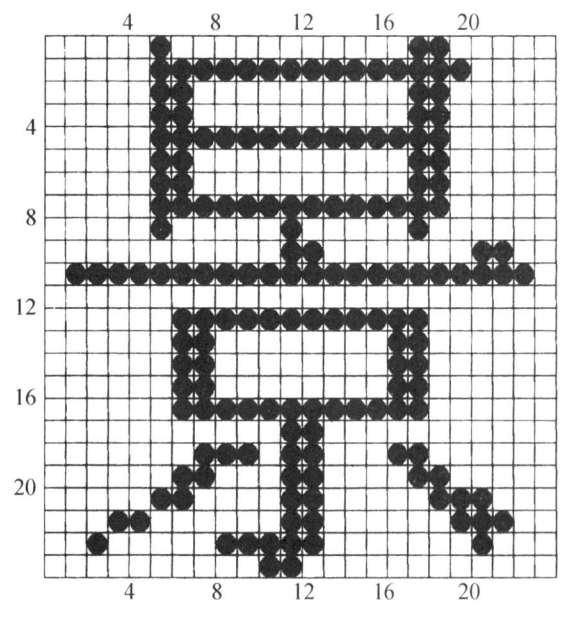

点阵法是最早使用的一种字形描述方法。汉字打印机、汉字显示终端以及计算机—激光汉字编辑排版系统等汉字输出设备,都要把汉字字形变成数字化的点阵。点阵利用位于一定栅格内的黑点和白点来存储、显示和打印汉字字形。我国从 20 世纪 80 年代初期开始研制点阵字库,至今已经研制成功并颁布了多种点阵汉字标准,规格有 15×16、24×24、32×32、36×36、48×48、128×128、256×256;字体有宋体、仿宋体、楷体和黑体。左图是 24×24 点阵的"景"字。

汉字语音输出是汉字信息输出的另一形式。它把以汉字形式输入的文本材料转换成语音形式输出,具有美好的应用前景。理想的语音合成系统必须有一整套复杂的语音、语义、语法、词汇规则为基础。汉语普通话语音合成技术的研究从 20 世纪 80 年代初到现在,已经有一些应用产品问世,如公共场合的电脑呼名叫号系统。若想将计算机内部的汉字信息还原为自然连贯的语音形式,尚需进一步深入地研究和探索。

三、汉字信息处理与汉字研究

20 世纪 50 年代以来所进行的汉字简化与整理工作,其重大成果正越来越多地用于汉字信息处理,为我国计算机的普及和发展提供了有利条件。例如拼音输入法、语音自动识别、汉字自动识别、词语自动切分、同音词自动识别等输入方式的研制和应用，都与普通话的推广、汉语拼音的推行、汉字的整理和简化工作密切相关。为了促进信息处理技术的发展，必须进一步强化语言文字的规范化标准化工作。

（一）汉字属性研究

汉字属性是汉字信息处理不可缺少的基本要素。20世纪80年代先后出版的《汉字信息字典》（科学出版社1988）和《汉字属性字典》（语文出版社1988），对每个汉字的属性都给出充分的信息。这些信息包括每个字的序号、读音、笔画数、部件数、部首、部首笔画数、部首外笔画数、部首序号、笔顺、笔顺编号、结构方式、异体字、繁体字、旧字形、字频、国际码、电报码、四角号码等。众多属性的提供，不仅提高了计算机进行汉字信息处理的功能，而且为制订汉字属性的国家标准打下了坚实的基础。汉字属性丰富，今后还要继续开发，并从如何使电脑中文处理更高效、更经济、更方便的角度，进一步加强研究。

（二）汉字规范化、标准化研究

汉字信息处理中的输入、输出、频率统计、汉字识别、语音识别、语音合成等都和汉字规范化标准化有着密切的关系。例如汉字的自动识别，如果字形不规范，就会影响汉字识别的研究工作。要提高汉字信息处理的速度和效率，必须加强汉字规范标准的研究，加快汉字信息处理急需的规范标准的制订，并不断予以优化。目前还要制订的规范标准有汉字笔形分类标准、汉字字序标准、各类专业用字字符集标准等。这对推动我国现代化的历史进程，具有非常重大的意义。

练习题

一、填空。

1. 计算机汉字输入方式主要有＿＿＿＿＿、＿＿＿＿＿和＿＿＿＿＿。
2. 汉字键盘输入方式大体上经历了三个发展阶段：（1）＿＿＿＿＿、（2）＿＿＿＿＿、（3）＿＿＿＿＿。
3. 编码方案的选优标准是＿＿＿＿＿。
4. 汉语拼音输入法的优点是＿＿＿＿＿。

二、选择。

1. 王永民的五笔字型码属于(1) 部件码　(2) 笔形码　(3) 部首码　(4) 四角编码。　　　　（　　）
2. 完善汉语拼音输入法的关键是(1) 确定标调方法　(2) 多音节词连写定型　(3) 减少同音字选择。
（　　）

三、判断（对的打"√"，错的打"×"）。

1. 汉字信息处理的关键问题是输入。　　　　　　　　　　　　　　　　　　　　　　　（　　）
2. 点阵栅格越少，输出的汉字字形越完整清晰。　　　　　　　　　　　　　　　　　　（　　）

思考题

一、平时你喜欢用哪一种汉字输入法？为什么？
二、汉字语音识别的主要原理是什么？它的优越性是什么？
三、形码和音码各有缺点，你认为应该如何改进？
四、汉字信息处理与汉字研究、汉字规范化有什么关系？

参考文献

郑林曦(1979)《精简汉字字数的理论和实践》，中国社会科学出版社。
冯志伟(1989)《现代汉字和计算机》，北京大学出版社。
高家莺　范可育　费锦昌(1993)《现代汉字学》，高等教育出版社。

张书岩等(1997)《简化字溯源》,语文出版社。
苏培成(2001)《现代汉字学纲要》(增订本),北京大学出版社。
周有光(2002)《周有光语文论集》(一—四卷),上海文化出版社。
王宁(2002)《汉字构形学讲座》,上海教育出版社。
费锦昌 徐莉莉(2011)《古今汉字趣说》,暨南大学出版社。
裘锡圭(2013)《文字学概要》(修订本),商务印书馆。

第三章 词　　汇

第一节　现代汉语词汇概述

> 学习要点：掌握语素、词的定义，明确语素的分类依据及其类别，了解词汇与词语、语素与汉字、语素与词、词与短语的区别与联系，重点掌握语素的验证方法和词的鉴定方法。

词语是能够独立运用的音义结合的最小语言单位。词语包括词和固定短语，词是词汇的主体部分，而固定短语是词汇的重要组成部分。词语的总和形成词汇，词汇与词语的关系是集合与个体的关系。

词汇也称语汇，是语言中能独立运用的最小的音义结合单位的集合，有时也可以指特定领域中词语的集合。根据语言差异，词汇可分为汉语词汇、英语词汇、德语词汇等。根据领域不同，词汇可分为政治词汇、经济词汇、法律词汇等。

一、语素

（一）语素的界定

语素是语言中最小的音义结合的构词单位，是最基本的语言单位。因此，一个语素必须是语音与语义结合，而且不能再拆分。其中，具有一定的语义是判断语素的最基本条件。

汉语绝大多数语素是一个有意义的音节。如"床"的语音形式是 chuáng，它的语义内容是"供人躺在上面睡觉的家具"，那么，"床"就是一个语素。

有少数语素是由两个无意义的音节合成的。如"玻璃"，它的语音形式是 bōli，语义是"一种质地硬而脆的透明物体"。"玻"和"璃"虽然都有语音形式，但都没有单独的语义，因此都不是语素；只有"玻璃"才是一个语素。

有的语素是由一个无意义的音节与一个有意义的音节合成的。如"蝴蝶"中"蝴"的语音形式是 hú，但没有语义内容，不是语素；"蝶"的语音形式是 dié，语义内容是"蝴蝶的简称"，那么，"蝶"就是一个语素。非语素"蝴"与语素"蝶"组成的"蝴蝶"既有语音形式 húdié，又有语义内容"昆虫"，所以是一个语素。

有的音节（书写形式为同一个汉字），有时是语素，有时不是语素。例如："马"（mǎ）语义表示"一种哺乳动物"，它是一个语素；"虎"（hǔ）语义表示"一种哺乳动物"，也是一个语素。但是，"马虎"（mǎhu）语义表示"草率"，其中的"马"和"虎"不具备独立语素"马"与"虎"的语义，也没有与"草率"有关的独立语义，因此，都是非语素，"马虎"本身才是一个语素。可见，同一个音节，在某个组合里有意义时，是一个语素，如"沙丘、树木、森林、布匹"中的"沙、木、林、布"；在另外的组合里，如果单独没有任何意义，则是非语素，如"沙发、乌鲁木齐、奥林匹克、布尔什维克"中的"沙、木、林、布"。

（二）语素的类别

语素可以根据音节数量、构词能力和构词位置分成不同的类别。

1. 根据音节数量，语素可以分为单音节、双音节和多音节三类：

（1）只有一个音节的语素是单音节语素。如：天、地、人、神、水、吃、走、好、长、高、很、才、的、了、着、和、吧、哦等。

(2）由两个音节组成的语素是双音节语素。如：踌躇、仿佛、崎岖、嶙峋、琵琶、葡萄、蜈蚣、沙发、峥嵘、忸怩、参差、坎坷、蟋蟀、蹉跎、哆嗦、咖啡、芭蕾、纽约等。

（3）由三个或三个以上音节组成的语素是多音节语素。如：威士忌、三明治、迪斯科、吐鲁番、康乃馨、尼古丁、奥林匹克、乌鲁木齐、布尔什维克、布宜诺斯艾利斯等。

2. 根据构词能力，语素可以分为成词语素、不成词语素两类：

（1）能够独立成词的语素是成词语素。如：他、书、看、来、好、就、很、也、了、被、呢、吗、葡萄、牡丹、啰唆、朦胧等。

（2）不能独立成词的语素是不成词语素，它只是词语的构成单位。如：童（心）、日（子）、衣（服）、朗（读）、历（史）、肃（清）、（人）民、（丢）失等。

3. 根据构词位置，语素可以分为定位语素、不定位语素两类：

（1）一个语素同别的语素组合成词时，位置固定的语素叫定位语素。根据位置的前后，又分为前置定位语素和后置定位语素。前者如：非（非常、非凡、非法、非分等）；后者如：者（读者、记者、作者、学者等）、化（绿化、美化、净化、激化等）。

（2）一个语素同别的语素组合成词时，位置不固定的语素叫不定位语素。语素"电"的位置可以前置，如：电器、电子、电影、电视、电灯等；也可以后置，如：闪电、雷电、水电、静电、火电等。

（三）语素与汉字的关系

1. 同一个汉字，语音不同，意义不同，代表不同的语素。

乐：快乐（lè）——音乐（yuè）

会：会（huì）议——会（kuài）计

间：中间（jiān）——间（jiàn）谍

2. 同一个汉字，语音相同，意义不同，代表不同的语素。

会：会中文——开会

老：老人——老来

下：下雨——楼下

3. 同一个汉字，在不同词语中，有的是语素，有的不是语素。

马：马匹（语素）——马达（非语素）

沙：沙丘（语素）——沙发（非语素）

色：色彩（语素）——色拉（非语素）

（四）语素的验证方法

要鉴定一个词语由几个语素构成，通常采用"同形替代法"。例如：

被鉴单位	替换单位
礼貌	相貌、容貌、外貌……
礼貌	礼节、礼堂、礼拜……

通过用有意义的语言单位"相、容、外"来替换"礼貌"的前一个成分，再用"节、堂、拜"来替换该词的后一成分，替换后的词语仍有意义，那就证明被替换的单位"礼、貌"都是语素。再如"馄饨"，"馄"和"饨"都不能被任何成分所替换，也没有各自独立的意义，因此"馄"或"饨"都不是语素，"馄饨"合起来才是一个语素，当然也是一个词。

"同形替代法"是验证一个词语由几个语素构成的基本方法。但无论如何，词语中的一个成分要作为语素必须满足两个基本标准：一是该词语分解出的这个成分必须具有独立的意义；二是这个成分的意义必须与该词语的整体意义有一定的语义联系。

二、词

词是能够独立运用的音义结合的最小语言单位。词的内涵有三个显著特点：一是具有独立运用的能力；二是音义相结合，二者不可缺一；三是最小的语言单位。第一点把词与语素区别开来；第二点把词跟非语素音节区别开来；第三点把词与自由短语区别开来。

（一）词和语素的差异

1. 词具有独立运用能力，指可以独立作语法结构成分或者独立起语法作用。

（1）可以独立作语法结构成分

语法结构成分主要是指可以作句子的主语、谓语、宾语、定语、状语、补语，由实词来充当。比如：我的朋友也看完了小说。其语法成分的划分如下：

（我）的 朋友 [也] 看 〈完〉了 小说。

那么，充当主语的"朋友"、谓语的"看"、宾语的"小说"、定语的"我"、状语的"也"和补语的"完"都是词。当然也包括充当短语结构成分。

（2）可以独立起语法作用

语法作用主要是指可以表示语法成分内部关系、语法成分之间关系或者句子的功能，主要由虚词来充当。比如"和"能把偏正关系的"木头房子"变成并列关系的"木头和房子"；"地"在"轻轻地关门"中标志状中关系；"吗"可以使陈述句"他去北京"变成疑问句"他去北京吗？"。

2. 语素是构词成分，而词是组成短语和句子的基本结构单位。所有的词都是由语素组成的，但并非所有的语素都能单独成词。

（1）有些语素具有独立运用能力，可以单独成词，叫成词语素。如：我、山、水、吃、做、了、着、呢、吧、葡萄、蹒跚、踌躇、芙蓉、巧克力、三明治、布尔什维克等。

（2）有些语素本身不能单独成词，叫非成词语素，它们可与其他语素或词缀组合，组成具有独立运用能力的词。如：幻（想）、伟（大）、（旧）式、（我）们、（人）民、（书）柜、（美）丽、（履）历、（领）袖等。

（二）词与短语的关系

1. 词与短语的差异。词是可独立运用的最小的音义结合单位，自由短语是由两个或两个以上的词组合而成的语言单位，也具有独立运用能力，也是音义结合的单位，但关键不是最小的。词与短语的区别可以从意义整合、语音停顿和语法功能三个方面进行区分。

（1）意义整合

词的意义比较凝固，往往不是语素意义的简单相加。比如：指称一种蔬菜的"白菜"不等于"白色的菜"，指称一种教具的"黑板"不等于"黑色的板"，喻指父母兄弟子女等亲人的"骨肉"不等于"骨"和"肉"。可见，语素与语素在组合成词的过程中，语素意义已经发生了质的变化，具有了"综合性"。而自由短语的意义往往可以从组成成分及其意义关系上给予解释，其组成成分在意义上具有相对独立性，短语的整体意义是组合成分意义的加合，具有"分析性"。如"白布"就是"白色的布"，"门窗"就是指"门"和"窗"。

（2）语音停顿

词的语音结构具有整体性，不允许内部有停顿，而短语则可以有内部语音停顿。在"西北航空"中，"西北"内部不能停顿，因为"西北"是一个词；而在"南北会谈"中，"南北"内部则可以略作停顿，因为"南北"在此是一个并列短语。

（3）语法功能

词的意义具有凝固性和专指性，不可以扩展，而短语的意义具有分析性，可以扩展。因此，"扩展法"是区别词和短语的基本方法。扩展法就是在一个语言单位内部插入其他成分，来观察语言单位的意义是否发生了改变。如果语言单位的意义改变了或者不合法，则说明该语言单位在意义上是最小的，是词，否则就是短语。

A.	原式	扩展式	B.	原式	扩展式
	铁路	*铁的路		铁门	铁的门
	眼热	*眼很热		手热	手很热
	杀青	*杀了青		杀鸡	杀了鸡
	说明	*说得明		说清	说得清
	骨肉	*骨和肉		血肉	血和肉

A类是词,原式要么无法扩展,要么扩展以后意义发生了变化;B类是短语,原式都可以扩展,且扩展前后语义基本不变。

2. 离合词。有些双音节词在中间可以插入别的成分而变成短语,这类可以插入别的成分变成短语的词叫"离合词"。如:

鞠躬→鞠个躬→鞠个九十度的躬　　达到→达得到→达不到
革命→革了他的命→革落后观念的命　　分开→分得开→分不开

常见的离合词有"洗澡、站岗、生气、结亲、伤心、帮忙、随便、游泳、推翻、说服、打倒、看见"等。

(三)词的四种鉴定方法

有关词的界定及其与语素、短语的区别,实际上已经包含了鉴定词的方法,综合起来主要有四种:

1. 单说法。依据能否单独回答问题来确定词。该方法对确定一个语素可否为词很有效。如:

(1)甲:他在不在家?　乙:在。
(2)甲:这个菜辣吗?　乙:辣。

由于短语也可以回答问题,所以用单说法来确定词并不具有充分性。

2. 成分法。依据能否作"主、谓、宾、定、状、补"六大句子成分来确定词。该方法对检测不能单说的语言单位是否为词很有效。如:

(1)年轻人买不起**房**。(房:名词)
(2)**男**厕所在左边。(男:区别词)

3. 扩展法。依据插入别的语言成分后语言单位是否合法来确定词。如果不合法,该语言单位就是词;如果合法,则是短语。如:

大家——*大的家　　　　　　大树——大的树
海马——*海的马　　　　　　海边——海的边
扩大——*扩得大　　　　　　吃饱——吃得饱
杀手——*杀过手　　　　　　杀猪——杀过猪

扩展法的功能就是运用插入语言成分的办法检测一个语言单位内部结合得是否紧密,能插入的,结合不紧,是短语;不能插入的,结合得紧,是词。但扩展法并非任何情况下都可以使用,有其局限性。

4. 剩余法。在使用单说法、成分法和扩展法之后仍然不能确定该语言单位是否为词时,可采用剩余法。该方法对确定虚词非常有效。如:

(他)的<u>父亲</u>[为国家]避免了(许多)损失。

"他、父亲、国家"都可以单说,"避免、许多、损失"都不可以扩展,它们都是词。剩余的语言单位"的、为、了"既不能单说,也不是一个词的一部分,都有一定的意义,表示一定的语法功能,因此它们都是词。"的"表示一种限制性的定中关系,"为"表示目的,"了"表示动作的完成,所以都是虚词。

(四)固定短语

固定短语是词与词的固定组合,在长期使用过程中形成了相对完整的意义,在实际使用时作用相当于一个词。其特点是:(1)其中的词和词序一般不能自由变化;(2)整个短语的意义往往不能按字面意义去理解;(3)与词一样不能拆开,并且具有独立运用能力。可见,固定短语具有结构的固定性、意义的整体性、功能的独立性。

固定短语主要有两类：一是专用短语，指特定的人物、地方、机构、活动以及会议等的名称。如：北京大学、中国银行、世界贸易组织、中国网球公开赛、中国语言学会等。二是惯用熟语，指成语、谚语、歇后语、惯用语与习用语。

三、现代汉语词语的双音节化趋势

（一）现代汉语词语的双音节化

现代汉语的语素以单音节为主，词则以多音节为主。据《现代汉语频率词典》统计，使用度最高的前9 000个词中，单音节词为2 400个，多音节词为6 600个，其中双音节词为6 285个。词汇量越扩大，多音节词所占的比例就越大。在使用频率上，单音节词占优势。6 285个双音节词的使用频率平均为60次，2 400个单音节词则高达350次，而且，在按使用频率排列的常用词表中排列越前，单音节词使用的频率越高。

古代汉语中，以单音节词为主，而现代汉语则以多音节词为主，特别是双音节词占绝大多数。汉语词汇发展的一个明显的趋势就是"双音节化"，其原因主要有以下三个：一是有助于避免大量同音词的出现；二是双音节词使词义的表达更为细腻、精确；三是双音节读起来往往带有一种乐感，轻重之间形成一种节奏，悦耳动听。

（二）现代汉语词语双音节化的途径

1. 以一个单音节语素为主，在前面或后面加上一个辅助性的相关成分。如：

后加：月——月亮　　耳——耳朵

前加：唇——嘴唇　　发——头发

2. 单音节语素的前后添加没有实体意义的附加成分。如：

后加：竹——竹子　　石——石头

前加：师——老师　　姨——阿姨

3. 意义相同或相近的单音节语素联合起来使用。如：

联合　道路　学习　刚才　皮肤　牙齿　经历　解释

4. 三音节的词省略其中一个音节。如：

落花生——花生　　照相机——相机　　山茶花——茶花　　机关枪——机枪

5. 四音节以上的词语采用缩略法。如：

化学工业——化工　　文学艺术——文艺　　超级市场——超市

彩色电视机——彩电　　人民代表大会——人大　　政治协商会议——政协

练习题

一、运用"同形替代法"来验证哪些是语素，哪些不是语素。

研究　沙龙　汪洋　仿佛　荒唐　荒原　精密　玻璃

二、区别下列语素属于哪一种：成词语素、不成词语素；定位语素、不定位语素。

的士　琵琶　微　啊　过　走　阿　者　们　最　清　晰　言　从

三、运用"扩展法"来检测哪些是词，哪些是短语。

铅笔/旧笔　好看/快看　很好/相好　登山/登陆　热心/热水　骑士/骑马

四、指出下面哪些是离合词，为什么？

结束　结婚　洗澡　洗礼　游览　游泳　理发　理财　打工　打架

思考题

一、词与短语的区别有没有两难的情况？请举例说明。

二、现代汉语的词语除了双音节化趋势之外，还有单音节化的新趋势，例如"的士"浓缩为"的"，因此，就有了"打的、面的、的哥、的姐"。你同意这一说法吗？请举例阐述。

第二节 构词法与造词法

> **学习要点**：掌握汉语构词法与造词法的特点，重点是构词类型，区分出单纯词、合成词及其内部类型复合词、派生词、重叠词等，并能够准确地对词语进行结构层次分析。

"构词法"和"造词法"组成了词汇的两大构造系统。构词法是指语素构成词的方式和方法，是对已有词的音节特征和结构关系进行静态的分析和分类。造词法是指人们创造新词的方式和方法，是对新造词的形成方式进行动态的分析和分类。

一、构词法

构词法是研究语素如何构成词的方法。

（一）单纯词

由一个语素构成的词是单纯词，不存在内部构造问题，但可以根据构词语素的音节特征来划分类型。根据音节的数量，单纯词可以分为单音节、双音节和多音节三类。

1. 单音节单纯词

（1）传承词：天、江、水、吃、讲、过、长、香、很、最、不、但、可、才、就、和、把、只、了、吗、呢、吧等。

（2）音译词：佛、塔、酥、钵、硼、氢、氟、醛、钛、碘、氦等。

（3）拟声词：啪、嘟、嗖、哇、嘶、吱、唰、砰、咻、哗等。

2. 双音节单纯词

（1）联绵词：从古代汉语中流传下来的，由两个没有意义的音节连缀成义而形成的词。根据联绵词两个音节的声母、韵母关系，联绵词可以分为三类：

A. 双声词：声母相同的联绵词。如：伶俐、忐忑、参差、弥漫、淋漓、澎湃、恍惚、崎岖、踌躇、惆怅、琵琶、枇杷、倜傥、蹊跷、犹豫、吩咐、仿佛、慷慨、拮据等。

B. 叠韵词：韵母相同的联绵词。如：骆驼、叮咛、汹涌、从容、窈窕、烂漫、霹雳、蹉跎、蓓蕾、绸缪、玫瑰、婆娑、灿烂、蟑螂、蜻蜓、逍遥、啰唆、怂恿、苍茫等。

C. 非双声叠韵词：声母和韵母都不相同或不相近的联绵词。如：妯娌、玛瑙、芙蓉、蝙蝠、垃圾、蜈蚣、蛤蜊、蚯蚓、溜达、囹圄、蘑菇、嘀咕、麒麟、磅礴、伉俪、疙瘩等。

（2）叠音词：同一个音节重叠而成的单纯词。如：太太、奶奶、姥姥、蝈蝈、蛐蛐、饽饽、猩猩、狒狒、靡靡、煌煌等。

（3）音译词：用汉字记录语音形式而借入的外来词。如：克隆、咖啡、葡萄、沙发、拷贝、雷达、镭射、杯葛、夹克、槟榔、吠陀、涅槃、布丁、唢呐、的士、坦克、芭蕾、幽默、引擎、基因、黑客、尼龙、吉他等。

（4）拟声词：模拟自然界的声音而造的词。如：哗啦、吧唧、哧溜、咕咚、扑通、当啷、哐当、吱呀、啪嗒、吧嗒、噼啪、轰隆、噗嗤、滴答、咔嚓、嘎嘎、潺潺、隆隆、娓娓、呜呜、呼呼、沙沙、瑟瑟等。

3. 多音节单纯词

（1）音译词：席梦思、巧克力、凡士林、白兰地、马赛克、法西斯、比基尼、麦克风、迪斯科、可卡因、蒙太奇、吉隆坡、布达佩斯、可口可乐、奥林匹克、歇斯底里、厄尔尼诺、英特纳雄耐尔等。

（2）拟声词：叽叽喳喳、嘟嘟囔囔、淅淅沥沥、稀里哗啦、叽里咕噜、噼里啪啦、丁零当啷等。

（二）合成词

合成词是由两个或两个以上语素构成的词。 根据语素在合成词中的表义作用，把语素分为词根和词缀。词根是构成合成词的有实在意义的不定位语素，而词缀是构成合成词的附着在词根前后或中间表示附加意义的定位语素。

1. 复合词

复合式合成词指由至少两个不同词根组合而成的合成词,这是现代汉语最重要的构词法。根据词根与词根的意义与结构关系,复合词主要有五种类型。

(1) 联合型:由两个意义相同、相近、相关或相反的词根并列组合而成。

A. 相近关系:词根意义相同、相近,可以互为说明。

思想、道路、教授、泥土、语言、波浪、珍宝、人民、光明、朋友(名词)

斗争、裁判、研究、帮助、选择、停止、生产、增加、调查、安慰(动词)

鲜艳、丰富、美丽、优良、端正、温柔、伟大、黑暗、奇怪、特殊(形容词)

B. 相关关系:词根意义相关、并列,构成一个新的词义。

眉目、矛盾、口舌、骨肉、笔墨、皮毛、手足、风浪、领袖、山水、江湖、尺寸、春秋、冷淡、弱小、脸面

C. 相反关系:词根意义相反、对立,构成一个新的词义。

东西、始终、反正、开关、收发、往来、横竖、深浅、是非、高低、长短、呼吸、早晚、生死、兴亡、出纳

D. 偏义关系:词根意义相关或相反,但一个词根的意义消失。

国家、窗户、兄弟、质量、人物、干净、忘记、动静、妻子、睡觉

(2) 偏正型:前一个词根修饰限制后一个词根,整个词义以后一个词根为主,前一个词根为辅。

A. 定中关系

皮鞋、黑板、红茶、圆球、方桌、卧铺、课桌、电灯、火车、苏绣、密码、男孩、动物、四季、夜校、外科、优点、蛋白、壁画、晚会、广场、新闻、奇迹、大衣、羊肉、快车、飞机、独子(名词)

B. 状中关系

深入、微笑、笔谈、函授、热爱、狂欢、朗读、公审、素描、沉思、空投、春耕、回顾、重视、误伤、上访(动词)

崭新、鲜红、笔直、雪白、难听、好吃、美观(形容词)

马上、不论、刚巧、何必、十分、还是(副词)

(3) 述宾型:前一个词根表示动作行为,后一个词根表示动作行为所支配的对象,前后词根构成支配与被支配的关系。

出席、得罪、带头、放心、毕业、注意、伤心、动员、示威、播音、吹牛、聊天、促销、挂钩(动词)

提纲、司令、顶针、理事、领事、化身、知己、垫肩、管家、绑腿、扶手、主席、围脖、立夏(名词)

动人、逼真、及时、过瘾、开心、合法、丢脸、露骨、悦耳、缺德、满意、耀眼、吃香、抽象、得法(形容词)

照常、尽量、竭力、索性、随手、过分、顺便、促膝、到底、破格、努力、异常、携手、差点儿、于是(副词)

(4) 补充型:后一个词根补充说明前一个词根。

A. 动作与结果关系

扩大、降低、削弱、推动、揭露、表露、改正、改善、推翻、压缩、说服、说明、打倒、打动、提高、延长、放大、澄清、分明、加强、埋没

B. 动作与趋向关系

纳入、进入、收入、促进、引进、得出、突出、超出、支出、撤回、返回、下去、离去、死去、起来、滚开、敞开、引起、奋起

C. 事物与计量关系

书本、人口、花朵、船只、车辆、信件、布匹、物件、枪支、纸张、米粒、钢锭

(5) 主谓型:前一个词根是被陈述对象,后一个词根表示陈述。前后词根构成类似于话题与说明的关系。

月亮、日食、地震、海啸、雪崩、霜降、口红、面熟、面善、眼红、眼花、耳鸣、肉麻、脉搏、气虚、气短、气馁、心酸、心虚、胆怯、胆大、性急、年轻、自卫、花生、军需、锋利

2. 派生词

派生式合成词是指由词根和词缀组合而成的词,根据词缀的位置,可以分成前缀、后缀、中缀三种类型。汉语里典型词缀并不太丰富,但是存在比较多的"类词缀",特点是类似于词缀,意义有不同程度的虚化,但还

不彻底;构词功能很强,有组合泛化趋势;其中,后缀与类后缀型最为丰富,中缀和类中缀最少。

(1) 前缀型:

老:老师、老板、老婆、老乡、老总、老大、老表、老小、老鹰、老虎、老鼠

阿:阿姨、阿婆、阿Q

第:第一、第二、第九

初:初二、初五、初十

类前缀型:

可:可亲、可爱、可靠、可信、可笑、可悲、可恨、可惜、可耻、可恶

非:非法、非礼、非凡、非常、非分、非命、非但、非党员、非金属

反:反科学、反人性、反比例、反冲力、反革命、反作用

不:不法、不轨、不力、不毛、不时、不齿

泛:泛非、泛美、泛神论、泛太平洋

超:超人、超阶级、超音速、超时代

(2) 后缀型:

子:男子、孩子、妻子、骗子、胖子、傻子、瞎子、瘸子、舅子、帽子、鼻子、剪子、院子、本子、凿子、个子、勺子、盘子、棍子

儿:花儿、门儿、鸟儿、活儿、伴儿、劲儿、塞儿、盖儿、滚儿、尖儿、个儿、本儿、片儿

头:石头、木头、锄头、劲头、关头、年头、奔头、来头、盼头、念头、甜头、苦头、准头

单音类后缀型:

性:党性、弹性、刚性、惰性、理性、磁性、慢性、急性、记性、原则性、创造性、可行性、开放性、可读性、流行性、一次性、经营性、指导性

者:作者、学者、笔者、编者、记者、使者、读者、长者、患者、劳动者、先行者

员:学员、船员、职员、会员、伤员、店员、病员、雇员、海员、委员、议员、译员、专员、演员、教员、人员、要员、官员、研究员、售货员、通讯员

家:作家、画家、专家、冤家、名家、企业家、思想家、政治家、艺术家

手:旗手、鼓手、国手、歌手、敌手、对手、舵手、副手、好手、号手、扒手、猎手、能手、射手、选手、生手、熟手、新手、老手、凶手、枪手、坦克手、吹鼓手

巴:嘴巴、尾巴、盐巴、哑巴、泥巴、下巴、眨巴

叠音类后缀型:

乎乎:胖乎乎、热乎乎、白乎乎、黑乎乎、晕乎乎、圆乎乎、傻乎乎、潮乎乎、脏乎乎、黏乎乎

溜溜:直溜溜、光溜溜、稀溜溜、灰溜溜、贼溜溜、圆溜溜、乌溜溜、酸溜溜、滑溜溜、滴溜溜

巴巴:眼巴巴、干巴巴、紧巴巴、瘦巴巴、急巴巴、狠巴巴、皱巴巴、可怜巴巴

丝丝:凉丝丝、冷丝丝、甜丝丝、咸丝丝

滋滋:美滋滋、乐滋滋、喜滋滋、甜滋滋

烘烘:热烘烘、臭烘烘、乱烘烘、闹烘烘

冲冲:兴冲冲、急冲冲、怒冲冲、气冲冲

油油:绿油油、黑油油、红油油、乌油油

腾腾:慢腾腾、热腾腾、雾腾腾、热气腾腾

(3) 中缀型:

土里土气、古里古怪、糊里糊涂、邋里邋遢

类中缀型:

对得起、来得及、对不起、来不及、巴不得

3. 重叠词

重叠式合成词是通过同一词根的重叠而形成合成词的方式。主要分两种:

(1) AA 型

爸爸、妈妈、哥哥、姐姐、弟弟、妹妹、叔叔、宝宝、星星、仅仅、常常、明明、偏偏、刚刚、渐渐、恰恰、万万、整整

(2) AABB 型

骂骂咧咧、哭哭啼啼、跌跌撞撞、磕磕撞撞、花花绿绿、密密麻麻、大大咧咧、轰轰烈烈、断断续续、歪歪扭扭、婆婆妈妈、坑坑洼洼、星星点点、口口声声、浑浑噩噩、堂堂正正、唯唯诺诺、战战兢兢、熙熙攘攘、洋洋洒洒、悠悠荡荡

AABB 型重叠式合成词既没有对应的 AB 型词,"骂咧、哭啼、跌撞、花绿"都不是词,也没有因重叠而增加语法上的意义,属于词法学的构词重叠;而"漂漂亮亮、大大方方、整整齐齐、高高兴兴"都有对应词"漂亮、大方、整齐、高兴",重叠形式具有"程度加强"的语法意义,属于语法学的构形重叠。

4. 多音节合成词的层次关系

多音节合成词的结构比较复杂,要注意内部的层次关系:

二、造词法

造词法是指为了命名新事物和新现象而创造新词的方法,它解决了一个词从无到有的问题。人们在命名事物和现象而创造新词时,可以根据本民族的语言习惯和对事物现象的认识,运用现有的语言材料创造并组合各种各样的新词。

(一) 语音指称法

指以汉语语音为手段来命名事物现象的方法。

1. 摹音式:用汉语的语音形式模拟事物发出的声音或外语词的发音来创造新词的方法。

(1) 指音型:通过模仿事物发出的声音来指称该声音。如:砰、轰、唰、哇、啪、嗖、叮当、轰隆、哗啦、呼噜、骨碌、潺潺、瑟瑟、噗嗤、滴答、扑通、咕咚、呼啦啦、噼里啪啦、叽里咕噜、叽叽喳喳等。

(2) 指情型:通过模仿人发出的声音来指称人之情感。如:嗯、哦、呸、哟、啊、唉、嚯、嘿、咦、哎呀、哼哼、喃喃、啧啧、哈哈、喔唷、嘀咕、嘟嚷等。

(3) 指物型:通过模仿事物发出的声音来指称该事物。如:猫、鹅、布谷、知了、蛐蛐、蝈蝈、轱辘等。

(4) 译音型:通过汉字来记录外语词的发音。如:刹那、拷贝、袈裟、咖啡、沙发、扑克、布丁、雷达、坦克、尼龙、夹克、沙龙、纳粹、马克、吉普、巴黎、蒙太奇、白兰地、马拉松、阿司匹林等。

2. 双音式:通过将汉语语音形式双音化而产生新词的方法,是伴随着汉语词汇双音化发展而出现的一种造词方法。

(1) 重叠型:将单音词重叠变成双音词,从而创造新词。有的变化前后基本意义不变。如:妈妈、爸爸、姑姑、嫂嫂、哥哥、弟弟、星星、渐渐、悄悄、草草、纷纷、活活、匆匆、常常等。有的变化前后意义不同。如:爷爷、奶奶、宝宝、万万、通通、往往、斤斤、源源、济济、堂堂、熊熊等。

(2) 附缀型:在单音节的基础上附加上意义虚化的词缀,从而形成双音化的新词。前后意义基本不变。如:老师、老虎、老鼠、老鹰、阿姨、阿婆、第一、初六、石头、木头、砖头、舌头、指头、桌子、椅子、鼻子、筷子、帽子、尾巴、泥巴、盐巴等。

(3) 变音型:通过儿化、变调等语音形式的改变而创造新词。如:

盖——盖儿　扣——扣儿　尖——尖儿　眼——眼儿　个——个儿　本——本儿

好(hǎo)——好(hào)　转(zhuǎn)——转(zhuàn)

(4) 联绵型:就是把两个无意义的音节连缀起来,形成一个双音节单词来指称某种事物。

双声的。如：蜘蛛、孑孓、琉璃、尴尬、忐忑、倜傥、参差、蹊跷、仿佛等。

叠韵的。如：骆驼、蟑螂、傀儡、馄饨、喇叭、伶仃、蹒跚、烂漫、彷徨、邋遢等。

非双声叠韵的。如：蝌蚪、蚯蚓、蝙蝠、鹦鹉、鸤鹉、蜈蚣、玻璃、憔悴、溜达等。

（二）音义结合法

1. 任意式：是指用某种语音形式任意命名事物的方法。语言符号的音义结合最初往往是任意性的。当人们用某种语音形式指称某个事物时，该语音形式就获得了所指事物的意义。如：人、手、足、头、山、石、风、雨、鸟、羊、刀、车、蚕、大、小、千、万、蟋蟀、逍遥、玲珑、徘徊、慷慨等。

2. 音义式：是指词语的一部分指声音译音，而另一部分指与声音译音有关的事物。如：吱声、吭气、哈哈镜、呱呱叫、抨击、呕吐、啤酒、高尔夫球、沙丁鱼、卡片、芭蕾舞、沙文主义等。

（三）语义关联法

语义关联法主要是以概念与概念之间的语义关联为基础，通过组合或比拟等手段来直指或喻指事物现象的方法。

1. 直指式：通过概念之间的关联直指事物现象的方法。

（1）组合型：把两个或三个不同的概念按照一定的关系排列形成新词来指称事物现象的方法。

突出事物性质。如：方桌、优点、弹簧、硬座、石凳、晚会、甜瓜、函授、重视、国旗等。

突出事物用途。如：枕巾、雨衣、书桌、餐具、耕地、医院、牙刷、浴盆、保温瓶、消毒水、吸铁石、洗衣粉、漱口水等。

突出事物领属。如：豆芽、鱼鳞、树叶、日光、羊皮、鼻尖、刀把、衣领、门口、屋顶、象牙、鞋带、菜心、火车头、丝瓜瓤等。

突出事物颜色。如：红旗、绿豆、黄金、白银、白酒、紫菜、蓝天、红绿灯、红药水、黑板报、红蜘蛛等。

突出事物单位。如：人口、房间、马匹、船只、车辆、枪支、案件、花朵、信件、书本、米粒、石块、纸张等。

突出事物情状。如：静悄悄、白茫茫、恶狠狠、亮晶晶、光秃秃、雾蒙蒙、泪汪汪、冷冰冰等。

（2）类推型：根据与已有概念的语义关系类推成词的方法。

类义类推。如：雨衣→风衣；文盲→科盲、法盲、音盲、色盲、舞盲、股盲等；国际→人际、省际、校际、厂际等。

反义类推。如：空姐→空嫂、空哥；女士→男士；国手→国脚；富翁→富婆；先进→后进；冷门儿→热门儿等。

2. 喻指式：通过概念之间的关联喻指事物现象的方法。

（1）比喻型：运用比喻、比拟等手段创造新词喻指事物。

有的是整体比喻。如：龙头、龙眼、雀斑、下海、银耳、鸡眼、虎口、佛手、螺丝、蚕食、琢磨、心腹、把柄、垮台、撑腰、纸老虎、绊脚石、驴打滚等。

有的是部分比喻。如：木耳、虾米、木马、雪花、瓜分、鲸吞、林立、火热、冰冷、笔直、杏黄、蜂拥、鸭舌帽、芭蕉扇、喇叭花、牛皮纸、笑面虎、安全岛等。

（2）引申型：运用语义引申的手段创制新词。如：开关、骨肉、山水、口舌、领袖、爪牙、手足、江湖、岁月、矛盾、身手、左右、针线、规矩、见闻、锻炼、裁缝、组织等。

（3）借代型：借用与事物本身有关的特征创造新词，并用此特征指称事物。如：伯乐、红包、菜篮子、红娘、红颜、巾帼、须眉、江东、白宫、五角大楼、玉兔、请缨、国脚、爬格子、挂鞋、洗手等。

（四）短语缩略法

短语缩略法是指基于交际的经济性原则，通过简缩部分语素或词使短语缩略成词的造词方法。

1. 分段简缩式：把短语分段，每段取一个成分。如：土地改革→土改、研究制造→研制、知识青年→知青、邮政编码→邮编、空中小姐→空姐、高等院校→高校、军人家属→军属、外交部长→外长。

2. 截段简缩式：把短语分段，取其中具有区别性特征的一段。如：复旦大学→复旦、中国人民解放军→解放军、中国南极长城站→长城站。

3. 综合简缩式：把分段与截段相结合。如：中国人民政治协商会议→政治协商会议→政协、联合国安全理事会→安全理事会→安理会。

4. 取异合同式：保留差异成分，把相同成分合一。如：工业农业→工农业、病害虫害→病虫害、中学小学→中小学。

5. 数字概括式：用数字概括相同的成分，省略不同的成分。如：身体好、学习好、工作好→三好；农业现代化、工业现代化、国防现代化、科学技术现代化→四个现代化→四化；讲学习、讲政治、讲正气→三讲；心灵美、语言美、行为美、环境美→四美。

练习题

一、指出下列词的构词方式及其具体类型。

轻松 对虾 烂漫 波动 改良 儒家 芙蓉 诗篇 政变 色拉 飞快 起草 文字 笔谈 烧饼 刷新 花束 沙龙 钳子 旗手 火化 耐性 结晶 胆怯 学问

二、指出下列每对词语中哪个是单纯词，哪个是合成词。

扑克——攻克　　加仑——加法　　粗布——卢布　　到达——哈达
阿门——窍门　　隔壁——戈壁　　仓皇——仓库　　马达——马匹

三、比较下面每对词语中各自的构词类型。

助手——机械手　　磁性——雄性　　坐化——丑化　　馒头——笔头
碟子——鱼子　　团员——复员　　面儿——宠儿　　老鸨——老汉

四、指出下面"雪"字家族的构词方式及其具体类型。

雪崩 雪耻 雪白 雪鸡 雪花 雪茄 雪片 雪冤 雪原

五、分析下面多音节合成词的层次关系。

脑溢血 霉干菜 可靠性 自动化 幼儿园 托儿所 不冻港
皮鞋油 白皮书 粮油站 更衣室 驱逐舰 人行道 烘干机

六、请仔细分析下面词语的构词方式。

睡觉 冬至 白兰地 存款 理解 锋利 月亮 蠕动 巴不得 望洋 阿Q

七、指出下面词语的造词方式及其类型。

嘘 嚈 花 虫 鱼 嘎吱 哎哟 色拉 T恤 挣扎 踌躇 膀胱 唠叨 从容 伦敦 石棉 虾米 雪白 林立 圈椅 吉普车 人大 豆苗 红包 复旦 军嫂 花瓶

八、指出下列短语简缩成词的方法。

立体交叉桥→立交桥　　离职休养→离休　　展览销售→展销　　家庭电器→家电
外资港资台资(企业)→三资(企业)　　　　　　　高级工程师→高工
微型计算机→微机　　奥林匹克运动会→奥运　　　　个体经营户→个体户
普及法律→普法　　彩色照片扩印→彩扩　　空中小姐→空姐
空气调节器→空调　　博士生导师→博导　　法律文盲→法盲　　家庭教学→家教
扫除黄色淫秽物品→扫黄　　特别便宜的价格→特价　　扶助贫困户(地区)→扶贫

九、写出下列缩略语的全称。

五行 动漫 彩电 环保 沧桑 防汛 泰斗 共青团 三通 华约

思考题

一、复合式合成词的构词方式，除了联合、偏正、述宾、补充和主谓五种类型外，还有没有其他方式？请指出下面复合式合成词的构词类型。

1. 贩卖、报考、割让

2. 逼供、召集、诱降
3. 饼干、肉松、银圆

二、如何区别重叠式合成词和叠音词？请比较并分析下面各类重叠的特点。
1. 绿油油、红彤彤、亮晶晶、油腻腻、血淋淋、香喷喷
2. 碰碰车、宝宝衫、粒粒橙、晶晶亮、毛毛雨、蒙蒙亮
3. 羞羞答答、病病歪歪、紧紧巴巴
4. 大大方方、漂漂亮亮、干干净净、冷冷清清
5. 了解了解、整理整理、漂亮漂亮、大方大方
6. 通红通红、雪白雪白、滚烫滚烫、笔直笔直
7. 糊里糊涂、土里土气、马里马虎、小里小气

三、请分析下列词语的构词方式。
毛毛雨、毛毛虫、通通红、婆婆嘴、呱呱叫、蒙蒙亮

四、重叠形式 AA，A 可能是词、语素或者音节，请分析下列词语，指出它们分别属于句法重叠、构词重叠和语素重叠中的哪一种？

爸爸　姥姥　靡靡　眯眯　姑姑　常常　看看　刚刚　蝈蝈　饽饽　想想

第三节　词　义　构　成

> 学习要点：了解词义的基本概念：义素、义位和义项；熟悉词义的四大特征：客观性、主观性、概括性和演变性，尤其是演变的类型。重点掌握词义的五大内容，并能够对词义进行分析。

词是可以独立运用的最小的音义结合体。作为最小的音义结合体，词一般包括形式（语音形式和书写形式）和意义两个方面，词义单位包括义素、义位和义项。

一、词义单位与词义特征

（一）词义单位

1. 义素

义素是词义系统中不能独立运用的最小的意义单位，是构成义位的区别性语义特征，是从词义分析中抽象出来的观念成分。比如"男孩、女孩"的词义都可以分解为三个义素，即：

{男孩} = [＋人类][＋男性][－成年]

{女孩} = [＋人类][－男性][－成年]

"＋"表示有此义素，"－"表示无此义素，那么，[＋人类][－成年]就是"男孩"与"女孩"的共同义素，而义素[±男性]是"男孩"与"女孩"的区别义素。

2. 义位

义位是词义系统中可以独立运用的最小的意义单位，是最基本的词义单位，是义素的集合体。一个词有几个可独立运用的意义就有几个义位，有的词有一个独立运用的意义就只有一个义位，有的词有多个独立运用的意义就有多个义位。比如：

父亲：|名| 有子女的男子，是子女的父亲。

花瓶：|名| ① 插花用的瓶子。放在室内，做装饰品。② 比喻长得好看被当作摆设的女子。

"父亲"有一个独立运用的意义，因此，只有一个义位；而"花瓶"有两个独立运用的意义，因此，有两个义位。

义位是义素的集合，义位与义素的关系是整体与部分的关系，[＋生命][＋人类][－男性][＋成年][＋丧偶]五个义素可以组合成义位{寡妇}这一独立运用的词义。义位是作为单个词义的语义单位，凡是义位，在词典里必定列为一个义项，但是义项不一定就是义位。

3. 义项

义项是字典、词典中按照一个词意义数量分列的项目。义项有两类：一是可以独立运用的词义，也就是义位；一类是不能独立运用，只是作为构成词或固定短语的语素义。如：

轻：① 形 重量小；比重小：油比水~。

② 负载小；装备简单：~装|~骑兵。

③ 形 数量少；程度浅：年纪~|工作很~。

④ 轻松：~音乐|无病一身~。

⑤ 形 不重要：责任~|人微言~。

⑥ 形 用力不猛：~抬~放。

⑦ 轻率：~信|~举妄动。

⑧ 不庄重；不严肃：~佻|~薄。

⑨ 轻视：~慢|~敌|~财重义。（《现代汉语词典》第6版）

在九个义项中，义项①③⑤⑥是可以单说或独立运用的词义，而义项②④⑦⑧⑨则是不能单说或独立运用的语素义。因此，义位在词典里必定表现为义项，但是义项并不完全等于义位，关键是有的义项只是语素义，不是词义。

（二）词义的特征

词义是人们通过词的形式反映客观世界、主观世界的事物、现象及其关系的意义内容。词义的特征主要有客观性、主观性、概括性和演变性。

1. 客观性

词义的客观性主要表现在两个方面：一是反映对象的客观存在性；二是词义形成的约定俗成性。首先，从反映对象上看，无论是客观世界的山川草木，还是主观世界的爱恨情仇，都是客观存在的。其次，从词义形成来看，什么样的语音形式及其书写形式表示什么事物、现象及其关系的意义，是基于社会成员客观存在的共同认知而约定俗成的，否则社会成员无法进行交际。比如客观世界存在着"地震"并得到社会成员的共同认知，才会产生"地震"这个词及其意义。

当然，词义的客观性并非客观存在或约定俗成本身，也不与客观存在的事物、现象及其关系完全符合或等同。有的词义基于社会成员对客观存在事物的正确认识，如"家具"是"家庭用具，主要指床、柜、桌、椅等"。有的则是对客观事物的错误认识，如过去把"心"看作思维器官。少数词义则是在对客观事物错误认识的基础上产生的，如"鬼、神、地狱"等。无论基于对客观存在的正确认识还是错误认识，词义永远是在客观存在的基础上产生的，这是词义客观性的基础。

2. 主观性

词义的主观性主要表现为两个方面：一是使用主体的民族性；二是词义理解的个体性。首先，不同民族在用不同的词语记录客观世界和主观世界的事物现象时，由于民族思维、语言系统、生活习惯等方面的差异，决定了词义的民族差异，主要表现为对相同的事物现象用不同的语言单位或不同数量的词来概括。此外，对相同的事物会赋予不同的民族情感。比如，"鹤"在中国文化中是吉祥与长寿的象征，在日本象征着幸福，而在英国却被看作丑陋的鸟，在法国则被认为是蠢汉和淫妇的代称。其次，即使同一个民族，在对事物认识基本一致的情况下，也会因年龄、生活环境、文化水平和认知能力等差异，造成词义理解的个体差异。比如，对"水"的词义的认识，儿童与化学家不会完全相同；对"橘子、葡萄"的词义，南方人与北方人的认知也存在差异。

3. 概括性

从指称方式上看，词义对所指事物、现象及其关系都具有概括能力。词义都是对一类对象的概括反映。如"笔"的词义是写字画图的工具，是从铅笔、钢笔、圆珠笔、毛笔、蜡笔、水彩笔等不同类型和派克笔、英雄笔、金星笔等不同品牌的"笔"中概括出来的，舍弃了不同个体的差异特征，抽象出共同的功能特征。

不仅普通词的词义是概括的,专有词的词义也具有概括性。比如,"巴金"一词的词义就概括了巴金的全部特征,不仅指不同时期的巴金,也指在社会、家庭中不同身份的巴金。

4. 演变性

从发展趋势上看,词义并非一成不变,随着客观世界和主观世界的发展变化,人们对各类事物、现象及其关系的认识和使用方式也随之发生变化,从而影响到词义的变化发展,因此,词义具有演变性。主要有以下几种类型:

(1) 词义认识的深化。随着社会的发展,一个词在古代和现代所指事物的范围没有变化,但是人们对词所指事物的性质特征的认知却在不断深化。如:

人:天地之性最贵者也。(《说文解字》)

能制造工具并使用工具进行劳动的高等动物。(《现代汉语词典》第6版)

"人"这个词所指的对象古今是一样的,但从古今定义来看,主要有两点不同:一是属概念不同,古代用代词"者"而现代用"高等动物";二是种差所反映的人的特征不同,古代用"天地之性最贵",而现代用"能制造工具并使用工具进行劳动"。这说明无论在归类还是揭示本质上,古代人与现代人都呈现出显著的差异。

(2) 词义范围的变化。词义所指事物和搭配对象的范围发生了由小到大或者由大到小的变化。词义扩大。如:"河"从专指黄河扩大到泛指一切河流,"洗"从只限"洗脚"扩大到了洗一般物体。词义缩小。如:"学者"从指"求学之人"缩小到指学术上有一定成就的人,"报复"从指报答恩和怨缩小到专指报怨。

(3) 词义功能的转移。词义的功能会随着使用条件和搭配对象的变化而发生转移。如:从古至今,"布告"从原义表示"当众宣告、公告"的动词转移到表示"(机关、团体)张贴出来通告群众的文件"的名词;"秀才"从原义表示"才能优秀"的形容词转移到"通称明清两代生员或泛指读书人"的名词。

(4) 词义色彩的变化。词义在感情色彩上也会发生变化。如:"爪牙"在古代原指鸟兽用于攻击和防卫的"爪"和"牙",引申指武臣,在感情色彩上属于中性或褒义词,但现在用来比喻坏人的党羽,变成了贬义。同样,"勾当"原义是感情色彩中性的动词"办理",现在指感情色彩贬义的名词"坏事情"。

二、词义的内容

词义是人们通过词的形式反映客观世界、主观世界的事物、现象及其关系的意义内容,词义的内容包括:客观概念义、主观色彩义、固定修辞义、时间空间义以及临时语境义。

(一) 客观概念义

从反映对象上看,词义反映的是人们对客观存在的事物、现象及其关系的本质属性的理性认识,理性认识一旦获得语音形式及其书写形式的物质外壳,就成为词义的客观概念义。概念义也称为客观义、理据义和指称义。客观概念义大致分为两类:

1. 指称事物、动作和性质的概念义,可称为实体概念义。比如,"树"指称一种事物,其概念义是"木本植物的通称";"叫"指称一种行为,其概念义是"人或动物的发音器官发出较大的声音,表示某种情绪、感觉或欲望";"大"指称一种性质,其概念义是"在体积、面积、数量、力量、强度等方面超过一般或超过所比较的对象";而"哼"的概念义则是"表示不满意或不相信"。

2. 指称事物与现象之间关系的概念义,可称为关系概念义。比如,"原因"的概念义是"造成某种结果或引起另一件事情发生的条件";"以至"的概念义是"直到,表示在时间、数量、程度、范围上的延伸";"与"的概念义是"事物与事物之间的并列关系"。

(二) 主观色彩义

从语言主体来看,人们在认识事物并遣词造句反映客观概念义的过程中,也会使所选词义表现出情态、语体等主观倾向性的色彩义。

1. 情态色彩义

情态色彩义是指附着在词义上与其概念义同时存在的主观情感和态度。主要分成两类:

(1) 情感色彩。主要分为褒义词和贬义词,大部分词义不带固定的情感色彩,属于中性词。褒义词如:温顺、淳朴、慈祥、壮实、漂亮、英俊、勤奋、善良、英明、雄伟、牺牲、贡献、英雄、珍品、效果、果断等。贬义词如:凶残、蛮横、丑陋、愚蠢、卑鄙、野蛮、粗俗、粗鲁、巴结、败类、奸臣、腐败、赃款、后果、武断、暴徒等。

(2) 态度色彩。主要是指人的态度倾向。比如:"绵薄、寒舍、鄙人、拙作"等表谦虚态度;"谢绝、答拜、费神、劳驾、惠赠、失陪、指教、承蒙"等表客气态度;"诞辰、拜望、恩师、先生、赐教、恭候、大作"等表敬重态度;"走狗、叛徒、羞与为伍、禽兽不如、小人"等表鄙薄态度;"驳斥、拒绝、抗议、驳回"等表强硬态度。

2. 语体色彩义

语体色彩义是指词义所反映的适用于不同交际场合和文体的语体特征。词义的语体色彩可以分为两类:口语语体色彩和书面语体色彩,书面语体色彩还可以进一步分为文艺语体、科技语体、政论语体、公文语体四类。大多数词语既可以用于口语语体,也可以用于书面语体,具有通用的中性语体色彩。

(1) 只用于或较多用于口语的词语具有口语色彩。比如:瞧、老婆、马上、装蒜、邋遢、小气等。

(2) 只用于或较多用于书面语体的词语具有书面语色彩。比如:带有文艺语体色彩的"婀娜、苍茫、摇曳、涟漪、吝啬"等;带有科技语体色彩的"电子、冶金、程序、软件、力学"等;带有政论语体色彩的"体制、改革、法制、民生、文明"等;带有公文语体色彩的"此致、为荷、批示、此令"等。

(三) 固定修辞义

固定修辞义是指一个词频繁用作一定的修辞手段并凝固在词义系统中成为词典义项之一。根据修辞手段的不同,主要分为三类:比喻义、借代义和委婉义。

1. 具有比喻义的词语。如:爪牙(比喻坏人的党羽)、桃李(比喻所教的学生)、龙头(比喻带头的、起主导作用的事物)、乌纱帽(比喻官职)、小儿科(比喻事情较小、不被看重)、包袱(比喻某种负担)、阿斗(比喻无能的人)、鬼胎(比喻不可告人的念头)等。

2. 具有借代义的词语。如:红娘(指代媒人)、红牌(借指对有违法、违章行为的个人或单位给予严重警告或处罚)、纨绔(借指富家子弟)、儒冠(借指文人)、杜康(借指酒)、黄泉(借指死后埋葬的地方,迷信的人指阴间)、饭碗(借指工作)、白领(借指专门从事脑力劳动的职员)、唇舌(借指言辞)、肺腑(借指内心)等。

3. 具有委婉义的词语。如:有喜(指妇女怀孕)、绿帽子(指夫妻中有一人出轨而给另一个人带来的不好影响)、驾崩(指帝王死亡)、小三(指夫妻关系中存在的第三者)等。

(四) 时间空间义

时间空间义是指语言因在一定的时代、地域中使用而产生的意义,主要有古今色彩义和社区色彩义两种。

1. 古今色彩义

指在基本相同的概念义上所体现的具有古今时代色彩的词义。例如:

解颐——微笑　　谬巧——计谋　　几许——多少　　羁押——拘留
蠡测——小看　　继嗣——继子　　垂髫——儿童　　垂青——喜爱

2. 社区色彩义

指只在某个社区流通并反映该社区政治、经济、文化特色的词义。香港的社区词如:公屋、居屋、夹屋、丁屋、抽水、通水、提水、吹水、唐楼、凤楼、抢闸、行货、水货、见工、化学、小手、班房、地盘、太空人等。台湾的社区词如:泛蓝、泛绿、飞弹、辅育院、劈腿、恶戏、对板、点选、次长、出张、插旗、变盘等。

(五) 临时语境义

临时语境义是指一个词在具体语言环境中所派生出的新的临时性词义。它对语言环境依赖性很大,脱离了具体语境就不存在了。它的产生一般源于人们在特定语境下追求某种特殊的表达效果。例如:

县委把机构消肿、转变职能当作改革的突破口,撤并机构14个,削减编制156名。

"消肿"本来是医学用语,指"消除肿胀",在上述语境中却有了"撤销多余机构、裁减富余人员"的含义,并比一般意义的"撤销、裁减"多了一层"摒弃累赘、冗余、有害物"的临时语境义。

练习题

一、词义具有概括性,比较下面哪种释义的概括性更强。

1. 刺:① 尖的东西进入或穿过物体。
       ② 用有尖的东西穿进或杀伤。
       ③ 针或尖锐的东西扎入或穿透。

2. 泛滥:① 水向四处漫流。
        ② 江河湖泊的水溢出。
        ③ 水漫溢。

二、比较下面每个词语的新旧两种释义,运用词义的演变性,说明概念义发生了何种类型的变化。

1. 侧室:【旧】旧时指偏房;妾。
        【新】① 房屋两侧的房间。② 旧时指偏房;妾。

2. 朝野:【旧】旧时指朝廷和民间。现在用来指资本主义国家政府方面和非政府方面。
        【新】旧时指朝廷和民间。现在用来指政府方面和非政府方面。

3. 吃大户:【旧】旧社会里,遇着荒年,饥民团结在一起到地主富豪家去吃饭或夺取粮食。是农民一种自发的斗争形式。
         【新】① 旧时遇着荒年,饥民团结在一起到地主富豪家去吃饭或夺取粮食。② 指借故到经济较富裕的单位或个人那里吃喝或索取财物。

4. 礼教:【旧】旧传统中束缚人的思想行动、有利于反动统治阶级的礼节和道德。
        【新】旧传统中束缚人的思想行动的礼节和道德。

三、根据词义的引申演变关系,整理下列词的义项顺序,并标明序号。

1.【身】
- 物体的中部或主要部分。
- 人的品格和修养。
- 生命。
- 人、动物的躯体。
- 自己;本身。
- 亲自、亲身。

2.【人事】
- 人力能做到的事。
- 人的离合、境遇、存亡等情况。
- 人的意识的对象。
- 事理人情。
- 关于工作人员的录用、培养、调配、奖惩等工作。

3.【过】
- 经历;度过(某段时间或节假日)。
- 在空间移动位置。
- 用于动作的次数。
- 从一方转移到另一方。
- 超过某种限度的。
- 使经过(某种处理)。
- 超出(某种界限)。
- 过失;错误。

四、分析下列词的主观色彩义。
当道　家父　大兵　拙作　犬子

思考题

一、区分固定修辞义和临时语境义有时候会有一定困难,你有什么比较好的办法吗?

二、建立"同族词"类型,比如含"美"字的同族词有"美德、美观、美好、美丽、美满、美妙……"和"健美、精美、审美、优美、赞美……",同族词对词义理解有什么好处?

三、现在对一种女式厚底鞋有不同的称谓:"高底鞋""松糕鞋""长高鞋""增高鞋"。请从词义的主观性角度对这些名称加以解说。

四、同样是"狗",中国人常常说"狗仗人势""狗急跳墙""狐朋狗友",而欧美人则对狗情有独钟,请从词义的主观性角度加以分析。

第四节 词义分析与释义

> **学习要点**:能够运用义素分析法、语素分析法和构词分析法对词义进行有效分析。切实掌握逻辑定义释义法、互训反训释义法、描写比喻释义法、补充论元释义法、附加信息释义法,以准确解释词语的意义。

一个词的词义如何分析和解释是词汇语义学研究的核心内容。词义分析包括义素分析法、语素分析法和构词分析法。词义解释主要运用逻辑定义释义法、互训反训释义法、描写比喻释义法、补充论元释义法和附加信息释义法。

一、词义分析法

(一)义素分析法

1. 义素分析法的界定

义位是可以独立使用的最小意义单位,是词义的最基本构成单位。而义素是不能独立使用的最小意义单位,是构成义位的区别性特征。义位分解形成义素,不同的义素组合起来形成义位才能构成一个独立运用的意义,义位与义素的关系是整体与部分的关系。因此,通过义素分析就可以揭示不同义位之间的异同。

义素分析法就是对同一语义场的一组义位进行对比分析,从中寻找义位之间共同义素和区别义素的方法,这是现代语义学的重要分析方法。

2. 义素分析法的步骤

(1)掌握义素分析的元语言

元语言就是用来讨论对象语言的语言,对象语言就是作为讨论对象的语言。义素分析法的元语言就是记录语义特征并用来分析和描写义位的语义标示术语和符号。常见的元语言术语如下:

ADULT/[成年]	AGENT/[施事]	ANIMATE/[有生命]	ANIMAL/[动物]
CONCRETE/[具体]	COUNTABLE/[可数]	HUMAN/[人类]	LIVE/[活着]
MALE/[雄性/男性]	PATIENT/[受事]	SINGULAR/[单数]	STUFF/[物质]

此外,还有:时间、空间、固体、液体、气体、距离、方向、已婚、配偶、长辈、直系亲属、血亲、有翼、偶蹄、质、量、高、大、开始、停止、生育、褒义、书面、多于、亲昵等。

常见的元语言符号如下:

+:表示肯定	-:表示否定	I:表示工具	N:表示名词
S:表示主语	O:表示宾语	P:表示意图	V:表示动词
/:表示或者	←:表示从属	≈:表示近似	∧:表示合取

(2)确定语义场及其对比义位

首先,不是任何两个义位的义素都可以进行对比分析的,而是有条件的。比如"聪明"与"并且"、"家具"与"讨论"等就不可以,因为毫无意义联系的义位之间缺乏可比性。换句话说,义位之间的意义关联性是义素对比分析的基本条件,义素对比分析的对象必须是具有意义关联性的同一语义场的义位。**语义场就是在共时条件下,在同一个语义系统中具有意义联系的词的聚合体**,语义场是义素分析的依据。

其次,根据语义场内义位之间的关系,可以把语义场分为以下类型:

A. 分类语义场。如颜色可以分为:红、橙、黄、绿、蓝、靛、紫等类别。

B. 顺序语义场。如月份的顺序就是:一月、二月、三月……十二月。

C. 关系语义场。如同胞可以包括:哥哥、姐姐、弟弟、妹妹等。

D. 反义语义场。如：好/坏；战争/和平。

E. 同义语义场。如：漂亮/美丽；强壮/健壮。

第三，语义场具有三个特征：

A. 联系性。语义场必须是在一个共同意义的支配下组成的。例如在"家具"这一义位的支配下，由"桌子、椅子、床、沙发、柜子"等构成一个语义场。而一个多义词语可以根据不同的意义归入不同的语义场。比如根据时间单位，"日"可以归入"秒、分、刻、时、日、旬、月、季、年、世纪……"语义场；也可根据分段计时，归入"日、夜、早晨、上午、中午、下午、晚上……"语义场。

B. 民族性。语义场分类带有鲜明的民族特点。比如在亲属分类上，汉语和英语就有很大的区别，汉语里父系亲属和母系亲属分属于不同的语义场，而英语里就不那么严格区分。

C. 层次性。语义场是具有上下层次的语义有序集。大的语义场可以分为几个小的语义场，小的语义场可再分为更小的语义场，而义素分析法必须在最小的语义场里进行。亲属词语义场图如下：

$$
\text{亲属词语义场}\begin{cases} \text{常用亲属词语义场}\begin{cases} \text{近亲语义场}\begin{cases} \text{配偶语义场} \\ \text{血缘语义场[儿子、女儿]} \\ \text{同胞语义场[哥哥、弟弟、姐姐、妹妹]} \end{cases} \\ \text{远亲语义场} \end{cases} \\ \text{非常用亲属词语义场} \end{cases}
$$

（3）提取共同义素和区别义素

提取共同义素和区别义素的过程就是分析对比义位的过程，而提取具有区别作用的本质性义素尤为关键。整个过程大致分成四步：

第一，确立义位的义素构成。义素的确立过程就是对一个义位进行分析的过程。例如：

	b1	b2	b3
a1	man（男人）	woman（女人）	child（儿童）
a2	bull（公牛） ram（公羊） boar（公猪）	cow（母牛） ewe（母羊） sow（母猪）	calf（牛犊） lamb（羊羔） piglet（猪崽）

表格的排列显示出义位的义素构成。a1行是"人类"，a2行是"兽类"，b1列是"男性/雄性"，b2列是"女性/雌性"，b3列是"未成年"。根据每个词所拥有义素的情况，可以分别归纳出不同的义素组合情况。如："man"的义素就是"人、男性、成年"，而"bull"的义素就是"牛、雄性、成年"，"piglet"的义素就是"猪、不分雌雄、未成年"。

第二，提取最小的义位义素。如在区分"习惯、习气、陋习、积习"四个词时，要提取的义素通过义位结构的矩阵表表示如下：

	长期形成	不易改变	贬义	行为	作风
习惯	+	+	−	+	−
习气	+	+	+	−	+
陋习	+	+	++	+	−
积习	++	+	+	+	+

如果把"不易改变"改为"稳定"就不恰当了，因为"不易改变"除了含有"稳定"义之外，还有"改变很困难"的意义，因此，最小义素是相对的，是建立在"有区别作用"的基础上的。

第三，找出对比义位的共同义素。找到了共同义素就使义位的义素分析建立在共同的意义基础上。比如对"蓄谋、合谋、密谋、阴谋"进行义素分析，是提取共同义素"计谋""考虑"还是"策划"，就需要仔细斟酌。"蓄谋"等四个词都是动词，而"计谋"有名词义，因而不合适。如选择"考虑"作共同义素，"考虑"不但是一般的思考，范围过宽，而且还会导致"蓄谋"等四个词与"琢磨、掂量"等词同义；而"策划"除了思考外，还含有要做出决定、付诸行动的意义。因此,选择"策划",就能使"蓄谋"等四个词立足在更小的有区别价值的共同义素上,从而使义素分析更准确、更简洁。

第四,提取对比义位的区别义素。如"父亲"的有区别作用的本质性义素是[+男性+血亲+长一辈+父系],只要其中一个区别义素不同,或再加上一两个别的义素,就可以与其他词语区分开来。列出义位结构的自然语言与符号结合的线性式子如下:

母亲:[-男性+血亲+长一辈+母系]
舅舅:[+男性+血亲+长一辈+母系]
姑姑:[-男性+血亲+长一辈+父系]
姨妈:[-男性+血亲+长一辈+母系]
姨父:[+男性+姻亲+长一辈+母系]

如果把"长一辈"义素换成"平辈"义素,则可以区分出"哥哥""姐姐""弟弟""妹妹"或"表哥""堂哥""表姐""堂姐"等词。如把"长一辈"换成"低一辈",则可以区别出"侄子""侄女""外甥""外甥女"等。

当然,"父亲"也可以划分出其他的一些义素。如"个子高低、身体胖瘦、工作性质、爱好烟酒"等,但这些义素只对具体的某个人的"父亲"有区分作用,而不能区别同一语义场中"父亲"与"母亲、姑姑"等词,因此,对词义的分辨来说,这些就属于没有区别价值的义素,没必要出现在"父亲"一词的义素提取表中。

(4) 列出义位结构式

义位结构式分成两种:一种是图表式,包括矩阵表、场图和树形图;一种是线性式,包括自然语言与符号结合的线性式子和元语言线性式子。矩阵表、场图和自然语言与符号结合的线性式子都已举例,下面分别看树形图和元语言线性式子的例子。

一是义位结构树形图:

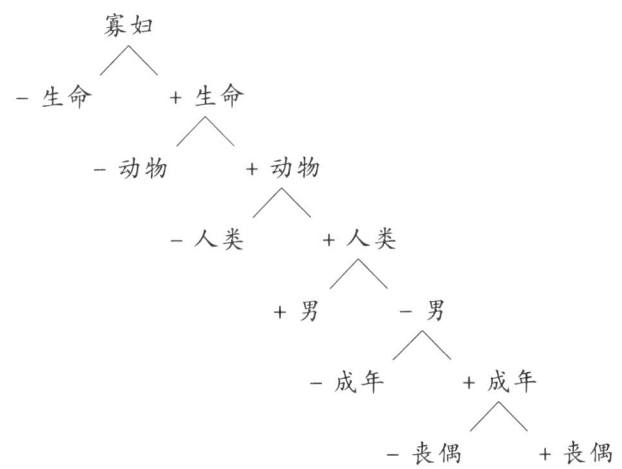

二是义位结构元语言线性式子:

cow （母牛） [-MALE(-雄性),+ADULT(+成年),+OX(+牛)]
bullock （小公牛） [+MALE(+雄性),-ADULT(-成年),+OX(+牛)]

3. 义素分析法的原则

(1) 系统性原则

义素分析法的目的就是找出同组义位在义素上的异同,因此,必须把义位放在属于同一语义场的语义系统中进行对比分析,从而达到对同一语义场内各个义位的系统比较。比如,"叔叔"在汉语中有两个义位,一个是亲属称谓,一个是社交称谓,它们分别属于两个语义场。义素分析时作为亲属称谓,"叔叔"与"舅舅、伯伯、姑父、姨父"等在一个语义场;而作为社交称谓,"叔叔"则与"同志、师傅、先生、大哥"等在一个语义场。

(2) 对等性原则

由于义位与义素是整体与部分的关系,义位的意义必须等于分解出来的各个义素的总和,所指范围不能过宽或过窄。例如:"女孩"的义位结构式是[+人,-男性,-成年],三个义素相加等于"女孩"义位的意义。

如果义素分析为[+人,-男性],则范围过宽,包括了所有女性;假如分析为[+人,-男性,-成年,+高],则范围过窄,因为个子矮的女孩被排除掉了。

(3) 区别性原则

对同一语义场中两个义位进行义素对比分析时,要找出具有区别作用的义素,这是义素分析的根本目的。如:钢笔[+笔,+金属笔头,+用墨水书写]、铁笔[+笔,+金属笔头,+刻蜡纸用]、毛笔[+笔,+羊毛或鼬毛笔头,+用墨或颜料写,+写字画画用],其中"金属笔头",对"毛笔"来说是区别义素,但却是"钢笔"和"铁笔"的共性义素,而"用墨水书写"或"刻蜡纸用"则是"钢笔"和"铁笔"的区别义素。

(4) 简明性原则

任何一个义位的语义属性都很多,因此,义素分析不能罗列过多的属性,用尽可能少的典型区别性义素来揭示义位的区别性特征。例如:"男孩"分析为[+人,+男性,-成年],就能简明而充分地揭示"男孩"的语义特征。如果分析为[+动物,+人,+男性,+思维能力,-成年],"+动物、+思维能力"就多余了,不符合简明性原则。

4. 义素分析法的优点和缺点

义素分析法在分析词义的聚合、组合、比较、变化、关系及其内部构成上具有很强的实用价值。其优点是有利于对比辨析义位之间的异同,也有利于分析确定义位的语义特征。但缺点也是显而易见的,主要是义素分析法适用于一些普通名词、形容词和动词,而对于一些泛义动词(如:弄、做、打、搞等)和虚词(如:过、着、和、跟、且、啊、呀、啦、吧、呗等)较难作义素分析,而且义素提取的数量和种类往往因人而异,不同的人在分析同一组词时所提取的义素很不一样,带有一定的主观性,这既与人们因对词义的感知不同而辨认词义的经验与方式不同有关,更与人们对语言中义素的类别、存在方式等缺乏完整的认识有关。

(二) 语素分析法

合成词是由语素作为构词成分构成的,语素义与词义之间有不同的关系类型,语素义从不同方面、以不同方式、不同程度地表示词义。语素义与词义的关系类型主要有六种:

1. 词义由语素义构词直接来表示

词义是语素义按照构词方式所确定的关系组合起来的意义。如:

(1) 联合型。礼仪:礼节和仪式。吹捧:吹嘘捧场。轻巧:轻而灵巧。

(2) 偏正型。浅见:肤浅的见解。倾谈:尽情地交谈。壮观:雄伟的景象。

(3) 述宾型。倾力:倾注全部力量。备灾:防备灾害。保健:保护健康。

(4) 主谓型。私营:私人经营。性急:脾气急。礼成:仪式结束。

2. 词义由语素义同义互补来表示

词义是两个意义相同或相近的语素组合构成,这些合成词都是联合结构。如:

(1) 名词。光明:明亮。光,明亮;明,明亮。

道路:地面上供人或车马同行的部分。道,道路;路,道路。

(2) 动词。斗争:矛盾的双方互相冲突。斗,斗争;争,争斗。

删除:删去。删,去掉;除,去掉。

(3) 形容词。奇怪:跟平常的不一样。奇,罕见的;怪,奇怪。

柔软:软和,不坚硬。柔,软;软,不硬。

3. 词义由语素义和附加义来表示

语素义只表示了词义的部分内容,此外还有以下附加语素义:

(1) 附加语素义表示动作行为、性质状态的主体。如:

航程:指飞机、船只航行的路程。

下野:执政的人被迫下台。

丰沛:(雨水)充足。

葱茏:(草木)青翠茂盛。

（2）附加语素义表示动作行为的对象。如：

罢免：免去(官职)。

戒除：改掉(不良嗜好)。

奖赏：对有功的或在竞赛中获胜的集体或个人给予奖励。

开脱：解除(罪名或对过失的责任)。

（3）附加语素义表示动作行为的时间、处所、目的、工具、方式等条件。如：

开犁：一年中开始耕地。(时间)

连载：一个作品在同一报纸或刊物上连续刊登。(处所)

红包：包着钱的红纸包儿，用于馈赠或奖励等。(目的)

吹打：用管乐器和打击乐器演奏。(工具)

聚敛：重税搜刮。(方式)

（4）附加语素义表示事物的存在范围、性状等条件。如：

独白：戏剧、电影中角色独自抒发个人情感和愿望的话。(范围)

篷车：铁路上指有车顶的货车。(范围)

赶车：驾驭牲畜拉的车。(性状)

供品：供奉神佛祖宗用的瓜果酒菜。(性状)

4. 词义由语素义修辞间接来表示

合成词的词义由语素义通过比喻或借代等修辞手法间接来表示。如：

（1）饭桶：装饭的桶，比喻只会吃饭不会做事的人。(两个语素一起用作比喻)

把脉：诊脉，比喻对某事物进行调查研究并做出分析判断。(两个语素一起用作比喻)

蛇行：像蛇一样蜿蜒曲折前行。(前语素"蛇"用作比喻)

帽舌：帽子前面的檐，形状像舌头，用来遮挡阳光。(后语素"舌"用作比喻)

（2）红领巾：红色的领巾，借指少年先锋队员。(两个语素一起用作借代)

眉目：眉毛和眼睛，泛指容貌。(两个语素一起用作借代)

嘴直：说话直爽。(前语素"嘴"用作借代)

猎手：打猎的人。(后语素"手"用作借代)

5. 词义由部分语素义来表示

由于某个语素本义的脱落或者模糊，合成词的词义只能由其他语素来表示。

（1）某个语素义脱落。如：

兄弟："兄"无义，"弟"有义。打扫："打"无义，"扫"有义。

窗户："窗"有义，"户"无义。忘记："忘"有义，"记"无义。

（2）某个语素义的模糊。如：

打尖：旅途中休息下来吃点东西。(语素"尖"的意义模糊)

高汤：煮肉或鸡鸭等的清汤；也指一般清汤。(语素"高"的意义模糊)

6. 词义与语素义没有直接关系

（1）词义与所有语素义都没有直接关系的词。如"东西(dōngxi)"，泛指各种具体的或抽象的事物。其中"东"与"西"的语素义与"东西"词义之间的联系已经看不出来了。

（2）词义无法从音节中推出来的音译词。如"马达、坦克、沙发"等，"马、达、坦、克、沙、发"等音节本身都是有意义的语素，但是在音译词中完全没有了原有的语素义。

语素义分析有助于说明词义的理据。比如"自行车"也叫"脚踏车"，"自行车"突出了"车"的动力来源——人力，而"脚踏车"突出了"车"的动力方式——脚踏。语素义分析也有助于正确地解释词义，比如"硬朗"的词义分析需要增添附加义来补充：(老人)身体健壮。语素义分析还有助于确定语素义的义项，因为同一个语素在不同的词中可能具有不同的义项。比如：根据语素"军"在"军备、军管、军工、军情、军机、军令"合成词中都具有"军事"的意义，应该单独给"军"列一个义项"军事"。

（三）构词分析法

构词分析法就是通过综合全面地分析一个词的构词情况来确定该词的词义内容。这种析义方法最适用于单音多义词。

一个单音多义词往往不容易明确该词的各个义项及其关系，而通过综合分析该词所构成的合成词，比较容易确定该词的多种义项。例如：

"间"有两个读音：

jiān 音的义项是：① 中间。② 一定的空间或时间里。③ 一间屋子；房间。④ 房屋的最小单位。

jiàn 音的义项是：① 空隙。② 嫌隙；隔阂。③ 隔开；不连接。④ 挑拨使人不和；离间。⑤ 拔去或锄去（多余的苗）。

要准确简洁地解说上述义项，可以用构词分析法，通过以"间"为构词语素组成的合成词来说明"间"的不同义项。如："一定的空间或时间里"可解释为"空间的间"或"时间的间"；"不连接，隔开"可说成"间断的间"；"挑拨使人不和"可解释为"离间的间"等。

《现代汉语词典》（第6版）收了以"间"为构词语素的合成词96条，基本上都是在这些义项的基础上展开的。下面是对这96条词语中"间"不同义项的归纳：

jiān 音的义项是：

① 中间：居间、心间、中间、中间派、中间人、中间儿、椎间盘、行间、字里行间。

② 一定的空间或时间里：时间、此间、当间、当中间、坊间、俯仰之间、格林尼治时间、工间、工间操、间冰期、间不容发、间架、间距、间脑、间奏曲、空间、空间通讯、空间图形、空间站、老年间、民间、民间文学、民间艺术、年间、期间、其间、区间、人间、日间、三维空间、霎时间、时间、时间词、时间性、世间、瞬间、四维空间、田间、晚间、午间、乡间、阳间、夜间、阴间、宇宙空间。

③ 房间；屋子：暗间、车间、单间、房间、间量、开间、里间、明间、起坐间、太平间、套间、亭子间、外间、卫生间、洗手间、衣帽间。

jiàn 音的义项是：

① 空隙：间道、间谍、间隙。

② 嫌隙；隔阂：无间。

③ 隔开；不连接：间壁、间断、间伐、间隔、间隔号、间或、间接、间接经验、间接税、间接推理、间接选举、间日、间色、间歇、间杂、间作、相间。

④ 挑拨使人不和：反间、离间。

⑤ 拔去或锄去（多余的苗）：间苗。

这样，构词分析法不仅能清楚地显示出构词语素的构词能力，而且还能把构词语素的义项与构词语素所构成的合成词对应起来，有助于准确理解合成词的词义。

二、词语释义法

词语释义法就是正确、明白、简练地解释词语意义的方法，包括要合乎事实和科学、要通俗易懂、要简明扼要三个要素。因此，一要根据词语意义的特点，运用不同的释义方法；二要根据人们对词语的认知，在不同的交际目的下使用不同的释义方法。

（一）逻辑定义释义法

运用逻辑学中的定义法来进行释义，即通过邻近的属和种差揭示被定义概念的本质属性，该方法比较适用于解释某些学科术语和普通名词。如：

作家：从事文学创作有成就的人。

数学：研究现实世界的空间形式和数量关系的学科。

坛子：口小腹大的陶器，多用来盛酒、醋、酱油等。

绿肥：把植物的嫩茎叶翻压在地里，经过发酵分解而成的肥料。

上述定义中,被定义概念是"作家、数学、坛子、绿肥",它们分别以"人、学科、陶器、肥料"为邻近的属概念,而以其余词语为"种差"。

(二) 互训反训释义法

运用与被解释词具有同义、近义或反义关系的词或短语等来释义,包括互训和反训。

1. 互训就是用同义近义词释义的方法。如:

(1) 今语词解释古语词。

炫目:耀眼。　　　　　稽首:磕头。

(2) 普通话解释方言词。

写字楼:〈方〉办公室。　　眯瞪:〈方〉小睡。

(3) 通用语解释书面语。

永诀:〈书〉永别。　　　叹惋:〈书〉叹惜。

(4) 通用词解释口语词。

戏台:〈口〉舞台。　　　现钱:〈口〉现款。

(5) 对被解释词的语素次序进行对等的同义近义解释。

炫弄:炫耀卖弄。　　　打印:打字油印。　　　佯攻:假装进攻。

冷艳:耐寒而美丽。　　真情:真实的情况。　　祸根:祸事的根源。

2. 反训就是用反义词释义的方法。如:

碍眼:不顺眼。　　　　冷落:不热闹。　　　　沉默:不说话。

动摇:不稳固;不坚定。　疏阔:不周密。　　　　惨淡:不景气。

(三) 描写比喻释义法

通过描述或列举、形容、比喻的方式说明被解释词所指的事物、行为、性状及其关系。如:

1. 描述事物

亲属:直系亲属或配偶。

企鹅:水鸟,体长近1米,嘴很坚硬,头和背部黑色,腹部白色,腿短,尾巴短,翅膀小,不能飞,善于潜水,在陆地上直立时像有所企望的样子,多群居在南极洲及附近岛屿上。

2. 描述行为

蹿:向上或向前跳。　　　　扑:用力向前冲,使全身突然伏在物体上。

3. 描述性状

绿油油:形容浓绿而润泽。　　蹒跚:腿脚不便,走路缓慢、摇摆的样子。

白花花:白得耀眼。　　　　　萧条:寂寞冷落,毫无生气。

4. 描述关系

东:太阳出来的一边。

父亲:有子女的男子,是子女的父亲。

加之:表示进一步的原因或条件。

互相:表示彼此同样对待的关系。

5. 列举说明

红:像鲜血或石榴花的颜色。　　酸:像醋的气味或味道。

蓝:像晴天天空的颜色。　　　　甜:像糖和蜜的味道。

6. 形容说明

森森:形容树木茂盛繁密。

铺天盖地:形容声势大,来势猛,到处都是。

唧唧嘈嘈:形容说话声音又急又乱。

7. 比喻说明

旗手：比喻领导人或先行者。

敲门砖：比喻借以求得名利的初步手段。

瓜熟蒂落：比喻条件成熟了，事情自然会成功。

热血：比喻为正义事业而献身的热情。

（四）补充论元释义法

通过补充与被解释词所指事物、行为和形状等有关的主体、对象、原因、目的、工具、方式、处所、领域等语义信息来释义的方法。

1. 补充主体信息

刺：尖的东西进入或穿过物体。　　下野：执政的人被迫下台。

乱哄哄：形容声音嘈杂。　　　　　高寒：地势高而寒冷。

2. 补充对象信息

参谒：进见尊敬的人；瞻仰尊敬的人的遗像、陵墓等。

搭理：对别人的言语行动表示态度。

3. 补充原因信息

垂涎：因想吃而流口水。

还手：因被打或受到攻击而反过来打击对方。

腻烦：因次数过多而感觉厌烦。

战战兢兢：形容因害怕而微微发抖的样子。

闷：气压低或空气不流通而引起的不舒畅的感觉。

4. 补充目的信息

辩白：说明事实真相，用来消除误会或受到的指责。

抽打：用掸子、毛巾等在衣物上打，去掉尘土等。

5. 补充工具信息

抱：用手臂围住。　　　　　　　抬：共同用手或肩膀搬东西。

摆渡：用船运载过河。　　　　　包：用纸、布或其他薄片把东西裹起来。

6. 补充方式、处所、领域等信息

抢行：不按次序或交通规则抢先行进。（方式）

标卖：标明价目，公开出卖。（方式）

落户：在他乡安家长期居住。（处所）

排档：设在路旁、广场上的成列的售货摊点。（处所）

恶变：医学上指肿瘤由良性转变成恶性。（领域）

凡尘：佛教、道教或神话故事中指人世间。（领域）

（五）附加信息释义法

附加与被解释词有关的时空信息、主观色彩、语法属性等语用方面的信息，使词语的释义更加完善充分。如：

1. 附加时空（时代、社区、语境等）信息

旗人：旧时称清代隶属八旗的人，特指满族。

闺秀：旧时称富贵人家的女儿。

青菜：〈方〉小白菜。

搭帮：〈方〉托福；依靠；多亏。

梵哑铃：小提琴。［英语 violin］

萨其马：一种糕点，把油炸的短面条用糖等黏合起来，切成方块。[满族]
扼要：抓住要点(多指发言或写文章)。
顿首：磕头(多用于书信)。
纳入：放进；归入(多用于抽象事物)。
倒立：① 顶端朝下地竖立。② 武术用语，指用手支撑全身，头朝下，两腿向上。
借光：客套话，用于请别人给自己方便或向人询问。

2. 附加主观色彩(情态、语体)

嘴脸：面貌；表情或脸色(多含贬义)。
窥伺：暗中观望动静，等待机会(多含贬义)。
大肚子：① 指怀孕。② 指饭量大的人(用于不严肃的口气)。
功败垂成：快要成功的时候遭到失败(含惋惜意)。
哭鼻子：〈口〉哭(含诙谐意)。
大方：〈书〉指专家学者；内行人。
寒舍：谦辞，对人称自己的家。
华翰：敬辞，称对方的书信。
挡驾：婉辞，谢绝来客访问。

3. 附加语法属性(用法、词性)

们：用在代词或指人的名词后面，表示复数。
呃：助词，用在句末，表示赞叹或惊异的语气。
名状：说出事物的状态(多用在否定词后面)。
那样：指示代词。指示性质、状态、方式、程度等。注意"那(么)样"可以做定语或状语，也可以做补语。"那么"不做补语。
当啷：拟声词，金属器物磕碰的声音。
几多：〈方〉① 疑问代词。a) 询问数量。b) 表示不定的数量。② 多么。

练习题

一、按照"语义场"理论，寻找"味觉"或"体育"同一语义场的词语。

二、用义素分析法分析下面词语。

1. 安排　安插　安顿　安放
2. 诞辰　生日　寿辰
3. 持　拿　执　秉　握　提

三、归纳下面一组复合词中"厚"的意义。

薄厚、得天独厚、憨厚、厚待、厚道、丰厚、肥厚、敦厚、厚度、厚此薄彼、厚重、厚望、厚礼、厚颜、厚谊、厚葬、厚遇、厚古薄今、宽厚、无可厚非、优厚、深厚、忠厚

四、用构词分析法分析下面词语。

生　宽　款　快　焦　红　导　搭

五、分析下列词的释义，指出它们运用了何种释义方式。

宏观：不涉及分子、原子、电子等内部结构或机制的。
宏旨：大旨。
宏论：见识广博的言论。
宏赡：(学识等)丰富。
洪水：河流因大雨或融雪而引起的暴涨的水流，常常造成灾害。
洪峰：河流在涨水期间达到最高点的水位，也指涨达最高水位的洪水。

洪钟：大钟。

洪大：（声音等）大。

洪荒：混沌蒙昧的状态，借指太古时代。

六、比较下面每个词的两种释义，并作出评价。

1. 梯：A. 便利人上下的用具或设备，常见的是梯子、楼梯。

    B. 登高用的器具或设备。

2. 踢：A. 抬起腿用脚撞击。

    B. 用脚触击。

3. 猴：A. 哺乳动物，种类很多，形状略像人，身上有毛，灰色或褐色，有尾巴，行动灵活，好群居，口腔有储存食物的颊囊，以果实、野菜、鸟卵和昆虫为食物。通称猴子。

    B. 哺乳动物，种类很多。毛灰色或褐色，颜面和耳朵无毛，有尾巴，两颊有储存食物的颊囊。

4. 肌肉：A. 人和动物体的一种组织，由许多肌纤维集合组成，上面有神经纤维，在神经冲动的影响下收缩，引起器官的运动。可分为横纹肌、平滑肌和心肌三种。也叫筋肉。

    B. 人或动物体的组织之一，由许多肌纤维组成，具有收缩特性。

5. 礼教：A. 旧传统中束缚人的思想行动、有利于反动统治阶级的礼节和道德。

    B. 旧传统中束缚人的思想行动的礼节和道德。

6. 朝野：A. 旧时指朝廷和民间。现在用来指资本主义国家政府方面和非政府方面。

    B. 旧时指朝廷和民间。现在用来指政府方面和非政府方面。

七、用互训反训释义法解释下面词语。

诬蔑　吞没　徒然　透露

八、用描写比喻释义法解释下面词语。

低沉　归降　纵情　走向　悬腕　推选　选举

思考题

一、请找两本词典，找出它们对于同一词条的不同解释，比较其优劣之处。

二、《现代汉语词典》是一部优秀的词典，但是在释义上也还存在着一些不足，你能找出这样的几个词条吗？

三、就《现代汉语词典》中使用的附加时空信息、主观色彩和语法属性等附加信息释义法，各找两个例词。

第五节　词汇的分类系统

> **学习要点**：了解现代汉语词汇的形式和意义两种分类系统，学会运用同义词的三种辨析方法，掌握上位词、下位词和类义词的类型和鉴定标准。

词汇是所有单词的总和，每个词都包括形式和意义两个方面，形式是指语音形式和书写形式。因此，词汇的分类系统可以根据词与词在形式和意义上的关系进行分类。

根据形式，可以分出同音词、同形词、字母词；而根据意义的数量、异同和属种，可以分出单义词和多义词、同义词和反义词、上位词和下位词及类义词。

一、形式分类

（一）同音词

1. 同音词的类型

同音词是指语音形式（声母、韵母和声调）相同而意义完全不同的词。同音词包括两类：

（1）同音同形词：是指语音形式相同，书写形式也相同而意义不同的词。如：

米₁（大米、稻米）——米₂（长度单位）

角₁（牛、羊、鹿等动物头上长的坚硬的东西）——角₂（我国货币的辅助单位）

仪表₁（人的外表）——仪表₂（测定温度、气压、电量、血压等的仪器）

风化₁（风俗教化）——风化₂（由于长期的风吹日晒、雨水冲刷、生物破坏等作用，地壳表面和组成地壳的各种岩石受到破坏或发生变化）

（2）同音异形词：是指语音形式相同，书写形式和意义都不相同的词。如：

变幻——变换	家境——佳境	势力——视力
公式——公示	石油——食油	会议——会意
事物——事务	条理——调理	加法——家法

2. 同音词的来源

每一种语言都有相当数量的同音词，就来源来说，汉语的同音词主要有两类：

（1）词源不同发音偶合的同音词

指在意义上毫无联系，或因语音变化（如：夹、加；河、合），或因音译外来词借用汉语词（如：米——大米、单位；站——久立、车站）等纯偶然原因而造成的同音词，既有同音同形词，也有同音异形词。如：

A. 同音同形词。如：

别₁（动词，分开）——别₂（副词，不要）

出₁（动词，由里向外）——出₂（量词，用于戏曲：一出戏）

花₁（名词，种子植物的有性繁殖器官）——花₂（动词，用、耗费）

B. 同音异形词。如：

jiā（夹、加）	chā（插、叉）	zhēn（真、针）
lǚxíng（履行、旅行）	quánlì（权力、权利）	xíngshì（形势、形式）

（2）词源相同，词义分化而成的同音词

指由词义分化而产生的在意义上曾有过联系，但如今已无法感觉到这种联系的同音同形词。如：

A. 好₁（好坏）——好₂（好冷）

B. 怪₁（奇特、奇怪）——怪₂（责备：只怪自己太粗心）

C. 副₁（正副）——副₂（一副筷子）

（二）同形词

同形词是指书写形式相同，语音形式和意义不同的词。根据语音形式的差异，主要包括四类：

（1）声母、韵母相同，声调不同。如：

A. 凉（liáng）：水凉了——凉（liàng）：凉杯水

B. 种（zhǒng）：选好种——种（zhòng）：种小麦

C. 难（nán）：工作很难——难（nàn）：有难大家帮

（2）声母相同，韵母不同或韵母、声调都不同。如：

A. 落（luò）：叶子落了——落（là）：落在后面

B. 称（chēng）：称一称——称（chèn）：称心如意

C. 还（huán）：还了书——还（hái）：还没走

（3）韵母相同，声母不同或声母、声调都不同。如：

A. 弹（tán）：弹棉花——弹（dàn）：弹药

B. 调（diào）：调走军队——调（tiáo）：调速度

C. 长（cháng）：绳子太长——长（zhǎng）：长高了

（4）第一个音节相同，第二个音节有轻声与否的差别。如：

A. 精神（jīngshén）（思维意识）——精神（jīng·shen）（有活力）

B. 地道（dìdào）（地下通道）——地道（dì·dao）（真正的）

C. 合计(héjì)(合起来计算)——合计(hé·ji)(商量)

(三) 字母词

字母词是指汉语中由拉丁字母、希腊字母等西文字母构成的或由它们与符号、数字或汉字混合构成的词。主要包括三类：

(1) 英文字母词,包括英语词和英语首字母缩略语。如：Office(电脑软件名)、Windows(电脑软件名)、Internet(互联网)、E-mail(电子邮件)、CD(激光唱盘)、VCD(激光压缩视盘)、EQ(情商)、WC(盥洗室、厕所)、EMS(邮政特快专递)、UFO(不明飞行物)、WTO(世界贸易组织)、VIP(贵宾)、DIY(自己动手做)、DNA(遗传基因)、NBA(美国职业篮球协会)、X光、β射线、B超、IBM公司、ATM机、PC机、POS机、F1、3D、AA制、pH值、4S店等。

(2) 汉语拼音字母缩略形式。如：GB(国家标准)、RMB(人民币)、HSK(汉语水平考试)等。

(3) 以字母表形的字母词。如：T恤、S形、C状等。

字母词的大量出现主要有两个方面的原因：从社会生活考虑,一是国际交流的日趋频繁；二是社会文化水平的普遍提高；三是计算机及其网络的普遍运用。从语言文字本身着眼,一是某些外来词语难以翻译,既难意译,也难音译,如DIY、WTO；二是字母词书写经济简便。适当引进少量字母词是合适的,不会危及汉语的主体地位,但必须控制并且引导。

二、意义分类

(一) 单义词和多义词

1. 单义词是指一个语音形式只有一个意义的词。主要包括以下类型：

(1) 事物名词：衣服、手表、汽车、土地、杂志、电线、马路、狗。

(2) 专有名词：北京、纽约、唐朝、李白、联合国、世界卫生组织。

(3) 科学术语：电子、元音、函数、血压、针灸、激光、血型、期货。

(4) 称谓名称：父亲、母亲、哥哥、姐姐、舅舅、姑妈、儿子。

2. 多义词是指一个语音形式有两个或两个以上既有联系又不相同的意义的词。多义词的一个意义也被称为一个义项,多义词的各个义项具有以下特点：一是固定性,不是因语境而产生的临时意义；二是关联性,不同的义项之间存在着一定的联系；三是区别性,各个义项保持着自己的特点。

(1) 多义词的类型

多义词的几个义项,有的是可独立运用的词义,有的则是构成词和固定结构的不能独立运用的语素义。根据多义词所包含的义位和语素义情况,可以分成三种类型：

A. 所有义项都是词义的多义词。属于合成词的双音节多义词和多音节多义词,其义项绝大多数都是词义,有些单音节多义词的义项都是词义。如：

闹：① 形 喧哗；不安静：热~｜~市｜这里~得很,没法儿看书。

② 动 吵；争吵：又哭又~｜两个人又~翻了。

③ 动 扰乱；搅乱：~公堂｜大~天宫。

④ 动 发泄(感情)：~情绪｜~脾气。

⑤ 动 害(病)；发生(灾害或不好的事)：~病｜~肚子｜~水灾｜~矛盾｜~笑话。

⑥ 动 干；弄；搞：~革命｜~生产｜把问题~清楚。

⑦ 动 开玩笑；逗：打~｜~洞房。

白白：① 副 没有效果；徒然：瞎跑了一天,时间~浪费了。

② 副 无代价；无报偿：这些东西不能~送给你。

B. 有些义项是词义而有些义项是语素义的多义词。如：

富：① 形 财产多(跟"贫、穷"相对)：~裕|~有|~户|农村~了。
② 使变富：~国强兵|~民政策。
③ 资源；财产：~源|财~。
④ 丰富；多：~饶|~于养分。

其中,①为词义,②③④是语素义。

C. 所有义项都是语素义的多义不成词语素。多义不成词语素在古汉语中绝大多数是词,现在仍在一些书面语或文言格式中作为词使用。可以把多义不成词语素看作是多义词的附类。如：

危：① 危险；不安全(跟"安"相对)：~急|~难|转~为安|居安思~。
② 使处于危险境地；损害：~害|~及。
③ 指人快要死：临~|病~。
④〈书〉高；高耸：~冠|~樯。
⑤〈书〉端正；正直：正襟~坐|~言正色。

(2) 多义词义项的性质

A. 本义。本义是文献记载的词的最初意义。有些多义词的本义已经消失,在一般词典中不再列为义项。如："封"的本义是"加土培育树木","封殖此树"(《左传·昭公二年》)中的"封"就是用本义。"集"的本义是"鸟栖止于树","肃肃鸨羽,集于苞栩"(《诗经·唐风·鸨羽》)中用的就是本义,后来发展出一般的"集合、汇集"的意义。

有些多义词的本义作为语素义至今保留,但只出现在合成词或固定结构中。如："兵"的本义是"兵器",存在于"短兵相接、秣马厉兵"中；"汤"的本义是"热水",保留在"扬汤止沸、赴汤蹈火"中。

有些多义词的本义,至今仍然是最常用最主要的意义,这时多义词的本义与基本义就一致了。

B. 基本义。基本义就是词在现代最常用最主要的意义。有些多义词的本义和基本义一致。如：

割：㈠ 用刀截断。"犹未能操刀而使割也。"(《左传·襄公三十一年》)(《辞源》)
① 用刀截断：~腕|~麦子。(《现代汉语词典》第6版)

有些多义词的本义和基本义并不一致。如"封、集、兵、汤"等。

词的基本义都是词义义项,不能是语素义义项。在《现代汉语词典》中,基本义一般列为第一义项。如：

集：① 集合；聚集：汇~|齐~|~思广益|惊喜交~。
② 集市：赶~。
③ 集子：诗~|文~|全~|地图~。

C. 引申义。引申义是引申发展出来的意义,可以分为三种情况：

其一,从本义(基本义)发展出来的引申义。如：

板书：① 动 在黑板上写字。
② 名 在黑板上写的字。

"板书"的②是引申义,是从本义(基本义)①中发展出来的。

其二,从基本义发展出来的引申义。如："主席"的本义是"主持筵席",基本义是"主持会议的人",从这个基本义发展出"某些国家、国家机关、党派或团体某一级组织的最高领导职位的名称"这一引申义。

其三,从引申义发展出来的引申义。如：

笔杆子：名 ① 笔的手拿部分。
② 指写文章的能力。
③ 指擅长写文章的人。

引申义③是从引申义②发展出来的,而②是从①发展出来的。

D. 比喻义。比喻义就是把词的比喻用法固定下来的意义。本义、基本义、引申义都可以产生比喻义。"口"的本义和基本义是"人和动物进食、发声的器官",发展出比喻义义项"出入通过的部位"。再如:

迷路:① 迷失道路。
　　　② 比喻失去了正确的方向。

引申义也可以产生比喻义。如:

锄:① 名 松土和除草用的农具。
　　② 动 用锄松土和除草。
　　③ 铲除。

比喻义③是从引申义②发展来的,而引申义②又是从本义①引申出的。

本义、基本义、引申义、比喻义是在历史发展过程中形成的。就一个词来说,这几个意义可以全有,也可以不完全具备,可以某个方面有几个义项,也可以只有一个义项。它们在历史发展中有消有长,现存的意义就构成了一个多义词的几个义项。

（二）同义词和反义词

1. 同义词

（1）同义词的类型

同义词就是意义相同或相近的词。根据意义相同的程度,同义词可以分成两类:等义词和近义词。

A. 等义词是指意义完全相同的词。

公尺——米　　青霉素——盘尼西林　　维生素——维他命
妒忌——忌妒　互相——相互　　衣服——衣裳　　眉毛——眼眉
气力——力气　补贴——贴补　　演讲——讲演　　夜宵——宵夜

B. 近义词是指意义基本相同,但在意义、功能或色彩上存在细微差别的词。

妨碍——妨害　尊重——尊敬　　消除——破除　　表扬——表彰
减弱——削弱　美丽——漂亮　　憧憬——向往　　讥讽——嘲笑
谨慎——小心　辩论——争论　　轻率——草率　　保卫——捍卫

（2）同义词的辨析

一般来说,同义词可以运用三种方法进行辨析。

A. 色彩分析法

第一,感情色彩的差异。主要是指褒义、贬义和中性三种感情色彩差异。如:

褒义:成效　果断　坚强　鼓动　爱护　称赞　教诲
贬义:后果　武断　顽固　煽动　庇护　奉承　　　　诡计
中性:效果　决断　顽强　发动　保护　　　　教训　计策

第二,语体色彩的差异。如:

口语和书面语:爸爸——父亲　牙床——牙龈　离婚——离异　生日——诞辰
　　　　　　　挂帅——主持　油水——好处　挂钩——联系　红火——热闹
方言和普通话:斧头——斧子　啥——什么　脚踏车——自行车
　　　　　　　剃头——理发　晓得——知道　地瓜——红薯
音译与意译词:镭射——激光　休克——虚脱　因特网——互联网
　　　　　　　马达——发动机　布拉吉——连衣裙　巴士——公共汽车
正式与日常词:抵达——到达　摈弃——丢掉　擅自——私下
　　　　　　　倘若——要是　瑕疵——缺点　谄媚——奉承

B. 意义分析法

第一,范围大小的差异。如:

差错——错误　　边境——边疆　　天气——气候　　品质——性质　　灾荒——灾难
战术——战略　　时期——时代　　死亡——伤亡　　机密——秘密　　标记——标志
战斗——战役——战争　　　　事故——事件——事情

范围从小到大也反映出具有同义关系的个体名词与集合名词的差异。如：

车——车辆　　纸——纸张　　人——人员　　船——船舶　　花——花卉　　枪——枪支
树——树木　　湖——湖泊　　布——布匹　　信——信件　　河——河流　　书——书籍

第二，语义轻重的差异。如：

阻止——制止　　失望——绝望　　爱好——嗜好　　努力——竭力
悲伤——悲痛　　批评——批判　　研究——钻研　　准确——精确
作怪——作祟　　称赞——赞美　　损坏——毁坏　　侮辱——凌辱

语义从轻到重依次递增。如：

轻视——藐视——蔑视——鄙视
良好——优良——优秀——优异
请求——恳求——乞求——哀求

第三，语义偏向的差异。有相当一部分同义词，两个语素中有一个相同，另一个不同，可以采用比较简便的"语素比较"，着重辨析不同的语素义间的语义偏向。如：

周密：不仅紧密完备，而且周到、全面。例如：考虑问题非常周密。
严密：不仅紧密完备，而且严格、没有疏漏。例如：推理非常严密。
精密：不仅紧密完备，而且精确、细致。例如：他计算得非常精密。

C. 功能分析法

第一，搭配对象的差异。如：

	作用	才干	力量	传统	作风	民主
发挥	+	+	+	-	-	-
发扬	-	-	-	+	+	+

	礼物	意见	资料	经验	文化	思想
交换	+	+	+	-	-	-
交流	-	-	-	+	+	+

第二，词性功能的差异。如：

永久(形容词)——永远(副词)　　突然(形容词)——忽然(副词)
聪明(形容词)——智慧(名词)　　刚刚(副词)——刚才(名词)

(3) 同义词的应用价值

A. 同义词能准确地反映出事物之间的细微差别，表达人们对客观事物的各种不同的态度和感情色彩，可以使语言表达更为精确、严密。如：这不但是<u>杀害</u>，简直是<u>虐杀</u>。(鲁迅《纪念刘和珍君》)"杀害、虐杀"两个同义词，语义从轻到重递增，准确揭露了当时北洋政府的凶残。

B. 在同一语境中选用不同的同义词，可以避免用词重复，使语言生动而富于变化。如：

从今<u>岁岁</u>断肠日，定是<u>年年</u>一月八。

<u>单丝</u>不成线，<u>独木</u>不成林。

C. 在不同的交际场合挑选不同的同义词，可以形成不同的修辞色彩。如："飞碟"和"不明飞行物"相比，前者形象，后者科学严谨；"羡慕"和"眼馋"相较，后者生动风趣；"相逢"和"聚首"相比，后者显得典雅。

2. 反义词

(1) 反义词的类型

反义词就是属于同一范畴的意义相反或相对的一组词。 根据反义词在意义上是相反的矛盾关系还是相

对的反对关系,可以分成两类:

A. 绝对反义词:肯定一方必否定另一方,否定一方必肯定另一方,二者属于矛盾关系的绝对反义词。如:

| 死——活 | 男——女 | 有——无 | 现象——本质 | 正确——错误 |
| 同——异 | 动——静 | 公——私 | 出席——缺席 | 白天——黑夜 |

B. 相对反义词:肯定一方必否定另一方,否定一方不一定肯定另一方,二者属于反对关系的相对反义词。如:

黑——白	大——小	高——低	粗——细	春——秋	祸——福
苦——甜	冷——热	软——硬	东——西	父——子	善——恶
收入——支出	高尚——卑鄙	开端——末尾	朋友——敌人	快乐——忧愁

(2) 反义词的鉴定标准

A. 必须属于同一范畴

反义关系是词与词在语义上的一种横向联系,构成反义词的一对词或一组词必须属于同一个意义范畴。如长度、重量、时间、处所、速度、颜色、面积、体积等,否则无法形成一个类聚。如"男、女"都表性别,"古、今"都表时间,"头、尾"都表部位,"黑、白"都表颜色。

B. 必须属于同一词性

"聪明"和"傻子"、"愚蠢"和"智者"虽然具有反义性,但是并不能构成一组反义词,换言之,反义词在词性上必须一致。如:

形容词:	主观——客观	高级——低级	片面——全面	狭窄——广阔	坚强——脆弱
	伟大——渺小	诚实——虚伪	勇敢——怯弱	高尚——卑鄙	积极——消极
动词:	开幕——闭幕	出席——缺席	前进——后退	上升——下降	团结——分裂
	扩大——缩小	张口——闭口	集中——分散	拥护——反对	破坏——建设
名词:	和平——战争	优点——缺点	高潮——低潮	天堂——地狱	君子——小人
	现象——本质	长处——短处	正面——反面	上游——下游	支出——收入

C. 基于义项构成反义关系

反义词的反义关系是以义项为基本单位的,不仅单义词之间的反义关系是以义项为基本单位,如:"出现——消失""懒惰——勤劳",而且多义词之间的反义关系也是以义项为基本单位,因此,一个多义词就有可能构成若干组反义关系,例如:"进步"有两个义项,一个是"(人或事物)向前发展,比原来好",这个义项与"落后"构成反义关系;另一个是"适合时代要求,对社会发展起促进作用的",这与"反动"构成反义关系。又如:

| 老: | 老(年)——少(年) | 老(房子)——新(房子) | 老(豆腐)——嫩(豆腐) |
| 开: | (花)开——(花)谢 | 开(门)——关(门) | 开(口)——闭(口) |

(3) 反义词的应用价值

A. 可以表示不同事物的对立,揭示矛盾,形成鲜明的对照,从而把事物的特点深刻地表现出来。为了是非显豁地揭示事物的真伪,也为了旗帜鲜明地表达感情,经常会用到反义词对举。如:

我以这一丛野草,在明与暗、生与死、过去与未来之际,献于友与仇、人与兽、爱者与不爱者之前作证。

为了进攻而防御,为了前进而后退,为了向正面而侧面,为了走直路而走弯路,是许多事物在发展过程中所不可避免的现象,何况军事运动。

对偶修辞格也常用反义词对举。如:满招损,谦受益。

成语也经常用到反义词对举。如:

| 阳奉阴违 | 此起彼伏 | 厚今薄古 | 生离死别 | 深入浅出 | 眼高手低 |
| 横冲直撞 | 长吁短叹 | 天罗地网 | 同甘共苦 | 欢天喜地 | 七上八下 |

B. 可以表示同一事物现象在不同关系上的对立,揭示事物看似自相矛盾、实则"矛盾统一"的深刻哲理。如:

但我们倔强的母亲,十分悭吝却又十分慷慨,十分严峻却又十分温顺。

世界上最快而又最慢,最久而又最短,最易被人忽视而又最易令人后悔的,就是时间。

假作真时真亦假,无为有处有还无。

典型形象——熟悉的陌生人

C. 可以表示事物现象的整体情况,从而达到反义词对举"浑括概指"的特殊效果。反义词的对举,有时是一种概括的说法,或表示"不论什么情况"的意思,这是对反义词共同意义范畴的强调。如:

上无片瓦遮身,下无立锥之地。

有理三扁担,无理扁担三。

有时,反义词对举构成的双音词意义并不是两个语素义的简单相加,而是以两个部分代替整体。如:动静、冷暖、轻重、始终、沉浮、深浅、出入、多少、前后、横竖、是非、得失、旦夕等。

(三)上位词、下位词以及类义词

1. 上位词与下位词

(1) 上位词、下位词的类型

上位词和下位词是指在意义上具有属种关系的一组词。在属种关系中,指称属概念的词就是上位词,指称种概念的词就是下位词。比如,"学生"可以分成"小学生、中学生、大学生",那么,指称属概念的"学生"就是上位词,而指称种概念的"小学生、中学生、大学生"就是下位词。根据属种关系的严密程度,上下位词主要包括两种类型:

首先,严格的基于科学分类的上下位词。如:

$$
\text{生物}\begin{cases}\text{动物}\\\text{植物}\\\text{微生物}\end{cases}\qquad \text{语音}\begin{cases}\text{元音}\begin{cases}\text{舌面元音}\\\text{舌尖元音}\end{cases}\\\text{辅音}\begin{cases}\text{清辅音}\\\text{浊辅音}\end{cases}\end{cases}
$$

其次,非严格的基于日常运用的上下位词。

有的是对严格的科学分类所作的简缩与变通。如:

$$
\text{果子}\begin{cases}\text{浆果}\begin{cases}\text{桃子}\\\text{李子}\\\text{杏儿}\end{cases}\\\text{硬果}\begin{cases}\text{核桃}\\\text{栗子}\end{cases}\end{cases}
$$

有的是本来就没有严格的科学分类系统,只是按照人们一般的认知和习惯使用而形成的。如:

$$
\text{相声}\begin{cases}\text{单口相声}\\\text{对口相声}\\\text{群口相声}\end{cases}\qquad \text{方法}\begin{cases}\text{烹饪方法——炒、煎、炸、炖、蒸、烤、熏}\\\text{治疗方法——针灸、理疗、烤电、药物}\\\text{出行方法——飞机、火车、大巴、公交、自驾}\\\text{考核方法——开卷、闭卷、课程论文、调查报告}\\\text{嫁接方法——枝接、芽接}\\\text{记忆方法——数字、谐音、联想、图像、口诀}\\\text{焊接方法——电弧、埋弧、等离子弧、气焊}\end{cases}
$$

(2) 上位词、下位词的鉴定标准

A. 属加种差鉴定法

上位词与下位词间的属种关系可以通过"属加种差定义法"鉴别出来,即"下位词是……的上位词"。如:"气压计是用以测量大气压力的仪器",那么,"气压计"是下位词,而"仪器"就是上位词。

B. 类与子类鉴定法

上位词与下位词间的属种关系属于类与子类、一般与个别的关系,可以通过"下位词是上位词之一"来鉴定。比如:"春天是季节之一",就说明"季节"是上位词,而"春天"是下位词。

C. 整分关系排除法

上位词与下位词间的属种关系常常与事物整体与部分的关系混淆,整分关系常常表达为"乙是甲的一部分",比如:"陆地是地球的一部分",那么,"地球"与"陆地"的关系就是"整体"与"部分"的关系,而非具有上下位关系的属种关系。

D. 上位下位相对性

上位词与下位词间的属种关系具有相对性和层次性,相对于"生物"来说,"动物"是下位词,而相对于"牛、马、羊、狗"来说,"动物"又是上位词。

(3) 上下位词的作用

A. 表达认知的重要方式

上下位词是表达认知的重要方式,即"下位词是……的上位词"。在"酵母菌是一种单细胞的微生物"中,"酵母菌"是下位词,而"微生物"则是上位词。该类表达方式很容易形成"属加种差"式的科学定义和定义式释义。如:"数学是研究现实世界的空间形式和数量关系的科学",形成"种概念 = 种差 + 属概念"。

B. 形成构词的重要手段

词的上下位关系在构词中有重要作用,以某种事物现象为词根,加上某种修饰性、限制性的语素,就会产生出很多下位词。如:

车——汽车、火车、出租车、自行车、公交车、军车、货车、客车、校车……

C. 词汇系统性的重要表现

比较不同语言的上下位词,就会发现不同语言词汇的一些特点。比如:汉语"红"的下位词有桃红、橘红、猩红、枣红、血红、绯红、粉红、鲜红等,而英语 red 的下位词是 crimson(深红)、scarlet(绯红、鲜红、浅红)、pink(桃红),枣红是 purplish red,血红是 blood red,后两者英语用词组来表示。

2. 类义词

(1) 类义词的类型

类义词就是根据同一意义标准划分出来的属于同一上位词的一组下位词。比如,"声调"根据调值可以分成"阴平、阳平、上声、去声"四类,那么,标准是"调值",上位词就是"声调",而同为下位词的"阴平、阳平、上声、去声"之间属于类义关系。根据同位关系的严密程度,类义词主要包括两种类型:

A. 严格的基于科学分类的类义词

季节:春天、夏天、秋天、冬天。

B. 非严格的基于日常运用的类义词

非严格的类义词往往具有强烈的文化特色和民族特征。如《尔雅》是一部按照义类编排的辞书,它根据形态特征把动物和植物分成与人们生活息息相关的"草、木、虫、鱼、鸟、兽"六大类,而把"金、木、水、火、土"看作世界的本源就与古代汉民族对世界构成的认识有关。

(2) 类义词的鉴定标准

A. 类义词划分必须同一标准

划分标准不同,类义关系就不同。小说根据字数分成长篇、中篇、短篇和微型四类,长篇与中篇、短篇、微型构成类义关系,而与根据时间划分出来的古代、近代、现代、当代四类就不存在类义关系。

B. 类义词之间必须互相排斥

文学体裁划分为小说、散文、诗歌、戏剧四类,那么,小说、散文、诗歌、戏剧之间是互相排斥的类义关系。而"山水画、工笔画"就不属于类义关系,因为"山水画"是根据画的内容进行分类,"工笔画"是根据技法进行分类,这两类不仅划分标准不一致,而且存在着交叉关系,因为有的画是"工笔山水画"。

练习题

一、下列有双关词的地方,哪些是利用同音词的联系,哪些是利用多义词的联系?

1. 雨里蜘蛛还结网,想晴唯有暗中丝。

2. 莫学篾箩千只眼,要学红烛一条心。

3. 一下吉普车,在迎接他的人们面前,专家滑了一跤,爬起来后,他情不自禁地摇臂大呼:"朋友们,我是为你们的北大荒而倾倒的!"

4. 你这个人什么都好,就是嘴快,水盆里扎猛子,也没个深浅。

二、改正下列句子中因音同音近而误的别字。

1. 人民须要你把工作坚持下去。

2. 快开学了,我准备好了学习用的必须品。

3. 我们必需出色地完成自己的任务。

4. 人的认识是主观对客观的反应。

5. 盖叫天系河北高阳县人,虽出身北方,却常居南方。

三、给下列各词找到适当的上位词、下位词和四个类义词。

1. 农民

2. 金属

3. 阅读

四、辨析下列各组同义词。

1. 侵占——侵犯　　毛病——缺点　　海涵——原谅　　谨慎——小心

2. 布匹——布　　　鼓动——煽动　　局面——场面　　轻视——鄙视

3. 保护——庇护　　灾难——灾荒　　饭桶——废物　　漂泊——流浪

4. 光临——来到　　挂彩——负伤　　担任——担负　　腐败——腐化

五、"干净"和"清洁"在什么意义上是同义词,在什么意义上不是同义词?

六、请按照"困难"的不同义项分别与其他词构成反义词。

七、指出下列成语中的同义词和反义词:

家喻户晓　七上八下　你追我赶　龙飞凤舞　死去活来　弃暗投明　取长补短
无独有偶　此起彼伏　横冲直撞　博古通今　东摇西摆　苦尽甘来　新陈代谢

思考题

一、所谓的"等义词"是否绝对等义?请举例作一些分析。

二、同音词和多义词的区别跟意义有密切的关系,你觉得应该怎么处理比较好?

三、类义词在中文信息处理中有什么作用?

四、有人认为"树木"跟"树"不属于同义词,你觉得怎么样?说说你的理由。

五、汉语中的字母词有越来越多的趋势,有人坚决反对,你是怎么看的?

第六节　词汇的构成系统

> **学习要点:**了解现代汉语词汇在时间和空间上的两大构成系统,并能够根据不同类型的特点判断各种词语的不同来源。

现代汉语作为现代汉民族使用的共同语,其词汇组成一个动态的集合体。词汇的构成相当复杂,从时间维度看,有传承词、古语词、新造词;从空间维度看,有方言词、社区词、行业词、外来词。这些不同来源的词语有机地构成了庞大复杂的词汇系统。

一、传承词、古语词、新造词

（一）传承词

1. 传承词的界定和类型

传承词是指从古代、近代汉民族语言词汇中流传下来而为现代汉语词汇所承接的词。传承词是现代汉语词汇的核心部分，属于基本词汇。传承词所指称的事物和现象从古代到现代都与人们的日常生活息息相关，因此具有较强的生命力。主要包括以下几类：

（1）表示自然现象和事物的词。如：

风、雨、雷、电、雪、日、天、地、星、云、土、石、火、山、水、江、河、海、人、牛、羊、马、虎、鸡、鸭、鹅、猪、狗、鸟、兽、虫、鱼、花、草、树、松、木、果、麦、稻、庄稼、土地、人民等。

（2）表示生产和生活资料的词。如：

刀、斧、钉、锤、锯、剑、炮、锄、犁、房、屋、梁、柱、楼、院、家、仓库、井、车、船、衣、布、墙、碗、盆、菜、肉、米、盐、床、书、画、笔、纸、茶等。

（3）表示时量和空间概念的词。如：

年、月、日、时、分、秒、春、夏、秋、冬、一、二、三、十、百、千、万、几、个、只、次、尺、条、第二、三月、初一、立春、秋分、东、南、西、北、中、上、下、左、右、前、后、远、近等。

（4）表示事物的性质状态的词。如：

男、女、新、旧、老、少、多、大、小、高、低、长、短、深、浅、粗、细、强、弱、强大、弱小、难、困难、易、容易、胜、负、偏、直、弯曲、轻、重、方、圆、美、丑、优、劣、好、坏、红、白、黑、绿、蓝、高尚、卑贱、丰富、安定、混乱等。

（5）表示人体部位和器官的词。如：

身、头、首、心、手、足、脚、腿、趾、耳、口、鼻、面、唇、脸、牙、毛等。

（6）表示动作行为和变化的词。如：

生、死、开、关、出、入、走、飞、养、上、落、射、弹、坐、来、去、问、答、变、吞、咽、卧、睡、闻、想、念、忆、看、摸、击、种、植、学、惊、取、拿、进攻、穿衣、收割、饮食等。

（7）表示亲属、人称、指代的词。如：

爷爷、父亲、母亲、妻子、哥哥、姐妹、兄弟、舅舅、儿女、子、女、朋友、我、你、他、自己、谁、什么、各、这、那等。

（8）表示事物或行为关系的词。如：

之、将、把、在、有、连、与、并、且、以、而、才、仅、就等。

2. 传承词的特点

（1）共时的普遍性

传承词是人们日常生活交际的基本词汇，其使用范围广，使用频率高，不受使用主体的地域、性别、年龄、行业、阶层、文化、心理等社会因素的制约，具有普遍使用的特点。

（2）历时的稳定性

传承词所指称事物现象的词义范围从古至今基本保持不变。如：山、水、石、花、人、手、牛、马等。

（3）构词的能产性

传承词能针对社会发展中出现的新事物、新现象构造新词。现代汉语大量的双音节词语都是在单音节传承词的基础上构成的，以"人"为例，如：人才、人道、人格、人工、人祸、人间、人均、人口、人力、人脉、人民、人品、人权、人群、人参、人生、人事、人体、人文、人物、人心、人性、人造、人种等。

（二）古语词

1. 古语词的界定和类型

古语词是指在古代、近代汉语中使用，而现代汉语出于特殊需要偶尔使用的词语。根据指称事物的特点，主要包括两类：历史古语词和文言古语词。

(1) 历史古语词。历史古语词所指称的事物、现象和观念在历史上曾经存在过或流传过而现在已经不存在或不流传了,其中,部分事物、现象和观念以遗迹、文物或者神话传说等形式保存着。历史古语词在现代日常交际中极少使用,只是在描述说明历史事物、现象和观念的历史著作、文艺作品和特定语境中使用。如:古官职(宰相、司马、御史)、古名字(后稷——周始祖、精卫、望舒)、古典制(科举、门阀、九宾)、古器物(圭——上尖下方之玉器、鼎、樽)、古地名(北邙——山名、西海——神话中的海、邗沟——古水名)等。

(2) 文言古语词。文言古语词所指称的事物、现象和观念在现实生活中依然存在,但古代和近代用文言词来表示,而现在用现代汉语词语来表示。因此,文言古语词一般有其对应的现代汉语词语存在。如:

首——头　　卒——兵　　勿——不　　巨——大　　缄——封闭　　倦——疲劳
之——的　　尚——还　　乎——吗　　皆——都　　必——一定　　忤——违背
甚——很　　目——眼　　食——吃　　履——鞋　　汲——打水　　遣——打发

2. 古语词在现代社会中的作用

(1) 具有特殊场合的指称作用,特别是涉及君主制国家的外交场合。如:陛下、王后、首相、公主、王子、王妃、大臣、殿下、阁下等。

(2) 显示典雅古朴的语体色彩。如"辞世、逝世、牺牲、会晤、拜访、拜会、寿辰、诞辰、华诞"等,适用于郑重的场合。

(3) 展示不同文体的语用效果。一是在贺电、唁电、重要声明等应用文体中表明庄重严肃的情感态度。如唁电:"获悉埃德加·斯诺先生不幸病逝,我谨向你表示沉痛的哀悼。"二是在文艺作品中具有诙谐幽默的效果。如:"小弟今日郊游,行在公路上,偶见一物,头如麦斗,尾似垂鞭,额生二角,足分八瓣,套车耕地,性情缓慢。其色黄,其毛短,其肉肥,其味鲜,或蒸、或烤、或涮,取肥瘦肉爆之,其滋味特美,此何物也?此乃黄牛也。"

(三) 新造词

新造词是指为指称新事物、新概念或新现象而创造的词语。新造词的产生与社会生活的变化有着密切的关系,社会变化越剧烈,新造词的产生就越频繁,有些新造词会随着使用频率的增加和范围的扩大而进入现代汉语词汇中,成为基本词汇成员,有些则随着使用频率的减少而逐渐消亡。

新词与旧词具有一定的相对性。以20世纪70年代末的改革开放为起点,中国的政治、经济、文化和思想等领域发生了急剧变化,出现了大量的新事物、新概念和新现象,在现代汉语中也出现了大量新造词。比如:

经济领域:承包、合资、独资、台资、人治、法盲、展销、商调、房改、下岗、待业、复关、入关、世贸、个体户、关系户、责任田、保税区、软着陆、三角债

科技领域:互联网、硬件、软件、光盘、激光、扩容、液晶、光缆、电脑、内存、兼容、赤潮、数据库、中子弹、太空船、加速器、白色污染

文教领域:扩招、自考、函大、电大、夜大、函授、面授、助学、普法、学分制、保送生、定向生、内招生、外招生、推免生、代培生、特聘教授、长江学者

社会生活领域:上网、官倒、盗版、扫黄打非、清污、走穴、载体、风衣、手机、摆平、紧缺、春运、新秀、组建、地铁、高铁、轻轨、立交桥、充电器、度假村、休闲服、外星人、著作权、绿色食品

二、方言词、社区词、行业词、外来词

(一) 方言词

方言词是指来源于某一方言且仅限于该方言地域内使用的词语。北京方言词,如:憋糟(不宽敞通畅)、就筋(肢体久不活动而伸展开不,动作不灵);粤方言词,如:老窦(父亲)、好彩(好运);上海方言词,如:邪气(非常)、交关(许多);闽方言词,如:目珠(眼睛)、电光(电灯)。

根据交际的需要,方言词会不断地有选择地被吸收到现代汉语词汇中。当一个方言词可在全社会使用

并稳定下来时,就成了现代汉语词汇的方言词。方言词进入现代汉语词汇的速度和数量,与该方言地域的政治、经济、文化、人口等因素有密不可分的关系。比如,20世纪80年代以后,许多粤方言词进入现代汉语词汇中,如"酒楼、埋单、打的、曲奇、爆棚、炒鱿鱼、水货、打工",从而影响到了所对应的原有词语"饭店、结账、坐出租车、饼干、客满、解雇、走私货、干活"的使用范围和频次。

现代汉语的方言词分别来自不同的方言。比如:

北方方言:老爹、砸锅、拉倒、磕巴、念叨、装蒜、老油子、哥儿们、娘儿们

西北方言:馍、手电、二流子

西南方言:晓得、打摆子、耗子、名堂、搞

吴方言:瘪三、蹩脚、把戏、货色、识相、噱头、龌龊、尴尬

粤方言:叉烧、马蹄、阿佬、腊肠、花市、冲凉、生猛、靓仔、番石榴、牛仔裤、电饭煲

(二)社区词

社区词是指反映某一社区政治、经济、文化特点并只在该社区流通的特有词语。由于不同的政治制度、经济体制、文化教育和心理状态,中国大陆、香港特区、澳门特区、台湾地区以及不同的海外华人社区就会在政治、经济、文化、教育、生活等方面出现各不相同的事物、观念和现象,从而出现只在该社区使用的社区词。比如:

大陆社区词:低保、闪婚、动漫、宜居、双规、海选、圈钱、裸官、人造美女、八荣八耻

香港社区词:公屋、居屋、楼花、人蛇、蛇客、见工、马经、高买、影帝、影后、牛市、熊市、鱼市、善长、义工、鸭店、凤姐、强积金、反黑组、太空人、金鱼缸、蓝领、白领、物业、非礼、色狼、杀手、作秀、婚外情、度假村、打工皇帝、夹心阶层、草根阶层、沙滩老鼠、两文三语、毅进课程、展翅计划

澳门社区词:蓝票、入网、社屋、黑庄、牌官、荷官、饮可乐、行为纸、人情纸、蛊惑狗、打老虎

台湾社区词:造势、扫街、扫票、固票、哭票、蓝营、绿营、泛蓝、泛绿、深蓝、深绿、浅蓝、浅绿、政治秀、拜票

新加坡社区词:财路、客工、穷籍、鹰架、甘榜、劳资证、牛车水、防空所、康乐公厕、英勇基金

(三)行业词

行业词是指在不同学科专业和行业中使用的专门用语,是表达学科专业和行业概念的重要方式。

1. 专业术语

数学:质数、平方、立方、函数

物理:赫兹、共振、电子、浮力、电压、气压

经济:商品、资本、利润、投资

生物:细胞、胚胎、变种、基因、遗传

2. 行业用语

工业:切削、冷焊、油压、模具、钻床

教育:备课、自修、函授、教案、教具、学分

经贸:畅销、促销、采购、盘点、营业、销路、货栈

随着人们文化知识水平的普遍提高以及跨学科和跨行业交流的增加,许多行业词逐渐泛化而成为普通的现代汉语词汇。比如:医学领域的"手术、诊断、把脉";体育领域的"底线、开局、红牌、黄牌、假球、黑哨、任意球、二传手、时间差、短平快";计算机领域的"硬件、软件";物理学领域的"惯性、重心、载体、焦点、曝光、离心力、共鸣"等。

(四)外来词

1. 现代汉语外来词的主要来源

外来词是指从外国语或外族语中连音带义吸收来的词语。在汉语发展史上,外来词的大规模借入主要有四个时期:一是借入西域诸国事物类词语的两汉时期;二是借入佛教词语的魏晋南北朝至唐宋时期;三是

借入西方哲学、政治和科技词语的近代时期;四是全面借入外来词的改革开放时期。

现代汉语外来词主要来源于英语、日语、法语、俄语、德语以及境内少数民族语言。如：

英语：基因、B超、克隆、艾滋病、托福、霹雳舞、迪斯科、欧佩克、保龄球、呼啦圈、奥运会、高尔夫球、奔驰、桑拿浴、麦当劳、比基尼

日语：卡拉OK、料理、洗手间、量贩、写真、刺身、寿司、物语、放送

法语：香槟酒、芭蕾舞、幽默、咖啡

俄语：拖拉机、沙皇、伏特加、布拉吉

德语：盖世太保、毛瑟枪、纳粹

满语：萨其马、八角鼓、贝勒

维吾尔语：手鼓、可汗、喀什、坎土曼、坎儿井

藏语：哈达、堪布、喇嘛、锅庄

蒙古语：戈壁、敖包、马头琴、那达慕、堪达罕

哈萨克语：冬不拉

2. 现代汉语外来词的译借方式

(1) 单纯音译式。即用汉字直接来译写外语词的读音。如：

巴士(bus)　　　的士(taxi)　　　克隆(clone)　　　派司(pass)　　　摩登(modern)
沙龙(salon)　　扑克(poker)　　蒙太奇(montage)　　拷贝(copy)　　雷达(radar)

(2) 音意混译式。即部分音译、部分意译。如：

新西兰(New Zealand)　　　冰激凌(ice-cream)　　　华尔街(Wall Street)
道林纸(Dowling paper)　　摩托车(motorcycle)　　迷你裙(miniskirt)
浪漫主义(romanticism)　　柠檬水(lemonade)　　维特热(Werthersfieber)

(3) 音意兼译式。即整体音译，同时兼顾意译。如：

基因(gene)　　　引得(index)　　　乌托邦(Utopia)
俱乐部(club)　　维他命(vitamin)　　可口可乐(coca-cola)
佃农(tenant)　　芒果(mango)　　绷带(bandage)

(4) 音加语素式。即外来词是由音译部分和表示类名的汉语语素组成。如：

啤酒(beer)　　　霓虹灯(neon)　　　酒吧(bar)　　　艾滋病(AIDS)
芭蕾舞(ballet)　沙丁鱼(sardine)　吉普车(jeep)　毛瑟枪(Mauser)

(5) 借音借形式。一是借自西方字母的词。如：OK、UFO、MBA、SOS、BP机、X光、TDK包房、IP卡、IC、CD、CT、FAX、VCD、DVD。二是借自日文汉字字形而非读音的词。如：经济、革命、保险、分析、具体、学士、文明、交通、教授、直觉、演绎、否决、议会、干部、美术、引渡、组合、茶道、人选、手续、人气。

单纯的意译词并不是外来词,有些词语既有音译形式也有意译形式,只有音译形式才是外来词。如：

马达——发动机　　休克——虚脱　　盘尼西林——青霉素
吉他——六弦琴　　维他命——维生素　布拉吉——连衣裙

3. 外来词的发展趋势

大量外来词在汉语中会长期存在,特别是没有汉语意译词的外来词。如：苜蓿、芒果、啤酒、基因、麦当劳等。有时外来词与意译词也会长期并存。如：的士——出租汽车、拷贝——复印、巴士——公共汽车等。部分外来词会被意译词所取代。如英语的cement,曾被音译为"西门土、水门汀、士敏土、泗门汀、赛门脱、塞门脱、塞门德、塞门土"等,现已被意译词"水泥"所取代。英语的telephone,曾被音译为"德利风、独律风、爹厘风、德律风"等,现已被意译词"电话"所取代。来自俄语的音译词"布拉吉"也已被意译词"连衣裙"所取代。这种意译化趋势是汉语对外来词同化作用的结果。有些外来词的语素会汉语化而具有较强的构词能力。如：外来词"酒吧"中的语素"吧"可以形成：氧吧、书吧、茶吧、网吧、水吧、陶吧、迪吧等;外来词"的士"中的语素"的"可以形成：打的、面的、的哥、的姐等。

练习题

一、请举出五个来源于古代,现在我们还在某些场合使用的传承词。

二、请举出五个来源于古代,现在只在特殊情况下才使用的古语词。

三、请指出下列新造词的来源或造词特点。

超编　创汇　笑星　突破性　程序化　自学热　信息港　短平快　时间差　太极拳
艾滋病　汉堡包　麦当劳　面的　中巴　三通　超生　男士　国手　大龄　老外

四、试分析下列方言词,哪些已经进入了普通话词汇?

耗子(西南官话)、酒楼(粤语)、隔色(北方方言)、埋单(粤语)、孤寒(粤方言)、忽悠(东北)、清汤(赣方言)、拉倒(华北官话)、尴尬(吴方言)、起腻(北京话)、识相(吴方言)、手电(西北官话)

五、请举出五个来源于其他社区,而且已经进入普通话的社区词。

六、请举出五个来源于不同行业的词语。

七、外来词主要有"单纯音译式、音意混译式、音意兼译式、音加语素式和借音借形式"五种译借方式,请各举三例。

八、请鉴别下列词语,指出它们各自不同的来源。

社稷　暂停　迷你型　人才引进　太空水　创收　寒舍　恶手　香波　泡沫经济
大款　金丝鸟　空嫂　传销　招商引资　抵押贷款　智能卡　信用卡　房市　试婚
比基尼　班师　网虫　戈壁　瓦斯　师傅　千年虫　灶披间　信息高速公路

九、请以"啤酒"和"咖啡"为例说明外来词中"啤"和"咖"已经汉语语素化了。

十、分析下面外来词的译借方式。

雷达　可可　伊妹儿　香槟酒　蒙太奇　乌托邦　引得　冬不拉　海洛因　鸦片烟　酒吧　拷贝　浪漫　可兰经　伏特加　北爱尔兰　道林纸　巴士

思考题

一、现代汉语词汇的来源,除了教材中所说的,你认为还有哪些比较重要的? 请举例说明。

二、在外来词借用的过程中,有时候会发生几种形式并存的情况,比如:英特尔(音译)、internet(直接借用)、互联网(意译);镭射(音译)、激光(意译)。你认为哪种形式比较好?

三、根据"酒吧"和"互联网",派生出若干新词,如:水吧、吧女;网民、网友。请再各举出三例。

四、"家私""饮茶""光碟""手提电脑",这些词都是从粤方言(含香港方言)中引进的,但是,普通话里本来就有"家具""喝茶""光盘""笔记本电脑",你认为这些词还有引进的必要吗? 为什么?

五、以自己的方言为例,谈谈方言词汇与普通话词汇之间的相互影响。

六、为什么说现代汉语词汇系统是一个动态的集合体?

七、请各举六到十个香港、澳门、台湾地区特有的社区词,并说说其特点。

八、判断下面大陆社区词出现在什么历史时期,表现了什么样的时代特征。

大跃进　支前　武工队　工宣队　文明戏　三陪小姐　追车族　外向型经济　关牛棚　保家卫国　卫星田　插队落户　文攻武斗　国格　小康社会　经济特区

第七节　词汇的熟语系统

> **学习要点**:现代汉语词汇的熟语系统,包括成语、谚语、歇后语、惯用语和习用语,了解各类的特点和类型,并能据此判断某个词语的熟语类型。

现代汉语的熟语系统包括五小类:成语、谚语、歇后语、惯用语和习用语。

熟语的特点:(1)结构的定型性。熟语的构成成分及其结构关系是固定的,不能随意替换构成成分或改变结构关系。(2)语义的整合性。熟语的意义不是构成成分意义的简单相加,而是在历史、比喻、语音等其他因素的作用下,使相互制约、相互依赖的各个构成成分的意义整合为一个新的完整意义。(3)功能的多样性。熟语可以跟词一样按照一定的语法规则组织起来,并在句法功能上作主语、谓语、宾语、状语、定语、补语等多种句子成分。(4)语用的民族性。熟语的形成和使用受民族文化传统的影响而在风格、情感、认知等方面带有汉民族的鲜明特征。

一、成语

(一)成语的界定与特点

成语是人们从历史上传承下来并长期使用的结构凝固、语义精辟且具有民族特点的熟语。成语是熟语中最重要的一种,主要有四个特点。

1. 历史的传承性

大多数成语沿袭自神话寓言、历史故事、诗文语句或口头俗语,具有历史的传承性。成语的主要来源包括:

(1)神话寓言

炼石补天(《淮南子·览冥训》)　　精卫填海(《山海经·北山经》)
望洋兴叹(《庄子·秋水》)　　愚公移山(《列子·汤问》)
画蛇添足(《战国策·齐策》)　　守株待兔(《韩非子·五蠹》)
黄粱一梦(唐·沈既济《枕中记》)　　亡羊补牢(《战国策·楚策》)
黔驴技穷(唐·柳宗元《三戒》)　　刻舟求剑(《吕氏春秋·察今》)

(2)历史故事

城下之盟(《左传·桓公十二年》)　　四面楚歌(《史记·项羽本纪》)
纸上谈兵(《史记·廉颇蔺相如列传》)　　完璧归赵(《史记·廉颇蔺相如列传》)
夜郎自大(《史记·西南夷列传》)　　闻鸡起舞(《晋书·祖逖书》)
投笔从戎(《后汉书·班超传》)　　望梅止渴(《世说新语·假谲》)
洛阳纸贵(《晋书·左思传》)　　口蜜腹剑(《资治通鉴·唐玄宗天宝元年》)

(3)诗文语句

进退维谷(《诗经·大雅·桑柔》)　　困兽犹斗(《左传·宣公十二年》)
文质彬彬(《论语·雍也》)　　学而不厌(《论语·述而》)
亦步亦趋(《庄子·田子方》)　　舍生取义(《孟子·告子上》)
子虚乌有(汉·司马相如《子虚赋》)　　老骥伏枥(曹操《步出夏门行》)
扑朔迷离(《乐府诗集·木兰诗》)　　寸草春晖(唐·孟郊《游子吟》)

(4)口头俗语

七嘴八舌、三心二意、乱七八糟、半斤八两、说三道四、七上八下、千方百计、头重脚轻、有板有眼、大手大脚、呆头呆脑、鸡毛蒜皮、指手画脚、狼子野心

2. 结构的凝固性

成语结构的凝固性主要表现在成语字数、构成成分和结构关系的固定性上。

(1)成语字数固定

绝大多数成语属于四字格成语。如:狐假虎威、叶公好龙、指鹿为马、滥竽充数、一衣带水、杯弓蛇影、取长补短、先礼后兵、落井下石、水落石出。

有些四字格成语是通过省略部分词语而来的。如:一言(当)九鼎、车(如)水马(如)龙、朝(事)秦暮(事)楚、熟视(而)无睹、忘乎(其)所以。

还有少量成语多于四个字。如:坐山观虎斗、物以稀为贵、风马牛不相及、五十步笑百步、山雨欲来风满楼、四海之内皆兄弟、此地无银三百两、青出于蓝而胜于蓝。

(2)构成成分固定

成语的构成成分通常不能改换。如:"有的放矢"不能改为"有的放箭、有靶放矢","削足适履"不能改为

"削脚适履、削足适鞋","任重道远"不能改为"任重路远、任繁道远","胸有成竹"不能改为"胸有成树"。不过,少数成语在历史发展中由于个别字的意义比较生僻而改为容易理解的字,如"揠苗助长"改为"拔苗助长","覆车之鉴"改为"前车之鉴"。有的成语可以临时改动某个字而起到一定的修辞作用。如:

望洋兴叹——望书兴叹　　有的放矢——无的放矢　　日新月异——日新夜异
两全其美——三全其美　　抛砖引玉——抛玉引砖　　守株待兔——守门待兔

（3）结构关系固定

成语的结构关系和次序不能随便改变。如:"亡羊补牢"不能改为"补牢亡羊","杀鸡儆猴"不能改为"儆猴杀鸡","毛遂自荐"不能改为"自荐毛遂","老奸巨猾"不能改为"巨猾老奸"。不过,也有少量成语可以更换次序而意义不变。如:

正大光明——光明正大　　背井离乡——离乡背井　　天涯海角——海角天涯
自不量力——不自量力　　得意洋洋——洋洋得意　　一团漆黑——漆黑一团

3. 意义的整体性

成语的意义通常不能从构成成分的意义引导出来,不是构成成分意义的简单相加,而是在各个成分表面意义的基础上经过整合、概括、引申而得出的新的整体意义。成语的整体意义可以分成三类:

（1）少数成语的整体意义是成语的语素义直接相加而形成的。如:汗流浃背、无稽之谈、面红耳赤、既往不咎、救死扶伤、安居乐业、以理服人。

（2）部分成语的整体意义不是成语语素义的直接相加,而是人为赋予和约定俗成的意义。如:高山流水（指知音难遇或乐曲高妙）、石破天惊（形容事情或文章议论新奇惊人）、风声鹤唳（形容惊慌疑惧）。

（3）大多数成语的整体意义是比喻义。如:"废寝忘食"的字面意义是"不顾睡觉,忘记吃饭",而比喻义是"极为专心努力"。"水落石出"的字面意义是"水落下露出石头",而比喻义是"真相完全暴露"。"狐假虎威"的字面意义是"狐狸假借老虎的威势",而比喻义是"依仗别人的权势去欺压人"。同类型的还有:叶公好龙、破釜沉舟、立竿见影、大海捞针、对牛弹琴、悬崖勒马,等等。

4. 习用的民族性

一种民族语言的成语在形成和使用上往往与该民族的历史背景、自然环境、经济生活、文化传统、风俗习惯、思维方式和心理状态等息息相关,因此,具有很强的民族性。汉语成语的意义在其他语言中对应不同的表现形式。以汉英比较为例:

如履薄冰——tread on eggs（如履鸡蛋）

雨后春笋——appear like mushrooms（雨后蘑菇）

如坐针毡——sit on thorns（如坐荆棘）

袖手旁观——look on with folded arms（抱臂旁观）

（二）成语的结构类型和关系类型

就成语的内部构成来说,部分成语属于短语结构,部分成语属于复句关系。属于短语结构的成语主要分为七种结构类型:主谓、述宾、述补、偏正、兼语、连动和联合,其中联合关系可进一步分为四种次类。而属于复句关系的成语可以分成四类:目的、因果、转折、连贯。

1. 成语的结构类型

（1）主谓关系。如:夜郎自大、面目可憎、锋芒毕露、风度翩翩、老马识途

（2）述宾关系。如:平分秋色、震撼人心、好为人师、草菅人命、横扫千军

（3）述补关系。如:寄人篱下、重于泰山、囿于成见、风靡一时、含笑九泉

（4）偏正关系。如:近水楼台、世外桃源、扶摇直上、参差不齐、雨后春笋

（5）兼语关系。如:指鹿为马、认贼作父、调虎离山、请君入瓮、引狼入室

（6）连动关系。如:先礼后兵、画蛇添足、开门见山、见风使舵、过河拆桥

（7）联合关系。

（7a）主谓式的联合。如:龙飞凤舞、心灰意懒、天翻地覆、面红耳赤

(7b) 述宾式的联合。如：兴风作浪、推心置腹、藏头露尾、营私舞弊
(7c) 偏正式的联合。如：血雨腥风、镜花水月、老奸巨猾、南征北战
(7d) 并列式的联合。如：青红皂白、喜怒哀乐、颠沛流离、魑魅魍魉

2. 成语的关系类型

(1) 目的关系。如：削足适履、守株待兔、杀一儆百、吹毛求疵、抛砖引玉
(2) 因果关系。如：药到病除、水滴石穿、曲高和寡、水落石出、打草惊蛇
(3) 转折关系。如：有眼无珠、不翼而飞、不寒而栗、得鱼忘筌、异曲同工
(4) 连贯关系。如：一蹴而就、水到渠成、一呼百应、投桃报李、闻鸡起舞

二、谚语

(一) 谚语的界定与类型

谚语是民间基于深刻的社会生活经验而提炼出来的通俗、上口、精练、形象而有一定警示或教育意义的熟语。谚语是人民智慧的结晶，能以浅显的语言表达深刻的道理。

根据谚语所反映的内容，谚语主要包括以下六种类型：

1. 农业谚语

瑞雪兆丰年；清明前后，种瓜种豆；庄稼一枝花，全靠肥当家；小燕来，抽蒜薹，大雁来，拔棉柴；冬天麦盖三层被，来年枕着馒头睡。

2. 气象谚语

一年之计在于春；青蛙乱叫，大雨来到；一场春雨一场暖，一场秋雨一场寒；一九二九不出手，三九四九冰上走；蜻蜓赶会拦路蚊，风雨不久就来临；早穿皮袄午穿纱，围住火炉吃西瓜。

3. 规诫谚语

清官难断家务事；磨刀不误砍柴工；留得青山在，不怕没柴烧；种瓜得瓜，种豆得豆；敬酒不吃吃罚酒；雷声大雨点小；跑得了和尚，跑不了庙；吃人的嘴软，拿人的手短；要打当面鼓，莫敲背后锣；有理走遍天下，无理寸步难行。

4. 常识谚语

摸着石头过河；情人眼里出西施；不怕不识货，就怕货比货；三个臭皮匠，顶个诸葛亮；三百六十行，行行出状元。

5. 讽颂谚语

天下乌鸦一般黑；不打落水狗，提防咬一口；黑心做财主，杀心做皇帝；富人四季穿衣，穷人衣穿四季。

6. 风土谚语

上有天堂，下有苏杭；泰山看山，曲阜看古；苏州不断菜，杭州不断笋；济南趵突泉，美名天下传；东北有三宝：人参、貂皮、乌拉草。

(二) 谚语与成语的区别

1. 字数形式差异

在字数上，绝大多数成语是四个字，而谚语则不受字数限制，甚至有很多谚语不止一个句子。在形式上，成语比较定型，而谚语往往有多重表现形式。如："三个臭皮匠，顶个诸葛亮"就有许多变体：三个臭皮匠，赛过诸葛亮；三个臭皮匠，胜过一个诸葛亮；三个臭皮匠，合个诸葛亮；三个臭皮匠，变成诸葛亮。

2. 句法功能差异

逻辑上，成语一般表示的是概念，而谚语表示的则是命题和推理，所以，在句法上，成语相当于词，一般可作句子成分，而谚语多数作为引用语而独立成句。如：

中国人并不准备守株待兔地等着别人送脑袋上门。（成语）

市领导决心破釜沉舟，重振故都雄风。（成语）

留得青山在，不怕没柴烧，我们要把梧州建设得更美丽！（谚语）

"早穿皮袄午穿纱,围住火炉吃西瓜。"这对我们沙漠生活是一个真实写照。(谚语)

3. 语体风格差异

成语一般书面语性强,谚语因民间口耳相传而口语性强。如:

成 语	谚 语
一丘之貉	天下乌鸦一般黑
见异思迁	这山望着那山高
饮水思源	喝水不忘挖井人

三、歇后语

(一)歇后语的界定与类型

歇后语是指人们口头流传的由像谜面和谜底的前后两部分组成的通俗、风趣、形象而带有隐语性质的熟语。前一部分是比喻或说出一个事物,类似于谜语的"谜面",而后一部分则是解释说明,类似于"谜底",前后两部分在话语中有停顿间歇,后一部分有时不说出来,让人去猜想其含义,所以称为歇后语。

根据歇后语前后两部分的关系以及后一部分与歇后语真实意义的关系,可以分成两类:

1. 喻意类

前一部分是形象比喻,后一部分则是对比喻的解释,二者形成喻意关系。有的解释部分直指歇后语的本意,称为直指类;有的解释部分则喻指歇后语的本意,称为喻指类。

(1)直指类

前一部分(形象比喻)	后一部分直指歇后语的本意
黄鼠狼给鸡拜年	没安好心
高射炮打蚊子	大材小用
大姑娘坐轿	头一回
八月十五的月亮	年年都一样
老牛追兔子	有劲使不上

(2)喻指类

前一部分(形象比喻)	后一部分(解释)	喻指歇后语的本意
哑巴吃黄连	有苦说不出	比喻有难言之隐
关公赴会	单刀直入	比喻直截了当,不绕弯子
刘备的江山	哭出来的	比喻来之不易
孔雀的尾巴	翘得太高了	比喻特别骄傲
棉花耳朵	根子软	比喻容易被说动或迷惑

2. 谐音类

前一部分是描述形象,后一部分通过谐音双关说明歇后语的本意。

前一部分	后一部分	谐音双关说明本意
小葱拌豆腐	一青二白	一清二白
外甥打灯笼	照舅	照旧

(续表)

前一部分	后一部分	谐音双关说明本意
飞机上挂暖壶	高水瓶	高水平
腊月里的萝卜	冻了心了	动了心了
墙上挂门帘	没门	没有门路和办法

（二）歇后语形象材料的主要来源

1. 神话传说

姜太公钓鱼——愿者上钩　　牛郎织女相会——一年一次
阎王爷下请帖——没有好事　　八仙过海——各显神通

2. 历史故事

刘备摔孩子——收买人心　　徐庶进曹营——一言不发
梁山的军师——吴（无）用　　梅兰芳唱霸王别姬——拿手好戏

3. 虚拟形象

王八吃秤砣——铁了心了　　屎壳郎戴花——臭美
兔子逗老鹰——没事找事　　蚂蚁戴眼镜——脸面不小

4. 日常现象

带刺的鲜花——好看不好摘　　木耳炒豆腐——黑白分明
小保姆带钥匙——当家不做主　　老太太搬家——什么都拿

四、惯用语

（一）惯用语的界定和结构类型

惯用语是群众口头创造并通过修辞手段准确、生动、形象、概括地揭示某些社会现象和某种行为的熟语。从结构上看，典型的惯用语以三音节的动宾结构为主，也有部分偏正短语，少数主谓短语。如：

1. 动宾结构

走后门、开绿灯、磨洋工、碰钉子、打游击、钻空子、踢皮球、吃老本、出难题、泼冷水、穿小鞋、倒胃口、吃鸭蛋、挖墙脚、走过场、交白卷、唱双簧、戴高帽、拍马屁、耍花招、敲边鼓、放空炮、吹牛皮、扣帽子、拉后腿、炒鱿鱼、挤牙膏、吃小灶、唱高调、唱白脸、唱主角、吃错药、打官腔、打水漂、打圆场、吊胃口、拍脑袋、侃大山、揭盖子、交学费、留尾巴、跑龙套、滚雪球、背黑锅、捞稻草、吃大锅饭、吃定心丸、吃闭门羹、捅马蜂窝、揭不开锅、打退堂鼓、打预防针、唱空城计、唱对台戏、摇鹅毛扇、念紧箍咒、灌迷魂汤、卖狗皮膏药、摸老虎屁股

2. 偏正结构

铁将军、纸老虎、空架子、护身符、马后炮、台柱子、香饽饽、烂摊子、定心丸、大气候、门外汉、领头羊、替罪羊、铁公鸡、变色龙、地头蛇、丧家犬、糊涂虫、老油条、老狐狸、白眼狼、阎王殿、鬼门关、老皇历、大红人、高姿态、墙头草、一亩三分地、一锤子买卖、豆腐渣工程

3. 主谓结构

鬼画符、一刀切、满堂红、窝里斗

（二）惯用语的意义

惯用语的整体意义不是其构成成分简单相加的意义，而是通过比喻、借代、夸张、比拟等手法所表达的修辞意义。如：

走过场：比喻敷衍了事。　　揭不开锅：借指没有粮食或没有伙食钱。
泼脏水：比喻把坏名声强加给人。　　马后炮：比喻事后再出主意。

五、习用语

习用语指口语中常用的一些习惯用语,形式不拘但基本固定,意义固化而有趣。换言之,我们不能从字面意思去理解,因为在长期口语使用中,它已经形成了某种特定的意义,但是跟成语、谚语、歇后语和惯用语还是有所不同。如:

不好意思(对不起)、意思意思(送点小礼物以表示自己的心意)、巴不得(非常希望)、大不了(做出最坏的估计)、没你的事(拒绝对方,要求对方不来干涉)、闹半天(花费好多时间)、好说话(容易商量或被说服)、留了一手(有所保留,以防万一)、想一出是一出(想到什么就做什么)、说一套做一套(言行不一致)、二话没说(什么话都不说就去干了)、不像话(说话做事不符合要求)

练习题

一、解释下列成语中加点的语素。
1. 流言蜚语　　2. 拨乱反正　　3. 矢口否认　　4. 光明磊落
5. 戎马倥偬　　6. 功亏一篑　　7. 色厉内荏　　8. 无人问津
9. 名闻遐迩　　10. 短兵相接　　11. 引人入胜　　12. 一如既往

二、分析下列成语所用的特殊语法手段。
1. 汗马功劳　　2. 不耻下问　　3. 日新月异　　4. 不蔓不枝
5. 不可理喻　　6. 是古非今

三、分析下列成语的结构类型。
过河拆桥、生龙活虎、梁上君子、令人生畏、风度翩翩、为非作歹、侃侃而谈、身败名裂、饱经风霜、突飞猛进

四、改正下列成语中的错别字。
1. 坚如盘石　　2. 如法泡制　　3. 礼上往来　　4. 即往不咎
5. 相形见拙　　6. 妄费心机　　7. 莫中一是　　8. 怨天由人
9. 走头无路　　10. 一枕黄梁　　11. 挺而走险　　12. 遗笑大方

五、下面所列,哪些是成语、谚语、歇后语、惯用语或习用语?
1. 当面锣,对面鼓　　2. 既来之,则安之　　3. 成亦萧何,败亦萧何　　4. 莫须有
5. 一日三笑,不用吃药　　6. 醉翁之意不在酒　　7. 打铁先要本身硬　　8. 翘尾巴
9. 言必信,行必果　　10. 兔子急了还咬人　　11. 过了这个村就没这个店了
12. 兔子尾巴　　13. 捏一把汗　　14. 武大郎开店——比我高的全不要
15. 看你说的　　16. 不好意思

六、请补出下列歇后语的后半段,并指出属于哪一类型。

灯蛾扑火——(　　)　　猪鼻子插葱——(　　)　　徐庶进曹营——(　　)

猪八戒喝磨刀水——(　　)　　丈二的金刚——(　　)　　纸糊的琵琶——(　　)

马路上的电线杆——(　　)　　老九的弟弟——(　　)　　哑巴吃馄饨——(　　)

蛤蟆跳井——(　　)　　大海捞针——(　　)　　八月的石榴——(　　)

擀面杖吹火——(　　)　　老鼠爬秤钩——(　　)　　王八吃秤砣——(　　)

思考题

一、广告语中常常改造成语来宣传商品,例如"随心所浴"(热水器)、"油备无患"(清凉油)、"一见钟琴"(钢琴)、"百文不如一键"(电脑)、"默默无蚊"(蚊香)、"痔者必得"(药物),你认为这样做好不好?为什么?

二、试比较中外成语或谚语,谈谈汉语熟语的文化特色和修辞特色。

三、理论上应该如何区分成语、谚语和惯用语?为什么有一些熟语如"兵贵神速""马不停蹄"的归属,各

家会存在不同的看法?

四、歇后语可以怎样分类?请说说你的看法。

五、惯用语之外还设立一个习用语,你认为有无必要?

第八节 词汇的发展与规范

> **学习要点**:了解现代汉语词汇规范的必要性,重点掌握判断异形词、异读词、生造词、误用词的标准,以及词汇规范意识与动态观念的互动关系。

现代汉语词汇规范的必要性体现在两个方面:一是词汇系统存在着不规范现象,比如异形词、异读词;二是词汇使用中存在着不规范现象,比如生造词、误用词。此外,词汇是在不断发展变化的,旧词的消亡、新词的产生,随时随地都在发生,因此,我们必须具有动态的发展观,处理好规范意识与动态观念的互动关系。

一、词汇系统的规范

(一)异形词

异形词是指语义相同或相近,而词的书写形式和语音形式不同的词。书写形式不同的主要分为三类:同素颠倒词、异形等义词、异形外来词。

1. 同素颠倒词:语素相同而词序相反的异形词。可以分成三个小类:

(1)取 A 弃 B 类:A 形词保留下来,而 B 形词则逐渐退出或消亡。

A	B	A	B	A	B	A	B
蔬菜	菜蔬	士兵	兵士	健康	康健	直率	率直
凌驾	驾凌	介绍	绍介	寻找	找寻	词语	语词

(2)AB 并存类:A 形词和 B 形词目前都在使用,尚未决定取舍,还需作调查研究。

A	B	A	B	A	B	A	B
响声	声响	讲演	演讲	力气	气力	忌妒	妒忌
伤感	感伤	山河	河山	离别	别离	代替	替代

(3)AB 分工类:A 形词和 B 形词有一定分工。

A	B	A	B	A	B
裁剪	剪裁	路线	线路	负担	担负
发挥	挥发	感情	情感	计算	算计

A 形词和 B 形词使用上有分工,如:

裁剪:缝制衣服时把衣料按一定的尺寸裁开。

剪裁:① 缝制衣服时把衣料按照一定的尺寸剪断裁开。

② 比喻做文章时对材料的取舍安排。

路线:① 从一地到另一地所经过的道路。

② 思想上、政治上或工作上所遵循的根本途径或基本准则。

线路:电流、运动物体等所经过的路线。

2. 异形等义词:一个语素位置和字形相同,另一个语素位置相同而字形不同的异形词。

(1)AB 保留类

A	B	A	B	A	B	A	B
师傅——师父		工夫——功夫		融化——熔化		统帅——统率	

A 形词和 B 形词实际上已有分工,因而能够保留下来。如:

师傅:① 工、商、戏剧等行业中传授技艺的人。② 对有技艺的人的尊称。

师父:① 对师傅的尊称。② 对和尚、尼姑、道士的尊称。

(2) AB 取舍类

A	B	A	B	A	B	A	B
制服——制伏		词典——辞典		风韵——丰韵		红运——鸿运	
红装——红妆		美元——美圆		原配——元配		把式——把势	
呱呱叫——刮刮叫		气呼呼——气乎乎		红彤彤——红通通		黑乎乎——黑糊糊	

AB 取舍类需要根据三条原则对 A 形词和 B 形词进行鉴别、取舍。

一是从俗原则。如:选择"思维、保姆、按语",而舍弃"思惟、保母、案语"。

二是从简原则。如:选择"人才、暗淡、噩梦、舢板",而舍弃"人材、黯淡、恶梦、舢舨"。

三是明确原则。如:选择"盯梢、吩咐、筹码、酒盅",而舍弃"钉梢、分付、筹马、酒钟"。

3. 异形外来词:因引进方法不同或引进地区不同而造成外来词在书写形式和发音形式上都不同。

(1) 引进方法差异类:由于采取音译或意译的不同引进方法而造成的不同,现在基本上以意译词占优势,音译词已经或正在被淘汰。如:

音译	意译	音译	意译	音译	意译	音译	意译
德律风——电话		布拉吉——连衣裙		麦克风——扩音器		水门汀——水泥	
太妃——奶糖		维他命——维生素		幽浮——飞碟		盘尼西林——青霉素	
的士——出租车		派对——晚会		卡通——动画		镭射——激光	

(2) 不同地区差异类:即使都是音译,因不同地区的引进而造成外来词字形的差异。如:

英语	大陆	香港	英语	大陆	香港	英语	大陆	香港
AIDS	艾滋病——爱滋病		disco	迪斯科——的士高		Hollywood	好莱坞——荷里活	
sofa	沙发——梳化		salad	色拉——沙律		motor	马达——摩打	
ounce	盎司——安士		microphone	麦克风——咪高峰		sandwich	三明治——三文治	

英语	大陆	台湾	英语	大陆	台湾	英语	台湾	香港
New Zealand	新西兰——纽西兰		Reagan	里根——雷根		make show	做秀——做骚	

总之,无论是同素颠倒词、异形等义词,还是异形外来词,都需要规范以去掉语义相同而文字形式或语音形式存在差异的词语。

(二) 异读词

异读词是指意义和书写形式都相同而读音形式不同的词。如:

汲(jí)(jī)　　　　　　谁(shuí)(shéi)

熟(shú)(shóu)　　　　教室(jiàoshì)(jiàoshǐ)

波浪(bōlàng)(pōlàng)　　比较(bǐjiào)(bǐjiǎo)

造成异读词的原因,主要有以下几个方面:

(1) 读书音(文读)和口语音(白读)的分歧。如"暴露"的"暴",文读是 pù,白读是 bào;"血"文读 xuè,白读 xiě。

(2) 方言读音的影响。如"揩油"的"揩"读成 kā 和 kāi 两个读音,前者是受吴语的影响。同样,"咖啡"的"咖"也有 kā 和 kǎ 两个读音。

(3) 古代汉语多音字沿用至今。如:"臭,《广韵》尺救切",恶气,今读 chòu。

(4) 语音的自然发展。如北京话的"危险"的"危"、"期望"的"期"、"帆船"的"帆",旧读阳平,今读阴平。

(5) 讹读的影响。有些异读是误读造成的。如"械"读 jiè,"畸"读 qí,"酵"读 xiào,都是照半边字读错了字音,但长期通行,正误并存,形成异读。

规范异读词读音的三个原则:

(1) 合并原则。如"指"在"指甲、指示、手指头"里原来分别读成阴平、上声和阳平,现规范成一律读上声 zhǐ。

(2) 从俗原则。如"事迹、成绩"中的"迹、绩"原来都读 jī,现在改为群众习惯的 jì;"啥"原来读 shà,现改为 shá。

(3) 区别原则。主要是区别文白异读。如"血"在"血压、血脂、血浆、血债、心血、血染的风采"中文读为 xuè,在"流血了、输了 200 cc 的血"中白读为 xiě,另外,"削、剥、谁"等也都需要分清文白异读。

二、词汇使用的规范

(一) 生造词

生造词是指为了标新立异,一些个人不遵循造词规律而任意拼凑语素造出来的词义含糊不清的词语。生造词既没有指称新事物和新概念,也没有表达社会变革和社会心理的特殊效果。生造词的形成方式主要包括:任意简缩、随意破词、随便拼凑。

1. 任意简缩

短语常常基于语言的精简原则而简缩为双音节,这些简缩多数已经定型,或者正在定型过程中。下面三类的定型程度就有所差异:

(1) 衣架(衣服架子) 高中(高级中学) 科技(科学技术) 超市(超级市场)
(2) 调研(调查研究) 环保(环境保护) 节能(节约能源) 家电(家用电器)
(3) 挖潜(挖掘潜力) 审干(审查干部) 国企(国有企业) 苏制(苏联制造)

以上,(1) 基本上可以作为一个词来使用;(2) 可感觉到短语的特点;(3) 只能在一定的语境下使用。

但是,有些属于任意简缩,导致意义模糊不清,属于需要加以规范的生造词,如以下简缩形式:

教质(教学质量) 容色(容貌颜色) 狡奸(狡猾奸诈) 疏薄(稀疏且薄)
体惦(体贴惦记) 生救(生产自救) 镇和(镇压缓和) 奋迅(振奋迅速)
遇难(遇到困难) 遗物(遗失物品) 心病(心脏病) 越迷(越剧迷)

2. 随意破词

运用词语时可能会因为破坏词义的整体性或结构的完整性而导致破词现象,随意破词主要包括三类:

(1) 插入词语的破词

a. 彭莉巫婆一样的语言方式,让耿林认认真真地后了一次悔。

b. "文革"中的"对号入座"酿成了数不清的冤假错案,真可谓荒天下之大唐。

a 和 b 因分别在"后悔"和"荒唐"中间插入了"了一次"和"天下之大"而形成了破词。

(2) 添加实词的破词

a. 中东地区,多年的民族冲突、领土纠纷和战火不断,使地区各国无数生灵涂炭。

b. 春起之苗,其长势一般较好,但如果违背其生长规律做出"拔苗助长"的蠢事,那就可想而知其后果了。

a 和 b 分别在"生灵涂炭"之前和"可想而知"之后添加了"无数"和"其后果"而导致了破词现象。

（3）添加虚词的破词

a. 人民大会堂的灯火辉煌，显得更加雄伟壮丽。

b. 医生正襟危坐在椅子里，显得非常冷静和威严的样子。

a 中"灯火辉煌"因使用了"的"使"人民大会堂"从主语变成了"灯火"的定语，而"灯火辉煌"也因此分解成了"灯火"和"辉煌"。b 中的"正襟危坐"也因"在"的添加破词为"正襟"和"危坐"。

3. 随便拼凑

个别人会任意拼凑语素而生造出意义不明的词语。由于这些词表义不明，有碍交际，属于规范化的对象。如：

纷投（纷纷参加）　　畅茂（植物生长繁茂）　　熟巧（熟能生巧）

惨凄（悲惨凄凉）　　宏广（宏远广博）　　　　清僧（清教徒）

（二）误用词

误用词是指词语本身没有问题，由于使用者对词义及其色彩义的理解有误或受词形、字音的影响而误用的词语。如：

a. 招生对象为应届高中毕业生和同等学历、年龄在 25 周岁以下的优秀退役军人。

b. 母亲年轻时有一头丰满的黑发，面容清秀，心灵手巧。

c. 要说其是史实的话，必需拿出史料为据，揣测之词是难以服人的。

d. 在这个厂里，他是敢于摔了铁饭碗而干个体的始作俑者。

a 中的"学历"应该为"学力"；b 中的"丰满"应该用"浓密"；c 中的"必需"应该用"必须"；d 中的"始作俑者"属于贬义词，是指开始用俑殉葬的人，比喻首开恶例的人，应该改为"第一人"。

三、规范意识与动态观念

从总体上看，词汇的规范是相对的，而词汇的发展变化却是绝对的，因此，我们必须运用动态发展的眼光看待词汇的规范。比如，"卖萌、给力、网红"等新词语，从开始出现到进入普通话词汇，就是在不断使用中从不规范到逐渐被接受再到规范认可的过程，当然，有些生造词也会因为使用频次很低而逐渐退出历史舞台。

练习题

一、鉴别下列词语哪些是生造词，哪些是新词语。

主页　体搭　酸雨　涉跋　集资　激活　哑静　减排　记忆库

房奴　刚始　同步　绿化　网络　楞生　硬件　怪怨　零距离

反馈　房改　行施　手机　若果　征婚　走红　急义　彩电

二、请指出下面例句中的生造词。

1. 这个问题一直缠萦在他的脑间。

2. 她终将成为世界游坛的巨人。

3. 汗水从帽子底下淌流满脸。

4. 孩子们稚幼天真的歌声打动了他。他心里禁不住一阵绞震。

5. 给人以无层的远思和遐想。

思考题

一、既然词汇处在不断的变动之中，那么还要不要提倡规范？如何处理词汇的规范与动态观念的关系？

二、假如仿照"女篮、女足、女排"的格式，在文章中把"女子跳水、女子手球"简缩为"女跳、女手"，是否可以理解、接受？

参考文献

武占坤　王　勤(1983)《现代汉语词汇概论》,内蒙古人民出版社。
刘叔新(1990)《汉语描写词汇学》,商务印书馆。
贾彦德(1992)《汉语语义学》,北京大学出版社。
吕冀平(1999)《当前我国语言文字的规范化问题》,上海教育出版社。
张志毅　张庆云(2001)《词汇语义学》,商务印书馆。
符淮青(2004)《现代汉语词汇》(增订本),北京大学出版社。
周　荐(2004)《汉语词汇结构论》,上海辞书出版社。
温端政(2005)《汉语语汇学》,商务印书馆。
符淮青(2006)《词义的分析和描写》,外语教学与研究出版社。
苏新春(2007)《汉语词义学》(第二版),外语教学与研究出版社。
周　荐(2011)《汉语词汇趣说》,暨南大学出版社。

教育部"十二五"国家级规划教材
教育部"十一五"国家级规划教材
国家汉办教师资格证书考试推荐书目

现代汉语通论（第三版）

下　册

主编：邵敬敏（暨南大学）

顾问：胡裕树（复旦大学）
　　　陆俭明（北京大学）

第三版编者（2016）：
　　导论：邵敬敏（暨南大学）　　　语音：伍　巍（暨南大学）
　　汉字：费锦昌（教育部语言文字应用研究所）
　　词汇：赵春利（暨南大学）　　　语法：邵敬敏（暨南大学）
　　语用：方小燕（华南师范大学）

第二版编者（2007）：
　　导论：邵敬敏（暨南大学）　　　语音：伍　巍（暨南大学）
　　汉字：费锦昌（教育部语言文字应用研究所）
　　词汇：郭　熙（暨南大学）　　　语法：邵敬敏（暨南大学）
　　语用：方小燕（华南师范大学）

第一版编者（2001）：
　　巢宗祺（华东师范大学）　　池昌海（浙江大学）
　　段业辉（南京师范大学）　　范可育（华东师范大学）
　　方小燕（华南师范大学）　　高家莺（华东师范大学）
　　蒋同林（安徽师范大学）　　孔令达（安徽师范大学）
　　李宗江（解放军外国语学院）　刘大为（华东师范大学）
　　刘永耕（福建师范大学）　　邵敬敏（华东师范大学）
　　苏新春（厦门大学）　　　　唐健雄（河北师范大学）
　　吴继光（徐州师范大学）　　杨启光（暨南大学）
　　杨锡彭（南京大学）　　　　周　静（河南大学）

上海教育出版社

目 录

第四章　语法 1
　　第一节　现代汉语语法概述 1
　　第二节　词类和功能分析法 6
　　第三节　虚词的作用及其辨析 15
　　第四节　短语与层次分析法 21
　　第五节　句型系统 30
　　第六节　句式系统 36
　　第七节　句类系统 42
　　第八节　句法结构中的语义分析 49
　　第九节　歧义结构与框式结构 55
　　第十节　认知解释与动态变化 61
　　第十一节　复句类型 69
　　第十二节　多重复句与紧缩复句 78

第五章　语用 84
　　第一节　现代汉语语用概述 84
　　第二节　话语意义 89
　　第三节　言语行为与会话原则 94
　　第四节　话语结构 101
　　第五节　语言要素的修辞 109
　　第六节　语用效果与辞格 118
　　第七节　语体的分类与功能 126
　　第八节　病句的类型与修改 134

第三版后记 146

第二版后记 148

第一版后记 150

附录一　汉语拼音方案 154

附录二　国际音标简表 156

附录三　普通话声韵配合总表 157

第四章 语 法

第一节 现代汉语语法概述

> 学习要点：掌握汉语语法的总特点和四个主要特点；熟悉语法学的种类；了解汉语语法学发展的简单历史。

语音、词汇、语法，这三大部分构成了语言的主体。语音是语言的物质外壳，词汇是语言的建筑材料，**语法是语言的构造规则**。如果只有词汇，而没有语法，词语即使再多，也是一盘散沙。有了语法，才能够把词语组织成合格的句子，人们才能够进行交际。词语好比水泥、钢筋等建材，遵循一定的建造规则，才能把这些建筑材料建造成语言大厦。因此语法是语言不可缺少的有机的组成部分。

世界上任何语言都是有语法的，没有语法的语言是不存在的。例如有"弟弟""很""聪明"这么三个单词，从理论上讲可以有六种组合，但是只有"弟弟很聪明"这一种排列组合才是合法的，其余各句都不合法。这说明词语的组合绝不是任意的，实际上有某种规则在起作用：如果符合这个规则，句子就合法，否则就不合法。**制约着句子组合合法性的规则就是"语法"**。

一、汉语语法的主要特点

语言中用来表示语法关系，表现语法意义的语法手段有多种多样，重要的有：形态变化、词序变化、虚词运用等。有的语言偏重于形态变化，例如法语、俄语；也有的语言偏重于词序变化和虚词运用，例如汉语。前者称为"综合性语言"，后者称为"分析性语言"。两种不同类型的语言，不存在谁优谁劣的问题，只是各自的取舍不同，表现的特点不同。汉语的特点，是在跟其他语言，特别是在跟印欧语的比较中表现出来的。现代汉语最根本的总特点是：**不依赖严格意义的形态变化，而借助于语序、虚词等其他语法手段来表示语法关系和语法意义**。这一总特点具体表现为以下四个方面。

（一）语序的变化对语法结构和语法意义起重大影响

"名词+动词/形容词"构成"主谓结构"，词序一变化，"动词+名词"就构成了"述宾结构"，"形容词+名词"就构成了"偏正结构"。例如：

(1) 我们理解（主谓关系）——理解我们（述宾关系）
(2) 衣服干净（主谓关系）——干净衣服（偏正关系）

又如"形容词+动词"构成"偏正结构"，反过来"动词+形容词"就构成了"述补结构"。例如：

(3) 紧握（偏正关系）——握紧（述补关系）
(4) 快走（偏正关系）——走快（述补关系）

关于语序变化这一语法手段，实际上有三类不同层面的情况：

1. 语用的语序变化：这是在语言交际使用时出现的临时性的移位，实际上基本语义和语法结构关系都没有变化，只是增加了一些语用意义，这属于句子的一种动态变化。例如：

(1) 你快走吧！——快走吧，你！
(2) 他也许已经去日本了。——他已经去日本了，也许。

2．语义的语序变化：词语的次序替换，虽然没有引起语法结构关系的变化，但是语义却有明显的不同。这表面上似乎只是词语的替换，实际上是词语在句法结构中的语义角色关系发生了变化。例如：

(1) 猫捉老鼠。——老鼠捉猫。
(2) 朋友的妻子。——妻子的朋友。

3．语法的语序变化：词语次序变化了，语法结构关系也随之变了，语义也跟着变了。这才真正属于语法上的语序变化。例如：

(1) 人来了。——来人了。
(2) 三十岁才结婚。——结婚才三十岁。

例(1)前句是主谓句，"人"是主语，代表已知信息，后句是述宾短语句，"人"是宾语，代表未知信息。例(2)前句意思是三十岁结婚已经晚了，后句意思则相反，三十岁结婚太早了。

（二）虚词的运用对语法结构和语法意义有重要作用

汉语里的虚词特别丰富，作用也特别重要。这主要表现为以下几个方面：

1．某些语法结构，有或者没有这个虚词，结构关系以及语义会发生很大的变化。例如：

(1) 爸爸妈妈——爸爸的妈妈　　　生物历史——生物的历史（联合—偏正）
(2) 鲁迅先生——鲁迅的先生　　　他们部队——他们的部队（同位—偏正）
(3) 修改书稿——修改的书稿　　　解决问题——解决的问题（述宾—偏正）

以上三组例子有没有结构助词"的"，不仅结构关系变了，语义也变了。

2．某些语法结构，添加了某个虚词以后，虽然语法结构关系没有改变，但是，对语义的影响却十分大。例如：

(1) 美国朋友——美国的朋友　　　诗人风度——诗人的风度
(2) 北京大学——北京的大学　　　上海宾馆——上海的宾馆
(3) 十斤鲤鱼——十斤的鲤鱼　　　二十支香烟——二十支的香烟

"美国朋友"是指美国人，而"美国的朋友"却一定不是美国人。"北京大学"是指以"北京"命名的一所大学，而"北京的大学"指的是北京所有的大学。"十斤鲤鱼"指鲤鱼大大小小一共有十斤，"十斤的鲤鱼"是指十斤一条的鲤鱼。以上三组例子，有"的"没"的"都构成偏正结构，但意思却有非常明显的区别。

3．某些语法结构，加虚词或者不加虚词，结构关系以及语义关系似乎没有什么明显的不同，但是，如果仔细体会，也会发现其在语用意义上的差异。例如：

(1) 中国文化——中国的文化　　　木头椅子——木头的椅子
(2) 漂亮衣服——漂亮的衣服　　　典型事例——典型的事例

以上两组例子，无论加不加结构助词"的"，都是偏正结构，语义也基本相同。但是，这两者还是有所区别的：不加"的"，定语强调"属性"；加了"的"以后，则强调"分类"，表示这是"中国的"文化，而不是美国的或别的国家的文化；这是"漂亮的"衣服，而不是丑陋的衣服。

（三）汉语的词类和句子成分不存在简单的一一对应的关系

在印欧语里，词类和句法成分之间往往存在着一种简单的对应关系，大多是一对一，少数是一对二。比如：

动词——谓语　　形容词——定语　　副词——状语　　名词——主语或宾语

但是，在汉语里，词类跟句法成分之间的关系就比较复杂，除了副词基本上只能作状语，属于一对一之外，其余的都是一对多，即一种词类可以作多种句法成分。例如：

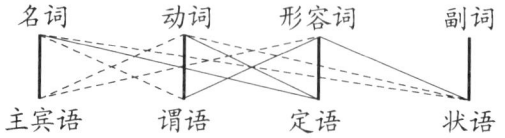

印欧语的词类基本上属于"性格演员",专门擅长于演某种角色,不能演其他角色;而汉语的词类则是"多功能演员",除了主要扮演某种角色之外,还可以扮演多种角色。要特别注意两点:

第一,虽然汉语词类往往是多功能的,但还是有主角与配角的区别。画粗线的是表示该词类的主要功能,画细线的是次要功能,画虚线的是局部功能。比如汉语的名词,主要充当主语和宾语,但是,它也常常作定语,有条件地充当谓语或状语:

(1) 木头椅子、石油工人、美国地理、农民住宅(作定语)
(2) 今天阴天、明天春节了、你傻瓜、她湘妹子(作谓语)
(3) 历史地看问题、现在马上出发、平台上远眺(作状语)

同样,动词主要充当谓语,但是有相当数量的动词可以充当其他成分:

(1) 游泳教练、毕业文凭、报名手续、化装舞会、节约标兵、申请报告(作定语)
(2) 走是可以的、他喜欢走、步行给他带来很多乐趣、他同意修理(作主语或宾语)
(3) 联合开发、公开宣布、同情地说、微笑地问(作状语)

第二,名词作定语,或者动词作主语、宾语,不能看作它们的词性分别变为形容词、名词了。名词还是名词,动词还是动词。道理很简单,因为这里的名词仍保留着名词的功能特点,动词仍保留着动词的功能特点。

(四)短语结构跟句子结构以及词的结构基本一致

1. 跟英语比较。英语的句子结构跟短语的结构有明显区别,英语句子的谓语部分都必须有一个限定动词,而短语里是不允许有限定动词的,如果要出现动词,就必须采用动词不定式或动名词的形式。例如:

(1) He flies a plane. (他开飞机。)
(2) To fly a plane is easy. (开飞机容易。)
(3) Flying a plane is easy. (开飞机容易。)

但是,汉语的动词在任何场合,它的形式都不变。因此从理论上讲,汉语的一个自由短语,给予它一定的语调,在某个特定语境里出现,就可以成为一个句子。反过来,一个句子,如果去掉语调,脱离了语境,它就是一个短语。例如:

(1) 他走了。
(2) 我知道他走了。

例(1)和例(2)的"他走了"形式完全一样,但是,前者是一个句子;后者只是一个充当宾语的主谓短语。要注意的是,这里所说的只是结构形式基本一致,事实上,短语跟句子是不同层次的语言单位,两者有很大的区别,特别是黏着短语,即使给它语调也不能独立成句。

2. 跟构词法比较。从历史角度来说,汉语的多音节词主要是从短语的临时性组合发展而来,所以词的结构跟短语的结构也大体上一致。例如:

	短语	单词
联合	哥哥弟弟	兄弟
偏正	牛皮鞋子	皮鞋
述宾	管理家务	管家
述补	说得明白	说明
主谓	国家经营	国营

构词法实际上还有一些短语结构中没有的结构类型,比如:重叠(爸爸、宝宝)、添加"词头"(阿姨、阿Q)、"词尾"(桌子、石头、花儿),以及"正偏"(肉松、菜干)、"量补"(房间、花朵)等。

汉语语法除了上述四项主要特点以外,还有一些特点也是很重要的,例如"个体量词"的大量使用、形形色色的重叠等语法手段。

二、语法学的种类

对某种语言的语法进行研究的学问,就构成了语法学。语法学有很多种类,不同的语法学体现了人们对语法不同的认识。根据不同的语法理论,形成不同的语法学流派。

(一) 传统语法

它又称为"规范语法"或"学校语法",从语法学产生就形成了,在教育界的影响是根深蒂固的。其特点主要是:

(1) 分为词法和句法两大部分,并以词法为主,详细讲解各类词在句子中的形态变化和语法作用,句法往往比较简单,主要为词法服务。

(2) 划分词类主要依据形态变化,如果缺乏形态变化,就主要根据该词语在句子中充当什么句子成分或者干脆依赖于意义。

(3) 注重书面语分析,比较少或者干脆不考虑口语中的变化。

(4) 总结出来的语法规则被看作一种规范和标准,要求学习者予以遵守。

(二) 描写语法

它又叫"结构主义语法",是在对传统语法批判的基础上形成的。其理论的创始人为瑞士语言学家索绪尔(Saussure),经典著作是《普通语言学教程》(1916),后来发展为三个分支学派:布拉格学派、哥本哈根学派和美国描写语言学派。其中以后者影响最大,它的代表人物是美国的布龙菲尔德(Bloomfield),经典著作是《语言论》(1933)。其特点主要是:

(1) 区分语言和言语,认为语言学要研究的是语言,而不研究言语;区分语言的共时和历时,认为语言学家要关心的是共时的客观记录和描写,可以不考虑历史的因素。

(2) 语言是一个严密的结构系统,语言学要重点研究语言结构内部各个成分之间的结构关系,提出"组合"和"聚合"两大结构关系。

(3) 注意语言的特征,强调形式的描写与分析,提出根据"分布"来划分词类的标准。有意无意地排斥意义的作用。

(4) 强调语言结构内部的层次,运用"直接成分分析法"对句法结构进行层次分析。

(三) 形式语法

它又叫"转换语法"或"生成语法"(GB)。它是在对描写语法理论批判的基础上形成的,创始人是美国的乔姆斯基(Chomsky),这一理论的提出被称为"语言学史上的一场革命"。其特点主要是:

(1) 人脑好像一部电脑,有一种天生的能力,当输入一定的语言材料,它就会自动识别并加工出一套规则系统,然后用这套规则系统产生出无数新的合法的句子来。

(2) 语言学家要研究的就是这种语言能力,语法就是要对这种语言生成的能力进行描写。这种描写不仅是静态的,而且是动态的,即要探索语言是如何产生的。

(3) 把语言结构分为"深层结构"和"表层结构"两部分,并且找出从深层结构如何转换为表层结构的规则以及制约转换的条件。

(4) 强调建立适用于世界各种语言的"普遍语法",各种语言的差异只是"参数"不同而已。在该基础上建立起"语法规则系统":基础部分的基本规则是"重写规则",它包括"范畴部分""次范畴部分"以及"词库"。从深层结构到表层结构用的是"转换规则",对深层结构进行解释的是"语义规则",对表层结构进行解释的是"语音规则"。

(四) 功能语法

功能语法强调交际是语言的基本功能。功能语法实际上有好多流派,对国内影响最大的是系统功能语法,代表人物是英国语言学家韩礼德(M. A. K. Halliday)。他们把功能分为"概念功能""人际功能"和"语篇功能"。其特点主要是:

(1) 语法研究的重心不是语言结构本身,而是言语活动。语言结构不是任意的,一切都可能在语言的使用中得到解释。

(2) 以功能为基础,而不是以形式为基础。认为语言从本质上讲,是一个意义系统。每一类功能下面还可以分出若干个子功能系统。

(3) 概念功能包括:及物性系统、语态系统、归属系统、度量系统;人际功能包括:语气系统、情态系统、语调系统;语篇功能包括:主位系统、信息系统、衔接系统。

世界上的各种各样的语法理论层出不穷,除了以上所述最主要的几种之外,还有格语法、切夫语法、蒙太古语法、关系语法、接口语法、词汇功能语法、认知语法、语义语法以及构式语法等。

三、汉语语法学简史

汉语语法学的建立,通常认为应该以1898年《马氏文通》的出版为标志。这100多年的研究历史,大致上可以分为前后两个时期,以1949年中华人民共和国成立为界。

前期可以分为前三十年和后二十年。

前三十年主要是汉语语法体系的构拟,马建忠的《马氏文通》以古代汉语为研究对象,仿照拉丁语法建立了第一个以字(即"词")为本位的语法体系,虽然不够精细,但毕竟是第一次,所以草创之功不可抹杀。黎锦熙的《新著国语文法》(商务印书馆,1924)则以现代汉语为研究对象,仿照纳氏文法建立了一个句本位的语法新体系,这一体系在中学语文学界产生过深远影响。

后二十年重点是进行中国文法革新运动,并且初步形成了语法学界所谓的"京派"和"海派"。海派主要是以方光焘和陈望道为代表,发起了一场中国文法革新讨论,这实际上是结构主义语法理论对传统语法的一次挑战。京派的主要成就是产生了三本代表性语法著作:王力的《中国现代语法》(商务印书馆,1943—1944)、吕叔湘的《中国文法要略》(商务印书馆,1942—1944)和高名凯的《汉语语法理论》(开明书店,1948),从而形成了汉语语法学界的主流派。

后期可以分为前三十年和后四十年。

前三十年又可以分为前二十年和后十年。前二十年,语法知识的大普及、三次语法问题(汉语词类划分问题、主语宾语区分问题、单句复句的划界问题)大讨论,以及"中学教学语法暂拟系统"的制订,都给了汉语语法学快速发展的空间,特别重要的是汉语描写语法学派得到了长足的发展,这可以吕叔湘和朱德熙的研究为代表。后来的"十年浩劫"期间的语法研究则基本上是一片空白。后四十年,汉语语法研究空前繁荣,这主要得益于改革开放国策的实施和深化。

20世纪80年代是后结构主义语法一统天下的局面,以朱德熙为代表的语法思想占据主导地位。其特色是:

第一,提出"短语本位",强化了短语研究,大大提高了短语结构在汉语语法中的地位。

第二,宣称"语法研究的最终目的是弄清楚语法形式和语法意义之间的关系",从而大大加强了语义在句法研究中的作用。

第三,指出需要加强横向的方言语法研究以及纵向的历史语法的研究。

此外,胡裕树和张斌关于"句法、语义、语用"三个平面的思想也很有解释力。

20世纪90年代,汉语语法学界呈现出多元化的态势。形式语法、功能语法、语义语法、认知语法、构式语法等都各显神通,表现出不同的解释能力。语法理论的多元、互补、交融是大势所趋。人们越来越认识到:**语法研究和学习的最终目标应该是揭示语义的决定性、句法的强制性、语用的选择性以及认知的解释性**。

进入21世纪后,汉语语法研究的范围扩大了,研究的内容充实了,研究的队伍也壮大了,特别是研究的方法大大地改进了,从简单的模仿性的构拟语法体系到借鉴先进的研究理论和方法来分析汉语语言事实,再到从汉语语法特点出发挖掘出具有中国特色的理论和方法来。总之,这100多年来汉语语法研究在不断地发展,已经取得了颇为丰硕的成果,汉语正在走向世界,汉语语法研究也正在大踏步地登上国际舞台。

练习题

一、汉语语法的总特点是什么?举例说明汉语语法的四个主要特点。

二、请以"不怕辣""辣不怕"和"怕不辣"为例,说明汉语语法语序变化的特点。
三、汉语的量词使用有什么特点?试举例说明。
四、汉语常常使用重叠手段,请分别试用动词、形容词、名词进行重叠,看看有何特点。
五、你对汉语语法学史的历史分期有何看法?

思考题

一、有人说,汉语没有语法只有修辞,你同意这一说法吗?
二、有人认为:汉语语法是一种"意合语法",谈谈你的看法。
三、关于汉语语法总特点的流行说法是:"缺乏严格意义的形态变化",你同意这种说法吗?
四、关于建立具有中国特色的语法学理论,你有什么见解?为什么?

第二节 词类和功能分析法

> 学习要点:了解现代汉语的词类系统,掌握实词(三类主体词与七类功能词)和四类虚词的特点,能够运用功能分析法来确定每个词的词性,并注意词类的活用。

词类专指词的语法类别,不同的词类在形态、意义和功能等方面都表现出一些区别性的特点。划分词类的目的是为了说明语言的构造规则。例如:

国家独立/经济发展

这两个语言单位分别由两个词构成,要是没有词类的知识,就难以说清它们的构造规则。如果知道"国家"和"经济"是名词,"独立"和"发展"是动词,这样我们就可以建立一个规则:"名词+动词",可以构成主谓短语。如果把前后两个词的位置交换一下,变成"动词+名词"的构造,它们的结构就不完全一样了:"独立国家"是偏正短语,"发展经济"是述宾短语。要说明本来相同的结构中两个词交换了位置后,结构发生了不同的变化,也需要词类的知识。因为"独立"是不及物动词,跟后面的名词不能构成述宾关系,只能是偏正关系;而"发展"是及物动词,可以后带名词构成述宾短语。

一、汉语的词类及其划分标准

(一)划类标准

划分词类的标准主要有三个:

1. 形态标准。这应该是最简单、最明显,也最可靠的标准。在一些形态丰富的语言里,一个词属于什么词类,往往由词法上的形式标记或句法上的形式变化来表示,这就叫作形态,它包括:

(1)形态标志。比如俄语名词词尾有:-a、-я、-ие;
(2)形态变化。比如英语形容词的比较级和最高级是在原式后面加上 er 或者 est。

汉语则无论是形态标志还是形态变化都比较少,只有极少的一部分词有形态标志,如以后缀"-子、-儿、-头、-者、-家、-性"等结尾的词是名词;以后缀"化"结尾的词"绿化、腐化、美化、商业化、大众化、专业化"等是动词;以前缀"可"开头的词"可笑、可爱、可恨、可悲、可恶、可观"等多为形容词。但问题是绝大多数的词没有这类标志。

汉语的形态变化也很少,比如名词可以后加"们"表示不定量的复数,但不是所有名词都能加,只有指人的名词可以加,而且常常还可以不加仍然表示复数。动词加"了、着、过"等助词表示时态,也可以看作是一种广义的形态,但也不是所有的动词都可以带时态助词。双音节形容词可以按照 AABB 方式重叠,例如:漂漂亮亮、大大方方、干干净净、清清楚楚,但是还有许多形容词不能重叠,例如:美丽、庄严、精良、严肃;也有的形容词则按照 ABAB 方式重叠,例如:雪白雪白、火红火红、笔直笔直、冰冷冰冷。

这些形态标志和形态变化,虽然对汉语词类的划分有一些帮助,但是由于缺乏普遍性,也没有强制性,所以只能够作为辅助标准。

2. 意义标准。词语,特别是实词,都是有具体意义的,这些意义可以帮助我们快捷地确定一个词的词性。因为相同词类的词往往具有相类似的语义特征,因而在一般情况下辨别词性的时候,往往首先想到的是词的意义。比如一个词如果表示数目和次序,基本上可以断定它是数词;如果表示事物的名称,多数会看作名词;如果表示动作,一般会判定为动词;如果表示事物的性质,常会被看作形容词。再如当我们确定一个兼类词的词性时,也可以借助于词义,如"领导"有两个词性,指人时是名词,指行为时是动词。但是,意义往往是模糊的,很难作为一种可以严格操作的标准,这就好比说,大苹果可以出口,但是到底"大"到什么程度才可以出口呢?因此真正执行起来,必须有一个严格的明确的鉴别标准和可操作的方法。

意义的作用也是有限的,特别是意义相同或类似而句法作用不同时,意义反而会产生误导。例如"忽然",表示"来得迅速而又出乎意料";"突然",表示"在短促时间里发生,出乎意外"。这两个词的意义几乎一样,似乎应该属于同一词类,其实不然。因为"忽然"只能够作状语,而"突然"除了作状语之外,还可以作补语(他来得突然)、定语(突然事件),也可以受副词"很"的修饰(很突然)。因此,"忽然"是副词,"突然"则为形容词。意义上同类的,语法上不一定也同类,例如"金、银"和"铜、铁、锡"都表示金属,但却不是一个词类,"铜、铁、锡"可以单说,而"金、银"却不能单说,必须说成"金子、银子";可以用数量短语去修饰"铜、铁、锡",却不能直接修饰"金、银"。这说明"金、银"是区别词,"铜、铁、锡"是名词。可见,意义只能是划分词类的参考标准。

3. 功能标准。**所谓语法功能是指词的组合能力,即能够跟哪些词组合,不能跟哪些词组合**。组合能力有三重含义:首先指一个词能否与其他的词组合成短语;如果可以组合,以什么顺序组合;组合以后表示什么关系。如"好"可以跟"很"组合成"很好",且组合的顺序固定。但"同学"就不能跟"很"组合,"很同学""同学很"都不成话;"同学"可以跟"好"组合,既可以说"好同学",也可以说"同学好",二者的顺序不同,代表的语法关系也不一样,前者是偏正短语;后者是主谓短语。因此,可以判断"同学"是名词,"好"是形容词,"很"是副词。

组合能力也包括作句法成分的能力。所谓作句法成分的能力是指在句法结构中出现的位置,即能否作主语、谓语、宾语、定语、状语和补语这六大成分中的一个或几个;如果能够作句法成分,那么还要看经常作什么成分,不能作什么成分。例如:

老师来了吗?

在这个句子中,"老师"是主语,"来"是谓语,可见它们都能作句法成分。"了"和"吗"都不是句法成分,在其他的句子中也不能作句法成分。在能否作句法成分这一点上,"老师、来"和"了、吗"表现出了明显的差别。同样都能作句法成分,但经常作什么成分也不一样。如"老师"经常作主语和宾语,很少作谓语,不能作补语;而"来"经常作谓语和补语,很少作主语和宾语。

总而言之,汉语的词类划分,主要依靠功能标准,这是比较可靠、比较有效的标准。形态标准只能作为辅助标准,而且形态也只是语法功能的一种标志,说到底,还是功能在起决定性作用。意义可以作为参考标准,在一般情况下优先帮助判断。

(二) 实词与虚词

现代汉语通常认为有十四个词类。词类是一个有层次的系统。汉语词类的第一层次是分为"实词"和"虚词"两大类:**能充当句法成分的词是实词,不能充当句法成分的词是虚词**。这两大类词有几个重要的区别性特征:

1. 开放/封闭。实词的数量基本上是开放的,虚词则是可数的,有限的,不会轻易增加或减少,所以又叫"封闭"类。

2. 自由/黏着。实词可以自由运用,虚词不能单独成句,不能单独回答问题,必须黏附在实词前后才能发挥作用。如"早饭你吃了没有?"可以回答"吃了",但不能只回答"了"。

3. 不定位/定位。大部分实词在结构组合时的位置是不固定的,可以在前,也可以在后。而虚词跟其他实词组合时的位置相对固定,有的只能在前,例如"对于、自从、因为、即使";有的只能在后,例如"了、着、呢、吗"。

实词内部可再分为"主体词"与"功能词"。前者包括名词、动词、形容词三类,特点是开放、数量众多。"功能词",包括数词、量词、代词、区别词、副词、叹词、拟声词七类,特点是相对封闭,可数,并具有某种特殊语法功能;虚词内部可再分为介词、连词、助词、语气词四类,主要表示某种语法意义。主体词是典型的实词,功能词兼有实词与虚词的某些特点。

二、汉语的主体词

组成这个大千世界的要素有三个:事物与概念、动作与行为、性质与状态,分别由名词、动词、形容词来指称,从而构成主体词系统。

(一)名词

名词的语法特点是:

① 大多可以受数量短语的修饰。
② 主要充当主语、宾语和定语,绝不能作补语,一般不能作状语。
③ 不能受否定副词"不"的修饰。
④ 通常不能重叠。

名词的特殊小类:

1. 方位词。方位词一般附着在其他名词之后,表示处所;有的也可以独立使用。方位词分为单纯方位词、合成方位词和特殊方位词三类。单纯方位词有14个:上、下、前、后、左、右、里、外、东、西、南、北、内、中。合成方位词有两类:一是在单纯方位词后边加上"边""面""头"构成;二是在单纯方位词前面加上"以""之"构成。

	~边	~面	~头	以~	之~
上	上边	上面	上头	以上	之上
下	下边	下面	下头	以下	之下
前	前边	前面	前头	以前	之前
后	后边	后面	后头	以后	之后
左	左边	左面			
右	右边	右面			
里	里边	里面	里头		
外	外边	外面	外头	以外	之外
东	东边	东面	东头	以东	之东
西	西边	西面	西头	以西	之西
南	南边	南面	南头	以南	之南
北	北边	北面	北头	以北	之北
内				以内	之内
中					之中

单纯方位词如单用,要对举时才行,例如"上有天堂,下有苏杭""内有贤妻,外有好友"。由"边""面""头"构成的合成方位词可以独立使用,由"以""之"构成的合成方位词除了少数(以上、以下、以前、以后)可以独立使用外,一般必须跟名词组合成方位短语后才能使用。

特殊方位词有四类:

(1) 由单纯方位词相互组合而成,例如:东南、东北、西南、西北。
(2) 由正反义的方位词构成,例如:前后、左右、上下、里外。
(3) 单纯方位词跟别的语素组合而成,例如:南方、北方、东方、西方、当中、中间、其中、背后、跟前、面前、内部、外部。

(4)"边""面""头"跟别的语素组合而成,例如:这边、那边、旁边、这面、那面、对面、这头、那头。

2. 处所词。处所词有三小类:

(1) 能够独立使用的方位词。

(2) 表示处所的名词,例如:附近、近处、远处、高处、低处、明处、暗处、周围等。

(3) 表示地名、机构的名词,例如:亚洲、中国、北京、北京大学、商店、邮局等。

处所词的语法特点是:

① 能用在动词"在""到"或"往"的后面作宾语。

② 能用"哪儿"提问。

③ 能用"这儿""那儿"指代。

表示地名、机构的名词具有二重性:既是一般名词,又是处所名词。例如"邮局有一辆车",可以理解为邮局这个机构拥有一辆车,也可以理解为邮局里停着一辆车。

3. 时间词。时间词有:现在、过去、将来、未来、现代、古代、从前、以前、以往、以后、今后、后来、最近、今年、去年、前年、明年、往年、今天、昨天、明天、后天、刚才、平时、平日、往常等。

时间词的语法特点是:

① 能用在动词"在""到""等到"的后面作宾语。

② 能用"什么时候"提问。

③ 能用"这个时候""那个时候"指代。

（二）动词

动词的语法特点是:

① 主要作谓语。

② 及物动词能带宾语。

③ 能受否定副词"不"修饰;除了心理动词、能愿动词,不能受程度副词"很"修饰。

④ 动作动词多数能够重叠。

⑤ 大多数动词可以带时态助词"了""着"或"过"。

动词是一个比较复杂的类,可以从各种不同的角度进行分类。

1. 按照能不能带宾语进行分类

(1) 及物动词:**只要能带宾语,不管带的是什么类型的宾语,都是及物动词**。例如:

吃、喝、拿、摸、打、来、去、走、坐、跑、取得、推广、发扬、选举、团结、修改、搜集、尊敬、服从、免得、惯于、进行、禁止、开展、受到、防止、觉得、感到、懒得、认为、以为、主张、打算、停止、继续、能够、可以、应该、愿意、敢于、值得等。

(2) 不及物动词:**不能带任何宾语的动词是不及物动词**。例如:

游行、呕吐、接吻、鼓掌、散步、迟到、转弯、奔跑、前进、起身、躲藏、发抖、休息、休养、生长、死亡、接头、恋爱、结婚、工作、开幕、奋斗、旅行、上学、考试、毕业、赛跑、生气、觉悟、咳嗽、流动、播音、失败、点名、充电、放假、睡觉、理发等。

有的动词只能带施事宾语或者处所宾语,凡是能够带宾语,就应该归为及物动词,例如:"来了一个人""回武汉"。有的动词不同的义项应该归入不同的小类,例如"她笑了"的"笑"是"露出愉快的表情"的意思,为不及物动词;"她笑你"的"笑"是"讥讽"的意思,属于及物动词。

2. 传统上,动词按照意义并且参考功能可以分为八类

(1) 动作动词,例如:打、吃、走、说、保卫、打扫、调查、整理。

(2) 使令动词,例如:请、派、叫、逼、要求。

(3) 心理动词,例如:想、爱、恨、妒忌、羡慕、了解、相信。

(4) 存现动词,例如:有、在、增加、减少。

（5）趋向动词，例如：来、去、上来、下去、回来、过去。
（6）能愿动词，例如：肯、敢、能、会、能够、可以。
（7）判断动词，例如：是、如、叫、姓、等于。
（8）形式动词，例如：加以、给以、予以、致以。

3. 动词的特殊小类

（1）趋向动词。趋向动词有两个小类：单纯趋向动词和复合趋向动词。单纯趋向动词主要有以下10个："来、去"以及"上、下、进、出、回、过、起、开"。复合趋向动词由"来""去"分别与其他8个单纯趋向动词组合而成。例如：

	上	下	进	出	回	过	起	开
来	上来	下来	进来	出来	回来	过来	起来	开来
去	上去	下去	进去	出去	回去	过去		开去

趋向动词除了可以单独作谓语，往往是用在另一个动词后作补语，表示动作的趋向，例如：跑上、飞进、走回、越过、爬起、揭开、滑下来、撤出来、拿回去、接过去、散开去。但有的语义已经虚化，例如：唱起来、说下去。

（2）能愿动词。能愿动词也叫助动词，表示可能、必要或意愿。语法特点是只能带动词性宾语，可以构成"V 不 V"格式。

A. 表示可能：能、可、会、能够、可能、可以
B. 表示必要：得（děi）、应、应该、应当
C. 表示意愿：愿、想、要、肯、敢

（三）形容词

形容词的语法特点是：
① 多数能够受否定副词"不"和程度副词"很"的修饰。
② 常作谓语、定语和补语。
③ 不能带宾语。
④ 部分形容词能够重叠。

形容词包括性质形容词和状态形容词两类：

1. 性质形容词

性质形容词有单音节与双音节两类：大、小、多、少、高、低、长、短、远、近、轻、重、快、慢、好、坏、冷、热、新、旧/强壮、细致、干净、热闹、整齐、成熟、正确、美好、重要。性质形容词能够受"很"修饰，单音节形容词往往可重叠，口语中经常儿化，部分双音节形容词可重叠：AB→AABB，如"干净→干干净净"。

2. 状态形容词

状态形容词也叫形容词的生动形式，表示程度比较高，因而前面不能再加"很"，使用时后面一般要带"的"，可比较自由地充当谓语、补语和状语。

状态形容词包括：

（1）性质形容词重叠式，如：AA（儿）和AABB。

（2）单音节性质形容词前面加一个表比喻显示高程度的语素。例如：

雪白、血红、金黄、冰冷、冰凉、蜡黄、碧绿、漆黑、笔直、飞快、火热、通红、鲜红、煞白、死沉、稀烂、稀软、铁青、滚烫、崭新、溜圆、喷香。

（3）单音节性质形容词以及少数单音节名词加上重叠后缀。例如：

清凌凌、慢腾腾、湿淋淋、黏糊糊、乱糟糟、红彤彤、绿油油、黑压压、香喷喷、甜滋滋、酸溜溜、冷冰冰、亮晶晶、赤裸裸、恶狠狠、懒洋洋、静悄悄、响当当、血淋淋、汗津津、水灵灵、毛茸茸、泪汪汪、雾蒙蒙。

（4）单音节性质形容词后面加上三个非重叠音节。例如：

黑不溜秋、灰不溜丢、白不呲咧、花不棱登、滑不唧溜、酸不溜丢、苦不叽溜、美不滋儿、甜不丝儿、脏不拉叽、傻里呱叽、稀里糊涂、软里咕囊、黑咕隆咚。

（5）双音节形容词的一种贬义变式。例如：

马里马虎、邋里邋遢、流里流气、糊里糊涂。

三、汉语的功能词

（四）数词

数词表示数目和次序。表示数目的是基数词，表示次序的是序数词。

1. 基数词。包括：

（1）系数词：一、二、三、四、五、六、七、八、九、十、两。

（2）位数词：十、百、千、万、亿。

系数词可以单用表示十以内的数目，也可与位数词组合成复合基数词表示较大的数目，如：二十、三百、四千、五万、六亿。位数词一般不单用表示数目，只有当其前面的系数为"一"时，"一"有时可以省略，如：百岁老人、千年古树、万人大会。"十"首先是系数词，如：十个人；"十"只能与"万、亿"这两个位数词组合。也是位数词，如：三十。

2. 序数词。现代汉语典型的序数词由系数词或复合基数词前加助词"第"构成，例如：第一、第二……第十、第十一、第三十、第一百零一。

此外还有以下两种表示次序的方式：

（1）直接由基数词表示，例如：三层、五组、七行、八列、一百页、两千年，这时就可能有歧义，其中的数词既可以表示数目，也可以表示次序。

（2）也可用"甲、乙、丙、丁"等天干名称或"A、B、C、D"等英文字母来表示次序。

（五）量词

量词的语法特点是不单独使用，而是先跟数词组合成为数量短语，或者跟指示代词组成指量短语。量词包括名量词和动量词两类：

1. 名量词。名量词表示人或事物的单位。包括以下几类：

（1）个体量词。主要指称单个事物，例如：个、位、只、头、口、匹、件、条、根、颗、块、枚、张、面、本、台、架、座、辆、页、篇。其中"个"最常用，是通用量词。有的量词指称集体事物，例如：双、对、打（dá）、副、套、帮、伙、群、队、组、排、窝、串、堆、批、捆。还有个别量词指称不定量事物，例如：些、点。

（2）度量词。表示度量衡单位的量词，包括长度、重量、体积、时间、货币等。例如：厘、分、寸、尺、丈、里、石（dàn）、斗（dǒu）、升、斤、两、钱、米、亩、克、吨、元、角、分、秒、分（分钟）、公里、公斤。

借用的名量词，主要由名词充当，直接出现在数词或指示代词之后。例如：一架子书、两口袋面、这床被子、那箱子衣服。

2. 动量词。动量词表示动作的次数。例如：次、回、下、番、通、气、阵、遍、趟、顿、场$_1$（cháng）、场$_2$（chǎng）、把。

借用的动量词包括五类：（1）时间量词，例如：年、月、日、小时、钟点、分钟、秒钟；（2）器官量词，例如：看一眼、踢一脚、打两拳；（3）工具量词，例如：砍一刀、放一枪、洗一水、敲一棍子；（4）伴随量词，例如：唱一曲、走一步、喊一声、转一圈；（5）同形量词，例如：看一看、走一走、敲一敲、摸一摸。

（六）代词

代词是具有替代和指示作用的词。代词包括以下三类：

1. 人称代词。替代人或事物名称的词。例如：我、咱、你、您、他、她、它、我们、咱们、你们、他们、人家、别人、自己、自个儿、大家、大伙儿。

人称代词主要用来指称人,只有"它"用来指物。"我、咱、我们"是第一人称代词,代表说话一方。"咱们"往往包括说话人和听话人双方,叫作"包括式"。"我们"也可以兼指听说双方,但与"咱们"同现时,就只指说话人一方,属于"排除式"。

2. 指示代词。用来指示和区别人或事物的代词。分为近指和远指两种:

"这"类为近指代词,例如:这、这儿、这里、这边、这么、这会儿、这样、这么样、这些、这么些。

"那"类为远指代词,例如:那、那儿、那里、那边、那么、那会儿、那样、那么样、那些、那么些。

3. 疑问代词。疑问代词是用来表示疑惑并提出问题的词。例如:谁、什么、哪、哪儿、哪里、多会儿、几、多少、怎么、怎么样、怎样。

代词实际上并不是按照语法功能划分出来的词类,只是在"指代"这一点上有共同点。有的代词相当于名词,例如:谁、我、你、他、这、那;有的代词相当于动词或形容词,例如:这样、那样、怎样。有的代词相当于副词,例如:这么、那么、怎么。也有的代词相当于数词,例如:几、多少。还有的是兼类的,例如:什么、哪儿。

代词可以活用。比如疑问代词不表示疑问。人称代词和指示代词也可以活用。例如:

(1) 谁有事都找他帮忙。(任指)　　(2) 怎么方便怎么做。(承指)

(3) 不知道他去了哪儿。(虚指)　　(4) 什么张三李四,我都不认识。(例指)

(5) 你看我,我看你,大家都傻了。(虚指)　(6) 这儿瞧瞧,那儿看看。(虚指)

(七) 区别词

区别词跟形容词有点儿像,但是不能作谓语,又叫"非谓形容词"。区别词跟名词也不同,不能作主语或宾语,也不能受数量短语修饰。区别词有三类:

(1) 单音节,如:金、银、男、女、正、副、单、双、雌、雄、公、母、荤、素等。

(2) 双音节,如:双边、多边、木本、草本、简装、精装、彩色、黑白、首要、次要、有偿、无偿、公立、私立、军用、民用、万能、西式、中式、男式、女式、老式、旧式、新式、洋式、大型、中型、小型、新型、恶性、良性、急性、慢性、中性、酸性、碱性、上等、中等、下等、高等、低等、优等、劣等、次等、高档、中档、低档、超级、特级、中级、初级、远程、中程、长期、短期、活期、袖珍、课余、业余、孪生、独生、野生、亲生、立体、后起、现行、稀有、潜在、无私、唯物、实足、人造、国产等。

(3) 多音节,如:流线型、综合性、多功能、多渠道等。

区别词的语法特点有两条:

① 单独只能作定语,例如:金项链、男同志、雄激素、正处长、木本植物、活期存折。

② 跟"的"构成"的"字结构,例如:女的、素的、次要的、上等的、中性的。

(八) 副词

副词的语法特点是只能作状语,极少数还可以作补语。副词按照语义与功能大体上可分成以下七类:

1. 描摹副词:稳步、大声、亲口、信手、亲眼、随身、当头、婉言、一心、特意、酌情、舍命、随时、趁机、私自、极力、特地、悄然。

2. 评注副词:切、万、偏、竟、并、岂、倒、反、亏、似、正、可、也、又、还、才、就、难怪、难道、究竟、到底、简直、莫非、多亏、反正、显然、果然、也许、正好、好歹、甚至、大概、仿佛、千万、必须、的确、一定、不免、越发。

3. 否定副词:不、没、勿、别、甭、休、非、莫、没有、不屑、不由得、白白、徒然、枉然。

4. 时间副词:刚、才、就、将、老、总、正、便、已、在、曾、要、先、马上、顿时、立刻、然后、早就、已经、将要、一向、起先、从来、终于、刚刚、立即、仍然、当即、顿时、向来、从来、渐渐、时时、忽然。

5. 频率副词:还、常、连、渐、屡、频、老、通常、往常、老是、总是、终日、久久、久已、屡次、不断、陆续、常常、经常、往往、每每、不时、有时、时时、偶尔、一度、依次、渐次、相继、接连、频频。

6. 程度副词:很、极、太、挺、好、怪、最、顶、更、稍、略、非常、格外、特别、十分、极其、尤其、比较、更加、相当、稍微、略微、多么、越发、越加。

7. 范围副词：都、全、共、齐、净、只、仅、就、单、光、统统、一共、总共、几乎、一齐、一道、一概、一律、凡是、单单、仅仅、偏偏、大致、一概、大都、几乎、不但、至多、至少、另外、一道、一起、一同。

副词是个大杂烩，内部虚化程度不等。一些常用副词的语义相当复杂，可能分别属于几个小类。因此需要一个一个地掌握。副词可作状语，应该为实词，但它的词汇意义往往也就是语法意义，并且具有封闭、黏着、定位等特点，所以兼具实词和虚词的某些特点。

（九）拟声词

拟声词用来模拟自然界的声音，例如：叭、嗖、呼、轰、当、咣、嘎、咪、喵、汪、喔、哞、呛、扑通、咕噜、咔嚓、轰隆、当啷、刷啦、咕咚、咣啷。

单音节和双音节的拟声词都可以重叠，例如：呼呼、汪汪/滴滴答答、滴答滴答。双音节拟声词还有一种重叠变式，四个音节构成交叉的双声叠韵关系。例如：滴里嘟噜、咪里麻啦、乒零乓啷、噼里啪啦、叽里咕噜、稀里哗啦。

拟声词可以单独成句，在句中主要作状语，重叠式加"的"，还可作谓语、补语和定语。

（十）叹词

叹词用来表示强烈感情和招呼应答。

表示感情的有：啊、唉、嗨、哟、呸、咦、呕、嗯、切、哎呀、哎哟。

表示招呼应答的有：啊、喂、欸、哼、嗯。

叹词的语法特点是：一般不进入句子结构，独立成句。有时可以活用，作谓语或定语，重叠以后也可以作状语。

四、词的跨类现象

一个语音和文字形式相同的词可能表现出两类词的语法功能，这包括以下四种情况：

1. **兼类：一个词在不同语境中，具有 A 和 B 两类词的语法功能，意义上又有密切的联系，这是兼类词。**主要有：

兼属名词和动词：锁、锄、锯、病、伤、药、电、漆、锈、网、尿、教练、指导、指挥、代表、领导、参谋、翻译、编辑、报告、申请、检查、工作、生活、战斗、组织。

兼属名词和形容词：圆、尖、红、美、平常、累赘、方便、困难、错误、麻烦、秘密、热情、威风、内行、外行、经济、科学、民主、精神、道德、矛盾。

兼属动词和形容词：热、冷、饿、破、端正、巩固、集中、坦白、负责、确定、肯定、密切、严、统一、公开、明确、严肃、严格、满足、丰富、繁荣、暴露、明白、方便。

兼属区别词和副词：长期、无限、基本、临时、高速、额外、永久、主要。

兼属动词和介词：在、对、给、到、向、朝、跟、同、比。

兼属连词和介词：和、跟、同、因为、为了。

2. **同音：两个词同音又同形，而语法功能分别属于 A 和 B 两类词，但意义上没有什么联系，这是语法上的同音词。**这又有两种情况：一是意义毫无联系，包括历史上的联系，完全是两个偶然同音同形的词，例如"伏"是动词，又是表示电压单位的量词，这两个词意义没有任何联系，又如：喂（动词、叹词）、足（名词、形容词）、花（名词、动词）、会（名词、动词）。二是在历史上可能存在意义上的联系，但是在现代汉语中一般人已看不出这种联系了，这也应该看作同音词，如"张"，可以是动词，如"张口"，也可以是量词，如"一张纸"。这类同音词还有：雪（名词、动词）、火（名词、形容词）、痛（动词、副词）、硬（形容词、副词）、挺（动词、副词）、所（名词、助词）等。

3. **活用：某个词属于 A 类，是由于表达的特殊需要，而被用作 B 类词，这属于临时性的"活用"。**例如：

（1）别太近视眼了。（活用为形容词）

(2)他比女人还女人。(活用为形容词)

4. **借用**:某个词通常被看作 A 类,但在词汇意义基本不变的情况下可以临时"借用"为 B 类,而且这种用法是全社会公认的。如一些表示容器、肢体以及工具的名词直接出现在数词后面时,是"借用"为量词,例如:一桶油、三车煤、画一笔、咬一口、打两巴掌。

区别同音词和兼类词的关键在于看它们的词义是否有密切的联系:如果有密切联系的是兼类词,如果没有什么联系的是同音词。如果由于一个兼类词使某个短语产生歧义,那么要知道这个词的词性,就得通过上下文了解了它的意义才能确定,如"系统的功能"和"平常的日子"都是歧义短语,要确定"系统"和"平常"是名词还是形容词,那就看它在具体上下文中表达什么意思了。再如在"科学的春天到来了"中的"科学"是名词还是形容词,也得看它在这句话中的具体含义,如果要理解成形容词,"科学"和"春天"就不能搭配了,因为春天没有科学不科学之分。

练习题

一、在括号里填入合适的词,并指出属于什么词类,以及什么小类。

1. 我的(　　)个战友来了。
2. 他去过三(　　)上海。
3. 我不(　　)这种事。
4. 孩子们要到(　　)去。
5. 桌子(　　)有什么?
6. 他刚刚走(　　)顶楼。
7. 他会干这种事(　　)?
8. 这个人非常(　　)。

二、标明下列各组词的词性。

坚决——决心　　可爱——热爱　　荣誉——光荣　　企图——意图　　答案——答应
气愤——气魄　　批语——批示　　残杀——残忍　　诱饵——诱惑　　兴奋——兴趣
安心——担心　　道歉——抱歉　　安慰——欣慰　　感激——感动　　愉快——高兴

三、注明下列句子中画线词的词性。

1. 我们马上<u>开始</u>这项工作。
2. 你说<u>应该</u>朝什么方面考虑?
3. 对这个学生的经历,老师们都很<u>了解</u>。
4. 三十岁<u>以上</u>的教师都<u>可以</u>享受休假。
5. 新老同学开始都需要出操。

四、鉴别下列画线的词,哪些是形容词,哪些是副词。

1. 这里风景<u>的确</u>不错——这里风景<u>确实</u>不错
2. <u>长久</u>没有好处——<u>永远</u>没有好处

思考题

一、划分词类时形态标准和功能标准有什么区别?
二、你认为词类首先划分为"实词"和"虚词"两大类有没有价值?实词下面再区分"主体词"和"功能词",有没有必要?
三、你怎么理解虚词的意义?虚词的意义与它们的语法功能是什么关系?
四、有人把"副词"归入虚词,也有人归为"半实半虚词",请你作一评论。
五、传统上,总是把"拟声词"和"叹词"归为虚词,本书则归为实词里的"功能词",你认为哪种比较合理?
六、有人觉得"起去"也可以说,你认为呢?

第三节 虚词的作用及其辨析

> 学习要点：掌握各类虚词的作用和使用特点；重点能够从各个角度对相近虚词进行辨析并准确使用。

一、汉语的虚词系统

（十一）介词

介词多是从动词虚化而来，又叫"副动词"，部分现在还跟动词兼类。介词的语法作用是引进跟谓词有关的对象，跟名词组合成介词短语，主要作状语，也可以作补语。例如：

从：从北京（来）　　　用：用笔（写）
对：对他（有利）　　　比：比他（聪明）
在：（坐）在椅子上　　向：（走）向世界

常见的介词可以分为：

1. 所构成的介词短语表示跟动作有关的受事、施事、伴随、对象等，例如：拿、把、将、连、替、被、让、叫、给、比、跟、同、和、论、关于、对于、至于。

2. 所构成的介词短语表示动作的方式、工具、材料、目的等，例如：照、依、据、凭、靠、用、以、根据、按照、遵照、通过、为了。

3. 所构成的介词短语表示动作的处所、时间等，例如：在、于、当、临、趁、到、自、从、由、打、向、朝、住、沿、顺。

（十二）连词

连词的作用是把两个词、短语、分句或句子连接起来，以显示二者的语义关系。例如：

（1）小张、小李都来了。——小张和小李都来了。（并列关系）
（2）小张、小李谁都行。——小张或小李谁都行。（选择关系）
（3）因为你说，所以我就说。（原因——结果关系）
（4）如果你说，那么我就说。（假设——推论关系）

连词可根据其所连接的对象分为以下三类：

1. 只连接词和短语的有：和、跟、同、与、及、或。

2. 只连接分句和句子的有：即使、既然、尽管、宁可、要么、如果、尚且、虽然、与其、只要、不过、然而、否则、可是、但是、那么、况且、从而、所以、因此、因而。

3. 既能连接词或短语，又能连接分句或句子的有：并、并且、而、而且、或者、还是、只有、因为、由于、不管、不论、无论。

（十三）助词

助词共同的特点是：黏着在词或短语上面，表示附加意义，附着在后面的一律读轻声。助词主要有以下三类：

1. 结构助词：的、地、得

"的"主要作用有两个：

（1）定语的标志，例如：伟大的祖国、工作的时间、生产的经验、战胜困难的勇气。

（2）附加在实词或短语的后面构成"的"字短语，语法功能相当于名词。例如：父亲的、他的、写的、写书的、他写的、走在前面的。

"的"还有一些特殊的构成准定语的用法。例如：别生我的气、昨天进的城。

"地"是状语的标志。动词或动词短语、名词或名词短语作状语往往要加"地",如:本能地跳起来、赞成地说、充满深情地望着。

"得"是补语的标志。如:搬得动搬不动、跑得很快、打扫得干干净净。

2. 时态助词:了、着、过

"了"用在动词或形容词后面,表示动作的完成或状态、变化的实现。例如:走了三天、看了两本、短了一截、富了千万家。

"着"用在动词后面,表示动作的进行或状态的持续。例如:唱着、写着、飞着、打着、堆着、坐着、躺着。也可用在部分单音节形容词后面表示性状的持续,例如:忙着、闲着、亮着、空着、凉着。

"过"用于动词或形容词后面,表示经历过某种动作或变化,例如:说过、来过、吃过、穷过、年轻过、彷徨过。

3. 其他助词:似的(一样)、所、给、看、来、把、们、第、初、等、等等

"似的(一样)"是比况助词,用在比喻句中喻体的后面,表示一种比喻,经常和"跟""像"搭配使用,例如:像花儿似的、跟玩儿一样。

"所"的作用有两个:一是跟介词"被""为"相照应,用在动词前构成被字句。例如:被我所发现、为人所不齿。二是用在及物动词前,构成名词性短语,表示动词的受事,如:所见(见到的东西)、所闻(听到的东西)。

"给"用于被字句或把字句中主要动词前,与前面的介词相照应,如:被他给骗了、让风给刮走了、把他给气坏了。

"看"用于重叠式动词后,读轻声,表示尝试,例如:说说看、试试看、研究研究看、商量商量看。

"来"大多用在"十"或末位为"十"的多位数之后,表示概数。一般表示略多于数词所表示的数量,例如"十来个人""四十来岁",也可以表示略多或略少于这个数目,例如:五百来人、一万来人。

"把"用在"百、千、万"后面,表示说话人认为数量不大,如:百把人、千把斤粮食、万把块钱。

"们"用在指人的名词或短语后面,读轻声,表示不定量的多数,例如:同学们、老师和学生们、父老乡亲们。动物、植物,甚至事物在拟人手法中也可以用"们",例如:金鱼们、小花儿们、石头们。当名词前面有数量短语时不能再用"们"。

"第""初"用在序数词之前,表示次序,例如:第一、第二、初一、初二。但是"初"只限于"十"之内。

"等"有两种用法:第一,表示列举未尽,例如:"我国有北京、上海等四个直辖市";第二,表示对以上所列举的总计,例如:"我国有北京、上海、天津、重庆等四个直辖市"。

"等等"只表示列举未尽,不能用在专用名词之后,后面也不能再有名词,例如:"今年校运会的比赛项目有田径、游泳、射击、体操,等等"。如果表示还有许多没有列举,可以重复使用,例如:"我们买了不少水果,西瓜、苹果、葡萄,等等,等等"。

(十四) 语气词

一般用于句末,表示陈述、疑问、祈使、感叹等语气,永远黏着、后附、轻声。

1. 表陈述语气。"了"表示一种变化的新情况的出现,"呢"表示提醒,"来着"表示刚刚发生过,"着呢"表示对事实的确认。例如:

(1) 下雨了。(刚才还没下。)

(2) 领导还没有研究呢。(你怎么就知道了?)

(3) 他刚才还在这儿来着。(怎么转眼就没影儿了?)

(4) 他说话厉害着呢。(你可不知道。)

2. 表疑问语气。"呢"用在特指问、选择问和正反问句末,表示深究的语气;"啊"表示惊疑;"吗"和"吧"都用在是非疑问句末,只是"吗"表示怀疑的程度比较大,疑大于信;"吧"表示怀疑的程度比较小,信大于疑。例如:

(1) 这事到底是谁干的呢?(特指问)

(2) 今天是星期三吗?(是非问)
(3) 今天是星期三吧?(是非问)
(4) 你是警察啊?(是非问)

3. 表祈使语气。"吧"口气比较缓和,有商量的意味;"啊"在肯定祈使句中有催促的意味,在否定祈使句中有强调劝阻的意味。例如:

(1) 事情很急,请你跑一趟吧。
(2) 你还磨蹭什么,快写呀!
(3) 你可千万别这样想啊!

4. 表感叹语气。主要是"啊","呀、哇、哪"都是"啊"的语音变体。例如:

(1) 好漂亮啊!
(2) 多么蓝的天哪!

语气词也可以出现在句中,主要用在主语之后,表示停顿、提示,起显示"话题"的作用,并引起对下文的注意;也可以用在列举、举例的成分以及表示假设的成分之后。例如:

(1) 这本书(呢、吧、么),我是看过了。
(2) 你要说怕吃苦吧,怕受累吧,那倒不是。

二、虚词的辨析与使用

汉语所要表示的种种语法意义通常是由虚词来承担的,除了虚词,介于实词与虚词之间的副词作用也非常突出。中国传统的虚词也包括副词。

(一) 正确把握虚词的语法意义

虚词的语法意义不容易捉摸,重要的是在比较中进行辨析。

1. 把同义或近义的虚词放在一起比较辨析。例如"常常"和"往往"都表示"经常性发生"。但实际上两者意义还是有差别的。试比较:

(1) 每逢假期,他常常去旅游。/每逢假期,他往往去旅游。(有规律)
(2) 他常常去图书馆看书。/*他往往去图书馆看书。(无条件)
(3) 以后,请你常常到这里来玩。/*以后,请你往往到这里来玩。(将来时)

"往往"表示根据以往的经验,在某种条件下,发生带规律性的动作行为,因此,无条件的或将来时的都不能用"往往";"常常"则没有这一限制。

2. 把意义相对的虚词放在一起进行对比分析。比如语气词"吧"和"吗",都出现在是非问句里,但语义却是对立的。例如:

(1) 今天八成是星期天吧?/*今天八成是星期天吗?
(2) *你难道姓李吧?/你难道姓李吗?

"吧"表示基本上相信,但还有少许疑问,所以要对方给以确认,句中可以出现"很可能""八成""大概"等词语;而"吗"可加"难道"变成反问句,"吧"则不行。

3. 把包含有这个虚词的句子跟去掉这个虚词的句子进行比较分析。比如句尾有没有语气词"了",对语义表达很有关系:

(1) 今天上三堂课。
(2) 今天上三堂课了。

例(6)没有"了",只是宣布一种情况"今天只上三堂课";例(7)多了个"了",则表示已经上完三堂课,暗示下面还要继续上课。

(二) 准确掌握虚词的用法

虚词的用法相当复杂,同类的虚词,甚至意思差不多的虚词,在用法上都可能有区别,往往要一个一个地考察。对于虚词的用法,大致可以从以下八个方面去考察,即同类或同义的虚词可能在以下八个方面存在差别。

1. 适应不同的句类

所谓句类是指句子的语气分类,一般分为陈述句、疑问句、祈使句、感叹句等。同类的虚词有的可能在适应的句式上存在差别,比如"或者"和"还是",都是表示"选择"的连词,但"或者"只能用于陈述句,而"还是"主要用于疑问句,即使用于陈述句,也含有疑惑的意思。例如:

(1)暑假里,我们或者(*还是)去杭州,或者(*还是)去苏州。
(2)你是去杭州,还是(*或者)去苏州?
(3)我不清楚他是考文科还是(*或者)考理工科。

2. 适应于功能不同的词和短语

词和短语都可依照其语法功能分为不同的类别,例如:名词性词语、动词性词语、形容词性词语、副词性词语等。同类甚至是同义的虚词往往配合不同语法功能的词语。例如"只有"和"只要"都是连词,表示条件,但"只有"可以连接名词性短语和介词短语,而"只要"只能接动词性词语和主谓短语。例(1)、例(2)的"只有……才……"不能换成"只要……就……",例(3)、例(4)就可以。

(1)只有付出真情的人才能赢得真情。(*"只要……就……")
(2)只有在特殊的情况下才能改变集体做出的决定。(*"只要……就……")
(3)只有努力学习,才能取得好成绩。("只要……就……")
(4)只有你亲自去请,他才会来。("只要……就……")

3. 与之组合的成分音节多少不同

有的虚词要求与之组合的词语有音节长短的限制,一般地说是在要求单音节和多音节上有所不同。如"非常"和"极其""极为"的区别除了后两个词只用于书面外,还有对它们所修饰的词语的音节要求不同,"非常"修饰的成分单音节、多音节都可以,而"极其、极为"修饰的成分多为双音节。例如:

(1)非常重/非常沉重
(2)*极其重、*极为重/极其沉重、极为沉重

4. 与之组合的成分肯定与否定不同

不同的虚词对与之组合的词语是肯定形式还是否定形式有不同的要求。有的虚词只与否定形式组合,如副词"决、断"和"定"都表示"一定"的意思,但"决"和"断"只同否定形式组合,而"定"后面跟肯定形式、否定形式都可以。例如:

(1)决不可以、决没想到/*决有此事
(2)断不可以、断没想到/*断有此事
(3)定不同意、定无此事/定有蹊跷、定能完成

5. 与之组合的成分简单与复杂不同

所谓简单形式是指单个的词,复杂形式是指两个以上词的组合。有的虚词要求与之直接组合的成分是个简单形式,如"终究"和"必将"、"略微"和"比较",每对副词的意思相近,但前者要求所修饰的成分必须是个复杂形式,而后者没有这个要求。例如:

(1)我们终究会取得胜利。/*我们终究胜利。
(2)我们必将会取得胜利。/我们必将胜利。
(3)略微高一点。/*略微高。
(4)比较高一点。/比较高。

6. 与相关成分的位置不同

同类甚至是同义的虚词可能在与相关成分的位置上表现不同,如介词"自、从、打"都表示运动的起点,但由"自"构成的介词短语可以用于动词之前,也可用于动词之后,但"从"和"打"构成的介词短语只能用于动词之前,不能用于动词之后,试比较:

(1)朋友自远方来。/朋友来自远方。
(2)朋友从远方来。/*朋友来从远方。

(3) 朋友打远方来。/＊朋友来打远方。

7. 与之相配合的词语不同

虚词的用法不只表现在与之直接搭配的成分如何,还可以表现在对非直接成分的要求上,有的虚词要求在其前或其后有其他的相关词语与之共现,即与之配合起来使用。最常见的是复句中的关联词语往往是成双成对、前后呼应使用的。例如"因为……所以""不但……而且"。这些词语的配合,有些已经形成了某种"构式",有些虽然不是强制性的,但往往是常规性的。例如:

正……着呢:我正忙着呢。 还……就……:还没说完就走了。
曾经……过:他曾经来过。 多么……啊:多么高兴啊!
怪……的:怪累的。 何必……呢:你何必要这样呢?
本来……嘛:本来还可以嘛。 难道……吗:难道你还不信吗?
非……所……:这件事非我所为。 非……不……:非说不可。
被(叫、让)……给……:他被人给骗了。 为……而……:为祖国而战。
难道(莫非)……不成:难道他会吃了你不成? 已经……了:他已经走了。
不过(无非、只是、仅仅)……而已(罢了):他不过说说而已。

8. 与之发生关系的成分是否可缺省

虚词一般要与实词结合在一起,单独不能使用。但有的虚词也可以缺少该有的实词成分,如介词一般要求后面要带上名词,但有的介词可以不带名词,如"被、叫、让"都是表示被动的介词,但是在可缺省名词这一点上,"被"经常缺省,"叫、让"这种情况很少出现,例如:被打、被封锁、被评为劳模。例中的"被"都不能换成"叫"或"让"。再如连词是连接词语或分句的,单独一个连词一般不能成句,但情况也不一样,如"所以""因此""因而"都是连接结果分句的,但"所以"可以说成"所以嘛","因此"和"因而"就不行。副词"然后"可以单独用来提问,如"然后呢?"。副词中的大部分都不能缺省后面的中心成分而独立,有一小部分可以,如"马上、的确、当然、未必、何必"等都可以。

练习题

一、指出下列词的词性。

软件 多媒体 开心 未来 架次 酷 以前 平淡 俺 再三 既然 股票 明晃晃 等于 愿意 网络 丢 蜡黄 风趣 已 想法 至于 慢性 谁 这么 袖珍 偷偷

二、区别下面画线的同形词,指出它们各自的词性。

1. 弟弟比他小三岁——你比不上他
2. 你让妹妹一点儿——他让老师批评了一下
3. 这孩子好聪明——这是个好孩子
4. 墙壁挺白的——他白来了一趟
5. 说到曹操——曹操就到

三、区别下列句子中的"没有"(动词/副词)、"是"(动词/副词)、"的"(助词/语气词)、"了"(助词/语气词)、"一样"(形容词/助词)的词性。

1. 你美国去过没有?
2. 一下雪,这里就没有烧的。
3. 他没有工作。
4. 这辆车是他的。
5. 他是个当老师的。
6. 这本书是他借来的。
7. 他买了书就回家了。
8. 妹妹已经是大学生了。
9. 开饭了,吃了再走吧。

10. 脸色跟纸一样。
11. 这支笔跟那支笔一样。
12. 他跟孩子一样。

四、指出下列句中画线的词的词性。
1. 这位明星非常热爱自己的家乡。
2. 他在部队的时候很遵守纪律。
3. 你将来想做什么？
4. 在中国家庭中,彩色电视机拥有率很高。
5. 慢慢说,别着急。
6. 工作干不完,他是不会休息的。
7. 啊,澳门,你经历了几百年与母亲隔绝的痛苦岁月！
8. 他把书给弄丢了。
9. 身体比过去瘦了,但学问比过去多了。
10. 我们要端正自己的学习态度。

五、给下列句中的 de 注上汉字,并指出这些汉字代表的词所起的语法作用。
学 de 好 de 是应该帮助学 de 差 de 尽快 de 赶上来 de。

六、举例说明下列词的语法功能,指出它们的特殊性是什么,并谈谈对它们词性的看法。
高速　临时　共同　非法　主要　基本　永久　自动

七、下列词是否是兼类词,如果是,指出兼属什么词类。
铁　左　忙　打　犁　在　清楚　热情　动作　建筑　丰富

八、举例说明"高、远、重、宽、长、厚"这些词的语法功能,并谈谈你对这些词类归属的看法。

九、下列各句中"去"的词性是否相同,为什么？
1. 你去吧。
2. 别让他去了。
3. 他不同意去。
4. 去是对的。
5. 不去也好。
6. 去不去都行。

十、以下各组中的两个副词、介词或连词,指出它们在用法上的区别。
马上：眼看　　　从：自从　　　向：朝　　　哪怕：不管
或者：还是　　　只有：除非　　极：极为　　分外：格外

思考题

一、如果按照封闭、定位、常用、不能自相组合、意义抽象、不能单独成句这几条特点看实词类中的主体词与功能词有何区别与相同点？

二、既然我们平常分辨一个词的词性往往是根据这个词的意思,那么干脆就把词义作为划分词类的标准,到底行不行？

三、"高明"是形容词,但在"另请高明"中是指"高明的人"的意思,能不能据此说"高明"是形容词兼名词？"手"作为"手脚"的"手"是名词,但在"人手一册"中,《现代汉语词典》认为是"拿着"的意思,这样一来能否说"手"是名词兼动词？谈谈你的看法。

四、名词一般不受副词的修饰,但有例外,请举出名词受副词修饰的例子。

五、根据下面四个例句,比较副词"千万"和"万万"在意义和用法上有什么区别。
1. 你千万不可粗心大意！／你万万不可粗心大意！
2. 你千万要小心！／*你万万要小心！

3. 他万万想不到。／＊他千万想不到。

第四节　短语与层次分析法

> 学习要点：了解现代汉语各类短语，包括词组和结构的特点及作用，并掌握层次分析法的三个原则：结构原则、功能原则和意义原则，能够准确分析各类复杂短语的层次关系。

由两个或两个以上单词构成的句法结构单位叫短语。它是在语义上能逐层贯通，在结构上能逐层搭配起来的没有句调的一组词。短语有两类：

实词与实词按照一定的句法关系组合起来的短语叫"词组"。短语（词组）类型，主要根据词组各组成成分的词性、组合方式及其所形成的语法关系形式来分类，包括：偏正词组、述宾词组、述补词组、联合词组、主谓词组、同位词组、连谓词组和兼语词组等八类。

实词与实词的非句法关系组合以及实词与虚词的组合叫"结构"。短语（结构）类型，主要用实词或虚词的名称来命名，实词与实词的组合包括：量词结构、方位结构；实词与虚词的组合包括：介词结构、"的"字结构。

一、短语（词组）

（一）偏正词组

偏正词组前面的成分修饰、限定后面的成分，前面是修饰语，后面是中心语。偏正词组分为两类：

1. 定心词组。修饰语叫定语，由形容词、名词、量词结构充当时，不一定要用"的"，而由各类词组充当时，通常都要借助于"的"来连接。定心是句法关系，其语义关系有多种。例如：

　　木头房子（质料）　　新书（性质）　　高高的个子（状态）
　　绍兴黄酒（产地）　　三只鸟（数量）　　写字的桌子（用途）

2. 状心词组。修饰语叫状语，由副词以及时间、处所名词充当时，通常不用"地"，而由形容词、动词、名词以及各类词组充当时，一般要借助于"地"来连接。状心是句法关系，其语义关系有两类：一种表示描摹性的，描摹动作的变化或情状的变化；另一种表示限制性的，从时间、处所、范围、对象、目的等方面进行限制。例如：

　　仔细研究、热烈祝贺、激动地说、兴奋地回答（描摹性状语）
　　十分激烈、已经结束、立刻动身、从今天起（限制性状语）

区别定心词组和状心词组的方法主要依据中心语来判断：名词或名词性词语前面的修饰语一般应该是定语；谓词（动词或形容词）或谓词性词语前面的修饰语一般应该是状语。此外，还要看修饰语的性质以及整个偏正词组所处的语法位置。名词或人称代词作修饰语（带"的"），不管它的中心语是动词还是形容词，一般应该是定语；副词作修饰语，不管它的中心语是名词还是量词结构，一般应该是状语。例如：

（1）群众的支持／温度的下降／他们的精明／夜晚的温柔（定心短语）
（2）才星期三／刚五个人（状心短语）

（二）述宾词组

述宾词组，前后是支配与被支配、关涉与被关涉的关系。述语主要由及物动词充当，宾语一般是体词或体词性短语，也可以是谓词、谓词性短语或主谓词组。根据这一特点，动词可以分为三类：

1. 体宾动词：只能带体词性宾语的及物动词。例如：吃、喝、吸、拿、摸、摘、拉、搬、抱、打、砸、扔、捉、挖、拣、接、踩、踏、追、借、偷、买、换、栽、取得、推广、发扬、选举、团结、修改、搜集、尊敬、服从、推翻、侵略、调动、攻击、搜捕、欺骗、驾驶、出现。

2. 谓宾动词：只能带谓词性宾语的及物动词。如：惯于、进行、禁止、开展、受到、防止、觉得、感到、懒得、认为、以为、主张、打算、建议、开始、结束、停止、继续、能够、可以、应该、愿意、敢于、值得。

3. 兼宾动词：既能带体词性宾语，也能带谓词性宾语的及物动词。如：看、听、想、说、问、学、劝、爱、忘、搞、答应、邀请、欢迎、帮助、领导、批准、承认、争取、限制、保证、申请、指导、研究、发现、喜欢、害怕、忍受、知道、认识、相信、注意、考虑、同意、怀疑。

根据带宾语的特殊情况,还有两类动词需要引起注意:

4. 双宾动词:能够带双宾语的动词,有的表示"给予义",例如:送、给、卖、递、嫁、扔、交、教;有的表示"取得义",例如:取、买、拿、偷、捡、娶;有的表示"言说义",例如:告诉、回答、教、问、选。

5. 黏宾动词:单独不能使用,必须永远带着宾语。例如:具有、属于、成为、懒得、企图。

(三)述补词组

述补词组前后是被补充与补充的关系。根据带不带标志"得"的情况,补语可以分为以下几类:

1. 数量补语:不能带"得",由量词结构说明动作的次数或动作延续的时间。例如:

敲了三下/回来一趟/睡了半小时/等一分钟

2. 情态补语:必须带"得",说明动作或有关事物的状态。例如:

说得上气不接下气/气得脸都发青/方便得没话说/激动得说不出话来

3. 结果补语:不带"得",表示动作的结果。结果补语可以是形容词或动词充当。例如:

长大/变小/说好/说清楚/洗干净/听懂/学会/做到/画成/取走/说完

4. 趋向补语:不带"得",表示动作的趋向。例如:

跳上/拉下/跑进去/爬出去/开回来/翻过去

5. 可能补语:结果补语和趋向补语的中间插入"得/不",表示可能性或不可能性。例如:

长得(不)大/变得(不)小/听得(不)懂/学得(不)会/做得(不)到

跳得(不)上/拉得(不)下/跑得(不)进去/爬得(不)出去

6. 程度补语:补语是副词构成,表示程度。例如:

喜欢极了/好得很

(四)联合词组

联合词组由两个或两个以上成分组成,构成并列、承接、选择或者递进等关系。例如:

(1)学校和工厂/北京、上海、广州(并列关系)

(2)讨论并通过(承接关系)

(3)升学或就业(选择关系)

(4)积极而且热情(递进关系)

联合词组的构成,既可以是词与词的联合,也可以是词组与词组的联合,还可以是词与词组的联合,不论是何种语法单位的联合,都必须是语法性质相同或相近的。其次,只有表示并列关系的,其构成成分才可以不用连词来连接,如:"锅瓢碗勺柴米油盐醋""多子,饥荒,苛税,兵,匪,官,绅"等。即使这样,为了显示层次、分清主次等需要,并列关系的联合短语,也经常使用连词来连接有关的成分,例如:

(1)爸爸妈妈和哥哥姐姐(显示辈分层次)

(2)各国驻华使节及其他外宾(分清内容主次)

(五)主谓词组

主谓词组,前后有被陈述和陈述的关系。主谓词组的谓语主要有三种情况:

1. 动词性谓语:思想解放

2. 形容词性谓语:行为端正

3. 名词性谓语:今天星期三

(六)同位词组

同位词组前后成分所指内容相同,在句子中充当同一个句法成分,意义上构成复指关系。这主要有以下几种类型:

1. 通名与专名同位：首都北京/京剧《空城计》/鲁迅先生
2. 别称与本称同位：春城昆明/宝岛台湾/智多星吴用
3. 数量短语构成的同位：夫妻二人/祖孙三代/语法修辞两门
4. 人称代词构成的同位：我们自己/你们几位/他们夫妇/我张老三
5. 指示代词构成的同位：星期一这天/他这个人/2000年那年/香港那个城市

（七）连谓词组

连谓词组表示连续的几个动作。所有的动作都是由同一个主体发出来的,而且动作往往具有前后的顺序。常见的类型有：

1. 表示前后动作,后者是前者的目的。例如：
上街买菜/进城看戏/坐下来学习
2. 肯定与否定两方面说明一个动作。例如：
拉着手不放/站着不走
3. 由动词"来""去"跟其他动词构成。例如：
来骑马/去上班/查资料来/游泳去
4. 由动词"给"跟其他动词构成。例如：
送一本书给他/买了辆车给我
5. 由动词"有""没有"跟其他动词构成。例如：
有希望去日本/有话慢慢说/有病不能来
6. 前面动词的受事宾语也是后面动词的受事。例如：
倒杯茶喝/买本书看

（八）兼语词组

兼语词组是由一个述宾词组跟一个主谓词组套叠而成,述宾词组的宾语兼任主谓词组的主语。典型兼语词组的谓语动词往往带有使动性。例如：
请他来/使祖国富强/派你去西安/选班长做代表/有人敲门

构成兼语词组的使令动词主要有："使、请、派、选、催、逼、劝、让、叫、称、留、求、要、喊、命令、动员、发动、组织、号召、通知、鼓舞、鼓励、激励、领导、指导、阻止"等；此外,"有""没有"以及某些动词性词语,在一定的语境里也能够构成兼语词组。

二、短语（结构）

（一）量词结构

量词结构是指量词在后跟其他词语组合而成的结构,它可分为数量结构、指量结构和疑量结构三小类：

1. 数量结构：一个、五位、两趟、三次
2. 指量结构：这本、这座、那下、那场
3. 疑量结构：哪条、几颗、多少回

量词结构的三个小类可以相互组合成比较复杂的结构。常见的有以下几种：

第一,数量结构和指量结构组合。例如：
这本 + 三本 → 这三本　　每次 + 两次 → 每两次

第二,数量结构和疑量结构组合。例如：
哪题 + 四题 → 哪四题　　哪回 + 几回 → 哪几回

（二）方位结构

方位结构是指方位词在后跟其他词语组合而成的结构,通常表示处所、时间或范围义；如果方位词是

"上""中""下",还可表示方面、条件或过程等意义。例如:
(1) 山坡前/森林中/教室里(表处所义)
(2) 晚饭后/手术前/学期中(表时间义)
(3) 杂志上/世界上/计划中(表范围义)
(4) 理论上/口头上/思想上(表方面义)
(5) 改革中/讨论中/会谈中(表过程义)
(6) (在……的)压力下/领导下/帮助下(表示条件义)

方位结构通常由名词性词语组成,也可以由谓词性词语组成。例如:"工作以前"(动词)、"平凡之中"(形容词)、"采购年货之外"(述宾词组)、"女儿出嫁之后"(主谓词组)等。

(三) 介词结构

介词结构是指介词在前跟其他词语组合而成的结构,主要作用是引进跟动作有关的对象,包括时间、处所、范围、施事、受事、工具、对象、目的、原因等。例如:

(1) 在1918年/于今年秋天(表时间义)　　(2) 在教室里/在飞机上(表处所义)
(3) 对系主任/对于这个问题(表对象义)　　(4) 按条件/依照规定(表方式义)
(5) 把帽子/将大门(表受事义)　　　　　　(6) 被老师/叫警察(表施事义)
(7) 用空调/用刀子(表工具义)　　　　　　(8) 比他们/比昨天(表比较义)
(9) 为学校/为了前途(表目的义)　　　　　(10) 由于天气/因为他(表原因义)

介词结构的后一成分通常由名词性词语充当,也可以由谓词性词语充当,例如:"对劳动"(动词)、"由弱小"(形容词)、"为完成任务"(述宾词组)、"经大家讨论"(主谓词组)等。

(四) "的"字结构

"的"字结构由结构助词"的"附加在其他词语之后构成,主要作用是使谓词性成分转化为名词性成分,同时在语义上也起转指作用。例如:

(1) 红的/最漂亮的(形容词性词语加"的")
(2) 吃的/开汽车的/叶子上长刺的(动词性词语加"的")
(3) 我们的/木头的(名词性词语加"的")

"的"字结构的前一成分如果是名词性词语,加上"的"以后,词性没有改变,但意义变了,"我"不等于"我的","玻璃"不等于"玻璃的";前一成分如果是谓词性成分,加上"的"以后,词性变成名词性的了,语义也改变了:

(1) 游泳的/开车的/坐在主席台上的(施事)
(2) 新买的/小孩儿画的/从图书馆借来的(受事)
(3) 我向他请教过的/我借给他钱的(与事)
(4) 吃药的/装书的/我开大门的(工具)

三、层次分析法

两个单词构成的短语只可能是一个层次,所以不需要进行层次分析,但是如果有三个以上的单词在两个以上层次上进行组合,就需要进行层次分析,分析句法结构层次的方法就叫作"层次分析法"。这是句法分析最基本,也是最有效的方法之一。

(一) 句法结构的层次

1. 线形排列与结构层次

我们平时说话,只能一个词语一个词语说出来,发音时也只能一个音素一个音素发出来,书写时当然也只能一个字一个字写出来。**这种按照时间先后顺序说出或写出的形式,就叫作"线形排列"**。但是在线形排

列的背后,实际上还隐藏着一个层次关系。例如:

蓝蓝的天空上忽然出现了乌云
　a　　b　　c　　d　　e　　f

这些词并不是一次性组合在一起的,也不是按照线形排列组合在一起的,而是按照一定层次组合起来的。如上例的先后组合顺序是:[a+(b+c)][d+(e+f)]。线形排列,我们凭借直觉就可以看出来,而"层次关系"则需要通过层次分析才能揭示出来。有时一种线形排列可能有几种不同的层次组合。例如:

咬死了猎人的狗

这个短语由"咬""死""了""猎人""的""狗"六个单词组成,其中"了"和"的"是虚词,只表示某种语法意义,所以只有四个单词参加句法结构的组合。但是,它事实上有两种意思:

(1)(咬死了)(猎人的狗)
(2)[(咬死了)猎人的]狗

这种意义的不同反映了相同的线形排列的背后实际上有两种不同的层次结构关系。这跟我们观察下面三个立方体图形的情况是相类似的:

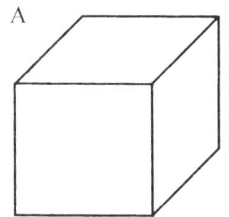
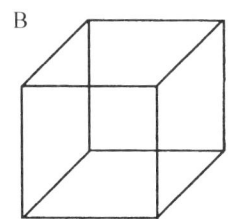
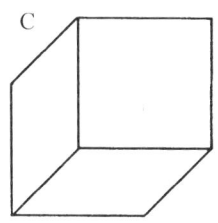

立方体 A,是从上面看下去;立方体 C,是从下面看上去。两者明显不同。而立方体 B 则有时像 A,有时又像 C。"咬死了猎人的狗"就好像立方体 B,既可以看作是"咬死了/猎人的狗",也可以看作是"咬死了猎人的/狗"。

"咬死了猎人的狗"是一个词形相同词序也相同但层次与意义都不同的句法结构,这叫作"同形结构"或"歧义结构"。**所谓"层次"是个非常重要的概念,就是指一些句法单位在组合时所反映出来的不同的先后顺序和语义关系。**

2. 简单短语与复杂短语

短语按照它的内部结构层次,可以分为两类:

(1) **简单短语**,指两个或两个以上的词在一个层次上组合而成的短语。例如:

中国/历史　　开展/工作　　积极/热情/大方

行为/端正　　打扫/干净　　语文/数学/外语

(2) **复杂短语**,指三个或三个以上的单词在两个以上层次上组合而成的短语。例如:

中国/历史//图册　　开展/环境///保护//工作　　把//房间/打扫//干净

行为/相当//端正　　学习/语文/数学//外语　　非常/积极//热情//大方

(二) 层次分析的三个原则

分析复杂短语结构层次关系的方法叫作"层次分析法"。它的正式学名叫作"直接成分分析法"(Immediate Constituent Analysis,简称 IC),这是由美国描写语言学家布龙菲尔德(L. Bloomfield)系统地运用到句法结构分析上来的,后来又由哈里斯(N. Haris)和威尔斯(S. Wells)加以理论化和系统化,使这一方法日趋成熟。由于这种方法在分析时尽可能地采取二分(只有少数联合短语或连谓短语需要多分),所以,俗称"二分法"。

层次分析法的目的是揭示一个句法结构隐藏在线形排列背后的固有的层次结构关系,其方法是逐层依次找出各层次的直接成分,并进一步说明直接成分之间的结构关系。例如:

```
我们 ｜｜班 ｜来了 ｜｜｜新 ｜｜｜同学
       主            谓
   偏      正   述        宾
                    偏         正
```

直接成分之间有一定的结构关系,非直接成分之间没有句法结构关系,大多数情况下也没有语义上的关系,但句法关系不等于语义关系,语义关系可以超越句法结构的制约,因此也有可能在非直接成分之间存在某种语义上的联系,例如"同学"跟"我们"之间有领属关系,"同学"和"来"之间有动作和施事的关系。

层次分析时必须注意三大基本原则:

1. 结构原则

即切分得出来的两个部分都必须是合法的句法结构体。比如句法结构 A,切分为 A1 和 A2,那么,A1 和 A2,都应该是一个合法的词语或短语。例如:

从理论上讲,"一辆新车"可以有三种切分办法,如果按照 a 切分,分出的"一"固然是词,但是"辆新车"却不是一个合法的短语,所以 a 切分不能成立;如果按照 c 切分,分出的"车"虽然是词,但是"一辆新"也不是一个合法的短语(只有在"一辆新,一辆旧"里边,才是合法的),所以 c 切分也不能成立;如果按照 b 切分,分出的"一辆"和"新车"都是合法的短语,所以只有 b 切分才是合理的。

2. 功能原则

即切分出来的这两个部分,可以根据汉语句法的组合规律,再重新组合起来。换言之,如果句法结构 A 切分为 A1 和 A2,而且 A1 和 A2,都分别是一个合法的词语或短语,但是,我们还需要考察 A1 和 A2 能不能根据汉语句法的组合规律重新组合起来。例如:

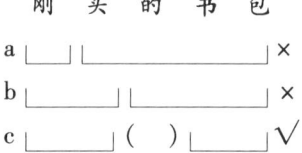

按照 a 切分,虽然符合结构原则,"刚"是个副词,"买的书包"也是个偏正短语,但是根据汉语的句法组合规则,副词是不能修饰名词的,因此,"刚"跟"买的书包"无法重新组合,所以 a 切分是错误的;按照 b 切分,由于"的书包"不是个合法的短语,所以 b 切分也是不对的;只有 c 切分,"刚买的"和"书包",既符合结构原则,也符合功能原则,这样的切分才是正确的。由于"的"为定语标志,切分时可以用括号括出,不予考虑。

3. 意义原则

即语义上要符合逻辑常理,否则也是不可接受的。例如:

```
  一 位 小 偷 的 辩 护 律 师
a └──────┘└──────────┘ ×
b └──┘└──────────────┘ √
```

表面看来,无论 a 切分,还是 b 切分,都可以,但是,汉语的量词"位"是用于尊称的,用来修饰"小偷"显然是不适合的,不过可以用来修饰"辩护律师",因此,a 切分是错误的,b 切分则是准确的。

4. 三个原则的综合运用

层次分析的三个原则都需要遵守,但在实际运用时,往往是某一个原则起主导作用,当然有时候这三个原则也会综合起作用。在具体操作时,我们更多地凭借自己的语感。**语感,就是对语言运用是否准确和得当的一种直接的本能的感觉**。这种语感,是人们在使用语言的过程中,长期积累起来的知识和能力的一种集中反映。这就像一个游泳运动员长年累月浸泡在水中而养成的"水感"、一个足球运动员天天奔跑在球场上所获得的"球感"一样。语感,需要我们有意识地去培养、积累和体验。例如:

```
        新上市的进口电脑                    新上市的电脑功能
a └──────┴──────────┘  √       a └──────┴──────────┘  ×
b └──────┴───┴──────┘  ×       b └──────┴────┴─────┘  √
```

那么,到底是 a 切分对,还是 b 切分对呢？对这两个短语进行层次分析的捷径,就是凭借自己的语感,判断前者"新上市"可以跟"电脑"搭配,但不能跟"进口"搭配;后者"新上市"不能跟"功能"搭配,但可以跟"电脑"搭配。再借助以上切分原则,正确的层次切分就得出来了。

练习题

一、指出下列短语的类型。

1. 住了一年	2. 予以严厉批评	3. 洗刷干净	4. 知道底细
5. 阳光灿烂	6. 进来歇一下	7. 文化教育	8. 分析研究
9. 坚强无比	10. 他中等身材	11. 凯歌阵阵	12. 他去比较适合
13. 态度和蔼	14. 富裕起来	15. 硕果累累	16. 热爱家乡
17. 十分壮丽	18. 喜欢清静	19. 走了一个	20. 通知你所认识的
21. 坚持下去	22. 读了三遍	23. 吃得很饱	24. 病虫害防治
25. 我们大家	26. 有人找你	27. 你们几位	28. 互相支援
29. 船长老李	30. 活跃学术气氛	31. 独立思考	32. 禁止大声喧哗
33. 体育运动	34. 春秋两季	35. 研究水平	36. 高兴得很
37. "山"这个字	38. 进京告状	39. 写文章做演说	40. 无比坚强
41. 伟大事业	42. 鼓励他学好功课	43. 国庆节那天	44. 战斗英雄李爱国
45. 叫河水让路	46. 迅速发展	47. 痛快极了	48. 非常谦虚
49. 摔跤这种运动	50. 称她为师姐	51. 史密斯先生	52. 打电话报警
53. 请他做东	54. 有决心搞好工作	55. 出去逛逛	56. 使人聪明

二、请指出哪些是主谓词组。

1. 今年猴年	2. 今年实现	3. 今天星期天	4. 中国首都北京
5. 明年春节	6. 明天春节	7. 民歌四首	8. 门外一口井
9. 关心不够	10. 关心得不够		

三、指出哪些是动宾词组。

1. 繁荣市场	2. 繁荣景象	3. 举手表决	4. 给予处分
5. 奖励先进	6. 奖励基金	7. 加强领导	8. 正确领导
9. 看了四本	10. 看了高兴		

四、指出下列哪些是定心词组,哪些是状心词组。

1. 严肃态度	2. 严肃纪律	3. 纪律教育	4. 教育市民
5. 市民情绪	6. 情绪激动	7. 激动高呼	8. 高呼口号
9. 口号内容	10. 内容激烈	11. 激烈论辩	12. 论辩口才
13. 口才一流	14. 一流水平	15. 水平一般	16. 联合阵线

五、指出哪些是述补词组。

1. 考虑清楚	2. 喜欢清静	3. 朗读重要	4. 画得生动
5. 觉得难受	6. 泡得舒服	7. 泡着舒服	8. 住了三人
9. 住了三年	10. 住了心烦		

六、指出哪些是联合词组。

1. 北京上海	2. 首都北京	3. 北京郊区	4. 描写解释
5. 分析仔细	6. 分析对象	7. 积极热情	8. 积极参加
9. 积极得很	10. 青出于蓝而胜于蓝		

七、指出哪些是同位词组。
1. 明天清明　　2. 清明那天　　3. 首都北京　　4. 山城重庆
5. 深圳特区　　6. 首都地区　　7. "汉"字　　　8. 方块汉字
9. 奖品两袋　　10. 奖品不少

八、指出哪些是连谓词组。
1. 来借书聊天　　2. 坐下来谈生意　　3. 坐汽车上山
4. 分别提取　　　5. 一卷起铺盖就回家　6. 坐着汽车上山
7. 分解提取　　　8. 有亲戚在国外　　9. 有权利享受到
10. 调到总部当副手

九、指出哪些是兼语词组。
1. 禁止闲人进入　　2. 开了门跑出去　　3. 嫌弃这个单位工资不高
4. 禁止嬉笑打闹　　5. 评出模范作榜样　6. 要求全军上下步调一致
7. 希望明天会更好　8. 有个亲戚在台湾　9. 组织全市高校义务劳动
10. 是上级领导机关的果断决策

十、指出量词结构的小类。
1. 几十遍　　2. 这册书　　3. 开三枪　　4. 三棵树
5. 哪些人　　6. 每五人　　7. 八百块钱　8. 多少两

十一、指出下列方位结构所表示的语法意义。
1. 三十上下　　2. 五十左右　　3. 座位左右　　4. 会场内外
5. 三点左右　　6. 同学中间　　7. 手术中　　　8. 书本上

十二、指出哪些是介词结构。
1. 以民族英雄自居　2. 在家里读书　　3. 被坏人袭击　　4. 自北京到上海
5. 将会场内外封锁　6. 朝东走去　　　7. 走向自由民主　8. 这样做是为了情谊

十三、把下列句子中的"的"字结构用____标示出来。
1. 要求于人的甚少,给予人的甚多。这就是松树的风格。
2. 边防检查站的马上会派有关人员去监察的。
3. 先进的要帮助落后的。
4. 这种稻草做成的工艺品是这些农民亲手扎的。
5. 这样做谁也不会觉得过分的。
6. 我们都识水性的。
7. 屋里静悄悄的。
8. 这班车下来的旅客要过渭河的,就不得不在车站旅馆住宿了。

十四、用层次分析法分析下列短语。
1. 希望参加去欧洲的旅行团
2. 派人通知老李来开会
3. 高兴得小王跳了起来
4. 弟弟的自行车撞了一下
5. 她能不能马上报到还是一个问题
6. 从大海上吹来湿润而新鲜的风

十五、下面的切分哪个才是正确的?请运用层次分析的三原则作出解释。

1. **割断中国的历史/割断皮带的刀子**
a ｜￣￣￣￣￣｜｜￣￣￣￣｜｜￣￣｜
b ｜￣￣｜｜￣￣￣｜｜￣￣｜｜￣￣｜

2. 去了一趟美国/去了一层外壳
   a |____|____|____|
   b |____|____|____|

3. 小张看中的皮鞋/小张最好的皮鞋
   a |____|____|____|
   b |____|____|____|

4. 很解决问题/很喜欢唱歌
   a |____|____|
   b |____|____|

5. 直接回答问题/救了他的孩子
   a |____|____|____|
   b |____|____|____|

6. 没有买票的/越发显得精神
   a |____|____|
   b |____|____|

十六、用层次分析法分化下列的歧义短语。
1. 关于熊猫的专题片
2. 新职工宿舍
3. 小关和他的老师
4. 安排好工作
5. 看打篮球的孩子
6. 两个师大的学生

思考题

一、有人给"连谓词组"下了个排除式的定义：两个动词性词语连续出现，它们之间没有偏正、述宾、述补、主谓、联合、同位、兼语等关系，这就是连谓词组。你认为，这种办法好吗？为什么？

二、"兼语词组"历来有人主张取消，把它并入连谓词组，你同意吗？为什么？

三、当表示时间的数量结构在动词后面出现时，不容易区分是宾语还是补语，例如"住了一年"和"等了一年"。你有什么好办法来区分吗？

四、汉语由于词形变化少，名词加名词，有可能是偏正、主谓等不同的关系；动词加名词，也可能是动宾或偏正等关系，请举例说明这种语法现象。

五、有人主张"坐在椅子上"不分析为介词结构作补语，而分析为"坐在"带方位结构作宾语。你以为如何？说明理由。

六、"一阵风雨""一顿便饭""一场京剧"，是分析为定心词组好，还是分析为状心词组好？为什么？

七、有时，方位词跟名词组合，要判断是名词，还是方位结构，比较困难。例如：桌上、院内、树下、家里，你认为应该如何处理？

八、方位词组表示"条件"是有限制的，例如："在这样的情况下""在恶劣的条件下""在同学们的帮助下""在上级的正确领导下"。请分析出现的条件限制。

九、有人另外设立了"所"字结构和比况结构，例如："所见""所闻""所想""像花儿似的""跟兔子一样"。你认为有无必要？为什么？

十、层次分析法对分化类似"修路""汽车医院""连校长都不认识""大衣裹得严严的"这样的歧义短语有作用吗？请指出层次分析法的不足。

第五节 句型系统

> 学习要点：了解句子跟短语的区别，了解划分句型的标准及其方法，熟悉句型系统，并能够判断常见的基本句型。掌握传统的中心词分析法，了解它的优缺点以及跟层次分析法的区别。

句子是语言使用的基本单位，也是句法分析的重点之一。对句子的分析可以从三个角度进行，或者说，可以建立起句子的三个系统：

第一，句型系统，即按照句子的结构模式划分出来的类型系统。

第二，句式系统，即按照句子的显著特点划分出来的类型系统。

第三，句类系统，即按照句子的语气功能划分出来的类型系统。

一、句型系统简介

（一）句子与短语的区别

什么是句子？**前后都有停顿，带有一定的语调，表示相对完整的意义，人们用来进行交际的基本语言单位就叫句子。**

词与短语都是语言的备用单位，句子则是语言的使用单位。词跟词可以组合成短语，从而构成"组合关系"；词（主要是实词）和短语，如果赋予它一定的语气语调，并进行交际活动，就可以成为句子，从而形成"实现关系"。换言之，词、短语跟句子的根本区别不在于量的多少，而在于质的飞跃。它们的关系可以参见下图：

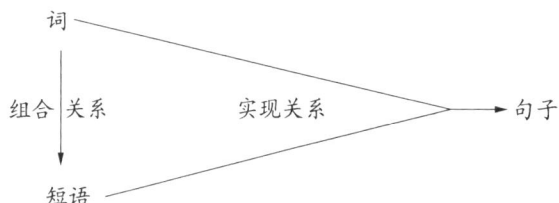

句子可长可短，即使一个词也可以独立成句。例如：

（1）谁？我。

（2）走？不！

句子跟主谓短语是两个完全不同的概念。书面上的句子往往是主谓形式的，但口语中的句子却常常是非主谓形式的。主谓短语可以单独成句，但是也可以跟其他的短语一样只是句子中的一个成分。例如：

（3）我读中文系。

（4）他知道我读中文系。

（5）我读中文系的事情他不清楚。

同样的"我读中文系"，例（3）独立成句，例（4）中是宾语，例（5）中是定语。所以句子不等于主谓形式，主谓形式也不等于句子。

（二）句型的特点

建立在句子的结构模式基础上的句型，不仅可以帮助我们分析成千上万个具体的句子，把它们纳入一定的系统框架，而且也可以解释无数个新的句子是如何产生的，这对自然语言的信息处理以及对外国人进行汉语教学都具有重大意义。

句型有以下几个特点：

1. 句型是抽象的、有生成性的

世界上具体的句子是数不清的，从这些大量的具体的句子中可以概括出若干句型，所以，句型对具体使用的一个个的句子来讲是抽象的。句子的数量是无限的，不可数的，但句型的数量却是有限的，可数的。人们掌握了一定的句型,并且根据有关规则,填入某些功能相同也符合语义搭配的词语,就能够产生出新的合法的句子来,这就是句型的生成性。

2. 句型是成系统的、有层次的

句型与句型是有机地结合在一起的,大句型下面有中句型,中句型下面还有小句型、小小句型……并构成一个相互联系、相互制约的系统。因此,每一个句型都可以在该语言的句型系统中找到它的位置。最低层次的句型,就是"基本句型",例如:述宾谓语句、述补谓语句等。

3. 句型成分的结合是有序列的、有层次的

具体的句子往往由许多成分组合而成,其中有一些是句型成分,即它们对句型的构成有直接的影响;也有一些成分属于非句型成分,它们的存在对句型的构成没有什么作用。句型成分跟句型成分组合时,是有序列、有层次的,例如"述宾谓语句"的组合关系是:"主+谓(述+宾)"。

二、单句句型分析

现代汉语句型首先分为单句与复句两大类型。单句句型系统可以分为三个层次:

(一) 主谓句

主谓句是由主谓短语构成的句子,即能分析出主语和谓语两个直接成分的句子。

1. 动词性谓语句

动词性谓语句的谓语由动词或动词性短语构成。这主要有以下六种基本句型:

(1) 动词谓语句:花开了。
(2) 述宾谓语句:我们吃苹果。
(3) 述补谓语句:汽车开走了。
(4) 连谓谓语句:小王去上海买器材。
(5) 兼语谓语句:学校派老张值班。
(6) 主谓谓语句:面包我吃光了。

2. 形容词性谓语句

形容词性谓语句的谓语由形容词或形容词性短语构成。这主要有以下两种基本句型:

(1) 形容词谓语句:天气晴朗。
(2) 形补谓语句:大楼上的霓虹灯亮得刺眼。

3. 名词性谓语句

名词性谓语句的谓语由名词或名词性短语构成。这主要有三种基本句型:

(1) 名词谓语句:今天星期天。
(2) 数量谓语句:新来的厂长四十来岁。
(3) 定心谓语句:这人好大的架子!

(二) 非主谓句

由单个词或者非主谓短语构成的单句是非主谓句。非主谓句不可能分析出主语和谓语来,所以不宜叫"无主句"。非主谓句可以分为四类:

1. 名词性非主谓句。例如:

(1) 飞机!(名词)
(2) 好大的老鼠!(定心短语)
(3) 老张和老李。(联合短语)
(4) 图书馆的。("的"字结构)

2. 动词性非主谓句。例如:

(1) 听!(动词)

(2) 下雨了。(述宾短语)

(3) 晒干了!(述补短语)

(4) 请大家不要抽烟。(兼语短语)

(5) 开着门睡觉。(连谓短语)

3. 形容词性非主谓句。例如:

(1) 对!(形容词)

(2) 好极了!(述补短语)

4. 特殊非主谓句。例如:

(1) 不!(否定副词)

(2) 啊?(叹词)

根据以上分析,我们可以构建一个现代汉语的单句句型系统:

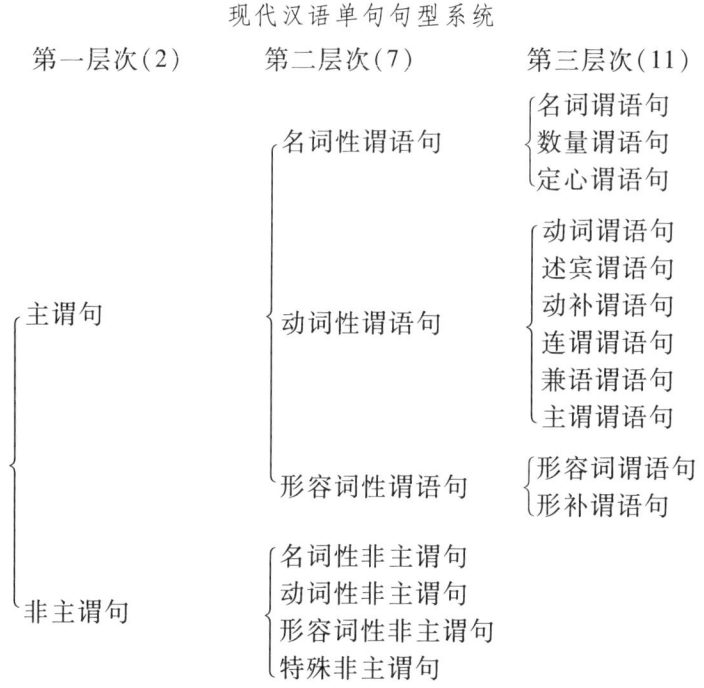

三、句型分析的原则和方法

进行句型分析时,我们只考虑句型成分以及句子的结构模式,所以必须首先排除一些不影响句型的因素。这些因素主要有以下几种:

1. 表示语气的因素不影响句型,包括语气词和语调。换言之,不同的句类可能是同一个句型,而相同的句类可能是不同的句型。句型跟句类采取的是两个不同的标准,他们不对立,而是交叉的。例如:

(1) 你来了。(陈述)　　(2) 你来吧!(祈使)

(3) 你来吗?(疑问)　　(4) 你来啦!(感叹)

这四句话语气不同,分别属于不同句类,句型却是相同的,都属于主谓句中的动词谓语句。

2. 功能相同词义不同的词语互相替换不影响句型。例如:

(1) 飞机打坦克。→坦克打飞机。

(2) 弟弟来了。→妹妹去了。

例(1)前后两句的句型都是述宾谓语句,例(2)前后句子的句型都是动词谓语句。

3. 扩展一般不影响句型。句子的六大成分中,主语、谓语、宾语和补语都是句型成分,至于定语和状语,一般情况下,不影响句型的构成,也就是说,一个名词或者一个谓词扩展以后,构成了偏正短语,因为语法功

能仍然相同,所以不会改变句型。例如:

(1) 小花猫回来了。→邻居家的小花猫从外面回来了。

(2) 他出国了。→也许他出国了。

扩展前后的短语语法功能相同,句型仍然都是动词谓语句。但是要注意,有时候,定语或状语对句型也是有影响的。例如:

(3) 我们要为她着想。

(4) 他高高的个子。

状语"为她"、定语"高高的"在上面句子中都不能缺少,属于句型成分,否则"我们要着想"和"他个子"都不成话。

4. 句子的特殊成分不影响句型。独立成分以及提示成分都属于句子的特殊成分,它们虽然在语义表达上也是很重要的,但是并不参加句子结构的组合,因此分析句型时不予考虑。例如:

(1) 说真的,我很生他的气。(独立成分)

(2) 香港,这是一颗东方明珠。(提示成分)

有没有独立成分"说真的"以及提示成分"香港",这两个句子都是述宾谓语句。

5. 语用移位不影响句型。例如:

(1) 你回来了?→回来了,你?

(2) 我听说他好像回国了。→他好像回国了,我听说。

由于语用的需要,例(1)是主语后置,例(2)是宾语前置,但它们仍然都分别是动词谓语句和述宾谓语句。

四、句子的特殊成分

句子的特殊成分是指独立成分和提示成分。它们有三个特点:

第一,不参加句子的结构组合,所以不是句型成分,也不是短语成分。

第二,附属于句子,但是不能独立成句。

第三,在语义表达上有特殊作用。

(一) 独立成分

独立成分指在句子中临时插进一些习惯用语,目的是增强语言的表达色彩,这些习惯用语跟别的成分不发生结构上的联系,但是在语义的表达上还是很重要的。独立成分的位置相当灵活,可以出现在句中、句首或句尾。最常见的位置是句中,所以又叫"插入语"。例如:

(1) 事情明摆着,你看,我们还能不管吗?

(2) 总而言之,要学好一门外语,非下苦功不行。

(3) 你应该亲自去慰问一趟,依我看。

独立成分有很多种类型,最常见的有以下一些:

1. 为了引起对方的注意,常用"你看""你想""你听""你说"等。例如:

(1) 你看,这事怎么办?

(2) 你听,这丫头简直疯了。

2. 表示对情况的推测和估计,比较委婉,常用"看来""看起来""算起来""说不定""少说"等。例如:

(3) 这天看来快要下雪了。

(4) 其间耳闻目睹的所谓国家大事,算起来也很不少。

3. 表明自己的意见、看法和态度,常用"依我看""我看""我想"等。例如:

(5) 依我看,这个消息不可靠。

(6) 我想,我们不妨再等等看。

4. 表示消息的来源,常用"据说""听说""据……说"等。例如:

(7) 据说,下一届的全运会要在咱们市举行。

(8) 听说你刚从国外回来。

5. 表示总结、举例、补充、注释,常用"总之""正如……""此外""即……"等。例如:

(9) 总之,一切都要靠自己的努力。

(10) 正如人们所期待的,邓亚萍再一次夺得奥运会金牌。

(二) 提示成分

提示成分有两种:称代式提示成分和总分式提示成分,它们各有各的特点和作用。

1. 称代式提示成分

称代式提示成分出现在句前或句后,并不参加句子的结构组合,而句中则有一个指代词跟它在语义上所指同一,构成复指关系。指代词可以在句中作主语、宾语或定语。例如:

(1) 青岛,这是一座美丽的海滨城市。(主语)

(2) 他最想了解的是你,我的老朋友小明。(宾语)

(3) 那位尊贵的客人,他的到来给我们带来了欢乐。(定语)

2. 总分式提示成分

总分式提示成分跟句中的某个成分有总说和分说的意义关系。作为提示成分,它不参加句子结构的组合,总是出现在句子的前面或后面。它又可以分为两小类:

一是总说为提示成分。例如:

(1) 他们夫妻俩,一个是经理,一个是会计。

(2) 全班同学,有的在看书,有的在做作业。

二是分说为提示成分。例如:

(3) 参加比赛的有三个队:中国队、美国队、日本队。

(4) 修车的、卖菜的、磨刀的……一下子来了不少人。

五、传统的中心词分析法

(一) 中心词分析法的特点

传统语法在进行句子分析时,主要采用"中心词分析法"。它的主要特点是:

(1) 把主谓词组看作句子,而且认为句子总是由主谓词组组成的。因此当主谓词组在句子中充当某个成分时,就叫作"小句"或"句子形式";而非主谓句,则叫作"无主句"。

(2) 设立句子的六大成分,并分为三个层面:主语与谓语是主要成分;宾语与补语是次要成分;定语与状语是附加成分。

(3) 主语、谓语、宾语如果比较复杂,是偏正词组、述宾词组或述补词组时,就需要先找出它的中心语中心词和附带成分。

(4) 每个实词都跟句子成分一一对上号,只承认联合词组和主谓词组可以直接充当句子成分。

由于这种句子分析法用六大成分来命名,所以又叫"句子成分分析法"。两种名称,角度略有区别,其本质是相同的。在长期语文教学过程中,还形成了一套中心词分析法的图解方法和相应的符号。例如:

(我们)国家‖[已经]迎〈来〉了｜(一个)(山花烂漫)的 春天
　定　　 主　　　状　　谓 补　　 定　　　定　　　　宾

中心词分析法进行分析时的步骤是:

第一步,用两根竖线首先把句子分为"主语部分"和"谓语部分"两大块。

第二步,在主语部分找出主语中心语及其修饰的定语,在谓语部分找出谓语中心语及其修饰的状语。

第三步,再找出谓语中心词以及后面跟着的宾语和补语。

第四步,宾语如果有定语修饰的话,继续寻找。如果主语或宾语的修饰语有好几个,则必须一一标明。

第五步,一些比较特殊的成分,例如"兼语""独立成分"和"提示成分",也有相应的符号。例如:

听说 校长‖请 新生 提了 (不少) 建议
　独　　主　　谓　兼　谓　　定　　宾

(二) 中心词分析法与层次分析法的比较

中心词分析法的优点是：

(1) 方法简便，易于操作。一个句子，特别是一些比较长、结构比较复杂的句子，可以很快分出句子的主干和枝叶，从而便于提纲挈领，主次分明。

(2) 有利于归纳句型。因为经过中心词分析法分析以后，句子的格局比较清楚了，对语文教学有一定帮助。

(3) 有利于修改病句。检查语法错误经常使用的"紧缩法"，就是从"中心词分析法"演变而来的。

但是，中心词分析法的缺点也是非常明显的：

第一，缺乏"层次"观念。句子中所有的词语一举多分，致使句子内部的结构相当混乱。它的层次只是句子六大成分的层次，是固定不变的；不是句法结构真正的层次。

第二，缺乏"关系"观念。每个词语虽然按照六大成分对号入座，但是，它们都是孤立的个体，不讲究词语与词语之间的关系。致使多个定语、多个状语，甚至多个宾语或补语在一个层面上出现。

第三，"联合词组"和"主谓词组"可以直接作句子成分，而其他词组却不行，必须以词的身份进入句子，致使句子成分有的是词，有的是词组，这在理论上就显得不一致。

第四，由于强调寻找中心词，把修饰成分看作附加的，不重要的，致使在语义理解时，会出现偏误。例如：

(1) 他(不)是坏人　　　　(2) 上海队(把天津队)打败了
(3) 他死了(爷爷)　　　　(4) 哭(红)了眼睛

如果没有了定语或状语，例(1)和例(2)就可能理解错了；如果没有了宾语或补语，例(3)和例(4)也会造成语义的误解或无法理解。

相对而言，层次分析法由于既讲层次，又讲关系，这就弥补了中心词分析法的不足。在分析短语结构或复句关系时，作用特别大。但是，它也有缺点，就是切分的手续有时候太烦琐，特别是碰到有些结构比较复杂的短语，往往很难把握全局。尤其是碰到下列歧义结构就无能为力了：

开刀的是他父亲/鸡不吃了/鲁迅的书/大熊猫的杯子/他不吃饭

以上的例子都是有歧义的："他父亲"可能是病人，需要开刀，也可能是医生，由他主刀；"鸡"可能不吃"食"了，也可能"人"不吃"鸡"了；"鲁迅的书"可能指鲁迅写的书，鲁迅收藏的书，或有关鲁迅的书；"杯子"可能是大熊猫的，也可能是画着大熊猫的杯子；"他不吃饭"，在不同的语境里，起码有这么几种理解："他不吃饭，(别人吃饭)""他不吃饭，(他做饭)""他不吃饭，(他吃面)"等。但是，如果用层次分析法来分析，则没有任何区别。可见，层次分析法对揭示深层语义关系以及语用语境条件的分析基本上是无效的。

练习题

一、指出下列动词性谓语句的基本句型，并且用中心词分析法进行句子分析。

1. 春天来了，花儿开了。

2. 我们学英语。

3. 弟弟送我两盒茶叶。

4. 同学们都表示同意。

5. 我不知道他已经回来了。

6. 马儿跑得飞快。

7. 他找了你三次。

8. 飞机在空中来回盘旋。

9. 我们进城看电影去。

10. 他这才吃饱了肚子。

11. 我们选他当班长。

12. 这把刀我切肉。

二、根据下列句型要求，造出相应的句子。

1. 形补谓语句

2. 名词性非主谓句

3. 兼语谓语句

4. 主谓谓语句

5. 名词性谓语句

三、用名词性谓语句回答下面的问题。

1. 明天星期几?

2. 你哪儿人?

3. 今天天气怎么样?

4. 你朋友长得怎么样?

四、指出下列非主谓句的类型,并说明它们的用途。

1. 汽车! 快上。

2. 简直太棒了!

3. 请勿折叠!

4. 唉! 这不能怪我呀。

5. 老张! 你等等我啊!

6. 1998年夏天,波涛汹涌的长江岸边。

五、指出下列句子中的特殊成分,并指出属于哪一类特殊成分。

1. 桌子上放着两本杂志:《当代》《家庭》。

2. 据说这个山洞里住过一个神仙。

3. 他的字,说老实话,实在太潦草了。

4. 黄河,它是我们中华民族的象征。

5. 墙上的两幅画,一幅是国画,另一幅是油画。

6. 我看,今天的劳动,你就不必去了。

7. 啊! 好厉害呀!

8. 我们可以用两个字来概括:美,巧。

六、指出下面哪几句有特殊成分。

1. 你看,他们打架了吗?

2. 你看他们打架了吗?

3. 小张,干得仔细点!

4. 小张干得仔细点。

思考题

一、句型分析和句子分析有什么不同?

二、非主谓句和通常所谓省略句有什么不同?

三、中心词分析法曾经遭到严厉的批评,但是还是有很多人在使用,尤其在汉语教学中。请比较层次分析法,说说你的看法。

四、有人主张层次分析法应该跟中心词分析法结合起来,你认为行不行? 为什么? 如果可以结合,你认为应该如何结合? 试举例说明。

第六节 句式系统

学习要点:了解重要句式的结构特点和语义特点,并能够熟练分析、运用这些句式,并进而了解相关句式之间的关系。

句式是根据句子的显著特点划分出来的句子类型。它比较集中地体现了现代汉语句子的结构特点以及语义表达上的特色。句式大体上可以分为三个系列：

第一，以谓语部分的特殊结构为标志，比如主谓谓语句、双宾语句、重动句、兼语谓语句、连谓谓语句等。

第二，以句中出现某个特殊词语为标志，通常以介词或动词为主。比如把字句、被字句、对字句、连字句、比字句/是字句、有字句等。

第三，以句子的特殊语义范畴为标志，比如存现句、比较句、被动句、估测句等。

汉语特殊句式类型非常多，最有特色、最常用的是：把字句、被字句、双宾语句、主谓谓语句、存现句。

一、把字句

（一）把字句的语法意义和结构特点

由介词"把"和它的宾语充当状语的句子叫作把字句。某个动作往往涉及许多对象（论元），"把"的作用是选择并凸显说话者特别关注的某个对象。整句语法意义表示某种动作或原因的影响而产生某种结果或状态。例如：

(1) 孩子老吃糖，把糖全吃完了。＝孩子老吃糖＋糖（因而）完了。（受事）
(2) 孩子老吃糖，把牙也吃坏了。＝孩子老吃糖＋牙（因而）坏了。（工具）
(3) 孩子老吃糖，把压岁钱也吃光了。＝孩子老吃糖＋压岁钱（因而）光了。（直接影响对象）
(4) 孩子老吃糖，把奶奶吃火了。＝孩子老吃糖＋奶奶（因而）火了。（间接影响对象）

把字句的谓语必须是复杂的，不能只是单个动词，特别是单音节动词。把字句的结构类型主要有四种：

1. 带补语：把事情搞得一团糟。
2. 带宾语：把老虎打断了一条腿。
3. 带状语：把毛衣往包里塞。
4. 带"了、着"：把苹果吃了。/把行李背着。

构成把字句的往往是动作动词，而且能够带表示结果的补语或宾语。以下三类动词不能带结果补语或宾语，又缺乏动作性，因此它们不能构成把字句：

(1) 联系动词：有、在、存在、是、像、姓、属于……
(2) 感受动词：赞成、知道、同意、觉得、相信、希望、主张、要求、看见……
(3) 趋向动词：上、下、进、出、上来、下去、离开、到达、接近……

（二）"把"字宾语的特点

从语义上看，"把"的宾语主要是动作的受事，也可以是工具、处所、与事、使事乃至施事。不过，由于"受事"出现的频率最高，因此也有人称为"处置式"。例如：

(1) 服务员不小心把茶杯打破了。（受事）
(2) 涂来抹去，把笔都弄坏了。（工具）
(3) 他把地面铺上了地砖。（处所）
(4) 我还没有把衣服钉上扣子呢。（与事）
(5) 小伙子一番话，把大娘乐得合不上嘴。（使事）
(6) 怎么把个小偷跑了？（施事）

从信息论的角度看，"把"的宾语一般是定指的、已知的，否则难以构成把字句。例如：

(7) 把那支笔给我。
(8) *把一支笔给我。

因此"把"的宾语前面常常有"这、那"之类的词语，以表示它是定指的。有时没有限定词语，那就必须是已知的信息，起码是说话人已知的。例如：

(9) 汽车把一棵小树撞倒了。

虽然有些把字句,"把"的宾语可以还原到动词之后。例如:

(10) 我把来信仔细读了一遍。⟷我仔细读了一遍来信。

(11) 她把一大堆衣服洗干净了。⟷她洗干净了一大堆衣服。

但是,我们不能认为"把"的宾语就是从原来的动词宾语用"把"提前得来的,因为还有大量的把字句,"把"的宾语无法还原到动词后面。例如:

(12) 船员把落水儿童救到了岸上。→ *船员救落水儿童到了岸上。

(13) 花匠把空地都种上了鲜花。→ *花匠都种上了空地鲜花。

(三) 否定词、助动词的位置

否定词以及助动词只能出现在把字结构之前,而不能在它之后。例如:

(1) 你别把雨伞拿进来。—— *你把雨伞别拿进来。

(2) 我想把事情弄清楚。—— *我把事情想弄清楚。

在一些习惯用法中,"不"字可以放到把字结构后面。例如:

(3) 太不把人当人了。——太把人不当人了。

(4) 不把这当回事儿。——把这不当回事儿。

二、被字句

(一) 被字句语法意义和结构特点

由介词"被"和它的宾语充当状语的句子叫作被字句。"被"的作用是表示被动意义,并且引进的宾语往往是动作的施事或原因,而主语则是动作的受事。被字句表示被动义,所以指的往往是不如意的事情。例如:

(1) 小偷被警察抓住了。

(2) 他被自行车撞了一下。

不过,现在这类句式可以只表示被动,却不一定表示不如意的事情。例如:

(3) 他被选为人民代表。

(4) 妹妹被北京大学录取了。

"被"的宾语有时由于不知或没必要说出来,可以在句中不出现,"被"就直接用在动词前,这可以看作一种"隐含"。例如:

(5) 敌人被打败了。

(6) 衣服被淋湿了。

被字句的谓语动词有一定限制:1. 必须是动作性较强的及物动词。非动作动词,比如"有、是、成为"等是不能构成被字句的。2. 不能是光杆动词,一般要在后面带上别的成分,但不如把字句那么严格。

1. 带补语:苹果被大风吹掉了。

2. 带宾语:西瓜被切成四块。

3. 带"了、着、过":敌人被我们消灭了。/嫌疑犯始终被公安人员监视着。

4. 双音节动词:这样免不了被领导批评。/这句话可能被人误解。

(二) "被"的变体

1. 在书面语中,保留着"被……所""为……所"的文言格式。例如:

(1) 我们不能被花言巧语所迷惑。

(2) 他从不为金钱所动。

"所"是助词,在单音节动词前必不可少,在双音节动词前出不出现两可。例如:

(3) *他从不为金钱(?)动。

(4) 我们不能被花言巧语(所)迷惑。

2. 在口语中,"被"字常常用"叫、让、给"来替代。例如:

(5) 小鸡被(叫、让、给)黄鼠狼咬死了。

(6) 洪水终于被(叫、让、给)我们制服了。

跟书面语相平行,口语中也有"被……给""叫……给""让……给"的固定格式表示被动,这里的"给"是个表示被动义的结构助词。例如:

(7) 老爷爷被孙子给逗笑了。

(8) 蓝队叫我们给打败了。

(三) 被字句的主语

"被"字句的主语,有时候并不是严格意义上的受事。例如:

(1) 教室里被搞得乌烟瘴气。

(2) 她被人家剪了辫子。

尽管如此,主语仍然是谓语动词直接影响的对象,还是带有受事意味。被字句的主语表示的事物必须是定指的。例如:

(3) 他买下了这套房子。→这套房子被他买下了。

(4) 他买下了一套房子。→*一套房子被他买下了。

有时候,被字句的主语在形式上好像是不定指的,但是在具体的上下文中,仍然可以看出它是定指的:

(5) 张妈买了三株花,一株被孙子折断了。

(6) 树上的一只鸟被吓跑了。

"一株"是"三株"中的一株,"一只鸟"是树上的,虽然没有形式标志,但实际上还是定指的。

(四) 被字句和把字句的变换关系

把字句和被字句有许多特点是相似的,而且由于语义上的对应关系,句式之间经常可以互相变换。例如:

(1) 他把碗打破了。↔碗被他打破了。

(2) 美国队把巴西队打败了。↔巴西队被美国队打败了。

事实上,被字句并不是普通主动句的对应格式,而是把字句的对应格式。一般地说,被字句的主语是受事,"被"的宾语是施事,整个句子强调被动。把字句的主语主要是施事,"把"的宾语主要是受事,整个句子强调结果。当然,两个句式是否可以变换,还有其他的条件制约。比如祈使语气的把字句就不能这样变换:

(3) 你把这些东西扔掉!↔*这些东西被你扔掉!

再如由于被字句对动词的要求不像把字句那么严格,那些由光杆双音节动词和感知动词构成的被字句就不能变换为把字句:

(4) 你的要求已经被公司批准。↔*公司已经把你的要求批准。

(5) 上级的意图被我们理解了。↔*我们把上级的意图理解了。

有时候,"被"字和"把"字可以出现在同一个句子里,即把字句和被字句融合了:

(6) 老梁被钉子把手扎破了。

(7) 他被小偷把钱包偷走了。

这类句子,主语和"把"字的宾语都是受事,两者之间往往是领属关系或整体和部分的关系。

三、双宾语句

双宾语句是一个述宾短语再带一个宾语的句子。紧靠动词的宾语叫作近宾语(又称间接宾语),不紧靠动词的宾语叫作远宾语(又称直接宾语)。例如:

（1）朋友送我一本书。
（2）我问你两个问题。

构成双宾语句的动词大体上可以分为三类：

1. 具有"给予"义的动作动词，表示事物由甲传递给乙。比如：给、卖、送、赠、奖、发、递、输、交、还、赔、付、喂。这些动词的后面大多可以添加"给"字。例如：

（1）卖他两幅画。→卖给他两幅画。
（2）奖他三千元。→奖给他三千元。

2. 具有"取得"义的动作动词，表示事物由乙传递给甲。比如：取、买、娶、偷、抢、骗、赢、赚、要、扣、收。这些动词后面一般不能添加"给"字。例如：

（3）买他一辆车。→＊买给他一辆车。
（4）收他一支笔。→＊收给他一支笔。

3. 具有"言说"义的言语动词，表示言语信息的传递或是某种称呼的认定。比如：骂、夸、教、教导、问、询问、告诉、责怪、嘱咐、当、叫等。例如：

（5）告诉妻子要去出差。
（6）我叫他叔叔。

四、主谓谓语句

主谓谓语句是由主谓短语充当谓语的句子。全句的主语相当于"话题"，谓语相当于"述题"。为了叙述的方便，我们把全句的主语叫作大主语，全句的谓语叫作大谓语；充当谓语的主谓短语的主语叫作小主语，主谓短语的谓语叫作小谓语。

根据大主语、小主语、小谓语三者之间的语义关系，可以把主谓谓语句分为以下四类：

（一）受事性主谓谓语句

大主语是小谓语中某个动词的受事，有时也可以是与事或工具等。例如：

(1) 这件事我没有听说过。（受事）→我没有听到过这件事。
(2) 那些水果我们已经吃完了。（受事）→我们已经吃完那些水果了。
(3) 这衣服我还没钉扣子呢。（与事）
(4) 这把刀我切肉。（工具）

这类主谓谓语句中，以大主语是受事的最为常见，其他的可看作广义受事，并且大多可以通过大主语移位变换成一般的主谓句。

（二）领属性主谓谓语句

大主语和小主语之间有领属关系，或者是整体与部分的关系。这类句子往往可以在大、小主语之间插入"的"字，变成一般主谓句。例如：

(1) 老张身体非常棒。（领属关系）→老张的身体非常棒。
(2) 她普通话说得很不错。（领属关系）→她的普通话说得很不错。
(3) 我们班一半是南方人。（整体与部分关系）→我们班的一半是南方人。
(4) 十个苹果三个烂了。（整体与部分关系）→十个苹果中的三个烂了。

（三）关涉性主谓谓语句

大主语是大谓语关涉的某一方面的对象。这类句子，可以在大主语前面加上介词"对、对于、关于"，形成句首状语，整个句子变成一般的主谓句：

(1) 这孩子我真没办法。→对这孩子，我真没办法。
(2) 这个问题我们有不同的看法。→对于这个问题，我们有不同的看法。

（3）天文学我就知道有太阳和月亮。→关于天文学,我就知道有太阳和月亮。

（四）周遍性主谓谓语句

大主语是疑问代词的任指活用,或者是表示周遍性意义的词语。大主语跟小主语可以换位而意义不变。例如：

（1）什么他都不吃。→他什么都不吃。
（2）哪儿我们也不去。→我们哪儿也不去。
（3）任何困难我们都能克服。→我们任何困难都能克服。
（4）所有利润他们都上缴国家了。→他们所有利润都上缴国家了。

五、存现句

存现句是表示人或事物存在、出现或消失的句子。它的基本格式是"处所词+存现动词+事物"。

（一）存在句

存在句表示什么地方存在什么人或什么事物。

1. 静态存在句

关键是句中的动词不表示实在的动作,或者不表示动作进行,只表示存在的方式,后面所跟的"着"表示状态的持续。例如：

（1）张家庄有个张木匠。
（2）村子东面是一片麦田。
（3）桌上放着一个花瓶。
（4）床上躺着一个病号。

2. 动态存在句

句中的动词表示正在进行的动作,后面所跟的"着"表示动作的进行时态。例如：

（5）天空中盘旋着一架直升机。
（6）船头上飘扬着一面红旗。

静态存在句和动态存在句的区别在于两点：第一,动词本身有无动作性,比如"是""有"只能构成静态存现句；第二,动词是否可以从动作转化为状态,所以静态存在句里的"着"能够被"了"替换。例如：

（7）桌上放着一个花瓶。→桌上放了一个花瓶。
（8）床上躺着一个病号。→床上躺了一个病号。

动态存在句中的"着"不能用"了"替换,但可以转换成一般的陈述句。例如：

（9）天空中盘旋着一架直升机。→一架直升机正在天空中盘旋。
（10）船头上飘扬着一面红旗。→一面红旗正在船头上飘扬。

（二）隐现句

隐现句表示某个地方出现或消失了什么人或事物。

1. 位移性隐现句。特点是事物的出现或消失伴随着空间位置的变化。
2. 非位移性隐现句。特点是事物的出现或消失不直接涉及空间位置的变化。

这两种句子在形式上有所区别,前者可以在句首的处所词语前加上介词"从",后者可以加上介词"在"。例如：

（1）外面走进来一个女人。→从外面走进来一个女人。
（2）窗户里飞走了一只鸟。→从窗户里飞走了一只鸟。
（3）脑海里浮现出一幅神异的图画。→在脑海里浮现出一幅神异的图画。
（4）书架上少了一本书。→在书架上少了一本书。

练习题

一、指出下列主谓谓语句的小类型。

1. 我们家乡经济很繁荣。
2. 这种矿石,开采的地方离我们老家不远。
3. 热爱科学的中学生我们是非常感兴趣的。
4. 这种小说我认为不太健康。
5. 在这里,我们谁都不认识。
6. 针灸技术我们医院已经提供了一整套资料。
7. 这部电影艺术水平不高。
8. 那次失败我们已经记不清是第几次了。

二、根据已经学过的句式,判断下列句子分别属于什么句式。

1. 发给他一件大衣。
2. 拍了他一下。
3. 叫黄蜂蜇了一下。
4. 将革命进行到底!
5. 西瓜一人一个。
6. 海上刮起了大风。
7. 问你一个问题。
8. 我心里不太痛快。
9. 把房间给整理一下。
10. 告诉我去天安门广场怎么走。

三、判断下列存现句的类型,并说说各句在结构上的特点。

1. 山下一片好风光。
2. 大街上跑着一辆新车。
3. 门外是条小河。
4. 村里死了一条狗。
5. 小树长出了嫩芽。

思考题

一、"什么他也不吃",有人认为不是主谓谓语句,而是"宾语提前句"。你同意吗?为什么?

二、"取得"义动词所构成的句子,比如"骗了他一笔钱",有人认为不是双宾语句,而是偏正短语"他一笔钱"作宾语。你同意吗?为什么?

三、隐现句的动词有什么特点?请归纳一下。

四、传统语法认为把字句的语法意义表示"处置",你觉得准确吗?

五、被字句跟被动句有什么区别?

六、尝试找一种本节介绍之外的句式,例如"压都压不住""连校长都不清楚""比他高一点",借助于语料库做点调查分析。

第七节　句　类　系　统

> 学习要点:了解句子的各种语气类型,掌握陈述句、疑问句、祈使句、感叹句的主要特点,并能准确判断具体句子归属哪种句类。重点是了解疑问句的结构类型与功能类型,包括疑问信息的载体、疑问焦点的移动、疑问语气的变化等。

句类是句子按照不同语气功能划分出来的类型。一般分为陈述句、疑问句、祈使句和感叹句四类。每种句类在结构形式上有特殊的标志,在语用功能上也都有其特殊的作用。

一、陈述句

(一) 陈述句的语气词

陈述句用来向听话人述说一件事情。例如:

(1) 北京是伟大祖国的首都。

(2) 我从北京站一口气跑到天安门。

陈述句的语调平直,句尾略降,在书面上用句号表示停顿。陈述句可以带语气词,也可以不带语气词,这些语气词可以用来表示不同的语气意义。例如:

(3) 我不愿意去的。(强调肯定)

(4) 我不愿意去了。(发生变化)

(5) 我不愿意去嘛。(显而易见)

(6) 我不愿意去啊。(提醒对方)

(7) 他血压有点儿高呢。(夸张意味,往大处说)

(8) 他血压有点儿高罢了。(不过如此,往小处说)

(二) 肯定形式的陈述句

陈述句有肯定和否定两种形式,肯定形式往往是无标志的,如果要显示强调,则常常用动词或副词"是"。例如"他昨天到城里买了一本书"这个句子属于无标志的肯定形式,如果要强调其中某个成分,就可以把"是"分别安插在这个成分之前:

(1) 是他昨天到城里买了一本书。

(2) 他是昨天到城里买了一本书。

(3) 他昨天是到城里买了一本书。

(4) 他昨天到城里是买了一本书。

(5) 他昨天到城里买的是一本书。

(三) 否定形式的陈述句

否定形式一般是在肯定形式上加上否定词构成的。例如:

(1) 我不想这样做。

(2) 母亲从来没去过北京。

(3) 革命尚未成功,同志仍须努力。

否定词还可以出现在述补短语中。例如:

(4) 这句话说得不太好。

(5) 电视的声音听不清楚。

否定词通常是副词,例如"不""未""别",但是"没有"是动词和副词的兼类。要否定动词,用副词"没有";要否定名词,用动词"没有"。

"不"和"没有"(没)都表示否定,但语义和用法有明显的区别。这主要有以下几点:

1. "不"往往表示主观意愿,"没有(没)"则表示客观情状。例如:

(1) 他不去英国,想去法国。

(2) 他没去英国,去了法国。

2. "不"在时间上没有限制,"没有(没)"不能用于将来时。例如:

(1) 我以前不干,现在不干,将来也不会干。

(2) 我以前没干,现在也没干。

(3) *我将来也没干。

3. "不"可以修饰动词和形容词,"没有(没)"原则上只能修饰动词,如果是含变化义的形容词,也可以修饰。例如:

(1) 我不吃不干净的东西。
(2) 我没吃不干净的东西。
(3) *我不吃没干净的东西。
(4) 葡萄还没熟。

4. "不"可以跟几乎所有的助动词结合,"没有(没)"只能跟部分助动词结合。例如:

(1) 他不要/能/能够/肯/敢/会/可以/应该/该去。
(2) 他没要/能/能够/敢去。
(3) *他没会/肯/可以/应该/该去。

(四) 特殊格式

1. 异形同义格式

在一些习惯用法中,句子的肯定形式跟否定形式所表示的意义是相同的,但这样的格式不具备类推性。例如:

(1) 好热闹 = 好不热闹(热闹)
(2) 好容易 = 好不容易(不容易)
(3) 难免出错 = 难免不出错(出错)
(4) 当心摔跤 = 当心别摔跤(别摔跤)

2. 双重否定格式

双重否定格式用来表示特殊肯定的意思。例如:

(1) 我的情况,你又不是不了解。
(2) 从前线回来的人说到白求恩,没有一个不佩服,没有一个不为他的精神所感动。

双重否定表面上意义等于肯定,但实际上不然。例(1)的语气比单纯肯定委婉,例(2)的语气比单纯肯定强烈。

二、疑问句

疑问句包括疑惑和询问双重意义。一个疑问句,通常是既疑且问,但可以疑而不问,也可以问而不疑。疑问句有两大类型:结构类型、功能类型。内部小类在结构上各具特色,在疑问信息、疑问焦点、疑问语气以及疑问代词的使用上都很有特点。

(一) 疑问句的结构类型

按照结构特点,疑问句可以分为是非问、特指问、选择问、正反问四类。

1. 是非问

是非问在结构上跟一般的陈述句相同,只要语调变为升调,或者带上疑问语气词,陈述句就变为疑问句了。例如:

(1) 你去北京。↘ 你去北京?↗ 你去北京吗?↘/↗

如果是非问句没有疑问语气词,语调必须上升。如果有疑问语气词,语调可升可降:疑问语气词和升调在是非问句中二者必有其一。也就是说,疑问信息是由疑问语调或者疑问语气词承担的。既用疑问语气词又用升调,带有强调意味。

语调是非问倾向于否定,表示难以理解、不可思议。语气词是非问则各有特点:用"吗"疑问程度比较强,基本不知,所以询问;用"吧"的疑问程度比较弱,表示一种估测,大体知道,但不敢确认,所以希望对方确认;"啊"则惊疑兼有。但是非问句决不能用语气词"呢"。试比较:

(2) 今天星期天？（怎么可能呢？应该是星期六。）
(3) 今天星期天吗？（*今天大概星期天吗？）
(4) 今天星期天吧？（今天大概星期天吧？可能。）
(5) 今天星期天啊？（怪不得公园里那么多人！）
(6) *今天星期天呢？

如果"今天星期天"一定要用"呢"来提问，那就变成特指问的简略格式了，就要理解为"如果今天是星期天，那又怎么样呢？"

疑问句的回答都是针对疑问焦点的，是非问句的回答形式比较简单，用"是、是的、对"等表示肯定，用"不、不是、没"表示否定。由于是非问的疑问焦点就是整个句子，所以有时也可以重复原来的句子形式：

(7) A：你是老张吗？
　　B_1：是，我是老张。
　　B_2：不，我不是老张。

在面对面的交际中，甚至可以用点头、摇头之类的体态语来回答。

2. 特指问

陈述句中的每一项基本上都可用疑问代词来替换，从而构成特指问句。例如"他明天坐飞机去北京"这句话，可以构成以下几个特指问句：

(1) 谁明天坐飞机去北京？
(2) 他什么时候坐飞机去北京？
(3) 他明天怎么去北京？
(4) 他明天坐飞机去干吗？
(5) 他明天坐飞机去哪儿？

疑问代词承担了特指问句的疑问信息，同时也形成了疑问焦点，所以希望对方针对疑问代词作出回答。句调可以是升调，也可以是降调。

特指问如果用语气词，只能是"呢"或"啊"，不能用"吗"或"吧"。例如：

(6) 什么时候去呢？
(7) 什么时候去啊？
(8) *什么时候去吗？
(9) *什么时候去吧？

如果一定要用"吗"，特指问就变成了回声问，意思是：我没有听清楚，你是在问"什么时候去"吗？回声问也是是非问句。特指问句要求针对疑问焦点作具体回答，所以不能用简单的肯定或否定，必须针对性回答。

特指问有两种特殊的简略格式，即在形式上没有疑问代词出现，但是句末用了疑问语气词"呢"，而且要求有针对性的回答。

A. "NP（名词性成分）+呢？"这种问句，如果是首发句，通常是询问处所，相当于问"NP在哪儿呢？"。在一定的上下文里，当"NP呢？"处在后续句的情况下，也可以询问处所以外的其他情况，相当于问"NP怎么样呢？"例如：

(1) 你的手机呢？（＝你的手机在哪儿呢？）
(2) 你去车站接人，那么我呢？（＝我干什么呢？）

B. "VP（谓词性成分）+呢？"句中的VP可以是动词，可以是形容词，也可以是主谓结构。它通常询问假设性的结果，句中可以出现假设连词。例如：

(3) 他不去呢？（＝如果他不去，怎么办呢？）
(4) 要是他们不给钱呢？（＝要是他们不给钱，那怎么办呢？）

在一定条件下，这类问句也可以不含假设义，可以理解为语用省略。例如：

(5) 老太太，您说呢？（您说怎么办呢？）

（6）那么太太对你呢？（太太对你怎么样呢？）

3. 选择问

选择问句提出两种或几种选择项，希望听话人从中选择一项。在结构上出现并列的两项或几项，经常用"是……还是"来连接。例如：

（1）你是去广州还是去深圳？

（2）小姐来点什么？可乐？雪碧？椰汁？

选择问句如果用语气词，只能用"呢"，不能用"吗"。选择问的回答形式比较多，可以选择疑问项中的一项，可以全部否定，也可以在疑问项之外另选一项回答。例如：

（3）A：你去广州还是去深圳？

　　B_1：去广州。

　　B_2：两个地方都不去。

　　B_3：去珠海。

4. 正反问

正反问句提出正反两项，希望对方从中选择一项回答，所以也可以说是一种特殊的选择问。正反问句语调可升也可降，如果用上语气词"呢"，有"深究"的意思。它的疑问信息是由正反并列结构承担的，所以回答往往比较简单。例如：

（1）你去不去广州？去/不去。

（2）里边有没有人呢？有/没有。

正反问句有多种省略的变化形式。例如：

（3）开会不开会？/有人没有人？

（4）开不开会？/有没有人？

（5）开会不开？/有人没有？

（6）开会不？/有人不？

要注意的是，如果用"没有"否定动词，肯定形式不能用"有"，只能是零形式。例如：

（7）吃饭没有？（吃了。）

（8）＊有没有吃饭？（有吃。）

例（7）是规范的用法，例（8）是粤方言或吴方言的用法，现在有泛化趋势，但是肯定性回答还是"吃了"。

（二）疑问句的功能类型

疑问句的使用频率仅次于陈述句。在语言交际过程中，疑问句有不少特殊功能的用法。这主要是反问句、设问句，还有回声问、附加问等。例如：

（1）你难道还不了解我吗？（反问句）

（2）你猜这是什么？野花。（设问句）

（3）你是问我姓什么？（回声问）

（4）你就答应了吧，好不好？（附加问）

1. 反问句

反问句又叫反诘问，它是"无疑而问"，即发问人心目中并没有真正的疑惑，只是在用疑问句的形式曲折地表达自己对某个事情的看法，语气上有不满、反驳的意味。通常用肯定形式表示否定意思，用否定形式表示肯定意思。

是非问和特指问经常用做反问，而用选择问或正反问来反问则比较少，因为到底是表示肯定还是否定的意思，要根据语境作具体的分析，有时会发生误解。例如：

（1）这件事他能不知道？（他知道）

（2）谁说我答应了啊？（没答应）

（3）你这是说他呢，还是说我？（说我/说他）

(4)你看这孩子笑得,可爱不可爱?(可爱/不可爱)

2. 设问句

设问句又叫自问自答句,发问人心目中实际上已经有了明确的意见,但并不直接把自己的看法说出来,而是先用一个问句引起对方的注意,然后再顺势引出自己的看法。最常用的是特指问句,当然正反问和选择问,甚至是非问也可以。例如:

(1)人民币的信誉靠什么?靠稳定。
(2)犯过错误的人用不用?用。
(3)他是想继续升学呢,还是去拍电影?当然是升学。
(4)知道霍元甲吗?大侠,电视正演得红火呢!

三、祈使句

向听话人提出要求,希望他做什么或别做什么的句子叫祈使句。祈使句的主语限于三类词语:第二人称代词、包括式的第一人称复数、称谓词,但是经常省略。

(一)肯定形式的祈使句

肯定形式的祈使句要求听话人做些什么,语气强烈的是命令句,委婉的是请求句。例如:

(1)把犯人带上来!/你给我滚出去!(命令)
(2)请出来吧。/千万当心哪。(请求)

例(1)是命令句,结构简短,语调短促,一般不用语气词。例(2)是请求句,表示请求、商量、敦促、建议等,语调比较舒缓,经常使用语气词"吧""啊"等,也经常使用"请""千万"等祈使性词语。

(二)否定形式的祈使句

否定形式的祈使句要求听话人别做什么。语气强烈的是禁止句,委婉的是劝阻句。例如:

(1)禁止抽烟!/不准随地大小便!(禁止)
(2)您老就别去了。/千万别当回事儿。(劝阻)

例(1)是禁止句,语调短促,不用语气词,经常使用"禁止""不准"等字眼。例(2)是劝阻句,语调舒缓,经常使用语气词"了""啊",经常使用的否定词是"别""不要"等。

(三)肯定形式和否定形式的不对称现象

有些祈使句,既有肯定形式,又有否定形式;而有些祈使句,要么只有肯定形式,没有否定形式;要么只有否定形式,没有肯定形式。例如:

(1)请进来。/请别进来。
(2)千万当心哪。/*千万别当心哪。
(3)*请紧张。/请别紧张。

我们把这叫作祈使句肯定形式和否定形式的不对称现象。造成这种不对称现象的原因在于充当祈使句谓语中心语的词语特点,关键在于它们的褒贬色彩和语义特征。

1. 褒贬色彩的影响

一般地说,褒义色彩的词语,在祈使句中不用否定形式;贬义色彩的词语,在祈使句中不用肯定形式。例如:

	肯定形式	否定形式
褒义	要尊重别人!	*不要尊重别人!
贬义	*请随地吐痰!	不要随地吐痰!

说话人持肯定性评价的事情,一般不会要求别人不去做;而持否定性评价的事情,一般也不会要求别人去做。显然,这是符合语言使用者的一般心理走势的。

2. 语义特征的影响

祈使句中的动词,有的具有[+自主]的语义特征,表示人有意识地通过某个动作来达到某种结果;有的具有[-自主]的语义特征,表示人无意识地发出了某个动作并客观上造成了某种结果。这两种动词在祈使句的肯定形式和否定形式中的表现是不同的。例如:

	肯定形式	否定形式
自主	抓住扶手!	别抓住扶手!
非自主	*冻感冒!	别冻感冒!

有些动词性结构,动作和结果之间的关系是能够由人控制的,这样的结构可以进入祈使句的否定式;动作和结果之间的关系不能人为控制的动词性结构,就不能进入祈使句的否定式。例如:

	肯定形式	否定形式
可控	把窗户打开!	别把窗户打开!
不可控	请听明白!	*请别听明白!

谓语部分带数量结构的祈使句,一般只有肯定形式,没有否定形式。例如:

肯定形式	否定形式
拿一张报纸来!	*别拿一张报纸来!
对他要凶一点儿!	*别对他凶一点儿!

造成这种现象的原因,跟数量短语有关。在肯定式中,说话人要求对方去实施某种动作,可以给予具体的指示,包括数量方面的要求;如果要求对方不做某事,在句中只需要否定那件事,既然事情本身都否定了,那也就无须对数量提出要求了。

四、感叹句

感叹句是抒发强烈感情的句子,它大体上可以分为三类:

1. 直接用叹词构成的感叹句。例如:

(1)哎呀! 哼! 哟! 啊!

2. 感叹句往往带有明显标志,或用副词"多、多么、太、真、好",或用语气词"啊",或使用某些特定词语。例如:

(1)多麻利的手脚!/这人长得真魁梧!/好大的架子!(带语气副词)

(2)校长是我们的贴心人哪!/你这个字写得不错哇!(带语气词)

(3)祖国万岁!/祝老先生寿比南山!(带特定词语)

3. 句子形式在书面上跟一般的陈述句一样,但句尾用了感叹号;口语中语调是先升后降,并且音量加大。例如:

(1)明天是星期天!

(2)爸爸下礼拜就回来了!

从抒发的感情看,可以有惊讶、快乐、悲哀、恐惧、愤怒、厌恶等,可能需要在不同的语境中加以辨析。

练习题

一、指出下列陈述句所带的语气词的作用。

1. 别担心,问题不会太大的。
2. 一年到头,不知为他操多少心呢。
3. 你看,老师来了。
4. 我不想去嘛。
5. 不是大病,头疼脑热罢了。

二、指出下列疑问句的结构类型。
1. 那本书你买了没有?
2. 明天会下雨吧?
3. 你的衣服呢?
4. 你到底去不去?
5. 你到底打算怎么办?
6. 我们是看电影,看话剧,还是看球赛?
7. 你们那儿还有谁要去吗?
8. 你是说谁都可以去吗?

三、请根据疑问句的四个结构类型造句,并把它们变为反问句。

四、请鉴别下列形容词(假设为A),看看它们进入三个不同句法框架的情况。
形容词:客气、公平、热心、自满、努力、谦虚、急躁、胆小、小气、难过、争气。
框架:(1) A 一点儿! (2) 别不 A! (3) 别 A!

五、下列疑问句有什么特殊的作用?
1. 妈妈已经回来了,是吗?
2. 我劝你别胡思乱想了,好不好?
3. 为什么呢? 就图多看几眼。
4. 你是在说他为什么不去吗?

思考题
一、"双重否定"跟疑问句如何结合使用?"三重否定"有什么特殊功能?
二、有人认为"是非问句没有疑问焦点",你同意吗? 为什么?
三、疑问句的疑惑程度有高有低,这跟疑问句的结构有关系吗? 试举例进行比较。

第八节　句法结构中的语义分析

> **学习要点**:掌握句法结构中的语义分析方法,主要是指语义角色、语义指向和语义特征这三种分析法,并且能够运用这些分析法来解释各种句法现象。

句法结构是句法形式和语义内容的统一体。对句法结构不仅要做形式分析,例如句法层次分析、句法关系分析以及句型句类句式分析等,而且还要做种种语义分析。对句法结构的语义分析越全面、越深刻,就越有可能对句法形式上的各种现象给以科学合理的解释。句法结构中的语义分析,主要是指语义角色、语义指向和语义特征三种分析。

一、语义角色

(一) 句法关系和语义关系

在句法结构中,词语与词语之间不仅发生种种句法关系,而且存在种种语义关系。**语义关系是指隐藏在句法结构后面由该词语的语义范畴所建立起来的关系**。句法关系是句法关系,语义关系是语义关系,这两者可能一致,也可能不一致。例如:

(1) 小李吃了/苹果吃了

(2) 吃饭了/来人了

例(1)句法上是主谓关系,语义上,"小李"跟"吃"是"施事——动作"关系,"苹果"跟"吃"是"动作——受事"关系。例(2)是述宾关系,语义上,"吃"和"饭"是"动作——受事"关系,"来"跟"人"是"动作——施事"关系。可见,主语不等于施事,宾语也不等于受事。"主语""宾语"与"施事""受事"属于不同的语义范畴。一种句法结构关系,可能包含着多种语义关系,反之,一种语义关系也可能构成多种句法结构关系。

(二) 动词和名词语义关系的类别

汉语句法结构中的语义关系是多种多样的,句法分析的重点是动词跟名词性词语之间的语义关系,这也叫配价关系,或者格关系。在各种语义关系中,名词性成分担任了一定的语义角色(论元),如"施事""受事""工具""方式"等,这实际上也就是揭示了名词性成分跟动词之间的语义关系。名词性词语经常担任的语义角色主要是:

1. 施事:指动作行为的发出者,也可用介词"被"(叫、让、给)引进。例如:

小牛在吃草/杯子被王华打碎了

2. 受事:指动作行为的承受者,也可用介词"把"(将)引进。例如:

小花猫逮住了一只大老鼠/他把书拿走了

3. 系事:指连系动词连接的主体。例如:

他是学生/陈伟成了一名画家

4. 等事:指连系动词连接的对象。例如:

他是学生/陈伟成了一名画家

5. 与事:指动作行为的间接承受者,也可用介词"给"引进。例如:

他们送母校一幅油画/他还给我一支笔

6. 结果:指动作行为产生的结果。例如:

她在房间里打毛衣/我们学校盖了一幢教学大楼

7. 工具:指动作行为的凭借物,也可用介词"用"(拿)引进。例如:

你吃大碗,我吃小碗/王涛用毛笔在写字

8. 方式:指动作行为进行的方法、形式,也可用介词"以"(用)引进。例如:

明天考口试/他用蝶泳游完全程

9. 处所:指动作发生的处所或起点、终点,也可用介词"在"(从、到)引进。例如:

陈小玉去了师大/我住在二楼

10. 时间:指动作行为发生的时间,可用介词"在"(从、到)引进。例如:

他回家乡过春节/我的课请排在星期五

11. 目的:指动作行为发生的目的,可用介词"为"(为了)引进。例如:

他在筹备展览会/刘玲为考大学在复习

12. 原因:指动作行为发生的原因,也可用介词"因为"引进。例如:

他在外待了一个月避避风头/他爷爷因为肺病住了院

13. 材料:指动作行为所使用的材料,也可用介词"用"引进。例如:

他在给青菜浇水/地板用油漆涂了一层

14. 致使:指动作行为使动的对象,也可用介词"使"引进。例如:

我们要端正学习态度/我们要使环境变得更加环保

15. 对象:指动作的对象,也可用"对"(向)介词引进。例如:

他在教育孩子/对同学们表示感谢

(三) 语义角色的解释力

名词语义角色实际上还有好多种,比如:领事、属事、自事、同源、范围,等等。它可以跟动作直接组合,也可以靠介词引入,因此介词也叫作"格标记"。建立起语义关系的类型,就可以合理解释句法结构内部的复杂情况。动词同名词性词语之间的语义关系是由它们双方共同决定的,同一个动词,与不同的名词性词语搭配就可能产生不同的语义关系。例如:

(1) 吃面条(动作——受事)　　吃大碗(动作——工具)　　吃食堂(动作——处所)
　　吃大户(动作——依据)　　吃包月(动作——方式)

(2) 妈妈在包衣服(施事——动作——受事)　　他们在包饺子(施事——动作——结果)
　　外头包牛皮纸(处所——动作——材料)　　礼品包小包(受事——动作——方式)

同一个名词性词语,与不同的谓词搭配也可能产生不同的语义关系。例如:

(3) 买毛衣(动作——受事)　　　　　　织毛衣(动作——结果)
(4) 打人(动作——受事)　　　　　　　来人(动作——施事)

(四) 名词和名词的语义关系

语义关系还包括名词跟名词的关系。例如:

1. 领属关系:我们的学校/弟弟的书包
2. 处属关系:天上的云彩/室外的温度
3. 时属关系:当时的情况/过去的历史
4. 从属关系:厂长的秘书/同学的妈妈
5. 隶属关系:兔子的尾巴/孔雀的羽毛
6. 含属关系:蔬菜的味道/妹妹的脾气
7. 质料关系:牛皮的坐垫/杉木的扁担
8. 来源关系:中国的留学生/四川的榨菜
9. 种属关系:上级的奖励/四化的目标
10. 相关关系:妹妹的消息/爱情的传说
11. 类属关系:金色的麦浪/人工的心脏
12. 比喻关系:钻石的性格/历史的车轮

二、语义指向

(一) 句法结构和语义指向

语义指向是指句法结构中的某一成分跟其他成分之间在语义上的联系。这种语义联系同句法关系有时一致,有时不一致。例如:

(1) 月亮渐渐升起来了。
(2) 妈妈高兴地点点头。

例(1)中的状语"渐渐"在语法上修饰谓语"升起来",在语义上描写"升起来"的速度,"渐渐"与"升起来"在语法关系和语义关系上是一致的。例(2)中的状语"高兴"在语法上修饰谓语"点点头",但在语义上却指向主语,描写"妈妈"在发出点头动作时的心情,"高兴"的语法功能和语义指向就出现了背离的情况。语义指向分析的重点是分析在结构上没有直接组合关系的语法成分之间的语义联系,即非直接成分之间的语义联系。

(二) 语义指向的类型

1. 补语的语义指向

第一,前指动词。例如:

(1) 你砍快了,慢一点!(=你砍+砍快了)
(2) 我看完了《红楼梦》。(=我看《红楼梦》+看完了)

第二,前指主语。例如:

(3) 我砍累了。(=我砍+我累了)
(4) 我学会了滑雪。(=我学滑雪+我会了)

第三,后指宾语。例如:
(5) 我们砍光了树再休息。(=我们砍树+树光了)
(6) 他一连发出界两个球。(=他一连发两个球+两个球出界)

第四,前指"把"的宾语。例如:
(7) 把刀都砍钝了。(=用刀砍树+刀钝了)
(8) 他把牙都吃坏了。(=用牙吃+牙坏了)

2. 状语的语义指向

第一,后指中心语。例如:
(1) 血压急剧下降。
(2) 我经常打乒乓球。

第二,前指主语。描写动作者在进行某一动作时的表情、姿态、心理状态等。例如:
(3) 祥子青筋蹦跳地坐下。(祥子青筋蹦跳)
(4) 四凤胆怯地望着大海。(四凤胆怯)

第三,后指宾语。例如:
(5) 花也很多,圆圆的排成一个圈,不很精神,倒也整齐。(排成一个圆圆的圈)
(6) 横七竖八地躺满了十六七个"猪猡"。(躺满了十六七个横七竖八的"猪猡")

第四,前指介词"把"的宾语。例如:
(7) 我把王群满意地打发走了。(王群满意)
(8) 师傅们把水泥行条和楼板纵横交错地堆放在一起。(水泥行条和楼板纵横交错)

3. 定语的语义指向

第一,后指中心语。例如:
(1) 他昨天买了件羊皮大衣。
(2) 我要好好地逛一逛美丽的西湖。

第二,前指主语。例如:
(3) 他做了一个惬意的梦。(=他做了一个梦+他惬意)
(4) 我过了一个愉快的暑假。(=我过了一个暑假+我愉快)

第三,前指述语。例如:
(5) 陈小平看了一天的书。(=陈小平看书+看了一天)
(6) 孙静在家等了一上午的电话。(=孙静在家等电话+等了一上午)

(三) 语义指向的解释力

有些句法结构的情况比较复杂,语义指向可以合理解释句子成分之间的关系。例如:
(1) 王冕死了父亲。(王冕的父亲死了)
(2) 苹果吃了三个。(苹果中的三个吃了)
(3) 孩子被奶奶抱进了大门。([奶奶抱孩子]进了大门)
(4) 奶奶哭瞎了眼睛。(奶奶哭+奶奶的眼睛瞎了)

语义指向的分析还可以帮助我们解释某些歧义现象。例如:
(5) 陈斌最喜欢游泳。
(6) 她又买了一件毛衣。

例(5)这句话如果是针对"许多人都喜欢游泳"这一情境来说的,那么"最"语义指向"陈斌";如果这句话是针对"陈斌喜欢许多项运动"这一情境来说的,那么"最"语义指向"游泳"。例(6)情况更为复杂,我们也可以通过设置语境的方法来加以分析:

a. 我买了一件毛衣,她又买了一件毛衣。("又"语义指向"她")
b. 她已借了一件毛衣,她又买了一件毛衣。("又"语义指向"买")
c. 她已买了两件毛衣,她又买了一件毛衣。("又"语义指向"一件")
d. 她已买了一件皮衣,她又买了一件毛衣。("又"语义指向"毛衣")

三、语义特征

(一) 词语搭配和语义特征

词与词在选择搭配时既有一定的语法限制,也有一定的语义限制。这种语义限制实际上就是词与词在语义成分上的适应性,如果没有这种语义的适应性,句法结构便不能组合起来。这种适应性,实际上就是语义特征的限制。**词语中符合某种组合选择的有区别性特征的最小语义成分就是语义特征。**例如,"揉"这一动词要求与之搭配的受事词语必须具有[+固体]、[+柔软]这样的语义特征,"衣服""皮肤""面团"同时具有这两个语义特征,因此可以同"揉"这一动词搭配,但"泉水"不具备[+固体]语义特征,"石头"不具备[+柔软]语义特征,因此它们都不能与动词"揉"搭配。再比如,助词"着"表示动作或状态的持续,因此只有具有[+持续]语义特征的动词才能带助词"着"(唱着、跳着、听着),而不具有[+持续]语义特征的动词不能带助词"着"(*他正到着、*会议开始着)。

(二) 句式构成和语义特征

不仅词与词的组合涉及语义特征,某些句式的使用也涉及语义特征。例如,"NP了"句式中的"了"表示出现新的情况,它要求前面的NP必须具有[+推移性]特征,换言之,只有具有[+推移性]的NP才能进入"NP了"句式。所谓具有[+推移性],是说NP表示的概念是由相对的概念推移而来的,有一个发展序列的存在。例如:

(1) 大孩子了,也该懂点礼貌!(小孩子→大孩子)
(2) 军长了,不能随便表态!(团长→师长→军长)
(3) 都三十几岁的人了,做事要有头脑!(十几岁的人→二十几岁的人→三十几岁的人)
(4) 都21世纪了,观念还这么落后!(19世纪→20世纪→21世纪)

不具备[+推移性]的NP无法进入"NP了"句式。例如:

(5) *孩子了,也该懂点礼貌!
(6) *人了,做事要有头脑!

(三) 语义特征的解释力

有些结构形式完全相同的句子却有不同的变换式,对这种现象可以从语义特征上加以解释。例如:

A	B
台上坐着主席团	台上唱着戏
身上盖着毯子	外头下着雨

这两组句子词语序列相同,内部的结构层次、结构关系也相同,都是:

名(处所) + 动 + 着 + 名(人或事物)
|__主__| |__谓_____|
         |__述__| |__宾__|

但A组句子与B组句子的变换式却正好相反:

(1) 台上坐着主席团→主席团坐在台上→*台上正在坐着主席团
(2) 身上盖着毯子→毯子盖在身上→*身上正在盖着毯子
(3) 台上唱着戏→*戏唱在台上→台上正在唱着戏
(4) 外头下着雨→*雨下在外头→外头正在下着雨

A组句子和B组句子的变换式不同,反映出这两组句子具有不同的语法意义:A组句子表示"存在",说明事物的位置,着眼点是空间;B组句子表示动作行为的持续,着眼点是时间。其主要原因,就在于这两组句子中的动词具有不同的语义特征:

A组句子的动词"坐、盖"等,虽然具体意义各不相同,但都具有[+附着]这一语义特征,就是说,都含有"附着于某物"的意思;使得A组句子表示"存在"的意义。

B组句子的动词"唱、下"等,则不具备[+附着]这一特征,但具有[+持续]特征,使得B组句子表示"进行"的意思。

通过语义特征分析,还可以解释某些同形结构产生歧义的原因。例如:

(1) 倒了一杯水

(2) 烧了一车炭

例(1)可以理解为"倒掉"或"倒上",例(2)可以理解为"烧掉"或"烧得",关键就在于动词的语义特征的不同:"倒1"和"烧1"具有[+去掉]语义特征,"倒2"和"烧2"具有[+获得]的语义特征。这就比较合理地解释了造成这类歧义现象的原因。

不仅动词的语义特征很重要,名词的语义特征也同样重要。例如:

(3) 烧了一张纸。

(4) 烧了一壶水。

同样是动词"烧",但是跟"纸"组合,就只能够理解为"烧掉",因为"纸"具有[+可燃性],如果跟"水"组合,就只能够理解为"烧得",因为"水"具有[-可燃性]。这是名词的语义特征制约了句子的语义。

练习题

一、指出下列语句中加点的名词性成分所担任的语义角色。

1. 售票处围满了人,大家都在挤电影票。
2. 昨天我买了一部词典。
3. 他家去年盖了一幢小楼。
4. 李老师退休时赠给学校图书馆一批书。
5. 他是跳舞明星,他会跳探戈。
6. 这个小店方便了周围的群众。
7. 食堂我吃不惯,我还是在家里吃。
8. 陈朗用红木打了一套家具。
9. 这件事他有他的想法。
10. 他对我说了许多大道理。

二、分析下列语句中加点的词语的语义指向。

1. 有一天,他在饭店里喝醉了酒。
2. 你干得太快了。
3. 老师傅手把手教会了两个徒弟。
4. 他在院子里深深地挖了一个坑,栽了一棵树。
5. 他把各种书籍杂乱无章地放在书架上。
6. 妈妈给儿子找了一件干净的内衣。
7. 我走了一大段冤枉路。
8. 我们忽然发现了老虎。
9. 这篇论文可把我写苦了。
10. 孙梅一听到这个消息慌慌张张地转身就走。

三、同样一个动词"考",可以说:考大学、考研究生、考数学、考笔试、考五分,请分析它们的语义关系。

四、"老张有辆新车很得意""老张有条小狗很聪明"没有歧义,而"老张有个女儿很骄傲"则有歧义,请运用语义指向以及语义特征分析法作出解释。

五、我们可以说:"谦虚点儿""老实点儿""灵活点儿",但是,不能说:"健康点儿""伟大点儿""高尚点儿"。为什么?试运用语义特征分析法作出解释。

六、请举例说明带"得"的述补谓语句,补语的语义指向分别指向谓语、主语和宾语的情况。

七、请运用语义指向的分析法分化下列歧义结构。

1. 他不吃面条。
2. 国王的脾气你也知道的。

思考题

一、除了教材所介绍的动词与名词15种常用的语义关系之外,请参考其他语法书,再举例介绍6种以上语义关系。

二、请分析一下"今年又是一个丰收年"的语义指向。"又"指向哪里?

三、"厂里有一辆车"是歧义的,请用语义特征分析法解释其中的道理。

第九节 歧义结构与框式结构

> 学习要点:了解汉语歧义格式的基本类型及其分化方法,重点是由于句法结构层次、关系不同以及语义指向、语义角色不同而引起的歧义。熟悉汉语框式结构的类型及其特点,并且能够进行分析。

一、歧义结构

歧义现象是指一个语言片断可以作两种或两种以上的语义理解。歧义又叫做"同形",一个着眼于内容,一个着眼于形式。歧义必须以同形作为前提,不同形就无所谓歧义。深入了解歧义现象,并且能够进行分化,将有助于我们加深对汉语句法结构复杂性、精细性的理解,同时,对掌握句法结构以及语义结构的分析方法也很有帮助。

汉语里的歧义现象种类繁多,可以从不同的角度进行分析。按照歧义现象存在的方式,可以先把它分为口头歧义和书面歧义。口头歧义主要是由同音词造成的。例如:

(1)你qīzhōng考试考得怎么样?(期中/期终)
(2)岸边停着一艘yóuchuán。(游船/油船/邮船)

书面歧义比较复杂。从歧义所产生的根源来分析可以分为词汇歧义和组合歧义。词汇歧义主要是由词的多义而引起的。例如:

(3)他已经走了两个小时了。(行走/离开)
(4)午饭他没有吃菜。(蔬菜/菜肴)
(5)我去上课。(讲课/听课)
(6)这些人多半儿是清华大学的学生。(超过半数/大概)

组合歧义是在句法组合中产生的歧义,它又可以分为语法组合歧义和语义组合歧义两种,每一种都包含若干更小的类型。

(一)语法组合歧义

1. 词类不同。例如:
(1)饭不热了。(形容词/动词)
(2)自行车没有锁。(副词/动词)
(3)这篇文章你给我看看。(动词/介词)

(4) 他爬过那座山没有？（趋向动词/动态助词）

2. 词和短语同形。例如：

(1) 刘英要煎饼。（名词,一种食品/述宾短语,指"把饼煎一煎"）

(2) 存粮多一点好。（名词,指"储存的粮食"/述宾短语,指"储存粮食"）

3. 结构关系不同。又可分为：

　A. 述宾关系或偏正关系

　　　进口彩电　　学习文件　　表演节目　　复印材料
　　　出租汽车　　预约日期　　出土文物　　研究方法

　B. 偏正关系或联合关系

　　　学校医院　　奶油面包　　文学语言　　生物化学

　C. 同位关系或偏正关系

　　　他们部队　　你们学校　　我们工厂　　咱们剧团

　D. 述宾关系或述补关系

　　　想起来　　说下去

　E. 偏正关系或主谓关系

　　　生活困难　　文字规范　　语音标准　　食堂卫生

4. 结构层次不同。例如：

```
     现代 战争 小说              一个 学生 的 建议
a.  | 偏 |   正   |         a.  |   偏   |  正  |
         | 偏 | 正 |                 | 偏 | 正 |

b.  |  偏  |  正  |          b.  |  偏  |   正   |
    | 偏 | 正 |                         | 偏 | 正 |
```

结构层次不同往往也伴随着结构关系不同：

```
    发现 敌人 的 哨兵              他们 三个 一组
a.  |   偏   |  正  |         a.  |  主  |  谓  |
    | 述 | 宾 |                    | 同 | 位 |

b.  | 述 |    宾    |         b.  |  主  |  谓  |
         | 偏 | 正 |                      | 主 | 谓 |

    安徽和江苏的部分地区            布置 好 房间
a.  |   偏   |  正  |         a.  |  述  |  宾  |
    | 联 | 合 |                    | 述 | 补 |

b.  |  联  |   合   |         b.  |  述  |  宾  |
         | 偏 | 正 |                     | 偏 | 正 |
```

结构层次不同、结构关系不同有时也涉及词性不同的问题：

```
    没有 买票 的              没有 买票 的
a.  | 述 | 宾 |           b.  | 的字结 | 构 |
```

在 a 种切分中,"没有"是动词;在 b 种切分中,"没有"是副词。

（二）语义组合歧义

1. 语义角色不同。例如：

（1）这个人谁都不认识。（"这个人"既可能是施事，也可能是受事）

（2）开刀的是他的父亲。（"他的父亲"既可能是施事，也可能是受事）

（3）汽车运走了。（"汽车"既可能是受事，也可能是工具）

（4）提拔团长。（"团长"既可能是受事，也可能是结果）

2. 语义指向不同。例如：

（5）他在车厢上贴标语。

状语"在车厢上"语义可以指向"他"，原句可以分析为"他在车厢上，他贴标语"；也可以指向"贴标语"，原句意思是"他贴标语，标语在车厢上"。又如：

（6）我们学校就去了二十几个人。

"就"语义指向"我们学校"时，全句意思是说去的人多；"就"语义指向"二十几个人"时，全句意思是说去的人少。

（三）消除歧义

在言语交际中，真正能产生歧义的句子并不多见，这是因为我们可以运用一定的手段、利用一定的条件来消除歧义。消除歧义的手段大致有以下几种。

1. 借助语音差异

A. 轻声。轻声可以帮助区别词性和词义，有时还能区别不同的语法关系。例如：

（1）他爬过山没有？

（2）我想起来了。

例（1）"过"读去声（guò）是趋向动词，读轻声（·guo）是动态助词，意思不一样。例（2）"起来"读"（qǐ lái）"，与"想"构成述宾关系，全句意思是"我不想睡了"；读轻声（·qilai），与"想"构成述补关系，全句意思是"我刚才忘了，现在记起来了"。

B. 重音。重音可以显示强调的重点，利用重音可以明确语法成分的语义指向。例如：

（1）ˈ他最喜欢游泳。（"最"语义指向"他"，句义为"那些人中，他最喜欢游泳"）

（2）他最喜欢ˈ游泳。（"最"语义指向"游泳"，句义为"那些运动中，他最喜欢游泳"）

C. 停顿。停顿可以起到显示结构层次的作用。例如：

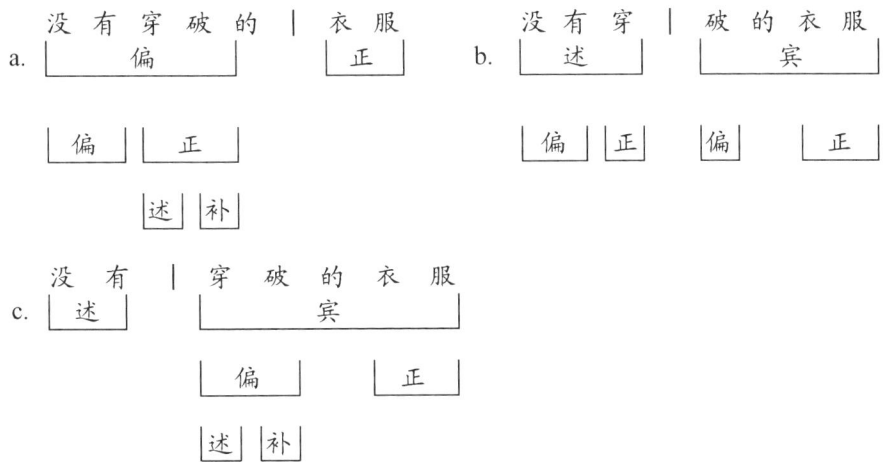

2. 借助改换词语或改变句式

A. 改换句法结构中的某个关键性词语，往往可以消除歧义。例如：

（1）a. 参加会议的有三个医院的领导。（有歧义）

　　b. 参加会议的有三所医院的领导。（无歧义）

　　　　c. 参加会议的有三位医院的领导。(无歧义)
　B. 改变句法成分的次序,也可以消除歧义。例如:
（2） a. 安徽和江苏的部分地区遭受了水灾。(有歧义)
　　　b. 江苏的部分地区和安徽遭受了水灾。(无歧义)
（3） a. 这个人谁都不认识。(有歧义)
　　　b. 谁都不认识这个人。(无歧义)
　C. 变换句式,以消除歧义。例如:
（4） a. 台上摆着酒席→酒席摆在台上
　　　b. 台上摆着酒席→台上正在摆着酒席

（四）借助语境

1. 利用句子内部词语的语义制约,这样有歧义的短语一旦进入句子绝大多数就消除了歧义。例如:
（1） a. 发现敌人的哨兵。(有歧义)
　　　b. 他就是那位发现敌人的哨兵。(无歧义)
　　　c. 我们在前方不远处发现敌人的哨兵。(无歧义)
2. 利用上下文的语义制约,这样也能够消除有歧义的句子。例如:
（2） a. 鸡不吃了。(有歧义)
　　　b. 鸡不吃了,钻到鸡窝里去了。(无歧义)
　　　c. 鸡不吃了,我已经吃饱了。(无歧义)
3. 利用交际时具体语境的制约,包括说话时具体的对象、场景、身份等,这些都对说话的内容起到了限制作用,例如:在饭店里,一位顾客落座后对服务员说:"我要炒肉丝。"很显然,这句中的"炒肉丝"指的是一道菜,决不会理解为他要去炒肉丝。再如,一个小学生背着书包出门时对奶奶说:"我去上课了。"这话也不会产生误解,他奶奶绝对不会认为他是去讲课。

二、框式结构

（一）框式结构的界定

"框式结构"是一种比喻性的名称,例如:吃你个头、越吃越香、一说就跳;多了去了;一针一线、没日没夜、半人半鬼;非你不行;想叫就叫、说走就走;连小孩子也懂。这是超脱于词、短语、句子层面的一种特殊构式类型。

典型的框式结构,指前后有两个不连贯的词语相互照应,相互依存,形成一个框架式结构,具有特殊的语法意义和特定的语用功能。 如果去除其中一个(主要是后面一个),该结构便会散架;使用起来,只要往空缺处填装合适的词语就可以了,这比起临时组合的短语结构具有某些特殊的优势。就好比现代化的楼房建造,常常采用的框式结构一样,简便、经济、实用、安全。

汉语框式结构的特点主要有三点:

1. 它们都由不变成分以及可变成分两部分组成。不变成分构成"框架",起到定位以及标记作用,识别率特别高;可变成分是可供选择、替换的"变项",因此整个框式结构具有一定的生成能力。

2. 具有整体性的特殊语法意义。框式结构的结构意义,不是组合成分语义的简单相加,而往往产生出新的意义,这一新义是该框式结构整体拥有的,是在长期使用中形成的,换言之,不能直接从几个成分语义中推导出来。

3. 跟语境结合紧密,表示特定的语用功能。框式结构在语言交际使用方面具有特殊的功能,往往用来表示某种感情色彩或者特定语气,是普通短语无法承担的。多数带有强烈的口语色彩。

第一条是句法形式标准,不变项和可变项必须同时存在;第二条是语义辅助标准,必须有特殊的构式语法意义;第三条是语用参考标准,需要结合特定的语用功能以及感情色彩等。三者是统一的,缺一不可。当然,并非每个框式结构都能够充分显示这三个特点,因为它们语法化发展的进程存在着差异,所以事实上不同的框式结构在这些特点上,存在程度上的区别。这种框式结构表现出显著的优点:A. 构式义鲜明而且特殊,一般短语句子无法替代;B. 能产性旺盛而且简便,易学易记易用;C. 生动形象,朗朗上口,老百姓喜闻乐见,在口语中尤其流行。

(二)框式结构的类型

框式结构按照它们的结构形式特点可以分为以下四个类型:

1. 双项双框式,也就是单体封闭式。所谓双项是指有两个前后可变项;所谓双框是指不变项也有前项和后项两个,这是最典型的框式结构,结构紧凑,例如:为A所B、连A带B、又A又B、一A不B、说A就A等。还有一种类型,是前后照应式。由半独立的前和后两个框架构成,缺一不可,可变项也有两项,分别出现在前框架和后框架。例如:A也好,不A也好;与其A,不如B;宁可A,也要B;A是A,B是B。

2. 单项双框式,也就是插入式。一个由非连续的前项后项构成的框架内只插入一个可变项,例如:一A了之,替A说话,拿A来说,有没有A头,看把A说的,对A来说,还A呢。

3. 双项单框式。框架只有一项,而可变项则为同形的两项,分别在框架的前后。例如:A就是A、A中的A、A什么A。

4. 单项单框式。框架只有一项,而可变项也只有一项,可能在框架项之前,或者之后。例如:都是A、到底是A。

其中,1、2两类都属于"典型框式结构",因为有双项框架,或者双式框架,形式特点清晰;第3类虽然只有一个框架,但是由于可变项前后同形,形式标记也比较清楚,可看作"准典型框式结构";第4类属于"非典型框式结构",因为不仅框架只有一个,可变项也只有一个,所以不易判别。

(三)框式结构的语法意义

框式结构往往言简意赅,形式相对简略,语义比较特殊。**框式结构的结构义,不等于各个部分成分语义之和。换言之,**框式结构的结构义是结构整体拥有的,是语义增值的结果。比如"没A没B"的语义不等于"没A"加上"没B"。换言之,不是简单的并列关系,不是一般的双重否定,而是格式赋予它新的含义,起到强调凸显的作用,显示了说话人的主观意图,语义发生了增值。

1. A、B属于同义或近义关系

同义或近义关系的AB常常还是一个词语,构成的"没A没B"格式凸显其程度特别高。例如:

(1)停车场里是露天的,没遮没拦,有一段很长的日照时间。

"没遮拦"只是客观陈述而已,"没遮没拦"着重强调"没有遮拦"的程度高,带有强烈的主观性,属于"加合否定"。

2. A、B为反义名词

该构式实际上不是否定A和B本身,而是表示不分A、B,言外之意是违背常规,有悖常理,显示一种异常的情况。例如:

(2)我们做生意买卖的人,说句老实话,也是不容易的,整天跑来跑去,没早没晚的。

"没早没晚"并不是说真的没有早上和晚上,实际上表示的是"不分早晚",言下之意就是违背常理,连续作战。这可以叫作"派生否定"。

3. A、B为反义形容词

该构式表示应该区别A或B而没有能够区别,暗含责怪义。例如:

(3)他认为,国有企业之所以搞不好,就在于没大没小、没老没少。

"没大没小、没老没少"从字面上看是既没有大也没有小,既没有老也没有少的意思,可是实际上是说,该大的时候没大,该小的时候没小,这叫作"深层否定"。

4. 框式结构的语用特色

框式结构在语言交际使用过程中,往往显示出独特的语用特色。主要是:

(1)语义偏移的贬义倾向

大部分的框式结构应该说是无所谓感情色彩的,也就是说,没有褒贬倾向。但是我们也发现了部分框式结构具有比较明显的贬义倾向。比如：睡什么睡！还大学生呢！你才低级呢！都是他那能干的爸爸！当然也有少数褒义的,比如"高手中的高手"。

（2）话语策略和技巧

框式结构还常常具有特别的语用效果,在修辞上显示自己的特色。比如假性策略性判断"不是 A 而是 B"（我卖的不是面条,是文化；我吃的不是面条,是眼泪）跟非真值判断完全不同（我卖的不是面条,是饺子）。

（3）框式结构的主观性

主观性是框式结构比较重要的特点。例如：

爱说不说　吃就吃吧　核心中的核心　都八点了

睡什么睡　还大学生呢　吃你个头

这些框式结构无不显示强烈的主观色彩,正因为如此,所以在插入可替换的变项时,就有一个可接受度的问题。比如"连 A 也/都 B",在肯定式里,(B + A)的可能性越是小,该框式结构的接受度就越高；反之,可接受度就越小。例如：

（1）？他连小孩子也/都敢得罪。

（2）他连长辈也/都敢得罪。

（3）他连小孩子也/都不敢得罪。

（4）？他连长辈也/都不敢得罪。

显然,例（2）比例（1）的可接受度高。因为"得罪""小孩子"应该是轻而易举的,而"得罪""长辈"则大为不恭,是不允许的。在否定式中,则恰好相反,同理,例（3）比例（4）的可接受度高得多。可见,框式结构的可变项,不仅要满足句法的、语义的需求,还要满足交际认知的需求。

练习题

一、指出下列语句产生歧义的原因（即指出其歧义类型）。

1. 保留意见。

2. 研究老舍的文章。

3. 部分被侵占的国家。

4. 陈玲是前年生的孩子。

5. 我准备了一年的粮食。

6. 他们就订了五份杂志。

7. 我们小组讨论。

8. 钱华到这里工作才一个月,好多人还不认识。

9. 追得我满头是汗。

10. 他让老婆狠骂了一顿。

二、下面语句有的有歧义,有的没有歧义。有歧义的,请利用变换手法改变语句的形式来分化歧义。

1. 通知学生的条子。

2. 击溃了敌人的主力部队。

3. 他借了我十块钱。

4. 他哪儿都不去。

5. 做这种工作,老陈要考虑考虑。

6. 喜欢的是他的妹妹。

7. 他说那个没用。

8. 中东石油价格上涨了。

9. 小张不要了。

10. 我买了一本关于航海的书。

三、"不要打电话"可能有四种意思,分别由结构层次、结构关系的不同和词义的不同所引起,请予以分化。

四、下面的歧义是因为语义关系不同而引起的,请予以分化:

相信的是傻瓜、扮演的一位名演员。

五、"他连100分也考到了"以及"他连一条鲸鱼都钓到了"都是可以接受的。但是"他连1分也考到了"以及"他连一只小虾都钓到了"则不大能够接受。反之,"他连1分也没有考到"以及"他连一只小虾都没有钓到"都可以接受,但是"他连100分也没有考到"以及"他连一条鲸鱼都没有钓到"则是不大能接受的。说说为什么?

六、请分析"非 A 不 B"框式结构的语法意义:A. 非打官司不可。B. 钱非还不可。C. 这样做非乱不可。

七、杭州有家著名的饭店"楼外楼",其结构式是"A 外 A",你能再举几例类似的名称吗?

思考题

一、分析、研究歧义现象对学习现代汉语语法有什么作用?举例说明。

二、巧妙地运用歧义,可以产生特殊的艺术效果,你能够举一些例子吗?

三、请自己动手搜集一些例子再归纳出一两种新的歧义格式,并略加分析。

四、歧义还有一种类型,即由于语境而引起的歧义,比如"这个苹果是进口的!"你能够举出一些例句来吗?

五、"玩你个头!"这种框式结构,你能够接受吗?你的方言里有这类说法吗?在口语交际里还有什么变化?

六、框式结构与新的构式理论有相通之处吗?说说你的看法。

第十节 认知解释与动态变化

> 学习要点:掌握句法语义的认知解释最主要的三个原则与方法:1. 原型范畴;2. 象似性原则;3. 图形与背景。树立语言动态发展的基本观念,包括历史动态、接触动态以及交际动态。重点了解句子在语言交际中的动态变化,包括移位、省略、插入和追补等。

一、认知的三个原则与方法

语言活动受人类心理机制的制约,因此有许多普遍的规律,但由于语言类型上的差异,不同的语言也会表现出不同的特点。所以认知规律既有普遍性,也有特殊性。比如,欧美人在写信封时,总是遵循从小到大的顺序;而中国人则反其道而行之,从大到小排列。这就显示了欧美人跟中国人在认知上的差异。试比较:

Pro. Li De Department of Translation The Chinese University of Hong Kong

香港 香港中文大学 翻译系 李德教授

对语法现象和语法规律,我们不但要描写,还要解释。即不仅知其然,而且要知其所以然。不仅理解这是什么,而且知道这是为什么。最重要的解释就是对句法结构及其语义关系进行认知上的解释。

(一)原型范畴

科学研究,离不开分类,我们研究语法,就需要给词、短语、句子进行必要的分类。分类就需要有一定的可操作的标准。但是,我们所制订的标准,不论如何精细,如何准确,总会产生这样那样的问题。例如汉语里,名词和动词的界限似乎比较清楚,帽子、书包、树木、房子……都是名词,走、吃、打扫、敲打……都是动词。但是实际上还是有一些词语,很难归类,比如:

	动宾	偏正1	偏正2
（1）	学习英语	学习园地	理论学习
（2）	演出话剧	演出人员	文艺演出
（3）	研究科技	研究水平	历史研究
（4）	调查事故	调查表格	农村调查

"学习、演出"等既可以带宾语，也可以修饰名词做定语，还可以接受名词修饰，那么这些词到底是动词，还是名词？还是名动词？这说明，"帽子、书包"等属于典型的名词，"走、吃"属于典型的动词。而"学习、演出"等就不是典型的名词或动词。

在自然界，同样也存在这样的情况，麻雀、燕子是典型的鸟类，而鸵鸟、鸡、鸭就不是典型的鸟类。因此，我们在给语言成分或现象分类时，首先需要树立起"原型范畴"，建立起核心的成员集合。**所谓原型范畴是指具有该类范畴典型属性和特点的成员的集合**。在原型和非原型之间没有不可逾越的鸿沟，从最典型成员到最不典型成员，按照典型程度的高低逐步过渡，从而形成一个连续统。

有部分名词，可以直接受动量词修饰，叫做"动量动态名词"。例如：

（1）一阵雨　一阵风　一阵雪
（2）一顿饭　一顿点心　一顿皮鞭
（3）一场球赛　一场战争　一场京剧
（4）一次宴会　一次灾难　一次机会

还有部分名词，可以带着"前""后"，表示动作行为的时间，叫做"时间动态名词"。例如：

（5）雨前——雨后　球赛前——球赛后
（6）饭前——饭后　战争前——战争后
（7）会前——会后　假期前——假期后

还有部分名词，可以进入"正在……之中"的框架，叫做"进行动态名词"。例如：

（8）球赛正在进行之中　战争正在进行之中
（9）会议正在进行之中　手术正在进行之中

尽管"风、雨""战争、球赛"以及"会议、手术"等都是名词，但是它们的属性实际上还是跟一般的典型名词有区别。根据以上的分析，我们可以建立起一个名词动态性程度的连续统，假设从 A 点到 E 点，为一根横轴，中间可以分为 B、C、D 三个点。

静态	100	75	50	25	0
	A	B	C	D	E
动态	0	25	50	75	100

A 是典型的静态名词[静态 100% 动态 0]，E 是典型的动词[静态 0　动态 100%]，静态因素跟动态因素互为消长：当静态成分增长，相应的动态成分就减少；当动态成分增长，相应的静态成分就减少。

原型范畴以典型成员为核心，它的外围，实际上排列着程度不等的非典型成员，这将有助于我们认识到在两个或几个典型集合之间存在着过渡地带。这样我们在给语法成分或者语法现象分类时就可以采取柔性处理，而不是刚性处理。

（二）象似性原则

世界上事物与事物之间往往存在某种联系，其中很重要的一个联系就是象似性，即**两个事物之间，或者某部分外形，或者某种属性，或者某种特点比较相似，我们就把这种联系称之为象似性关系**。我们在认识某个事物时，往往利用凸显的事物去认识比较隐蔽的事物，利用已知的事物去认识未知的事物。借助于象似性原则，我们主要采用了转喻和隐喻的方法。

转喻：依赖于 A 和 B 的临近性与关联性，把 A 看作相关的 B。属于同一个认知域的转指，用局部指称整体,用来源指称结果等。比如一个国家的首都往往是该国的政治中心、经济中心、文化中心,也是政府的所在地,所以,用首都来替代整个国家是个惯例,好比"国际上非常重视北京的声音",其中的"北京"实际上就是指代中国。再如:

(1) 我们去吃火锅。

(2) 靠山吃山,靠水吃水。

"火锅"指代的是"火锅"里的食物。"山""水"指代的是依靠"山"和"水"所获得的食物。

隐喻:利用具体、生动、常用、熟悉的概念来隐喻比较抽象、陌生、难以理解的概念。比如把利好的股市叫作"牛市",把不景气的股市叫作"熊市"。再比如有关军事的说法转述到一般工作中来:体育战线、科学堡垒、抗旱第一线、第三梯队等。最明显的是把空间隐喻为时间。例如:

(3) 春节即将到来。

(4) 冬天已经来临,春天还会远吗?

(5) 唱起来 唱下去 醒过来 昏过去

"春节""冬天""春天"都是时间概念,搭配的谓词却是"到来""来临""会远吗"。"唱起来"的"起来"表面上是空间关系,表示的却是时间因素"开始";"唱下去"的"下去"表面上也是空间的移动,表示的却是时间的"持续"。

(三) 图形与背景

我们感知两个事物之间的空间关系时,往往把一个事物 A 作为直接对象"图形",而把另外一个事物 B 当作"背景"。图形又叫"目的物",背景又叫"参照物"。图形的特点是:凸显的、较小的、居于中心位置的、可移动的、容易引起注意的、容易辨认的;而背景的特点是:不凸显的、较大的、居于边缘位置的、静态的、不容易引起注意、不容易辨认的。但是,两者也不是绝对的,在一定条件下,可以转换,比如右图:

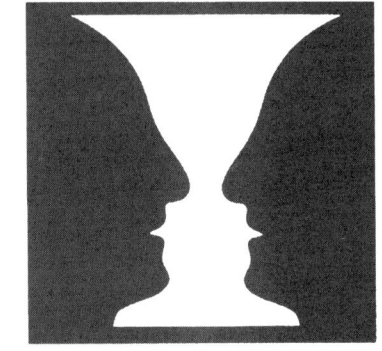

如果我们注意白色部分,就会看到一个花瓶,如果我们注意的是黑色部分,就会看到两个面对面的人像。它们互为图形和背景。

我们观察事物,可以从图形到背景,也可以从背景到图形。这里显然存在两种不同的途径。例如:

(1) 亭子在湖中心。   人造湖在公园中央。

(2) 旅游团住在度假村里。   度假村坐落在山脚下。

(3) 湖中心有个亭子。   公园中央有个人造湖。

(4) 度假村里住着旅游团。   山脚下建了个度假村。

例(1)和例(2)是图形(亭子、人造湖、旅游团、度假村)在前,再引出相应的背景(湖中心、公园中央、度假村里、山脚下);例(3)和例(4)恰恰相反,先引进背景,再出现图形。通常存现句是"图形——背景",有字句是"背景——图形"。

图形与背景有的可以转换,有的不能转换。例如:

(1) 小学在超市的右边。——超市在小学的左边。

(2) 跳水台在游泳池左边。——*游泳池在跳水台右边。

例(1)可以转换,属于对称关系,图形与背景构成"互衬位置"。例(2)却不可以转换,属于不对称关系,图形与背景构成"单衬位置"。

汉语的结构组合实际上存在着背景往往先于图形出现的趋势。这也就是为什么偏正短语中,定语、状语总是在前,中心语总是在后的道理。偏正短语的排列往往是"背景——图形"。显然,认知语法为我们深入认识汉语语法的特点提供了有力的武器,它可以帮助我们解释种种语言现象。

二、动态变化

有关句子的句型、句类以及句式分析,其实还只是一种静态的分析,句子一旦使用,在交际过程中还会根据实际需求产生一些有趣的变化,例如:移位、省略、插入和追补等。对这种变化的分析,就需要具备一种动态观念,即把句子看作是一个永远处于变化过程中的语言交际单位。

(一) 移位

通常情况下,汉语的语序是固定的,比如主语在谓语的前面,述语在宾语的前面,修饰语在中心语的前面,补语在述语的后面。口语交际时为了表情达意的需要,或由于其他原因,常常改变这种常规语序,变成谓语在主语前面,宾语在述语前面等。**这种改变句子常规语序,但句法结构不变,语义关系也基本不变的现象称为移位。**

1. 口语移位的特点

移位现象在口语里很普遍。口语里的移位句具有下列特点:

第一,移位句中被移位的两个部分可以还原,还原以后句子的意思不变。例如:

(1) 喜欢吗,你?→你喜欢吗?
(2) 他来了吧,大概。→他大概来了吧。

第二,移位句的语义重心在前置部分上,后置部分不会成为强调的对象,只是带有注释或补充的性质。因此,语句的重音就在前置部分上,后置部分轻读;书面上两部分之间一般用逗号隔开。

第三,句末语气词一定要附加在前置部分的后面,而不能在后移部分之后出现。例如:

(3) *喜欢,你吗?
(4) *他来了,大概吧。

2. 口语移位的类型

A. 主语和谓语的移位。各种谓语基本上都可以移位,放到主语的前面,构成移位句。这类移位现象多见于疑问句、感叹句和祈使句。例如:

(1) 甜不甜,这瓜?
(2) 东北人,他?
(3) 别哭了,你!
(4) 什么事都不懂,这孩子!

B. 述语和宾语的移位。因为往往还涉及主语,因此有三种情形:

第一,在主语省略句中,述语和宾语移位。例如:

(1) "你想喝点什么?""咖啡,喝点儿。"(→喝点儿咖啡。)
(2) "你打算怎么办?""再试一次,打算。"(→打算再试一次。)

第二,在主谓句中,述语后移。例如:

(3) 我一个人去旅游,准备。(→我准备一个人去旅游。)
(4) 我们去一趟桂林,打算。(→我们打算去一趟桂林。)

第三,在主谓句中,宾语前置。例如:

(5) 一切都是天意,我以为。(→我以为一切都是天意。)
(6) "我应该找谁?""我们的班主任,你应该找。"(→你应该找我们的班主任。)

C. 状语和中心语之间的移位。这有两种情况:

第一,状语后置,能后置的仅限于某些副词和某些介词短语充当的状语。例如:

(1) 你看电影了,又?
(2) 我不想去,反正!
(3) 你有什么意见,对这个计划?
(4) 我见过他一回,在春节。

第二,谓语中心语前置。例如:

(5) 回家了,他们已经。
(6) 正在打电话,她跟家里。

D. 述语和补语之间的移位。带"得"的述补短语里的述语和补语也能发生移位。例如：
(1) 都不知道自己姓什么了，美得。
(2) 腰都弯了，她累得。

E. 连谓短语内部谓词性成分之间的移位。例如：
(1) 他赶集去了，骑自行车。（→他骑自行车赶集去了。）
(2) 你通知他一声，打电话。（→你打电话通知他一声。）

F. 兼语短语内部的移位。由表示使令意义的动词构成的兼语短语常可出现兼语后的动词性语词前置的情况。例如：
(1) 等一下，请他。（→请他等一下。）
(2) 快把材料送来，他要你。（→他要你快把材料送来。）

3. 书面语里的移位

除了口语里常常出现移位现象，书面语里也有这类移位现象，这往往是作者为了追求更好的表达效果，突出某些词语而故意安排的。这种移位，后置或前置的部分一般是并列结构，也不轻读。例如：
(1) 他走了过来，悄悄地，慢慢地。（→他悄悄地、慢慢地走了过来。）
(2) 无数求职的大学生来到深圳特区，从北京，从上海，从广州，从全国其他地方。
（→无数求职的大学生从北京、从上海、从广州、从全国其他地方来到深圳特区。）

要注意的是，如果两个句子成分的位置发生变化以后，句法结构关系也变了，语义也变了，这就不属于移位了。例如：
(3) 高山（偏正短语）→山高（主谓短语）
(4) 他沏了一壶热热的茶。（"热热的"是定语）→他热热地沏了一壶茶。（"热热地"是状语）
(5) 他买了一本破的书。（"破的"是定语）→他买了一本书，破的。（"破的"是补充分句，主语承前省略）

（二）省略

人们在运用语言时为了达到简洁的目的，在一定语境中常常省去一些成分，这就叫省略。省略必须符合三个条件：第一，是言语交际中由上下文或语境条件制约而造成的；第二，所省略的成分是确定无疑的，可以补回来的；第三，补出省略成分以后，句子的语义基本不变。

1. 省略与隐含、重合

省略的成分是可以肯定地补出来，并且只能有一种补出方式。例如：
(1) 他的头发碰在我的脸上，痒痒的。
(2) "你回来了？""回来了。"

例(1)第二个分句的主语"我的脸"和例(2)答句的主语"我"都没有出现，但它们可以确定地补出来，这是省略。省略要跟隐含、重合区别开来，因为后两者虽然在语义上可以体会出来，但是在实际语言中无法补出来，或不必补出来。例如：
(3) 他要求放他走。
(4) 这地方我去得，你去不得。

在例(3)中，"放"的前面隐含了"别人"，但"别人"根本就不必补出。例(4)里"去得"跟"去不得"一对照，就可以看出"去得"是"去得得"中两个"得"重合了，实际上也补不出来。

2. 省略的类型

根据省略的语言环境，可以把省略分为承前省、蒙后省、对话省和自述省四类。

A. 承前省。被省略的词语已在上文出现过，省略后不会产生语言理解上的困难。例如：
(1) 老渔民长得高大结实，（　　）留着花白胡子。
(2) 他看看天，（　　）已经暗了。

B. 蒙后省。被省略的词语可以在下文中找到。例如：
(1) （　　）写完信，他就上床休息了。

(2)（　　）扛起铺盖,（　　）灭了灯,他奔了后院。

C. 对话省。在对话中,一些指称性的代词经常会省略。例如:

(1)"（　　）到哪儿去?""（　　）到教室去。"

有时,应答方也会承问话方省去一些对话内容。例如:

(2)"你自己的意思呢?""我不知道（　　）。"

D. 自述省。说话人在写书信、日记、个人总结、述职报告、心得体会或在发言时,常将"我"省去。例如:

(1) 得知你考上大学,十分高兴。(写信)

(2) 看了这部影片,很受教育。(发言)

3. 省略的成分

A. 省略主语。主语的省略是汉语里最常见的省略。其中主语承上省的情况比较复杂,常见的是承前面分句的主语省,其他的还可以承宾语省、承定语省等。例如:

(1) 妹妹到了美国,（　　）就给我来了封信。(承前一分句主语省)

(2) 昨天我在街上遇见一个小伙子,（　　）戴了一顶花帽子。(承前一分句的宾语省)

(3) 他的鞋不跟脚,（　　）跑不快。(承前一分句的定语省)

(4) 凭他的人品,（　　）不会做出这种事的。(承前面介词结构中的定语省)

B. 省略谓语。谓语的省略要比主语少得多,情况也没有主语省略那么复杂,一般是在应答句或祈使句中。例如:

(1)"哪个学校派队参加比赛?""师大附中（　　）。"

(2) 你要是还没吃的话,一块儿（　　）吧!

C. 省略宾语。例如:

(1) 小芹去洗衣服,马上青年们也都去洗（　　）。

(2) 你先走,你的路比我（　　）远。

D. 省略修饰语,其中定语的省略比状语的省略更常见。例如:

(1) 他的头顶秃了,（　　）头发也白了。

(2)"你对这件事有意见吗?""我（　　）没意见。"

4. 省略句与非主谓句

省略句与非主谓句是两种不同性质的句子,省略是在语言交际中出现的动态语言现象,非主谓句则属于句子的一种静态结构类型。两者关系是交叉的,即省略句可以是主谓句,也可以是非主谓句,反之,非主谓句可以省略,也可以不省略。例如:

(1)（一位同学在球场上打球,发现开始下雨了,就喊了声:）下雨了!

(2)（小陈找不到自己的帽子,问别人:）我的帽子呢?

(3)"昨天上海下雨了吗?""下雨了。"

例(1)是非主谓句,它的结构是完整的,不必补上也无法确定补上什么。可是例(3)中的答句"下雨了"则是"昨天上海下雨了"的省略形式。例(2)也是非主谓句。在汉语里,"NP+呢"格式可以构成一个完整的特指疑问句,它的意思是:"NP在哪儿呢?"如果在对话的环境里,它们有可能是省略句。例如:

(4) 你的帽子很好看,我的帽子呢?

例(4)中的"我的帽子呢"受到上文的制约省略了谓语"好看不好看",因此既是省略句,也是非主谓句。可见,判断一个句子是不是省略句,关键是要结合上下文以及语境来进行,一个孤立的脱离语境的句子,就无所谓省不省略。

(三) 插说和追补

言语交际过程中,经常会在句子中间临时插入一些成分,从句法结构上看,这些成分并不是必需的,但是从语言表达上看,却有其特殊的作用。一般所谓的插入,实际上有两种:一是插入语,一是插说。前者是一些固定的习惯用语,属于句子的特殊成分;后者是临时组合起来的,属于句子的动态变化现象。

1. 插说的特点和类型

在说话过程中,临时想起了什么,而有意打断原来句子的结构,插入某些内容,对前文予以说明、补充或改正,这就是插说。插说的形式标记,从口头来讲,主要是前后都有一定的语气停顿,书面上表现为破折号、括号、逗号,其中破折号最为常见。例如:

(1) 他们每天一清早必定带着两个孩子——都只穿着一件极小的裤衩儿——在槐树下做操。
(2) 我们必须向一切内行的人们(不管什么人)学经济工作。
(3) 我用了三首歌,也就是十三分钟的时间从大梁唱到了我的场子。

插说大体上有五种类型:

A. 说明型,对前文某个词语进行必要的注释或说明。例如:
(1) 他——钱先生——呆呆地看着,猜不透青年是要逃跑,还是想自杀。
(2) 我们三人——母亲和我和我的女人——用尽种种手段,想骗他不哭。

B. 补充型,对前文从不同的角度进行补充。例如:
(1) 公立学校——或者应当说,中国人办的学校——的前途怎么样,谁也不敢说。
(2) 整理故宫委员会里有几位王爷,像八个铁帽子王之一的后人宝琦,就这么认识了。

C. 逻辑型,对前文从逻辑语义方面进行限制,包括条件、递进、选择、转折等。例如:
(1) 再说破布——要是有人想要的话——我就按买来的价儿卖,不能白给。
(2) 他已经买了一本书——而且是本新书——为什么还要再买一本呢?

D. 评述型,对前文表示评述性意见,有的还带一些感情色彩。例如:
(1) 他是在老婆——这么一个老婆!——手里讨饭吃!
(2) 待会儿,日本医生一来,给咱们点药儿,——日本药是好的,好的!——咱们就可以出去了。

E. 修正型,发现前文不够准确,或有错误,临时进行修正。例如:
(1) 在早先,除了洋布、粮食、洋油——现在叫煤油,其他东西很便宜。
(2) 有一回,我三天没吃饭,向他要一点儿,不,只要一口麦乳精,他都不给。

2. 追补的特点与类型

跟插入作用相近,但是句子中的位置有所不同的是"追补"。即当话说出来以后,才发现不够完整、不够准确,甚至有错误,说话人马上在话语之后追加补充,这就叫追补。追补主要有三种类型:

A. 补充型。例如:
(1) 得了吧,你呀你!
(2) 他都会,什么都会。
(3) 他跟老王说话呢,忙着。
(4) 你通知了没有,下午开会?

B. 注释型。例如:
(1) 他买了一本书,一本旧书。
(2) 我不相信他是这样的人,一百个不相信!
(3) 听说她去了日本,琳琳。
(4) 这个要不要? 棉的。

C. 修正型。例如:
(1) 他星期三才来的,哦,可能是星期四。
(2) 刚刚买来块白布——好像是红布。
(3) 她妈妈真叫做骨瘦如柴,不,瘦得像芦柴棒!
(4) 妈,我要告诉您一件事——不,我要跟您商量商量。

练习题

一、男甲约会女乙,说好在中山公园左侧门见面,两人都去了,乙却怎么也找不到甲;后来乙约会甲,搭乘地铁,讲定在中山公园前一站见面,结果,两人还是没有相聚。这到底为什么？从认知上进行解释。

二、他差一点儿摔倒了(没摔倒)　　　他差一点儿没摔倒(没摔倒)
　　他差一点儿买着了(没买着)　　　他差一点儿没买着(买着了)
　　他差一点儿结婚了(没结婚)　　　他差一点儿没结婚(歧义)
　　(杯子)差一点儿打破了(没打破)　(杯子)差一点儿没打破(没打破)
　　(纪录)差一点儿打破了(没打破)　(纪录)差一点儿没打破(打破了)
请从认知上说明为什么"差一点儿没 VP"格式会产生歧义。

三、量词"根"和"条",都可以跟某些名词组合,例如"绳子""棍子",但是有的却不行。粤语的"条",甚至于可以跟"村庄"组合,为什么？说说这两个量词在认知上有何不同。

四、有关战争的许多词语,现在进入了我们的日常生活,请说明认知上是如何运用隐喻或者借喻的。例如：梯队、战线、火力侦察、攻克堡垒、后勤、空降、主攻、制高点、游击战。

五、指出下列移位句的移位类型,并将其还原为正常语序的句子。

1. 我鞠了个躬,给她。

2. 下个月再试验一次,我提议。

3. 你好好找一找,回到家。

4. 时间过得真快,十一点了,都。

5. 都回去吧,你让他们。

6. 我们昨天参观了大桥工地,跟着王老师。

7. 吃过了吗,你？

8. 转来转去,他急得。

六、下列句子中省略了哪些词语？这些词语属于什么句法成分？

1. 看着人家那样辛苦的劳动,老通宝觉得身上更加热了。

2. 老栓看看灯笼,已经熄了。

3. 他还说我表扬不得,一表扬,就翘尾巴,净给我吃辣的。

4. 他看球比我打球的时候多。

5. "这篇文章是谁写的?""刘华。"

七、下列句子,有的有插语,有的没有插语。有插语的,请找出来,并说明它们的作用。

1. 这一车的货,少说也有五吨。

2. 这件事你认为应该怎样处理？

3. 这些书总共八十本,你来验收一下吧。

4. 树上的小鸟,你听叫得多好听！

5. 说老实话,这次旅游我还真不想去。

6. 据报道,大会开幕式将于明天下午 3 时举行。

八、请在文学作品中找出"插说"三种类型各两个句例,并指出跟"插入语"的区别。

思考题

一、中国传统修辞学的比喻,跟认知语言学的隐喻、借喻有何相同之处？又有什么不同之处？

二、汉语词类的划分是个老大难问题,运用原型理论,从词类的连续统角度说说你对汉语词类划分的看法。

三、定语的移位,历来有争议,下面几例能不能看成是定语前置句？为什么？

1. 广阔的平原底下,横的,竖的,直的,弯的,挖了不计其数的地道。

2. 十年来,大大小小,他经历了几十次战役。

3. 也给姑娘热热儿的倒一碗茶来。

4. 我一看,黑压压的挤满了一屋子人。

四、有人认为下面这些例句都是定语的后置,说说你的看法。

1. 她生了个孩子,男的。
2. 春雨又下起来了,淅淅沥沥的。
3. 他拿了份报纸来,昨天的。
4. 树叶被秋风吹落,撒了一地,像铺了一层雪似的。

五、有人认为:一个句子,如果是省略句,就不可能是非主谓句;如果是非主谓句,也不可能是省略句。你同意这一种说法吗?为什么?

第十一节 复句类型

> 学习要点:了解复句和单句的区别、复句的性质和特点、关联词语和语序的作用以及意合法;熟悉复句分为四个大类的依据以及十个基本类型的特点:平等(并列复句、选择复句);轻重(递进复句、补充复句);顺理(连贯复句、因果复句、条件复句、目的复句);违理(转折复句、让步复句)。

句型首先可以分为单句和复句两大类。单句跟复句相对,而复句内部则由两个或两个以上的分句构成,并且表示一定的逻辑语义关系。分句如果独立,就是单句,但是单句并不等于分句。因此,**由两个或两个以上在意义上密切相关,结构上互不包含的分句所构成的语言单位,就叫复句。**

一、复句和单句的区别

分句是一种单句形式,分句的构造与一般单句的构造基本上是一致的,只是分句没有完全独立的语调,不能表达一个完整的意思。区别单句和复句可以从三个方面进行:

1. 句法结构上互不包含

主谓短语是最适合充当分句的,但是,要特别注意并不是所有的主谓短语都是句子,它如果处于被别的句法结构包含的地位,就不是句子了。例如:

(1)谁去都一样。
(2)他记得你去年已经来过了。
(3)她身体很结实。
(4)我们要去英国的消息很快就传开了。

这些句子表面上似乎都拥有两个以上的主谓结构,但是其中一个主谓结构只是句子中的某个成分,并不独立成句,是被包含在另一个更大的句法结构里边,所以全句只是单句,而不是复句。

要注意"复句形式",即形式上好像是复句,但实际上也只是单句中的一个成分。例如:

(5)我清楚地懂得,即使我不去他们也是会去的。
(6)内容好而且旋律美的歌曲是大家欢迎的。

例(5)"即使我不去他们也是会去的",例(6)"内容好而且旋律美"就是所谓的"复句形式",并非复句,因为它们不具备完整的语调,而且意义也不完整,在句中分别作宾语和定语。

2. 关联词语是重要的语法标志

所谓"关联词语",是指起关联作用的词和短语,它是识别复句类型的重要标志。它主要有三类:第一,连词,它属于一种语法手段,而不是句法成分。第二,副词,它身兼两职,既作句法成分,又起关联作用,比如"只有……才……""只要……就……"中的"才"和"就"。第三,某些独立成分,往往由固定短语充当,比如"反之""总而言之""一方面……另一方面……"。使用关联词语,主要有两个作用:

第一,有些分句与分句如果不用关联词语,就无法联系起来,或者语义关系不明确。例如:

(1)(不论)我到了哪儿,我都想念故乡。
(2)(即使)他上大学,我也不稀罕。

第二,可以把分句之间复杂的逻辑语义关系,表达得一清二楚。如下例,如果把括号里的关联词语全部去掉,这段话语就几乎无法理解了。

(3)(如果)他们知道了这个困境,(那么),(即使)心里不愿意,(也)会考虑我们的要求的,(除非)公司不批准;(而且)(只有)在他们同意以后,我们(才)有可能解决这个难题。

意义上的联系是分句连接成复句的基础。比如"下雨了"跟"农民们挺高兴"之间在意义上有"原因——结果"关系,就有可能组合成一个复句,也就是说,分句之间在语义上有一定的选择性。分句与分句连接的手段,主要依靠关联词语和语序。**有一些复句不用任何关联词语,完全依靠语序以及前后分句的语义制约构成,这就叫"意合法"**。例如:

(4) 警察迅速掏出手枪,那女人尖叫了一声。

(5) 那女人尖叫了一声,警察迅速掏出手枪。

这两个分句形式虽然相似,但前后次序恰恰相反,这也正好反映出不同的因果关系。可见,不同的分句排列次序组成不同性质的复句,表达出不同的意义。此外,在分句排列次序基础上的结构平行、成分省略、代词复指等形式也有连接分句的作用。例如:

(6) 老虎没有虎性就不吃人了,人没有人性就吃人了。

(7) 教授拆开信,匆匆看了一眼,放进公文包里。

(8) 十月初的一天,一位老和尚来到青龙寺,他就是二上庐山的弘一大师。

(9) 潮州有个韩公祠,祠后有山曰韩山。

例(6)用分句结构基本相同的形式连接;例(7)用后续分句省略共用主语的形式连接;例(8)用后续分句中代词前指的形式连接;例(9)用相邻分句首尾同词的形式连接。

但是,要注意,句子里有了关联词语,并不等于一定是复句。因为有时候单句或者句段里也可以使用关联词语,也可以起到关联作用。例如:

(10) 不仅我父亲,而且我许多同学的父亲也都不容易。

(11) 只有在这个时候,他才能忘却心中的不快。

3. 停顿是分句与分句之间的重要的形式标志

单句内部,即使被语音停顿分隔成几个语段,这些语段也都处于被包含的地位,也就是说充当句法结构中的某个成分。因此要注意区分"句内停顿"和"句间停顿",特别是句内在主语、带长宾语的动词、介词短语、方位短语后面的停顿。例如:

(1) 那些刚进校的大一新生,都喜欢用这种又结实又便宜的书包。

(2) 到了苏南以后,我们亲眼目睹了中国农民创造的奇迹。

(3) 我从来不曾忘记生我养我的白山黑水,疼我爱我的父老乡亲。

(4) 我心里明白,这一切都是她给我造成的。

前两例停顿分别在主语、状语的后面,后两例的停顿分别在长宾语内部以及动词和宾语之间。

单句或复句的结尾一定要用句号、问号或感叹号,而分句与分句之间只能用逗号或分号。这也是鉴别某些单句和复句的重要特征,特别是用来鉴别联合短语与并列复句、连谓短语与连贯复句。例如:

(5) 我们爱祖国爱人民爱和平。(联合短语作谓语)

(6) 我们爱祖国,爱人民,爱和平。(并列复句)

(7) 他走过去关上门。(连谓短语作谓语)

(8) 他走过去,关上门。(连贯复句)

二、复句的类型

作为客观世界,离不开两大基本要素:"时间"与"空间"。我们观察客观世界里的各种事物、现象或事件之间的联系,也离不开这两大要素,这是一个最基本的观察坐标。时间是纵向的,构成了"顺承关系";空间是横向的,构成了"并列关系"。

在主观世界里,一个现象或一个事件可以作为认知的出发点,与另外一个现象或事件形成一定的语义联系。这个联系主要有两类:

第一,比较关系,人们在看待两个现象、事件时,必然会进行比较,并且会得出一个结论,那就是两者或者是"平等"(均衡),或者是"轻重"(主次)的关系。如果是平等,前后实际上是无序的,可以互换位置;如果前后关系或轻或重,则一般情况下不可以换位。由于语言是线形排列的,所以,可能是"前轻后重",也可能是"前重后轻"。比较的结果,形成了"平等关系"与"轻重关系"。

第二,事理关系,也就是两个现象、事件内在的逻辑事理关系,可能是符合事理的,也就是说,按照常规、常理、常态、常识的预期,从 X 可以推导出 Y 的结论;也可能是违反事理的,即按照常规、常理、常态、常识,从 X 推导不出 Y 的结论,却出现了 Z 的反预期的结果。这就构成了"顺理关系"和"违理关系"。

复句的命名必须遵循两个基本原则:

1. 强化语义特征的区别,这样有助于认清该复句的特点以及语义关系的内涵。例如一般的"选择复句",可以分为"取舍未定"(任选)与"取舍已定"(定选),前者再分为"平等任选"与"平等必选",后者再分为"前取后舍"与"前舍后取"。

2. 强调双视点的命名,特别是"顺理复句"与"违理复句"两个类型内部,只有前后分句互相照应的命名,才能真正揭示该复句类型的语义关系,显示其区别性的语义特征。例如同属于"违理"语义特征的复句,都具有前后分句"转折"的语义特点,我们可以再分为"事实——转折"与"假设——转折"。

根据上述基本原则,我们把复句分为四个大类,十个小类:

A. 平等(A1 并列复句、A2 选择复句);B. 轻重(B1 递进复句、B2 补充复句);C. 顺理(C1 连贯复句、C2 因果复句、C3 条件复句、C4 目的复句);D. 违理(D1 转折复句、D2 让步复句)。

(一) 并列复句

前行分句先提出一件事情作为"参照物",后续分句则相应提出在意义上并存、平行或对立的事情,全句同时说明或描写几件事情或同一事情的几个方面。分句之间是"参事——并事"关系。这有三种情况:

1. 表示相关的几种情况并存。例如:

(1) 这些手编工艺品一些用来做礼品送人,一些拿到宫外的市场上换取日用品。

(2) 从大的方面说,直接关系国家的兴衰;从个人方面说,直接关系自己的工作业绩和升迁。

2. 表示并行的事件同时发生。例如:

(3) 外面下着小雨,咖啡屋里很冷清。

(4) 一班从桥的这头过去,二班从桥的那头过来。

3. 表示两种相反或相对的情况。例如:

(5) 新员工希望老员工"指导",而不是"指指点点"。

(6) 中国人在青松翠柏上做了不少文章,俄罗斯人与白桦树结下了不解之缘。

并列关系复句中使用的关联词语,单用的有:"也""又""还""同样""同时"等,这些词语多用在后续分句中;双用的有:"也……,也……""又……,又……""既……,又……""一来……,二来……""一边……,一边……",这些词语成双作对地使用。"是……,不是……""不是……,而是……"这些词语则主要用在相反或相对的两个分句中;"而""相反""反之"这些词语用在具有相反相对关系的后一个分句中。

(二) 选择复句

几个分句分别说出几个待选项,并表示可以从中进行选择。分句与分句之间是"选事 1——选事 2"的关系。选择复句实际上可以分为"取舍未定"和"取舍已定"两大类型:

1. 取舍未定,前后项关系是平等的。这又可以分为两种:

A. 取舍任选式。几个分句说出若干待选项,但没有明确的取舍倾向,分句之间是"任取——任舍"关系,常用"或者……,或者……""要么……,要么……"的框架表示;"是……,还是……"用在取舍任选的疑问句中。例如:

(1) 那些年轻的女人,或早早当上了新娘,或新娘的婚纱频频披挂更新不断。

(2) 霍老先生当时到底是无力辨别真伪,还是无意辨别真伪呢?

B. 取舍必选式。即两个选择项虽然没确定,但是必取其一;使用的关联框架为"不是……,就是……",成对使用,缺一不可。例如:

(3) 桂花姐在家里不是帮助父母洗衣做饭,就是帮助哥嫂照看孩子。
(4) 冬至以来,沿江一带不是下雨,就是下雪。

2. 取舍已定,以舍弃项来烘托选取项,这又可以分为两种:

A. 先取后舍式。代表性框架是"宁可……,也不……"。例如:

(1) 宁可不用人,也不要用错人。

B. 先舍后取式。代表性框架是"与其……,不如……"。例如:

(2) 与其束手就擒,不如背水一战。

(三) 递进复句

前行分句提出一个情况,后续分句以此为基准,在数量、程度、范围、时间、功能或者其他方面更推进一层。 分句之间是"基事——递事"关系。递进复句的典型格式是"不但……,而且……"。例如:

(1) 大别山区不但矿产很丰富,而且自然景色很美。
(2) 不但经济类、计算机类图书价格上涨,而且文艺类、传记类也跟着往上涨。

跟"不但"作用相同的连词还有"不仅""不单""不独""不只"等,跟"而且"相同的词语还有"并""并且"等。副词"也""还""甚至"也常跟"不但"类词配合使用。例如:

(3) 黄金不只是一种名贵的金属,也是一种不需要翻译的万能语言。
(4) 寿昌不仅学戏里的唱腔身段,还从母亲那里弄些碎布学剪戏中的人物。
(5) 犯罪官员们所面对的不单是牢狱之灾,他们似锦的前程也毁了。
(6) 跳蚤市场上的货物真是五花八门,而且价格也很便宜。

递进复句有几个特殊类型:

1. 多重递进:即在第一层递进的基础上,把第二分句继续作为基事,后面再出现进一步的递进,即递进再递进,常用"不但……,而且……,甚至/还……"框架表示。例如:

(7) 来这家大型食品超市购物的不仅有当地的家庭主妇,而且有附近街区的居民,甚至京津地区也有驱车前来采购的。
(8) 这里的跳蚤市场上的货物真是五花八门,而且价钱便宜,还常常能够发现精品。

2. 逆向递进:基事分句和递事分句都是否定结构,表示否定性递进,常用"不但不……,而且不(没)……"框架表示。例如:

(9) 袁裕豪从此不但不再捕猎动物,还不许人随便进山砍树。
(10) 不但康托尔的学术论文不能发表,而且在柏林一所大学任教的愿望也未能实现。

3. 反向递进:有的基事分句的意思是否定的,递事分句的意思却是肯定的,递事分句从肯定的方面把基事分句的意思推进一层,这种关系常用"不但不……,反而(反倒)……"框架表示。例如:

(11) 在这种火烧眉毛的关头,田福海不但没像往常那样大呼小叫,反而捧着杯龙井细细品尝。
(12) 那些乞丐不但不害怕巡警抓,反倒希望被他们抓起来混两顿饱饭吃。

4. 让步递进:有的基事分句用让步方式提出一种情况,递事分句用反问句形式把基事分句的意思推进一层,这种关系用"尚且……,何况……"框架表示。例如:

(13) 富豪们尚且掂量再三,何况我等工薪阶层?
(14) 平时尚且有这么高的上座率,何况节假日呢?

(四) 补充复句

前行分句表示一个主要意思,后续分句对前者进行追补或解说。 分句之间是"主事——补事"关系。

1. 补句式。后续分句对前行分句全句予以追补解说。后续分句的主语常由代词充当,指称前行分句。例如:

(1) 有的人常拿口吃患者开玩笑,这是把自己的欢乐建立在别人的痛苦上。
(2) 让孩子们回归自然,那也许是制止人类"退化"的唯一途径。

2. 补词式。后续分句对前行分句中某个词语予以追补解说。例如:
(3) 惯于把梦当作人生的一部分来描写的,有两位大作家,一位叫冰心,一位叫巴金。
(4) "原谅"是儒家精神,"忘掉"是道家境界,两者都不容易。

例(3)是先总说,后分别追补;例(4)是先分说,后总共追补。

后续分句的主语承前宾语省略,后续分句对前行分句宾语词语的意思予以追补解说,也是一种补词式的补充复句。例如:
(5) 桌上放着好几部不同版本的中国海军史,都挺厚的。
(6) 分手的时候,她送给他一双手套,是她亲手织的。

后续分句的意思和前行分句宾语的意思是同指的,但后续分句的意思更具体更充实一些,这也是一种补词式的补充复句。例如:
(7) 咱们家有项家规:生气不超过五分钟。
(8) 我躺在手术台上听到一个坏消息,即将移植给我的器官尚未送到。

(五) 连贯复句

前行分句首先陈述一种情况,后续分句随后陈述接着发生的另一种情况。分句之间是"先事——后事"关系。

1. 两个分句的主语相同,即同一个人或事物的动作行为相继发生。例如:
(1) 李医生掏出听诊器,把冰凉的听筒贴在我的胸脯上。
(2) 皮球在空中画了个漂亮的弧线,直入网窝。

2. 两个分句的主语不同,即不同的人或事物的动作行为相继发生。例如:
(3) 汽车鸣了两声喇叭,门就自动打开了。
(4) 将军做了个往下压的手势,人们顿时安静了下来。

连贯复句注重时间上的连续性,常用表示时间的词语标明事件行为的先后次序。双用的词语有"一……,就(便)……""刚……,就(便)……""首先……,然后……""开始……,接着……";单用的有"就""于是""接着""跟着"等,常用在后续分句中。

并列复句是齐头并进,雁行式,有时候次序可以互换而意义不变;连贯复句是相继进行,鱼贯式,由于时间上前后分明,一般不能换位。一个是横的并列,一个是纵的发展;一个着眼于空间,一个着眼于时间。

(六) 因果复句

前行分句说出原因,后续分句说出由此而产生的结果。分句之间是"原因——结果"关系。

1. 说明性因果。前句用已知的事实指出这是产生后句事实的原因,后句则引出某种必然的结果。常用关联词语是"因为……,所以……"。例如:
(1) 这一阵子因为老是停电,所以蜡烛、煤油灯竟然畅销起来。
(2) 因为拉链对服装工业具有一种革命性的意义,所以被公认为是一百年来世界上最重要的发明之一。

一般情况下原因分句在前,结果分句在后。有时候句序也会发生变化,这时,"所以"可以省略,"因为"必须使用。例如:
(3) 我读韩愈其人是从读韩愈其文开始的,因为中学课本上就有他的《师说》和《进学解》。
(4) 自此以后他再也没有写过一篇小说,因为他忙着开会、出访、做报告去了。

原因分句后移,有强调的作用,也带有欧化句式色彩。在"……之所以……,是因为……"格式中,强调原因的作用更明显了。例如:
(5) 东岸的羚羊之所以强健,是因为在附近生活着一个狼群;西岸的羚羊之所以弱小,正是因为缺少这一群天敌。

（6）我们之所以把它们陈列在这里,是因为想让人民如实地知道德国军队曾经侵略过中国。

"由于"跟"因为"都用于表示原因,不同的是"由于"常跟"因此""因而"搭配使用,"因为"常跟"所以"搭配使用。例如：

（7）由于他在球场上有侮辱裁判的行为,因而受到禁赛三个月的处罚。

"因而""因此""从而""以致(于)"等都可以单用在后续分句中表示结果。"以致于"所引出的往往是不好的结果。例如：

（8）这种变化引起血压升高,从而增加了心脏病发作和中风的危险性。

（9）美国人感到了欧元的威胁,以致于在很长时间内对欧洲单一货币的进程保持着担忧和沉默。

2. 推论性因果。前行分句说出一个已经发生的情况,后续分句以此为前提,推断出一个应该发生的结果。常用的关联词语是"既然……,就……"。例如：

（1）既然主场客场都输了,就得承认我们确实技不如人。

（2）周家冲既然水力资源这么丰富,为什么不建个水电站呢？

"可见"也可单独用在后续分句中,表示推论的结果。例如：

（3）每天连喝带用只有一小盆淡水,可见岛上淡水是很金贵的。

（4）门把手上这么厚一层灰,可见他有些日子没回来住了。

（七）条件复句

前行分句显示某种条件,后续分句从该条件推导出可能的结果。分句之间是"条件——结果"关系。 条件复句有两种类型：

1. 假设条件句,代表性框架"如果……,就……"。前行分句表示一种假设条件,后续分句则是这一假设条件满足后产生的必然结果,分句之间是"假设条件——结果"关系。跟"如果"作用相同的有"假如""倘若""要是"等,跟"那么"作用相同的有"那""就""便"等。例如：

（1）如果我们走沪宁高速公路,那么可以提前一个小时赶到机场。

（2）我们要是没有金刚钻,也就不会揽这个瓷器活儿了。

有些假设复句中,前行分句提出某个假设,后续分句说的是实现这一假设应采取的行为措施。例如：

（3）假如你想见到我,请到青年突击队里来。

（4）一个企业若要生存发展,必须拥有自己的拳头产品。

前行分句提出的假设,有的是事前假设,有的是事后假设。两种不同的假设句有不同的表达作用。比较下面的句子：

（5）如果昨天让柴林打主攻,这场球准能赢。

（6）如果明天让柴林打主攻,这场球准能赢。

例（5）的"如果……"提出的是不可能实现的事后假设,用于论断假设情况在过去事件发展进程中的重要性,例（6）的"如果……"提出的是可能实现的事前假设,用于推测假设情况在未来事件发展进程中的重要性。

有些假设复句用"如果说……,那么……"连接,两个分句提出两种说法,全句含有认同前行分句说法就得认同后续分句说法的意思。例如：

（7）如果说我们是跨世纪的一代,那么,我们在两个世纪都留下了坚实的足迹。

（8）如果说"三D"是目前电脑网络最抢眼的资讯存在方式,那么,"三D人"必然是未来地球村里最活跃的人。

2. 特定条件句,这有三类：

A. 充足条件句,代表性框架是"只要……,就……",前行分句表示充足条件,后续分句表示一旦满足了这个条件,就必然产生后续分句的结果,但并不排斥其他条件,分句之间是"充足条件——结果"关系。例如：

（1）只要有新药物出现,就会产生新的细菌变种。

（2）电视里只要一有消息,我就会坐下来看个究竟。

B. 必要条件句,代表性框架是"只有……,才……",前行分句表示必要条件,必须满足这一条件,才会产

生后续分句的结果,分句之间是"必要条件——结果"关系。例如:

(3) 只有把北门片的十多家小工厂全部迁走,才能彻底解决噪音污染问题。

(4) 除非苏秋水当连长,才能带好这批以"小皇帝"为主体的新兵。

前行分句如果用"除非"提出唯一条件,后续分句表示不满足这个条件就会产生某种不希望产生的结果,采用"除非……,否则……不……"框架。例如:

(5) 这只半大斑羚和这只老斑羚除非插上翅膀,否则绝对不可能跳到对面那座山崖上去。

(6) 除非你亲临现场,否则,根本无法想象三峡工地那种宏伟的气势。

"只有"分句和"除非"分句提出的都是唯一条件,具有排他性,不同的是"只有"句从正面指定条件,"除非"句从反面推断条件。

C. 周遍条件句,代表性框架是"无论/不管……,也/都……"。前行分句中使用具有周遍意义的形式提出某个范围内的所有条件,后续分句表示所有条件都只有一个相同的结果,分句之间是"所有条件——唯一结果"关系。例如:

(7) 无论是与基辛格对话,还是接受阿拉法特的反采访,她从来都没有怯场。

(8) 不管你居住在美国、日本还是非洲、北极,收发电子邮件都只是几秒钟的事情。

(八) 目的复句

一个分句表示目的,另一个分句表示为达到这一目的而发生的行为事件。分句之间是"目的——行为"关系。

1. 前行分句表示目的,常用关联词语是"为了"。例如:
(1) 后来为了减轻母亲的经济负担,田汉考入了不收费的长沙师范学校。
(2) 超级市场为方便顾客购物,都在入口处备有手推车和提篮。

2. 后续分句表示目的,常用关联词语是"以便""借以""旨在""好"等。例如:
(3) 母亲随即搬到南京,以便时常去探望、鼓励他。
(4) 我开始用电脑代替手书给朋友们写信,借以节省时间。
(5) 这是一个饶有趣味的心理测试,旨在从中窥视现代人的文化心理。
(6) 赶快把出勤统计表报上来,财务处好制订奖金分配方案。
(7) 这类不上课的学生,上课时间多半在图书馆里,为的是过屠门而大嚼。

"以免""省得"也用在后续分句中,但这个目的是不希望实现的。例如:
(8) 他从不与同事一起吃饭看电影,以免无谓地请客花钱。
(9) 多带点胶卷,省得到处找摄影部。

(九) 转折复句

前行分句先姑且承认某种客观事实作为让步,后续分句提出的结果却是违背常理的,与前一分句形成转折语义。两个分句之间是"事实——转折"关系。例如:

(1) 尚春兰先生虽然不再登台演出了,但是早起练功吊嗓子的习惯没有改。

(2) 虽然你们是大学毕业生,然而,你们的教育才刚刚开始。

跟"虽然"作用相同的还有"尽管""虽说""固然"等,跟"但是"作用相同的还有"可是""然而""却"等。

根据转折程度的深浅,转折复句可以分为两种:

1. 重转句。后续分句同前行分句的常态语义趋势之间有明显的相反相对关系,表达时使用成对的关联词语显示这种对立。如例(1)和例(2)。有的还在后续分句中同时使用"但是"和"却"来强化这种相反或相对关系。例如:

(3) 虽然明知去了要吃苦,可她却偏要迎着苦头去。

(4) 那棵老苹果树虽然长得挺难看,可是结出来的果子却是又大又甜。

2. 轻转句。后续分句同前行分句常态语义趋势相反相对的程度浅一些,或者表达时不打算特别强调这

种关系。前句不用任何关联词语,只是在后续分句中单用"但是""只是""不过""却"等。例如:

(5) 红旗轿车已渐渐被国人淡忘了,可是,它在国际上的声威不减。
(6) 信用这东西积累起来很难,毁坏起来却很容易。
(7) 天下的草木皆可以入药,只是不善于识别不知道它的用途而已。
(8) 昨夜下了今年的第一场雪,不过到早晨全融化了。

一般情况下多是"虽然"分句在前,"但是"分句在后,有时也会倒装变化。例如:

(9) 洼儿里的小鱼已游不回大海了,虽然大海近在咫尺。
(10) 那天我没有送她玫瑰花,尽管是情人节。

这类句子的转折意味也是比较淡的,而且有欧化句式的味道。

(十)让步复句

前行分句先提出一种假设的事实,并姑且退让一步姑且承认这个假设的真实性,后续分句提出的结果却是违背常理的,与前一分句形成转折语义。分句之间是"假设——转折"关系。常用的关联词语是"即使……,也……"。例如:

(1) 即使你住在深山老林,也能感受到市场经济大潮的冲击。
(2) 即使遇到百日大旱,这套供水系统也能保证供应生产生活用水。

让步复句和转折复句相同点在于:后句跟前句相比,语义上都转到它的相反相对方面去了,是反预期的,都有转折的意思;两者不同点在于:让步复句的前句是假设的,转折复句的前句是真实的。跟"即使"作用相同的还有"就是""就算""纵然""哪怕"等。例如:

(3) 哪怕"黑客"们个个神通广大,也无法进入这样的网站。
(4) 就是只有一小勺黄油不新鲜,糕饼师也要更换全部原材料。
(5) 前面纵然是刀山火海,我们也绝不后退半步。

有的前行分句表示的是真实情况,但说话人意念上把它当作有待发生的情况予以承认,这也是一种特殊的让步。例如:

(6) 就算你是一村之长,也不能随便推翻村民委员会的决议啊!
(7) 今年县财政就算是比较宽裕,各部门各单位也还是要过紧日子。

练习题

一、指出下列复句的类型。
1. 流行音乐是时尚流行的文化,必须由年轻人去做。
2. 1953年,德国一家拉链公司首次推出了用塑料制作的拉链,从而大大降低了拉链的生产成本。
3. 谁泄露消息,谁负法律责任。
4. 营业大厅里,数百人盯着行情显示屏,上面时刻显示着上海和深圳股市交易价格的变化。
5. 精神固然离不开物质,但精神的力量可以使有限的物质发挥最大的潜能。
6. 她忘记了说感谢的话,只是一个劲地傻笑。
7. 不是一位中学老师自告奋勇送我回家,我会迷失在香山植物园里。
8. 大清国我都不敢保他有二十年的寿命,何况高丽?
9. 他的祖国则因为他玷污了国家的名誉将他除名,于是他成了一个没有国籍的人。
10. 西班牙港并非是西班牙的港口城市,而是加勒比海岛国特立尼达和多巴哥的首都。
11. 秘书长是联合国的首席行政长官,也是联合国秘书处的最高领导。
12. 来客也不少,有送行的,有拿东西的,也有看热闹的。

二、下面的句子是单句还是复句?为什么?如果是复句,请指出其类型。
1. 当国旗升起的时候,我从一个山村孩子纯真的敬礼里,看到中国深远处的伟力和韧性。
2. 在泰森复出拳坛后,人们发现他的右前臂新刺了一只老虎,腹部刺了古巴前革命领导人格瓦拉头戴黑色无沿软帽的头像,左前臂则刺上他的妻子莫尼卡·特纳的头像。

3. 她用秤称了一下书稿,十二斤半。
4. 无论怎样普通、微小的花朵,都是构成美的部分。
5. 跛足歌手弹着古朴斑驳的竖琴朝他走来。
6. 他刚出生不久父亲便去世了。
7. 他这个人啊,就是不听老人的话。
8. 才说了几句,他就睡着了。
9. 对你,对我,他都不太信任。
10. 他这是对你说,不是对我说。
11. 为了弟弟,我们都作出了极大的牺牲。
12. 为了迎接总统到来,我们里里外外打扫了一遍。
13. 她走过去关上门。
14. 她走过去,关上门。
15. 不但全体学生,而且所有的教师都参加了这个运动会。
16. 这地方不但风景优美,而且空气新鲜。
17. 墙上挂着两张地图,一张是世界地图,一张是中国地图。
18. 墙上挂的两张地图,一张是世界地图,一张是中国地图。

三、请区分下面的复句类型。
1. 他不是老实,是愚蠢。
2. 他不是去南京,就是去北京。
3. 这个人不是别人,就是张三。
4. 他不但不埋怨,反而安慰了我几句。
5. 活了七十几,反而叫一个小孩子骗了。
6. 爷爷爱听京戏,不爱听流行音乐。
7. 爷爷爱听京戏,却不爱听流行音乐。

思考题

一、有人首先把复句分为"联合复句"和"偏正复句"两大类,然后再分小类。你觉得这样的分析有无必要?有什么优缺点?

二、下面两个例句有争议,你认为是单句还是复句,为什么?
1. 他用牙刷刷刷这边牙齿,刷刷那边牙齿。
2. 我们希望你们马上过来,一起参加讨论。

三、主语出现在关联词语的前面或后面,意义上会有微妙的变化,请就下面的例句作分析。
1. 与其你去,不如他去。
2. 你与其去,不如不去。

四、为什么在条件复句中,"除非"既可以跟"才",也可以跟"不"搭配?例如:
1. 除非你去请,她才会答应。
2. 除非你去请,她不会答应。

五、比较下面两个选择复句,看各有什么特点?例如:
1. 宁可自己忍饥受冻,也要让孩子们过得舒舒服服的。
2. 宁可不戴这顶乌纱帽,也不能把老张头交出去。

第十二节 多重复句与紧缩复句

> **学习要点**：了解多重复句的特点，掌握划线分析法：切分法和组合法，并能够运用于分析各种层次与关系复杂的复句。掌握紧缩复句的特点。

复句的十种基本类型，实际上都是由两个分句组成的，它们都只有一个层次。因此，**两个或两个以上分句在一个层次上组合而成的复句，就叫简单复句**。在简单复句的基础上可以发展变化成比较复杂的复句，这就成为多重复句。

一、简单复句与多重复句

（一）复句的层次

分句的数量，同复句的层次数量，有两种关系：

第一，没有必然的联系，在并列、连贯、选择等复句中，分句数量的增加只会延伸复句的长度，不会增加复句的层次。例如：

（1）这排厂房是我们的装配车间，左边那栋三层白楼是质检中心，旁边那栋正在盖的是新增的调试所。

（2）女人抱出一堆脏衣服，分成内衣外衣两摊，洗好了内衣，又接着洗外衣。

（3）暑假里，我们或者去海南，或者去深圳，或者去昆明。

这些复句都只有一个层次，不是多重复句。当然，并列关系也可能是有层次的。例如：

（4）上面一层放着《汉语大词典》(A)，下面一层是《辞海》《辞源》(B)，还有几本《中国大百科全书》(C)。

（5）你是喜欢出去看电影(A)，还是去看球赛(B)？或者干脆待在家里打牌(C)。

例（4）是 A 跟 B+C 并列，例（5）是 A+B 跟 C 选择，两例都是多重复句。

第二，在因果、转折、让步、条件等复句中，分句数量的增加，不仅延伸了复句的长度，也增加了复句的层次。例如下面这个复句就是二重复句：

（6）只要这几家工厂还在生产，小清河就别想变清，因此，环保局下达了联盟皮革厂等十家工业污染大户限期整改的通知。

（二）多重复句

三个或三个以上的分句在两个以上的层次上组合起来的复句叫做多重复句。复句有几个层次，就叫几重复句，比如二重复句、三重复句、四重复句等。例如：

（1）因为李洼乡资源贫乏(A)，交通也很闭塞(B)，所以这么多年总是摘不掉贫困乡镇的帽子(C)。

      A ‖ B | C
       并列 因果

（2）你如果不按人民的意志办(A)，或者工作不能让人民满意(B)，人民就有权力批评你控告你(C)，甚至罢免你惩办你(D)。

     A ‖ B | C ‖ D
      选择 条件 递进

（3）不管父母说得多好听(A)，只要自己做的不是那么回事(B)，孩子一定是照父母做的学(C)，而且还多学了一手两面派(D)，所以父母本身的德行很重要(E)。

  A ‖ B ‖‖ C ‖‖‖ D | E
   条件 条件 递进 因果

二、划线分析法

（一）多重复句划分的原则和程序

复句分析的重点是多重复句。复句分析的目标有两个：一是确定分句之间的关系，二是划分复句内部的层次。分句与分句的组合是有层次的，因此，**把层次分析法的原则和方法运用到多重复句的分析上，标出层次并标明关系，这就是"划线分析法"。**

多重复句分析的基本原则是形式和意义相结合。意义包括复句表述的内容、分句之间的关系意义、说话人的主观意义、语境意义等，形式包括关联词语、句序等。

分析多重复句可以先从形式上入手，根据形式确定复句的类型与层次，然后从意义方面加以验证；也可先从意义方面入手，根据逻辑语义关系确定复句的类型，进而决定层次，然后再从形式方面加以验证。其原理跟分析复杂短语的层次分析法实际上是一致的，只是名称、对象以及具体程序略微有一些区别。

具体操作的程序，可以分为四步：

第一，确定是单句还是复句，如果是复句，再确定是简单复句，还是多重复句；如果是多重复句，再分析它的层次和关系。

第二，确定这个多重复句有几个分句构成，在分句之间用一根竖线划开，其关键是搞清楚单句与复句的界限，不要把单句内部的停顿误判为分句之间的停顿。

第三，根据关联词语、语序以及分句之间的语义关系，确定分句两两之间的关系，并且标出它的基本复句类型。

第四，根据分句之间的逻辑语义关系，以确定复句内部的层次。第一层次用一条竖线，第二层次用两条竖线，其余依次类推。例如：

（1）我们结婚的时候，手电筒是唯一的家用电器。
（2）昨天是休息，｜今天复习，｜明天正式考试。
（3）高尔基在自学的过程中，既没有名师指点（A），｜更没有资料可供查阅（B），｜碰到的困难当然就比寻常人更多（C），｜但是疑难总是吓不倒他的（D）。

例（1）虽然句中有一个停顿，但这是句内停顿，该句是单句。例（2）尽管有三个分句，但只有一个层次，三个分句之间是并列关系，因此，这只是一个简单复句。例（3）是多重复句，关键是发现"高尔基在自学过程中"后面的逗号应该是句内停顿。然后根据关联词语、语序以及语义关系，确定 A 与 B 是递进关系，B 与 C 是因果关系，C 与 D 是转折关系。其层次组合是："A ‖ B ‖ C | D"。

（二）分析多重复句的辅助方法

1. 看切分以后的两部分的语义是否相对完整。例如：

（1）孔乙己是这样的使人快活（A），可是没有他（B），别人也这么过（C）。

这个复句从理论上讲可以有两种切分：

A，‖ B，| C。   A，| B，‖ C。

如果按照前一种切分，A 与 B 先结合，"孔乙己是这样的使人快活，可是没有他"，根本就不成话。如果按照后一种切分，B 与 C 先结合，"可是没有他，别人也这么过"，意义基本上可以理解。可见前面一种切分是错的，后面一种切分才是对的。

2. 运用换位的方法看分句之间的关系是否合理。例如：

（2）封锁虽严（A），冒险偷渡者依然不绝（B），而且十有八九是偷渡成功的（C）。

这一复句也可以有两种切分：

A，‖ B，| C。   A，| B，‖ C。

从语义是否相对完整来看，"封锁虽严，冒险偷渡者依然不绝"，语义可以理解；而"冒险偷渡者依然不绝，而且十有八九是偷渡成功的"，同样也可以理解。那么，到底哪一种切分是对的呢？这就要用"换位法"来检测了。

第一,A,‖B,|C。→C,|A,‖B。

而且十有八九是偷渡成功的(C),封锁虽严(A),冒险偷渡者依然不绝(B)。

第二,A,|B,‖C。→B,‖C,|A。

冒险偷渡者依然不绝(B),而且十有八九是偷渡成功的(C),封锁虽严(A)。

显然,第一种换位不能成立,第二种换位可以理解,这样的切分才是正确的。

3. 句中的标点符号也对层次切分有帮助。例如:

(3)掌柜是一副凶脸孔(A),主顾也没有好声气(B),教人活泼不得(C);只有孔乙己到店(D),才可以笑几声(E),所以至今还记得(F)。

切分时可参照句中的标点符号,分号是句中最大层次的分界处。所以上例要切分为:

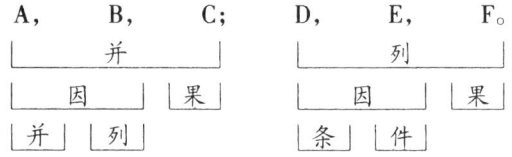

4. 多重复句也有"多切分"结构,即这样的切分和那样的切分都可以,而且语义基本相同。用以上两种方法来检验,结论也是一样的。例如:

(4)为了改进工作,我们必须虚心听取各方面的意见,即使有些意见不正确。

(5)倘是咬人的狗,我觉得都在可打之列,无论它在岸上或在水中。

以上两例分析成"A|B‖C"或"A‖B|C",都可以。

(三)多重复句的语义关系分析

多重复句的分析,实际上也是逻辑语义的分析,因此,在进行分析时,必须结合形式标志,牢牢地把握住语义关系。

分句之间的并列、选择、转折、条件之类的逻辑语义关系是复句类型成立的基础,可以作为复句定类分析的参考。分句之间的逻辑语义关系,有的是对客观事实的直接反映,有的是对说话人主观评价的反映。二者有时是统一的,有时是分离的。例如:

(1)白天,他一身素装去捡破烂;晚上,西装革履地在夜校学习日语。

(2)白天,他一身素装去捡破烂;晚上,却西装革履地在夜校学习日语。

例(1)的两个分句分别说出两种客观情况,说话人主观上也平等地看待这两种情况,这是并列复句。例(2)两个分句说的仍是两种客观情况,但说话人主观上认为后续分句与前行分句的常态语义趋势相反相对,并用"却"来表现这种对立关系。在这个句子中,客观的并列关系是潜在的,主观的转折关系是显现的。应该根据显现的关系和关联词语"却"将例(2)确定为转折复句。

有些分句之间的关系是几种关系的融合,既有此种关系,又有彼种关系。例如:

(3)洪水渐渐退去,人们疲惫的脸上开始露出了笑意。

在例(3)中,前行分句和后续分句表述的客观事实在时间序列上有先后关系,在客观事理上有因果关系,分句之间既有连贯关系又有因果关系。说话人如果要可以突出其中的某一种关系,可以采用相应的关联词语。例如:

(4)洪水渐渐退去,于是人们疲惫的脸上开始露出了笑意。

(5)由于洪水渐渐退去,人们疲惫的脸上开始露出了笑意。

例(4)突出了连贯关系,例(5)突出了因果关系,因此可以根据这种语义关系和关联词语"于是""由于"将其分别归入连贯复句和因果复句。

三、紧缩复句

(一)紧缩复句的性质

"紧缩"有两层意思:"紧"是紧凑,取消了语音停顿;"缩"是简缩,去掉了一些关联词语。紧缩大都就复句的变化而言的。一般的复句在分句与分句之间的语音停顿取消了,并且省略了一些关联词语,那就变成了**紧缩复句**,简称"紧缩句"。例如:

(1) 无论你到哪儿,我都跟着。(一般复句)/你到哪儿我都跟着。(紧缩句)
(2) 你如果有意见,就说出来。(一般复句)/你有意见就说出来。(紧缩句)

(二) 紧缩复句的固定格式

紧缩句常用成对、成套的关联词语(副词)构成一些定型的框架。常见的比如:

1. "不……不……"。表示假设关系,相当于"如果不……就不……"。例如:
(1) 钟不敲不响。
(2) 我不说不痛快。

2. "不……就……"。表示假设关系,相当于"要是不……就……"。例如:
(3) 他不想去就别勉强他。
(4) 校长不来就开不成会。

3. "不……也……"。表示让步关系,相当于"即使不……也……"。例如:
(5) 他不说我也明白。
(6) 这种小病不治也会好。

4. "再……也……"。表示让步关系,相当于"即使再……也……"。例如:
(7) 工作再难我也不怕。
(8) 电视再差也有人看。

5. "一……就……"。有两种作用。一是表示承接关系。例如:
(9) 老王一吃过晚饭就散步去了。
(10) 他一碰就觉得不对劲儿。

"一"是表示条件关系,相当于"只要……就……"。例如:
(11) 他一来就没好事。
(12) 老袁一闲就生病。

6. "非……不/才……"。表示条件关系。例如:
(13) 我非做完作业不睡觉。
(14) 你非要学几年才能干好这工作。

7. "越……越……"。表示条件关系(倚变关系),后者随着前者的变化而变化。例如:
(15) 阿Q越想越生气。
(16) 他越解释我越糊涂。

(三) 紧缩复句的特点

1. 有一些紧缩句只使用单个的关联词语。例如:
(1) 你找谁也没有用。
(2) 有话哪儿都能说。
(3) 吃完饭再走。
(4) 那手捏着笔却只是抖。

2. 紧缩句的主语可以相同,也可以不同;可以全部出现,可以部分出现,也可以全不出现。例如:
(5) 你走你就走。(前后主语相同,都出现)
(6) 他一不高兴就发脾气。(前后主语相同,只出现前一主语)
(7) 越干他越来劲。(前后主语相同,只出现后一主语)
(8) 多做练习才能提高成绩。(前后主语相同,都未出现)
(9) 你去我也不去。(前后主语不同,都出现)

（10）天王爷来了也不怕。（前后主语不同,只出现前一主语）

（11）一响我吓一跳。（前后主语不同,只出现后一主语）

（12）不打不老实。（前后主语不同,都未出现）

练习题

一、分析下列多重复句,标出层次与关系。

1. 发展个体经济不是权宜之计,而是我国一项长期的方针,也是改革的一个重大步骤。
2. 由于老年人各自"闭关自守",信息闭塞,即使知己就在咫尺,相互之间却"老死不相往来"。
3. 没有人,政策法规再好,也是难以发挥作用的。
4. 由于地下军事要塞的修筑是在秘密状态下进行的,为防止军事泄密,劳工要么被折磨致死,要么被秘密杀害。
5. 念小学时,家境拮据,买不起漂亮的信笺,更买不起自来水笔。
6. 过去捧着"铁饭碗",混社会主义的"大锅饭"吃,那不叫主人翁,而是败家子。
7. 与会代表不仅专业知识精湛,而且见多识广,能得到他们的首肯,靠的不是溢美之词,而是材料、事实、理论和数据。
8. 不管你再怎么身居高位,一旦犯了错误,尤其是贪污罪,不是被免职,就是降级或长年不加薪,直至判刑。
9. 人生中一些极珍贵极美好的东西,如果不好好把握,便常常失之交臂,甚至一生难得再遇再求。
10. 大学的原意是学生组合成的团体,想读书研究的人,不论年老年轻,大家组成一个团体聘请名师来讲授,这就是大学的起源。

二、下列句子哪些是紧缩句,哪些是单句？判断的理由是什么？

1. 他不去不要紧。
2. 梨不吃不知道味道。
3. 你要来明天就来。
4. 你真是越长越漂亮了。
5. 他们一家五口就住两间房子。
6. 没找到凭据就下判断叫武断。
7. 你再说也没有用。
8. 他放学回家一口气吃了三碗饭。

思考题

一、请比较层次分析法和划线分析法,指出其异同之处。

二、以前往往把"我知道他没有来"说成是"包孕复句",即大句子中包含着一个小句子,你觉得这样分析有没有道理？为什么？

三、有一些动词,例如"知道""懂得""记得""明白"的后面可以出现很多句子,甚至于段落,这应该分析为单句,还是复句,还是句群？

四、有人说紧缩句是用单句的形式表达了复句的内容,因而紧缩句既不是单句,也不是复句,而是一个独立的类。你对此有何看法？

参考文献

吕叔湘(1979)《汉语语法分析问题》,商务印书馆。

赵元任(1979)《汉语口语语法》,商务印书馆。

朱德熙(1980)《现代汉语语法研究》,商务印书馆。

吕叔湘(1982)《中国文法要略》,商务印书馆。

吴竞存 侯学超(1982)《现代汉语句法分析》,北京大学出版社。
朱德熙(1982)《语法讲义》,商务印书馆。
王力(1985)《中国现代语法》,商务印书馆。
朱德熙(1985)《语法答问》,商务印书馆。
张斌 胡裕树(1989)《汉语语法研究》,商务印书馆。
邢福义(1997)《汉语语法学》,东北师范大学出版社。
马庆株编(1999)《语法研究入门》,商务印书馆。
陆俭明 马真(2003)《现代汉语虚词散论》(修订本),语文出版社。
马庆株编(2005)《二十世纪现代汉语语法论文精选》,商务印书馆。
邵敬敏(2006)《汉语语法学史稿》(修订本),商务印书馆。
邵敬敏等(2009)《汉语语法专题研究》(增订本),北京大学出版社。
邵敬敏(2011)《汉语语法趣说》,暨南大学出版社。
邵敬敏(2011)《新时期汉语语法学史》,商务印书馆。
陆俭明(2013)《现代汉语语法研究教程》(第四版),北京大学出版社。

第五章 语 用

第一节 现代汉语语用概述

> **学习要点**：了解学习现代汉语语用的意义，认识语用分析的基本要素和主要内容，懂得善用现代汉语语用规律以实现交际目的。

通常认为，词汇学探讨的是语言符号与符号所指对象之间的关系，语法学探讨的是语言符号与语言符号之间的关系，而语用学探讨的则是语言符号及其使用者与语境三者之间的关系。可见，与其他语言学分支学科分析最大的不同之处在于**语用是语言使用者在不同语境中话语交际的实际运用，包括表达和理解**。一旦从这样的角度来观察语言，语言就不再是一个个孤立的词、词组、句子，而是生活中的请求、叙述、讲解、提问、命令、威胁等各种复杂的言语行为。**研究人们在不同语境中话语交际时表达和理解语言的基本规律，就是语用学**。

汉语在长期运用过程中，不少语言手段形成了一些固定的格式和方式，通常称之为辞格和语体，在它们形成过程和使用中，语境起着重要的作用，所以，辞格和语体无疑也是汉语语用研究和分析的重要内容。

一、语用分析的意义

对语言使用者在不同语境中话语意义准确地表达和理解的基本规律进行分析，就是语用分析。语用分析能使我们深刻了解在特定情景下，各种语言符号和非语言因素如何被调动起来，说话者如何能准确地传情达意，受者如何准确地获取话语原意，以达到交际的目的。

离开具体语境，词和词组等通过结构规则所能传递的只是抽象的词义或词组的意义，但是，相同一个句子，当语境不同时，却具有不同的功能和含义。例如：

（1）甲：今晚大学生俱乐部有晚会，我们一起去好吗？
　　　乙：抱歉，明天我们考英语。
（2）甲：你的英汉词典借我用一晚上好吗？
　　　乙：啊呀，明天我们考英语。

两例回答"明天我们考英语"都有"婉言谢绝"功能，但是例（1）的真实含义是"我不能和你一起参加晚会"，例（2）则是"拒绝出借词典"。再看例（3）：

（3）您能把胳膊挪一挪吗？

这是一个疑问句，表面上似乎是询问对方是否具备"挪胳膊"能力，但在不同的场合却具有不同的真实含义。比如医生对胳膊受伤的病人说出这句话，询问的是肢体伤情；可是换一个场合，它却起着祈使句的作用：希望听话者腾出一些地方。可见，由于语境不同，相同句法结构的句子意义也可能不同。

现代语言学理论的奠基人索绪尔把语言学划分为两大组成部分：语言的语言学和言语的语言学，前者以抽象的语言系统为研究目标，后者则专门研究语言如何在人们交际意图支配下，在一定环境中使用，并解释支配使用的规律。关于言语的语言学也就是语用学。

学习和掌握有关语用知识，我们不仅可以提高分析现代汉语的现象和规律的能力，还有利于提高自身的交际能力，在社会生活和工作中一步步走向成功。

二、语用的基本要素

语用是一种人类的言语交际行为，通常由以下四个基本要素构成：

1. 发话者

发话者指语言信息的发出者，包括口语说话者和书面语作者。在正常情况下，大都是发话者有某些事情、某种感受想要倾诉，或者想跟人建立某种联系，或者发出某种请求、指令等，即实施某种言语行为。例如李老师对全班同学说：

明天上午八点钟你们都到办公室来。

"李老师"是语言信息的发出者，他实施这一言语行为的主要目的是要向全班同学发出某个"指令"。

2. 受话者

受话者指语言信息接受者，包括听众和读者。言语交际，除了发话者，还需要有受话者。某些交际行为，看起来好像只有发话一方或受话一方，或者分辨不清发话者和受话者，例如政府文件、公共场所的警示语"禁止吸烟"等，但仔细分析则不难发现：其背后实际上都隐含着发话者和受话者。

3. 话语内容

发话者用语音表达的口语或文字表达的书面语的具体内容叫作"话语"。话语内容，少则一句话，多则一个演讲、一次讨论、一首诗歌、一本小说，所以也叫"超句体"。话语以传递信息为主要目的，所以其内容有多种类型，如激发型、传授型、宣泄型等，比较特殊的是诸如见面打招呼的"你好！""吃了吗？"之类，属于慰藉型的交际。从表面上看，这种话语内容并未传递实质性的信息，好像在说废话。事实上，这是人类社会交际的需求，互相接触与同类保持联系是人的一种本能。

4. 语境

语境是人们运用语言进行言语交际的具体环境。语境是语用分析中极为重要的因素，任何一个言语行为，总是伴随着环境因素。"语境"的内涵很宽，首先可以分为"语内环境"和"语外环境"：

A. 语内环境。指的是语言符号所构成的环境，即通常说的前言后语（口语）或上下文（书面语），包括词语语境、句子语境、语篇语境。

B. 语外环境。指的是语言交际中的非语言因素，主要有以下三个方面的内容：

第一，现场。即言语行为发生的具体时空环境，范围大小以言语交际各方当时感知能力所能达到的限度为界，超出了这个限度就不是现场了。比如讲课是一个言语行为，它发生在教室内，于是教室内师生能见到、听到、嗅到的一切组成了讲课这个言语交际行为的现场语境。教室外的东西如果穿过窗户能见到的，就仍在现场语境之中；超出了师生的感知范围，也就不是现场语境了。

第二，情境。即人们言语行为相关的客观条件因素，包括：交际场合、交际话题、交际方式（例如：口头还是书面，电话还是录像，独白还是对话、电子邮件还是传真等）、交际要素（交际者的年龄、身份、教养、职业、地位、关系等）。

第三，背景知识。一般包括两方面：首先，指人们记忆中贮存着的关于整个世界的百科知识，百科知识有两种类型：一种类型是规律性的，如水到一百度会沸腾，买东西必须付钱，四川人爱吃辣等；另一种类型是情节性的，如中华人民共和国成立于哪一年，某同学的生日是哪一天等。其次，指一定文化背景下的信念系统。信念系统是一个社会中被人们普遍接受的价值观念，以及在这种观念支配下人们对一些现象的看法，如个人的隐私应受到保护、对父母应该孝顺等。

三、语用分析的主要内容

我们进行语用分析，一定要结合现代汉语的特点，认识话语意义在具体语境当中如何恰当表达和理解，主要内容有以下三个方面：

(一) 语境对话语交际起重要作用

语言是人类最重要的交际和思维工具,语言实现其功能,语境起着非常重要的作用。任何话语,其中每个词、每个句和整个交际行为只有在特定语境中才能传达真正的含义。对于汉语来说,语境尤为重要,因为有了语境的帮助,汉语可以不依赖于严格意义上的形态变化来表达丰富的语义,凸显出语言系统的鲜明特点;研究这个特点和规律,对汉语教学也有重要的应用价值。

1. 共同的语境知识是表达和理解的重要基础

语言交际要达到最佳效果,最关键的条件是发话方和受话方必须拥有相同的语境知识,这是表达和理解的重要基础。这些共同的语境知识,有的已经贮存在记忆中,有的可以临时获得,不管如何,交际各方必须要有共同语境知识作为谈话的出发点或基础。例如:

(1) 甲:昨天那场球实在太精彩了!
　　乙:什么?
(2) 甲:我不去了,你呢?
　　乙:我还是去吧。

例(1)甲和乙缺少共同的球赛语境信息,所以交际就无法进行下去了。例(2)双方都非常清楚要去的地点以及"我不去了"的原因;"你呢?"是汉语特指疑问句的简略形式,是问"你怎么办?"。可见,这句话的语境知识必须是双方的身份、话题、语言都非常熟悉,否则便无法对话。

2. 语境在语言表达中起重要作用

发话者是交际的主体,为了实现交际最理想的效果,就要充分发挥语境的作用。

语境对话语交际的作用主要有几个方面:

第一,从已知信息到未知信息。"温故知新",这句话清楚地反映了人类话语交际的认知过程。人们在遇到未接触过的新情况时,总是先调动大脑中贮存着的已有知识,对新情况进行理解,从而成为新知识;新知识又逐渐转化为旧知识,成为碰到新情况或者获取新经验时的起点或基础。

为了让受话者能最大限度地理解话语的原意,发话者表达时必须选择受话者已有信息作为出发点,然后再传达受话者的未知信息,发话者在表达前就判断:在所要传递的信息中,哪一些是受话者已经掌握的已知信息(旧信息)?哪一些对受话者来说是未知信息(新信息)?"已知→未知"规律说明,对不同的交际对象,即使内容相同,也应该采用不同的表达方式。

第二,语境优先。发话者要让受话者最大限度地了解他要表达的内容,又不能过多地占用对方的精力和时间,这就要懂得充分借助于语境,**语境能够提供的信息要优先于话语本身的信息,凡受话者可以从语境中获得的信息,原则上都可以不表现为语言形式**,除非有必要特别强调它。例如:

(3) 他刚从澳门回来,没钱了!

这是一部小说中的一个情节:主人公到澳门狂赌,输得一干二净。有人不知情,想邀请他赞助慈善事业,知情者便说了这句话。因为发话者知道受话者已经了解澳门有博彩业和主人公嗜赌的性格,必定能用这些信息填补对话里的空缺,所以不需要用更多的言语。

汉语中有非主谓句、省略、隐含等句法形式,这些话语中的语义空白,并不妨碍理解,因为受话者可以从语境寻找并填补,达到理解。

(二) 字面意义和话语意义

在离开语境的情况下,语言意义(词或词组表示的意义)称为字面意义;在特定语境下话语所传递的真实意思,称为话语意义。话语意义是语用分析的主要目的。

在日常交际中,话语的字面意义通常跟真实意思不一样。例如:

(1) 甲:现在几点了?
　　乙:哦,太晚了,我们下次再谈吧!
　　甲:好吧。

例(1)中,发话者"现在几点了"的"现在",没有特定语境就不明确具体指什么时间;另外,这句话也不是真正询问时间,而是在"提醒对方"。由于受话者在交际情境中领会到了其中的话语意义,这个交际便顺利完成了。这说明:发话者通常利用字面意义传达话语意义。

语用分析中,表达能力指的是发话者利用语境采取恰当的口头或书面方式表达话语意义的能力;理解能力指的是受话者利用语境准确获取发话者的话语意义及交际意图的能力。

1. 发话者话语意义的表达策略

发话者的真实意图是"为什么说",在特定语境中选择某种方式恰当地表达是"怎么说",可以有不同的策略。例如:

第一,预先策略,指的是交际之前把表达内容和表达方式准备好,比如会议报告、诗歌或小说创作、制定谈判主题等;

第二,临时策略,指的是交际时瞬间来不及周密思考作出的决策,发话者会利用一些表达方式尽量避免出现失误,使得交际得以顺利进行。例如:

(2) 江菊霞一步不让地向他威逼,没有办法,只好撒谎了:"厂里开劳资协商会议,非我出席不行。"

(3) 在他没把事情弄明白之前,只能支支吾吾地说:"唔……实在对不起!打扰啦……我是来找金枝的。"

例(2)为了避免当场冲突,使用了"只好撒谎"的临时语用策略。例(3)采取了拖延、争取思考时间的临时语用策略。

第三,模糊策略,一般是在不想表示、难于表示,或者摸不清对方意图情况下,在瞬间采取的一种策略。例如:

(4) 刘芳亮在闯王的手下平素以勇猛善战出名,听了这个计策却沉默不语,从地上拾起一个柴火棒,在手中慢慢地一节一节地掐断。

面对李自成妻子高夫人提出的"计策",刘芳亮心里不同意,但碍于礼貌又不好明确反对,只好采用"沉默不语"的模糊办法。

2. 受话者对话语意义的理解策略

如果受话者发现发话者利用字面意义表达某种话语意义,就会通过相关语境知识来理解、推求。这时候,受话者对话语的理解并不是一个被动过程,恰恰相反,在整个交际过程中,会一直处于主动探索、积极捕捉的心态中。只要发话者开始表达(或者文字开始出现),受话者(读者)就能敏锐地感触到话语所提供的每一处关键信息,从自己的经验中努力寻找相关语境加以思考和推断,逐步接近、理解发话者的真正意思。

(5) 甲:面条里要放辣油吗?
    乙:我是地道的四川人。

"我是地道的四川人"所能暗示的语境信息有许多,但其中只有"四川人爱吃辣"与问话要求相关,从而促使对方推断出"辣油不但要放而且要多放"的话语意义来。

只要受话者相信发话者真诚,即便有时候表达中出现语音、字词、语义、语法某方面的错误或歧义等问题,他也不会拒绝接受,而是主动地根据他对语境的常规知识予以校正或修补,有时甚至意识不到错误的存在。例如:

(6) 这种药对高血压有好处。

这句话语义有错误,但是一般人总是从"药都是医治疾病而不会是助长疾病"的这一常规知识出发去理解例(6),对其中的错误会忽略,而自动修正理解为"这种药对治疗高血压有好处"。

(三) 话语结构及连贯规律

不管话语多么丰富和复杂,之所以能被人们表达或理解,都是因为**话语必定围绕着发话者交际意图组成一个完整的结构,其中的组织规则,就是连贯**。所以,认识话语结构及其语义连贯的特点,对语用分析很有好处。

1. 语言符号链条上的衔接

汉语话语交际的连贯首先表现在语言符号语序层面上的衔接,即:口语前后句或者书面上下文。因为话语要传递清晰的语义信息,这就要求每个词语、句子的组合都要在逻辑意义上彼此照应,前后能联系起来。常见的语言成分先后次序衔接,可以使用词汇、语法成分手段,例如指示词语、省略关系、关联词语等。话语形式除了独白,还有会话,这些话语都有其连贯的结构组织规则。

2. 语境因素参与话语连贯

语义的连贯性是发话者提供给受话者的理解线索。当发话者话语的真实意思不在字面意义,那么,在语言符号层面上就难以听出(读出)其中的语义联系,这时,语境因素通过蕴含方式对话语的语义连贯起作用。例如:

(1) 父亲:你的朋友来了!

  儿子:自行车还没修好呢!

只有父亲和儿子双方都知道"朋友"要来取修理好的自行车。在这特定语境条件下,才能彼此能够对话,父亲用话语意义"赶快来接待"表示了"通知"的交际意图,父子间对话的话语语义连贯起来了。

3. 话题对话语的连贯作用

在具体语境中,我们可以对句子进行一种语用切分,分成"话题——述题"两个结构成分,以探求发话者的语义安排意图。"**话题**"指的是发话者表述的出发点或对象,"**述题**"指的是对话题出发点或对象进行的说明。汉语是一种话题凸显的语言,因此话题对于话语表达的连贯性有重要作用。

(2) 时间/是治疗痛苦的药。

(3) 这一件事,/使我们对地球有了新的认识。

(4) 奇怪,到了这里吧,/就有一种亲切的感觉。

以上例句中斜线"/"前面部分是话题,后面部分是述题。可以看出,汉语的话题在表现形式上显得非常灵活,在一般情形下,话题处于句子的前部,述题处于句子后部。

正因为句子与句子之间的"话题——述题"有接续性,于是,就有了各种类型的"话题链",话语的语义就能围绕着交际意图(中心话题)延伸下去,形成了交际话语的整体——一个演说、一个谈判、一首诗、一本小说等。从这个角度看,"话题链"对汉语话语的连贯性起着十分重要的作用。

练习题

一、你认为学好语用与学好现代汉语课程有关系吗?为什么?请举例说明。

二、在书面剧本里,我们经常会发现有不少使用括号的文字。作者为什么这样做?请用老舍话剧《茶馆》里一段话来说明:

(松二爷和常二爷都提着鸟笼进来……他们自带茶叶。茶沏好,松二爷、常二爷向邻近的茶座让了让。)

松二爷 好像又有事儿?

常四爷 反正打不起来!要真打的话,早到城外头去啦;到茶馆来干嘛?

   (二德子,一位打手,恰好进来,听到了常四爷的话。)

二德子 (凑过去)你这是对谁甩闲话呢?

常四爷 (不肯示弱)你问我哪?花钱喝茶,难道还叫谁管着吗?

松二爷 (打量了二德子一番)我说这位爷,您是营里当差的吧?来,坐下喝一碗,我们也都是外场人。

三、请阅读下面这段话并分析:在此过程中,有哪些语境因素帮助你正确理解这段话的意思?

胡适在课堂上常常对白话文大加赞赏,有些学生认为白话文"废话多,比不上文言文精炼"。于是,胡适说了一件事:前几天有朋友邀请他到政府部门工作,他决定不去,写了一封电报拒绝了,他请学生们根据这个意思写一封电文。有一位学生仅仅用了十二字:"才疏学浅,恐难胜任,不堪从命。"胡适评点说很不错,不过,他的电文字数更少:"干不了,谢谢!"

四、试分析下面对话,请指出什么是字面意义?什么是话语意义?为什么?

甲:孔老师,您找我?

乙:是的,请坐。这两天你上课怎么心不在焉啊?

甲:您很关心我,真的谢谢您。这两天……我觉得我的功课赶不上了……

乙：离高考还有一些日子呢！你妈妈又病了吧？沈祥明他们正商量着帮助你呢！

思考题

一、从现代汉语来看,研究语境对语言学理论和语言应用有什么意义？

二、据你观察,在实际生活交际中,对于发话者的话语意义,受话者(包括听者和读者)都能准确理解吗？为什么？请举例阐述。

三、汉语中有不少非主谓句、省略句等现象,它们如何体现话语语义的连贯性呢？请举例说明。

第二节 话语意义

> 学习要点：了解话语语义的复杂性,认识话语意义的基本表现形式和特点,并能初步从话语意义的角度对话语语义进行语用分析。

话语意义是在语言意义的基础上由语言使用者及语境相互作用而产生的,情况十分复杂。在实际生活中,由于交际意图和效果等需要,发话者必然充分利用语境条件,用口头或书面方式发出语言符号;而受话者为了准确理解发话者的真实意思,也充分利用各种语境因素,根据字面意义填补、推求话语的真实意思。话语意义基本表现形式有三类："指称"和"指示""会话含意""前提"。

发话者经常在语言符号上使用指示词语,利用语境表示"指称"和"指示"的功能;也经常通过字面意义,引导受话者激活已有语境知识,表达其"会话含意"和话语的"前提"。

虽然都要依靠语境,不过,"指称"和"指示"是涉及字面意义的话语意义,而"会话含意""前提"则不同,是隐含在字面意义背后、需要借助于语境推导的话语意义。

一、指称和指示

人们在日常话语交际中经常使用指示词语,这些词语如果没有特定语境就无法确定其具体意思,这是语用分析必不可少的内容。例如：

(1) 孩子正在看一本书。

(2) 他在那儿唱歌呢。

如果想确切了解例(1)的意思,首先要知道"孩子"是指什么人,"正在"是指什么时间,"书"是什么书。例(2)中,必须知道"他"指什么人、"那儿"是什么地点和说这句话的时间。只有进入发话者交际的特定语境,才能明确这些词语的指示信息,从而进一步理解发话者话语的真正意义和交际意图。

指示词语的话语意义可以分为两种：第一是"指称",第二是"指示",它们必定与具体语境中的特指对象相联系。

(一) 指称

指称主要是名词的功能,**用名词的概括性词义去确定特定语境中的所指对象,同时用相应的语音去称呼它**。语言系统中任何词语的意义借助于指称,就能产生话语意义。

指称的最大特点在于,被指称对象必须具备指称词的词义所概括的本质特征。这样,我们才能用指称词去称呼它。在例(1)中,被指称为"孩子"的,正因为其具有"儿童"或者"子女"的特征;也因为"孩子"正在看的物品具有"装订成册"的特征,我们才能称它为"书"。指称一旦发生,就对象来说,它就从一个客观存在物进入了语言,成为一次言语行为中被谈论的对象;就词语的意义而言,它就从抽象概括的意义转化为具体的话语意义,依赖于这种意义,我们就能了解一段话语表达了什么具体内容。

指称在表达中有以下不同的情形：

1. 有指和无指

指称主要是名词的功能,但名词的使用未必一定是指称。例如：

(1) 他打碎了一块玻璃。
(2) 他卸下了一扇玻璃窗子。
(3) 这些李子长得真好,个个都有拳头那么大。

例(1)中的名词"玻璃"是有指称的,要理解例(1)的话语意义就要把"玻璃"这个词跟语境中特定的一块玻璃联系起来,这是"有指"。例(2)中有指称的是"窗子","玻璃"却仅用来表示一种性质,其语义作用表示属性,这是"无指"。例(3)的"李子"是"有指","拳头"是"无指"。

专有名词的所指对象是独一无二的,通常"有指",例如"雷锋""王海",指的是特定的人物个体,但有时也可用于"无指",例如"雷锋精神""王海现象"中的"雷锋""王海",是指以这些个体作为某些精神品质、思想观念的代表。

2. 实指和泛指

"实指"和"泛指"是"有指"的两种情况。

普通名词的所指对象都是一个庞大的集合,其中的每一个成员都具有该名词的词义所规定的那些本质特征,因此,普通名词的"有指"用法比较复杂,一是可以通过"实指"用法与语境中一些确切的对象,也就是发话者心目中已有确定目标的对象联系起来;二是通过"泛指"用法与语境中任意的对象联系起来。例如:

(4) 请把我的笔递给我。
(5) 营业员小姐,借支笔给我行吗?

显然,例(4)中的"笔"是发话者心目中确有所指的一支笔,这属于"实指"。例(5)中的"笔"并不确指哪一支特定的笔,只要是笔就行,属于"泛指"。

3. 全指和别指

在"实指"用法中,有"全指"与"别指"的区别。它们的共同点在于所指的都是有确定目标的对象,但"全指"的用法把词语与所指对象的整个集合联系起来——确定目标是集合中的所有成员;"别指"指称集合中某些确切的对象,与别的对象有所区别。例如:

(6) 腊梅冬天开花。
(7) 最近图书馆进了不少书。

例(6)的"腊梅"是指所有的腊梅,这种用法是"全指"。例(7)的"书"是指称某些确切的对象,与别的对象有所区别,这就属于"别指"的用法。

4. 定指和不定指

"别指"可以区分为"定指"和"不定指"。对发话者而言,某一或某些对象对发话者来说,当然都是已知的,可是对受话者而言,有两种可能:一是发话者可能认为受话者已经了解,于是就把对象作为已知事物向受话者陈述,这就是"定指"的用法;二是发话者也可能认为受话者并不了解,于是就把对象作为陌生事物向受话者陈述,这就是"不定指"的用法,暗示受话者准备接纳一个新的对象。例如:

(8) 杭州消息:一个年龄只有13岁的男孩怀揣5元钱,想尝尝"泡妞"的滋味。……经审讯,该男孩王某系嵊州市黄泽镇人,为该镇某中学初一年级学生。……
(9) 在加勒比海的美属威尔京群岛,一伙窃贼日前开着皮卡车盗走了加油站内的一台自动提款机。谁知机器内竟无分文,令这伙窃贼白忙活了一场。

例(8)中,当"年龄只有13岁的男孩"在起始句中出现时,作者估计读者都不会了解他是谁,于是就采取了"不定指"的用法,希望读者开始认识一个新的对象。可是当"男孩"在下文中出现时,作者认为读者已经知道了他,即读者对语境的了解中已经增加了这样一个已知对象,所以就采取了"定指"的用法。例(9)同样。

在现代汉语中"不定指"一般通过数词"一"与量词组成数量短语,再修饰名词来实现,如例(9)"一伙窃贼"等。在没有数量短语的情况下,出现在主语位置上的名词倾向于"定指",而出现在宾语位置上倾向于"不定指"。例如:

(10) 小偷从后门进来了。
(11) 后门来了个小偷。

例(10)"小偷"是定指,例(11)"(一)个小偷"是不定指。

"定指"的手段比较多,最常用的是添加指示代词,如"这伙窃贼""该男孩"等,也可以对名词进行种种语义限制,如"发明了相对论的科学家让人崇敬""85年后大学毕业的人这次需要考普通话""我的笔不见了"等,这样,受话者就可以把它与语境中的特定对象联系起来了。语义限制往往是通过用人们所熟知的去限制不了解的,从而使词语具有"定指"意义。如例(9)中的"威尔京群岛"是一般人不熟悉的,但通过了人所共知的"加勒比海"和"美(美国)"的限制,它就成了人们语境知识中的一个确切对象。"定指"有时没有特定标记,需要受话者依据上下文判断,如例(9)中的"提款机"。

(二) 指示

某些词语以具体交际情景要素(说话者、说话时间、说话地点等)作为参照点,获得词义的所指对象,这些词语称为"指示语"。指示语以发话者为基准,在语境中有明确的指示对象,和具体的意义,这叫做"指示"。例如:我、他、这里、今天、此刻、上文、本世纪、下星期、本法官等,这些词语可作为指示语。

指示语使用有两个阶段:首先,确定以言语行为中的哪一要素为参照点,例如"我""你""他"须以发话者是谁为参照点,"今天""下星期"须以说话的时间为参照点……在此基础之上,再去确定某一指示语所指什么。例如,只有在确定了说话地点以后,才能确定"这里"是哪里,"那里"又是哪里。假设有一位体育老师对他的学生宣布:

(1) 现在解散,十分钟后,我们在这里集合!

学生们要理解老师的这句话,就要先确定"现在""我们""这里"要以老师此时的言语行为作为参照点:"现在"就是老师说出"现在"这个词的时刻,有了它,"十分钟后"是什么时间也就得到了确定,而"我们"就是说出"我们"这个词的老师加上上体育课的学生,"这里"就是老师正在说话的地方。离开了老师这些言语行为,孤立地听到这样一句话,学生们就莫名其妙、无所适从了。

从上例我们看到,指示词的意义必然联系语境才能确定。一段话语中如果出现了指示词,受话者就会努力地从语境中寻找具体意义,按照发话者指示的中心线索,把话语的语义组织连贯起来。由此可见,指示要比指称更能体现话语与语境的紧密联系。

指示主要有以下四类:

1. 人称指示

用指示语表示言语行为参与者(交际各方)所承担的角色,就是人称指示。通常分为三类:第一人称、第二人称及第三人称。

体现第一人称的指示语有"我""本人""本+指称词(如本法官、本小姐等)",文言色彩浓一些的则有"敝人""在下"等。

第二人称除了"你""您""你们"等代词之外,还有用于面称的称呼语,如"爸爸""太太""经理"等。但这样的称呼语一般不直接进入句子结构,除非与"你""您"同时出现:

(2) 经理去不去?

(3) 经理您去不去?

例(2)中的经理很容易被理解为第三人称,例(3)中的"经理"则毫无疑问是第二人称。

第三人称的范围最广,因为无论是人还是物,任何对象都可能被说及。除了"他""她""它"及相应的复数,几乎每一个有指称的名词都能表示第三人称:

(4) 警察低头望了望撞坏了的汽车。

(5) 他小心地看了看它。

2. 时间指示

用指示语表示发话者说话时的各种时间,就是时间指示。时间指示有三大类:

第一,指示说话的时间,指示语有"此时""此刻"等。这样的指示语从小到大有"今天""本星期""这个月""今年""本世纪"等。"现在""眼下"也是指示说话时间的,但它们的范围可大可小,小到等同于"此刻",大则需视上下文而定。"目前"的范围也可大可小,它的最小范围似乎要比"现在"大,最大范围又比"现在"小。

第二,是指示说话时间之前的时间,相应的指示语根据时间的远近有"刚才""昨天""前天""上星期""上个月""去年""前年""上世纪"等。

第三,是指示说话时间之后的时间,相应的指示语根据时间的远近也有"明天""后天""下星期""下个月""明年""后年""下世纪"等。

也有的指示语表示说话时间前后的时间,如"这时""那时"。

3. 空间指示

用指示语表示发话者说话时所在地点的各种空间位置,就是空间指示。有的语言或方言有近指、中指、远指三种空间指示,如维吾尔语、苏州方言等。现代汉语只用近指、远指两种指示方式,将整个空间分为两部分:

第一,近指:发话者所在的位置以及靠近这个位置的空间范围,用指示语"这里""这儿"来表示;

第二,远指:远离发话者所在位置的空间位置,用指示语"那里""那儿"来表示。

由于指示代词"这""那"本身就是近指、远指的集中体现,凡是由"这""那"参与组成的词组多少都分别含有近指、远指的意味,如"这个""那个""这棵树""那棵树"等,有时候近指、远指比较抽象,不一定是实际的空间距离,而是一个心理距离。例如当我们在说"这个意见""那个问题"时,近指远指就可能指关注度的大小,或者是谈及事件的远近。

此外,空间指示还有一种动态形式,用动词"来""去"表示,反映以发话者所在空间位置为基准的移动方向——是趋近于这个位置呢,还是背离这个位置? 不过,有时候会出现以受话者为基准的空间指示。例如:

(6)(电话)甲:老李,请你上午九点来开会。

乙:好,我九点钟一定来。

例(6)"乙"对话中的"来"是以受话者"甲"的地点为基准的。

"来""去"跟动词后组成的动补词组就具备了空间指示的意义,如"跑来"和"跑去"、"寄来"和"寄去"等。当然,日常交际有时候也可以用手势指示地点或位置,以上所说主要是话语现象。

4. 话语指示

用指示语表示发话者表达过程中指语言符号链条中某一部分称为话语指示。由于话语都是按时间顺序展开的,所以话语指示与时间指示一样分三类:

第一,发话者正说到或写到的话语,指示语通常借用"这里""这儿",或者用"这"表示。例如:

(7)当今天我写到这儿的时刻,它还在我耳畔轰轰作响。

(8)当我在写这几行字的时候,把视线从纸上移开,抬头就可以看见夏威夷那犬牙交错郁郁葱葱的群山。

第二,这部分之前的话语。

(9)上一段我们讲了故事的开头。

(10)请你重复前面的内容。

第三,这部分之后的话语。

(11)下文你们写什么?

(12)等下次讨论再说吧。

表示第二类和第三类的指示语则有"上文""下文""那句话""那个词""在上一段里""在下一节中"等。

分析以上的指示现象,关键问题在于确定指示语。**只有依靠特定情境才能确定所指对象的词语,才能称为指示语**。在平常生活中,我们还经常发现不少类似的语言结构形式。例如:

(13)当你在某一个事情上遇到困难的时候,千万不要陷在这个坑里爬不出来。

此例"某一个事情"与"这个"是前后互指关系,这种情形就不是指示,因为不用依赖语境确定所指话语内容。

二、会话含意和前提

指称和指示通过字面意义联系语境,从而确定具体对象和内容。在日常话语交际中,不少时候发话者的真实意思并不是直接表现为字面意义,因此,**借助于语境,隐藏在字面意义背后间接表述出来的话语意义称**

为"会话含意"。会话含意的理解与推导,要依靠交际各方必须具有共同的语境知识,这就是"前提"。

（一）会话含意

发话者在特定语境中没有用字面意义表达出来,而要靠受话者推求出来的话语意义,称为会话含意,也就是一般人所说的"言外之意"。例如：

（甲在路上遇到乙$_1$和乙$_2$两人。）

甲：你们到哪里去啊？

乙$_1$：我到快餐店去吃晚饭。

乙$_2$：我饿了。

甲：那太好了,我也正想去快餐店呢。

针对甲的问话,乙$_1$直截了当地回答了,可是乙$_2$却是答非所问,甲要怎样理解乙$_2$话语隐含的意思呢？甲依靠现场环境和已有知识等语境因素进行推导：人"饿了"就应该进食,现在正是进晚餐的时间,附近有一家快餐店可以就餐,乙$_2$正向快餐店的方向行进,这样,甲听了乙$_2$的话就能得出与乙$_1$回答一样的结论了。

不过,上例中虽然说乙$_2$的回答跟甲问句之间表面没有什么联系,但是乙$_2$回答却帮助了甲根据语境因素把其真正意思推导出来了。这就说明一个道理：第一,发话者表达的语言符号（语音或者文字）不是任意的,都是以语境为基础,引导受话者利用语境知识推导出真正的意思。第二,在理解过程中,发话者话语的字面意义帮助了受话者根据现场和已有的语境知识,推求出发话人的会话含意。所以,语言符号及其字面意义对相关语境知识具有激活作用。

（二）前提

前提,也称为预设,指交际各方共有的语境知识。这是受话者正确理解、推导会话含意必须具备的先决条件和根据。在时间上,前提的存在处于具体话语产生之前,由发话者预先设定交际各方共有的特定语境制约下,蕴藏在字面意义里。例如：

小张的妹妹考取了清华大学。

这句话除了它本身意义之外,还包含了：

a. 有一个叫小张的人

b. 小张有个妹妹

c. 有一所叫清华大学的学校

d. 小张的妹妹有能力去考大学

e. ……

在发话者说这句话的时候,预先设定受话者可能同样已经知道这些前提,才能明白这句话的字面意义,从而进一步推导话语的会话含意。由此可知,前提在日常话语交际中有着必不可少的作用。

通过前提,我们可以提高话语交际的效果。发话者可以把与受话者共同熟悉的语境信息作为前提,不直接表达出来,不仅可以避免令人烦闷的语句,受话者又可以根据共有的已知语境知识推求出发话者的"言外之意"。

例如曹禺的话剧《雷雨》中有这样一段对话：

周繁漪　四凤的年纪很轻,她才十九岁,是不是？

鲁侍萍　十八。

周繁漪　（委婉地）那就对了,我记得好像她比我的孩子大一岁的样子。这样年轻的孩子,在外边做事,又生得很秀气的。

鲁侍萍　（急切地）四凤有什么不检点的地方么？请您千万不要瞒我。

周繁漪根据自己的判断,把鲁侍萍可能已知的信息作为前提,对周公馆里发生的事情用"言外之意"表达出来。果然,鲁侍萍从周繁漪的话语中,敏感而迅速地推求出一个她认为是最合理的会话含意：四凤的行为出现了不检点之处。

另外,前提对话语语义的连贯性具有积极作用。按照话语语义"已知→未知"的传递规律,前面话语的前提作为后面话语已知信息的基础,这样,话语语义得以接续、生长。通过前提,我们加深了对话语组织规则的认识。

如前所说,特定语境因素对话语运用起重要作用,但是,从话语意义的表达、理解过程的分析,包括"指称"和"指示",会话含意和前提,我们都看到语言符号和字面意义对触发、激活相关语境知识的主要作用,换句话说,如果没有语言符号和字面意义产生,一切语境知识都无法发挥作用。

练习题

一、请在下面的话语中找出指示信息的词语,并说明:如果是"指称",属于哪一种指称? 如果是"指示",属于哪一类指示?

1. 我家附近有一所大学。那时我有几位好友,他们年纪比我大,由于同情我的境遇,经常夹带着我混进课堂里听课。头一天我一进校门,就浑身上下不自在,眼睛只看地板、看楼梯,好像是走了很长的一段路,才进了教室。只见他们喊喊喳喳了一阵之后,指着一个空位子对我说:"你今天坐这儿吧。"

2. 这是我们结婚后第一个中秋节。他下午比平时早一小时到家,手里提着一个小纸盒,兴冲冲地递给我说:"月饼! 今天大家提前下班回家过中秋。"我打开纸一看说:"啊,是广式月饼啊,我倒比较喜欢苏式的。"他说:"哎呀,我们吃的是中秋月,不是饼啊。"

二、下面话语中的前提是什么?

1. 来中国以后,我常常吃中国菜。
2. 有些人认为挣了钱就应该花掉。

思考题

一、请举例说明指示词语的语法分析与语用分析的差异。
二、前提与会话含意的区别在哪里?
三、为什么说在话语交际中,发话者发出的语言符号及字面意义始终起着主要的作用?

第三节 言语行为与会话原则

> **学习要点:** 了解言语行为的类型,了解会话合作原则和礼貌原则,并运用这些原理解释会话含意产生的过程及其推理的规律。

会话含意是语用分析的核心内容,它是在特定语境下被发话者利用字面意义表达的真实含意,也是受话者依靠语境推求的言外之意。会话含意在言语行为的过程中产生,而不遵守会话原则——合作原则和礼貌原则,很可能是发话者传递会话含意的一种信号,按照此规律,受话者可推求出发话者的会话含意。

一、言语行为及类型

话语交际可以看成人类的一种"言语行为",**指的是用言语来施行、达到交际意图的行为**。人们运用语言进行交际的整个过程,实际上是由一个接一个的言语行为构成的,即:言内行为——言外行为——言后行为,最后达到发话者的交际意图。

1. 言内行为

言内行为指言语表达(说、写)这一行为本身,"以言指事"。人们在运用语言进行交际时,首先需要按照说话意图选择一定的词语按照句法规则加以组合,赋予这句话一连串语音形式,或者写成一系列文字;从而以语言意义为基础,形成话语;这话语还必须与当时的语境发生联系。这样的一连串交际活动,就是言内行为,又称为"以言表意"。

2. 言外行为

言外行为指用言语表达（说、写）来体现发话者意图的一种行为，即"以言行事"。在日常的工作、学习和生活中，人们可以用话语表达来实施多种交际行为，以达到各种意图。例如：

（1）退休工人老张昨天去世了。
（2）请把茶杯递给我，好吗？
（3）你再敢说这种话，我绝饶不了你！
（4）对不起，我来晚了。

上述各例都实施了言外行为，分别显示：例（1）陈述，例（2）请求，例（3）警告或威胁，例（4）道歉。所有这些言外行为都通过言内行为来表达实施的。

我们日常通过肢体动作来做各种各样的事情，例如：烧饭炒菜、种花栽草等，我们也可以通过说话来完成各种各样的事情，例如：法官在法庭用话音完成"宣判"的事情之后，无罪的就会释放，有罪的就将接受法律制裁；会议主持人说一声"大会开始"，完成了"宣布"的事情之后：会议各项议程可以就此顺序展开。因此，我们每说一句话，都在实现言外行为，譬如"讲解""命令""威胁""通知""诅咒""祝贺""报告""命名"等。

3. 言后行为

言后行为指受话者接收发话者话语之后所受到的影响，也就是话语所带来的实际结果，即"以言取效"。例如：

（5）你放心，我明天会来的。

本来受话者担心发话者明天不会来，听了发话者的"承诺"后就放心了，这种"放心"，就是话语带来的结果。

当然，"言外行为"跟"言后行为"是有区别的，前者以语言意义的力量就能完成，如例（5）的"承诺"；而后者所产生的效果，不仅仅是语言的范围了。例如（5）的"放心"。再如：

（6）哥哥，你不要这样。人家是好心好意来安慰我们。

这是曹禺《雷雨》第三幕的一个场景：当周冲到四凤家探视，而四凤的哥哥鲁大海对他很不客气，四凤对哥哥说出这句话（言内行为），真正目的是"劝告"（言外行为）她哥哥不要对周冲勃然大怒（言后行为），鲁大海听明白了四凤的意思，但最后却没有按四凤的劝告去做，仍然对着周冲发火。所以，四凤的"以言表意""以言行事"虽然完成了，可是"以言取效"却失败了。

在人们整个交际过程中，言语行为的过程可以描述三个部分：**言之发——示言之力——收言后之果**。从这个过程中，"示言之力"是最关键的，因为不直接用字面意义，所以也称为"间接言语行为"。人们在日常交际中广泛使用间接言语行为来表达使用会话含意及真实意图。

二、会话合作原则

成功的话语交际都有赖于交际各方的密切合作，会话合作原则就是这样一个反映了普遍规律的基本原则，它由四条准则组成。按这四条准则进行的言语行为在信息传递上应该是效率最高且最为合理的。

（一）数量准则

话语所含信息量与本次交谈所需信息量应该一致。即在进行一次言语行为时，发话者应根据语境要求向受话者提供适量信息，既不能太少，也不能太多；同时受话者也相信发话者正是这样做的。

如果信息太少，导致本次交谈所需的一些必要信息缺漏，发话者不能把自己的语用意图完全地传递给受话者，言语交际实际上并未成功；如果信息太多，传递的必然是与本次交谈无关的多余信息或已经传递过的冗余信息，结果是浪费了受话者的精力和时间，这样的言语交际实际上是失败的。所以，只有遵循了数量准则的言语交际行为才是理想的交际，既达到传递有关信息的目的又符合语言经济性的要求。

当然，在不同的语境，对话语所含信息量的要求会有所不同。例如，同是发布通知，如果现场嘈杂喧闹语，相同的信息就可能被多次重复，但人们并不认为是冗余信息；又例如，寒暄聊天也是一种言语行为，然而这种行为并没有明确具体的语用意图，在信息量上的要求就很随意。正因为如此，一次言语行为中发话者提供的信息是否符合数量准则,需要依据实际情形来判断。

数量准则既然是一种合作原则,那么它就不仅是发话者要遵循的。而且受话者也应遵循,原则表现在:如果受话者认为发话者的交际态度是真诚的,就应该相信其传递的信息是适量的。

(二) 质量准则

话语提供的信息内容必须跟语境中的实际情况相一致。也就是说,发话者所提供的信息真实可靠,不说假话。有时即使信息不真实,但发话者主观上没有发现这一点,他是把虚假作为真实信息传递给对方的。而受话者的合作,表现在他相信发话者说的是真话。如果没有这一信念的话,他就不会认真对待发话者的话语。

因为质量准则的存在,言语交际中才可能发生发话者说谎或者受话者受骗的现象,这时发话者违反了质量准则,同时又利用受话者遵守质量准则而使之上当。

在不同语境条件下,质量准则的遵守也会有一定的变化。例如,如果受话者对发话者的品行产生怀疑,那么他就不相信对方说的话。可是我们在读小说的时候,明知作家在编造故事,却仍然被这些话感动得热泪盈眶、死去活来。不同情景下对言语行为的真实度也有不同要求,例如,列车上旅客之间的闲聊对话语的真实程度要求就不高;法庭作证却要求必须句句确凿。

(三) 关联准则

话语之间以及话语与话题之间应该相互关联。对发话者来说,有交际的诚意,说话就会认真按照所说事物之间的逻辑联系,遵守关联准则,按照受话者接受新经验时"已知→未知"认知顺序来组织、展开话语。每次交际都必定有话题,这是发话者的兴趣所在,也是发话者希望受话者注意力集中的范围。话题一旦决定,所有的言语行为就应该围绕着展开。发话者若是尊重受话者,就不会随意转移话题。在这种情况下,话语内容就会密切相关,使受话者的注意力稳定集中,接受信息时思路清晰明确,很容易地把握住发话者的真实意思,获取交际意图。

对受话者而言,遵守关联准则意味着相信发话者有诚意,说的每一句话都有关联,即使感觉有失关联之处,却不怀疑发话者的诚意,而是努力参照语境搜寻可能存在的联系,甚至对话语进行修补,直至能获取发话者的真实意图。

话语之间、话语与话题之间怎样才算关联,不同类型的言语行为在不同的语境就有很大的差别。日常口语交际现场语境,由于各方彼此之间十分了解,那么在别人听来毫不相干的话语他们却觉得环环相扣,十分紧密。在诗歌写作和阅读中,诗人提供一些看似没有关联的话语,去刺激读者欲望,激发读者的想象力,从而把诗句与语境联系起来,达到与诗人的思想感情产生共鸣。而在论文答辩、科学演讲、法庭辩论等言语行为中,关联就是一个非常严密的逻辑推理概念了。

(四) 方式准则

话语的表达方式让受话者易于理解。发话者既然诚心诚意告诉受话者一些事情,就应该让话语的表达方式清楚明白,简明易懂,使受话者能在花费最少量的精力和时间的情况下获取最多量的信息。所以发话者在说话时应尽量避免歧义、晦涩、啰唆、含混等现象,而追求通晓流畅、条理分明、易于理解的表达方式。

一段话语的理解涉及两种情况,一是内容本身,是艰深还是浅显;二是表达方式,是清楚还是晦涩。表达方式的是否清楚明白只能相对于一定的内容而言,应当在把一定内容表达出来的前提下尽量把话说得清楚明白,但不能为了清楚明白去降低对表达内容的要求。

跟遵守关联准则一样,受话者对遵守方式准则也体现在只要他相信发话者是有说话诚意的,那么他也就会相信发话者一定力图把话说得清楚明白。如果万一有不清楚不明白的现象存在,他也会积极地到语境中去寻找理解的办法。

以上四条准则,是保证言语交际能够顺利进行必须遵循的、最基本的原则。

三、礼貌原则

礼貌原则指在其他条件相同的情况下,尽量把不礼貌的表达方式减低到最低限度。礼貌原则也称为得体原则。礼貌原则是语用另一个核心内容,它是在合作原则基础之上提出的,为了给合作原则"保驾护航",使其交际效率最高,效果最好,也为了更合理解释话语交际上的复杂现象。例如,人们为什么经常不直接用字面意义表示真正意思,而是拐弯抹角间接地表达"会话含意"?

(一)礼貌原则的心理基础

人在世界上生存,都希望得到肯定和尊重,这是一种基本的精神或心理需求。在这种人类心态的共同语境中,发话者一般都应以关心交际对象利益的角度进行表达,使受话者感到真诚和尊重,有利于实现发话者维护自身利益的意图。礼貌是人际协调关系的一种重要手段,它可以通过体态语来表现,例如微笑、握手、弯腰、点头、让座、让路等,但最常用的还是语言手段。所以,虽然已经有合作原则,但是还应该有礼貌原则为之"分工合作""相辅相成"。

礼貌原则处在比合作原则更高的层次上。只有遵循了礼貌原则,才谈得上真正遵循合作原则。因为礼貌原则维护了交际各方的均等地位和友好关系,受话者更愿意去配合发话者,发话者的交际意图才能得到实现。所以有时为了维护礼貌原则,人们甚至不惜牺牲合作原则的某一准则。例如,有时我们想回绝对方的要求但又希望尽量减少对方不愉快的感觉,往往就会违反质量准则说谎话。

礼貌原则比合作原则具有更大的灵活性。汉语文化要求"自谦敬人",称谓礼貌用法非常丰富,在不同的场合称呼不同的对象,表达方式就不尽相同。

(二)从礼貌角度给言语行为分类

根据对礼貌的不同要求,言语行为可分类如下:

1. 竞争类言语行为。这类行为有"命令""要求""批评""禁止"等。这些行为形式本身之所以是失礼的,是因为与发话者想达到的目的和礼貌要求之间的关系不太协调。

当然,竞争类言语行为对语言方式并没有严格要求,发话者可以用较为礼貌的语言方式,也可以用不礼貌的方式,发话者完全可以选择。

2. 冲突类言语行为。这类行为有"训斥""咒骂""威胁"等,它们不仅在语用意图上是失礼的,而且语言方式也只能是不礼貌的,因为我们不可能礼貌地训斥,更不可能礼貌地咒骂。

3. 和谐类言语行为。这类行为有"邀请""祝贺""感谢""道歉"等,它们从语用意图到语言方式都必须是礼貌的,不可能不礼貌地感谢,更不可能不礼貌地祝贺。

4. 合作类言语行为。这类行为有"报告""讲述""宣布""介绍"等。这类言语行为以交换信息为主要目的,因而要求各方最大限度地遵循礼貌原则,否则会招致受话者反感抵触,最终会破坏发话者语用意图的完满实现。

(三)礼貌原则的三条准则

跟合作原则一样,礼貌原则也体现为一些具体准则:

1. 慷慨准则:尽量少表达利己的和有损于对方的看法

话语交际内容尽量使他人受惠最大而受损最小,尽量使自己受惠最小而受损最大。这是一种处理人际关系的道德观念。这里的"惠"和"损"可以是实际利益上的,也可能是感情上观念上的。

按这一准则说话,发话者在提出某种要求时,就应该尽可能地顾及受话者利益,同时又尽可能回避自己受惠的实质。这样,听话者在满足说话者的要求时,就容易产生一种心理平衡的感觉而避免不愉快。例如,用疑问句表示祈使,询问对方做某件事的可能,尊重对方的选择权,而不是直截了当要求对方做某件事,至少在话语上给了对方按自己意愿行事的权力,尽管在语境中很可能对方实际上并无选择的余地。这就是一种感情上观念上的"惠"。所以几乎在所有的语言中,用疑问句来表示祈使都被认为是一种委婉的表达方式。

2. 谦虚准则：在话语中尽量少赞誉自己并少贬低对方

谦虚也是一种人际关系中的道德观念。每一个人都有自尊心，它是一个人正常生活信心和勇气的来源。为此，交际时谦虚就是在维护对方的自尊，而不谦虚通常会招致反感。

按谦虚准则交际，在话语中就应对受话一方多赞扬，少指责；对自己则应避免炫耀，甚至有时还需要适当地贬低自己。不过，不同的民族对谦虚准则有不同的理解，例如，面对别人的赞誉，中国人一般的反应是否定，甚至还要以自贬一番来表示自己的谦虚；而欧美人则以感谢对方的赞誉来表示礼貌。例如，客人盛赞主人的酒菜丰盛，烹调手艺高超，作为主人的欧美人就会诚挚地表示谢意，中国人却通常是表示饭菜简单，不成敬意，手艺卑陋，恳请谅解等。

3. 一致准则：在话语中尽量缩小与对方的分歧，尽量夸大与对方的一致

这里的分歧和一致可以是观点上的，也可以是情感上的。就观点而言，受话者与自己有相同的认知，就能够使他进一步接受自己看法；越是夸大与对方的一致之处，就越能在主要观点上让对方认同；就情感而言，夸大一致即尽量显示对对方的同情或关心，缩小分歧即尽量淡化削弱对对方的厌恶，使各方消除情感距离，更易于在一种融洽的氛围中实现交际意图。

以上所说三个准则，在不同的语境中也会有程度上的不同要求。不过，礼貌有一个普遍适用的原则：语言表达方式越间接，话语就越显得礼貌。例如：

（1）把自行车钥匙拿来！
（2）把自行车借给我。
（3）请把自行车借给我。
（4）能把自行车借给我吗？
（5）您下午用自行车吗？我下午想到亲戚家去，可是那里没通公交车。

很显然，从例（1）到例（5）礼貌程度依次增加。这里发话者最直接的目的是把自行车钥匙拿到手，所以例（1）在表达方式上最直接，因而也就最没礼貌。（5）简直没有说出具体的要求，而是让受话者体会其中的会话含意，所以最有礼貌。当然除了表达方式的直接与间接，还有专门的礼貌用语可以起作用。例（2）和例（3）直接程度一样，但例（3）有了一个"请"，礼貌程度就增加了。

四、会话含意的推理

会话含意在交际中有重要价值，是语用的核心内容。所以，会话含意的推理是语用分析主要的任务和目的。

（一）会话含意推理的信号

故意违反合作原则就是言外之意的推理信号。

会话含意的推求与合作原则密切相关。如果一个受话者发现对方所说的话语违反了合作原则中的某一准则，但觉得发话者确有诚意有信息要传递给受话者，在这种情况下，就是一个信号。它一方面暗示话中有话，另一方面促使受话者去进行推理。受话者就会从话语的字面意义出发，根据语境去努力推导，从而得出一个他认为是发话者的真正意图来。具体的情况是：

1. 违反数量准则引发会话含意
（1）甲：听说你隔壁来了位新同学？
　　乙：他姓陈，是哲学系的，我已经带他看过校园了，还领他办理入学手续，昨天跟他一起去看电影呢！

按常理，乙回答是否来了新同学就可以了，可是乙却向甲说了他自己跟这位新同学做了什么事情，这显然是违反数量准则，提供了过多的信息。但甲如果认为乙确有说话诚意，那么，他提供过多信息一定是有原因的，甲就通过乙的字面意义进行推理发现他的言外之意，得出结论：乙不仅知道来了一位新同学，而且跟他的关系还比较熟悉。

2. 违反质量准则引发会话含意
一般交际各方都在相信对方说真话，如果发现对方说假话，那就是有言外之意。例如：

（2）李寻欢沉默了很久，缓缓道："今天……我不能和你交手！"郭嵩阳霍然转过身，目光刀一般瞪着李寻欢，厉声道："你说什么？"李寻欢垂下了头，心在刺痛着。他知道到了这时再说"不能交手"，实无异临阵脱逃，这种事他本来宁死也不肯做的。但现在却非做不可。

在现场，郭嵩阳本来对李寻欢"我今天不能和你交手"这句话应该听得非常真切，但他却明知故问："你说什么？"这明显是在说假话，但是李寻欢从郭嵩阳厉声反问的语气立刻就明白了他的真实意思："你今天必须和我交手！"所以内心很痛苦。

3. 违反关联准则引发会话含意

在话剧《北京人》中，曾思懿与她的儿子曾霆有这样一段问答：

（3）曾思懿　……你当你还小么？十七岁，成了家的人了。你爷爷在你那么大，都养了家了！（突兀地）你的媳妇回来了没有？

　　　　曾　霆　（一直很痛苦地听着他的话，微声）打了电话了。

从字面意义上看，曾霆的回答明显地违反了关联准则，因为"打了电话"并没有针对"媳妇回来了没有"直接回答。但是只要确认二者之间一定是有关联的就可以去努力推理，就会得出这句话的言外之意：如果回来了就没必要再打电话去催，所以，还需要打电话的话，正说明他的媳妇还没回来。

4. 违反方式准则引发会话含意

在曹禺的名剧《雷雨》中，周朴园的大儿子周萍跟继母周繁漪之间有过一段隐情，可是等到出现了纯朴的鲁四凤之后就想摆脱繁漪，但繁漪却不想失去她唯一的精神依托，于是两人激烈地争吵起来。争吵中周萍这样对繁漪说：

（4）周　萍　（冷冷地）如果你以为你不是父亲的妻子，我自己还承认我是我父亲的儿子。

方式准则要求话语的表达方式清楚明白、简明易懂，尤其在争吵的时候，一般更不能晦涩啰唆。周萍之所以使用这样晦涩甚至近乎废话的表达方式，正是要让对方意识到他们之间的那种乱伦关系是多么地令人羞耻和厌恶。

（二）关联性对推理的重要作用

人们通过违背合作原则中的某一个准则来推导言外之意，关联性准则起着重要作用。如果说，违反数量准则，信息过多或过少，势必降低了字面意义对谈话主题的关联程度；那么违反质量准则，提供虚假的信息，显然跟交际目的毫无关联；违反方式准则，歧义、晦涩、啰唆、含混等，必定会干扰上下语句跟主题的关联。可见，"关联性准则"的重要作用就在于能解释会话含意的推理信号问题。

话语语义连贯的组织规则告诉我们，每一次言语活动，首先会确定交际的"中心话题"——我们把它称为"主题"。针对主题进行交流，话语就具有关联性。只有具备关联性的前提下，人们才有可能相互沟通。话语关联程度高，字面意义直截了当地显示发话者的说话意图，受话者无须经过推理就能轻松地把握住它；话语与话语的关联程度低，字面意义缺少对主题的针对性和直接性，但只要相信发话者的交际诚意，就会相信话语跟话题之间必然存在一种内在的、间接的关联性，就会通过推理去发现会话含意。可见，**话语关联程度降低就是促使受话者进行言外之意推理的信号**。

关联程度越低，受话者推导字面意义与主题间的关联性就越艰难，话语的理解难度也就越大。例如：

（1）甲：现在几点了？

　　　乙：对面的小学刚放学。

（2）甲：你参加今晚小王的生日聚餐会吗？

　　　乙：我听说小周也要去。

这两个对话都需要进行言外之意的推理，但所需要付出的心智劳动显然是不一样的。例（1）的推理很简单，只要知道小学的放学时间就能推出它的言外之意；例（2）的推理就比较复杂，必须要了解小周与"我"与小王或与其他参加者之间的语境背景关系，才能使例（2）中乙的答话与谈话主题"参加还是不参加生日聚餐会"关联起来，形成它的言外之意。

这样看来，发话者在说话时就有两种语用策略可供选择：使字面意义直接与谈话主题紧密关联，这时受话者付出的心智最少,语言交际效率最高;也可以只在言外之意上才具有关联性,这时受话者要经过一定的推理,付出较大的心智努力,交际的效率就降低了。

那么人们为什么还要选择有言外之意的说话方式呢?这是因为在交际效率之外,人们还有许多其他的交际效果的追求,寻找不同的表达策略,例如有时羞于启齿,有时难以言传,有时为了委婉含蓄,有时为了留有余地,有时是想使话语含讥带讽,有时则是想让话语活泼多变……语用策略使语言的表达方式丰富多样,而关联性则是帮助我们发现并推出会话含意的基础。

(三) 会话含意的推理过程

一旦确定话语具有会话含意之后,受话者是如何推理以准确把握住这个言外之意的呢?

1. 推理的起点:字面意义

字面意义的功能是双重的,一方面它以自身的缺乏关联性成了暗示受话者进行推理的信号,另一方面它又是推理的根据和起点,虽然它缺乏关联性,但只要受话者坚信发话者是有说话诚意的,他就会进一步因字面意义激活其语境知识储存,用语境因素填补,把话语语义连贯起来,使这句话最终具有关联性,达到理解。例如:

甲:小王的文字功夫怎么样?

乙:她当过办公室秘书。

从答话者乙的语句"她当过办公室秘书"字面意义出发,受话者就会寻找共同已知的语境知识,例如,关于"秘书"一般具有这样一些前提:

a. 秘书经常要起草很多文件

b. 秘书都有使用电脑工作的技术

c. 秘书的责任是协助主管人员工作

d. 秘书经常为主管人员安排工作时间

……

从而得出"小王的写作能力应该不错"的会话含意。

2. 推理的依据:相关的前提

从字面意义出发所激活的许许多多语境因素并不都能成为推理的依据,所以受话者必须在这许许多多的可能性中进行选择,而选择的依据就是相关的前提。按关联性准则选定的语境知识组成了理解某话语意义的语境。如上例的谈话主题是某人是否具有较高文字写作能力,因而上列前提中只有"a. 秘书经常要起草很多文件"与之相关,所以它可作为推理的依据。

3. 推理的过程:字面意义与语境信息相互作用

会话含意的推理是一种演绎式的推理,它的进行需要有大前提(一般性的知识);还需要有小前提(针对特定对象的具体知识)。经过了字面意义和相关前提两个环节的处理,会话含意的推理就具备了大、小前提:被选定的相关语境知识是大前提,字面意义是小前提,推理就是从大前提推导出针对特定对象的新结论:

大前提(相关的语境知识): 秘书经常要起草很多文件

小前提(字面意义):   小王当过办公室秘书

结　论(会话含意):   小王写作能力应该不错

4. 推理的结果:会话含意

这样推理得出来的结论就是会话含意,可从两个标准看:一个是它在字面意义里没有自己的语言形式,只存在于受话者的语境知识之中;另一个是它所传递的信息是一种目的性信息,是发话者说这句话的真正意图所在。"小王当过办公室秘书"在字面意义上与"小王文字功夫怎么样"的谈话主题并不相关,但是在它的言外之意上却达到了一种最佳关联性。受话者一旦在这一点上满足了,他就认为真正理解了对方话语的意思,交际也就成功了。

会话含意的核心问题是如何借助语境从字面意义中把握发话者真正的交际意图。至于话语意义的推理过程,语言学还处在探索阶段,远没有真正揭开其中的奥秘。不仅如此,其实交际活动中还有许多类型的会话含意,例如人们通常所说的"一语双关""顺势推理"等也是产生会话含意的方式。只有充分认识交际中人们是常常运用言外之意来相互沟通的,我们才能说真正认识了语言交际的奥秘。

练习题

一、请用下面对话说明"言内行为""言外行为"和"言后行为"。

1. 甲:要等全班同学来齐了,才能讨论排练什么节目啊!
   乙:那好吧。
2. 甲:人家都烦死了,你还一个劲儿地唱。
   乙:我只是小声唱嘛!

二、请用会话原则分析下面对话的交际是否顺利完成?为什么?

甲:您好!您有事?
乙:打扰了真对不起!您这儿需要人吗?
甲:我们正打算聘一位能够吃睡都在公司的工作人员。
乙:免费提供食宿?太好了!请问负责什么业务呢?
甲:具体业务是接发文件,维护公司治安……
乙:啊!我是硕士……

三、请分析下面的对话,如何从字面意义推导出会话含意。

1. 甲:哎呀,这两天总提不起精神来!
   乙:好些天没见太阳了。
2. 甲:妈妈炒的菜味道天天都一样!
   乙:怎么了?吃腻了?我跟你妈结婚到现在吃了几十年还没有吃够呢!

思考题

一、为什么人们广泛采用会话含意表示交际的真实意图?
二、发话者的会话含意与交际意图是同一回事吗?为什么?
三、现代汉语通常怎么表达"批评"意见?用礼貌原则怎么解释这种文化现象?

第四节 话 语 结 构

> 学习要点:了解话语衔接的类型和特点、话题推进的类型和特点、会话结构的特点,学习话语结构连贯的规律并能进行分析。

不管是口语和书面语,每一个话语都有其结构。探求现代汉语话语结构连贯的规则,是语用的重要问题。句子之间在语义和形式上如何组成结构关系?在特定语境中,语序、虚词等语法手段如何发挥功能和作用?口语对话整体依托什么结构框架建立起来?我们了解话语结构连贯的规律,对提高分析能力和表达能力将会有积极作用。

一、话语衔接

(一)话语衔接的特点

话语衔接就是通过种种语言手段,把句子衔接成一个结构整体。在受话者理解话语时的心理感受中,就出现了一种连贯性。因此,话语衔接的特点体现为三个方面:衔接、衔接手段和连贯性。

1. 衔接。**衔接其实是一种语义联系**。请比较下面两段话语:

(1) a. 杨先生坐在沙发里。b. 满面春风的生意人望着来客笑容可掬。c. 金丝边眼镜闪闪发光。

(2) a. 杨先生坐在沙发里。b. 这个满面春风的生意人望着来客笑容可掬。c. 他的金丝边眼镜也在闪闪发光。

例(1)几个句子可以说是互不相干的,根本谈不上衔接;而例(2)则衔接得很紧密:b 句依靠"这个"与 a 句联系起来,c 句通过"他"和"也"的作用与 b 句,甚至与 a 句都发生了衔接。

2. **衔接手段。通常把话语的前后部分联系起来的语言成分叫做衔接手段**。比如例(2)的"这个"和"他"。本来这些词语的意义带有某种程度的不确定性,只要把它跟话语中的某一部分语义联系起来,这种不确定性就能消除掉。受话者一旦在话语的其他部分寻到能跟它们联系起来的另一个语言成分,话语的这两部分语义就被衔接了起来。

衔接手段的词语在语义上是不确定的,有的是因为这些词语本身就没有概念性的意义。例如不确定性最强的是代词,它们只有指代功能而根本没有什么具体的意义,不找到它们的指代对象的话,它们就不能提供任何具体的信息,所以代词的衔接作用最强,是最常用的衔接手段。

3. **连贯性。话语一经衔接,语义理解就变得通达顺畅,这就是连贯性**。人在接受信息、获取经验时具有从已知信息出发接受未知信息的特点,这使我们一旦面对新信息时,就会不由自主地去语境中回溯寻觅相关的已知信息,然后再从已知信息出发去接受理解新信息。这种"已知信息——未知信息"的心理顺序,在语句中对应为"话题——述题",就形成了话语衔接和话题推进的连贯。话语衔接中的衔接部分,一般都负载了我们必须处理的未知信息,如例(2)中的"这个满面春风的生意人",跟上文的已知信息"杨先生"衔接起来,被衔接部分成了理解衔接部分的关键,衔接手段正是帮助受话者找回已知信息的语言机制。

话语的连贯性是指话语从整体上满足了我们在已知信息的基础上接受新信息的认知顺序的要求,语言之所以要追求话语的衔接和连贯表达效果,正是发话者为了让受话者能更易于理解话语而采用的策略。

(二)话语衔接的类型

话语衔接主要有以下五种:

1. 指代关系

指代关系依靠代词与先行词之间的联系把话语的两部分衔接起来,在一些特殊的情形下也可以是后行词。例如:

(1)柯蓝算是娱乐主持中的红人了,但每次看到她,我都会很快地找到遥控器——换台。我不知道她是不了解她所要说的因而故弄玄虚呢,还是觉得那种说话方式能让她显示多么娇媚,总之她捏着嗓子,刻意让所有字眼从牙缝中挤出……

人称代词"她"对先行词"柯蓝"的指代关系犹如一条条看不见的线,把每一个镶嵌着"她"的句子与镶嵌着"柯蓝"的首句衔接了起来,形成一个完整的结构。

2. 省略关系

省略也是衔接。有的句子结构成分会省略,例如主语、宾语。这时受话者就会努力地到前文中去寻找与之相关的信息,一旦找到,话语也就被衔接了起来。例如:

(2)那个学生模样的年轻人$_1$从桌上的辣油罐里又挖了厚厚一勺辣子$_2$到面汤$_3$里,0_1搅拌开0_2,0_1埋头吹了吹0_3,0_1喝了一大口0_3,然后0_1连忙张大嘴巴,0_1拼命地哈气。

这是一个由六个语句组成的话语,除了首句比较完整外,后五句标上"0"的地方都缺省了某个成分,但它们都可以从首句中找回:所有的主语都是"那个学生模样的年轻人","搅拌开"的宾语是"辣子","吹了吹"和"喝了一大口"的宾语是"面汤"。

主要句法成分所承载的是语义认知上不可或缺的信息,成分省略带来的是句法结构的不完整,这就是一种信号,促使受话者去找回那些必要的信息。非主要句法成分(例如状语、补语)省略不影响我们对基本句义的理解,当然也就不会促使我们去找回有关信息,所以它们不具有衔接功能。比如可以把例(2)中的"厚厚""一勺"省略掉,一个没读过原文的人根本意识不到这里省略,当然也就谈不上去找回了。

代词有语词形态和零形态两种存在方式,前者表现为"他""她""它"等;后者省略了语词形式,我们在理解时,遇上代词零形态都会在心理上给它们添上语词形式,如例(2)中每一个标上"0"的地方。这种衔接方式也就称为"零形指代"。

3. 逻辑关系

逻辑关系可以由各种各样的关联词语来体现，凡是话语中某一部分有关联词语出现，就必须到与之关联的另一部分去寻找相关信息，在这样的过程中话语就被衔接起来了。例如：

(3) 平时也罢了，我们也习惯刘孜呆呆笨笨，作程前的应声虫。<u>可是</u>到了关键时候，她却偏要极力表现，破坏了大场面。

"可是"意味着被"可是"关联的部分（即前三句），对被"可是"管辖的部分（即后三句）的理解起着关键的作用，于是它们就被衔接了起来。

语用衔接的关联词语，例如表示时间关系的"先是""同时""紧接着""再后来""到了上个月""最后"等；表示空间关系的"前面""后面""上面""下面"等，这些都属于关联词语的范围，还有"终于""可见""结果""总而言之""譬如"等。

4. 替代关系

同一个指称对象，在前后句子里用不同的词语来指称，这两个或几个不同的词语就形成了替代关系。后出现的必须把它跟先出现的一个联系起来，才能确认它们之间的同指关系，这样的确认过程也就成了话语衔接的过程。例如：

(4) <u>著名表演艺术家赵丽蓉</u>昨天早晨 7 时 30 分在北京家中溘然辞世，享年 73 岁。<u>老人</u>临终时，三个儿子及两个孙子都在身边。

"老人"与"著名表演艺术家赵丽蓉"有同指关系，所以在下文要提及赵丽蓉时可用"老人"来替代。有同指关系的两个词语，可以在语言形式上完全不同，如例(4)中的"著名表演艺术家赵丽蓉"与"老人"。

5. 词义关系

词语在意义上有着极为错综复杂的关系，除了平时常说的同义、近义、反义、上下位义等关系之外，常见的还有构成关系（如电脑与显示器、主机、鼠标器的关系）、同现关系（如邮局与汇款、平信、包裹的关系）、受动关系（如吃与面包、面条、蔬菜的关系）、结果关系（如写与文章的关系）等许许多多的语义关系。实际上在其他词语的意义制约中才能理解一个词语的意义。例如：

(5) 这是一个特殊的日子。天空中飘着雪，很冷。我们走进一个幽静的温暖的<u>餐厅</u>。<u>屏障</u>是高大的木框和低矮的砖墙，还有花和小树。<u>酒杯</u>里有红烛在飘。<u>吉他手</u>轻轻地弹唱，安静。温和，又有一丝忧伤。

例(5)如果没有"餐厅"与"屏障""酒杯""吉他手"之间的共现关系，这段话语很可能只是一些不相干的语句的随意杂陈。

二、话题推进

(一) 话语结构与话题链

1. 话语的语用结构分析

句子在语用结构上可分析为"话题——述题"两个部分，这种实际切分既反映了发话者语义安排的意图，也反映了话语内在联系的实际情况：

第一，话题具有交际定向的作用，通过提出话题把受话者的注意力吸引到发话者所要表述的对象上来。第二，话题是表述的出发点，规定了整个表述的语义范围。第三，话题承载已知信息，从而成为获取新信息的基础；与之相对，述题则是对话题的陈述、说明，承载未知信息。**所谓已知信息（旧信息）是发话者认为受话者已知的信息，在前文出现过或者已有知识的积累；未知信息（新信息）是指发话者相信受话者所不知道的。从表述的角度出发，一般位于句子前部的成分叫话题，承载已知信息，位于句子后部的叫述题，承载未知信息。**

不过，在现代汉语中也有未知信息在前，已知信息在后的情形。例如：

(1) <u>京剧</u>我会唱，<u>豫剧</u>我也会唱。

在对举的语境下，例(1)"京剧"和"豫剧"是话题，在句子前部，承载未知信息。

2. 话题链及其类型

"话题——述题"是话语信息传递规律的表现，对于交际来说，话题有规定的作用，话语所说内容一定是跟话题有关。**话题跟话题的联系及其方式，构为"话题链"，其作用是显示出话语语义推进的线索和话语中心**

的整合。"话题链"一般分有三类:

A. 同题链。上文的话题延伸到下文来,这时,后一句的话题就是前一句话题的延伸,不过,语言形式可以完整转移,也可以有一定改变。同题链常常用来表述同一事物的不同方面或者连续的动作等。("0"表示话题省略。)例如:

(2) 我扭头跑进里间,0 贴着墙弯腰跑进窗台,0 然后慢慢站起来,0 从窗棂格眼里朝一望,0 看见石榴树下有一撮人影,其中似乎有四眼狗。

(3) 外面的雨下得更猛了,雨点扑到玻璃上,0 很快又流了下来。

例(2)"我"分别是六个句子的话题,后面五个句子话题省略。例(3)三个句子同一话题,但是形式有些变化,第二句使用同指词语替代,第三句用了零形回指。

B. 异题链。上文的话题跟下文的话题不相同。异题链作用较广泛,可以表示不同事物的不同方面或者情况,同一事物的不同方面或情况。例如:

(4) 老栓走到家,店面早经收拾干净,一排一排的茶桌,滑溜溜的发光。

(5) 总之,病菌进攻的方式不同,作物防御病菌和抑制病菌的方式也是多种多样的。

例(4)表示不同话题及其不同情况;例(5)表示不同事物的同一情况——病菌进攻方式不同,作物防御的方式也不同。

C. 包题链。由有包容关系的话题形成。"包题链"的作用在于在一定范围内揭示或者概括一个事物的不同部分。例如:

(6) 省事的办法倒也不少。最舒服的莫过于在哪家豪华的餐馆里美美地吃上一顿,然后声明自己不名一文,这就可以稍稍地安安静静地交给警察手里。

(7) 一楼的门里门外,连通着现在和过去。门外是繁华璀璨的外滩风景,门内全是黑白两色的照片,记录了外滩变迁的百年风云。

例(6)话题链的第1个话题"省事的办法"包含了第2个话题"最舒服的"。例(7)"门外""门内"分别是第二、三句的话题,都是分别从第一句话题"一楼的门里门外"分解出来的。

同题链、异题链、包题链可以相套,形成话题链更为复杂的类型。

(8) 苏比对自己西服背心最低一颗纽扣以上的部分很有信心。他刮过脸,他的上装还算过得去,他那条干干净净的活结领带是感恩节那天一位教会里的女士送给他的。

"苏比"与"他"是同题链,再跟"他的上装""他那条干干净净的活结领带"形成包题链;"他的上装"跟"他那条干干净净的活结领带"是异题链。可见,例(8)是同题链套进包题链,包题链又套进异题链。

因此,一个话语内所有的话题之间都有语义的联系,话题不仅是表述展开的基点,而且揭示了信息传递的内在联系。而述题承担传递新信息的任务,满足了受话者的交际需求。正是话题——述题形成了话语的结构框架,显示了发话者的话语线索,由此引导了受话者对话语的理解。

(二) 话题链的形成及分析

正因为"话题——述题"不断推进,话语语义才得以延伸。我们试从话题和述题的延伸变化的角度,探求话题链形成的实际状况。

1. **话题延伸式推进**

话语中各后继语句的话题都是来源于首句话题的延伸,按照方式分出两类:

A. 平行式

各后继句都直接以首句的话题为话题,分别引出不同的述题,各话题之间是平行关系。不过,语言形式上允许改变,例如下句话题用代词、零形指代、有同指关系的词语替代等指代上句的话题:

(1) 1995年从黔南州民族行政管理学校毕业的周敏,是第一批与打工政策正面遭遇的罗甸干部。最远只到过州府都匀的周敏,用怨恨和恐惧的眼泪伴着自己从贵州罗甸到广东东莞两天两夜的旅程。但是她却在东莞的打工过程中找到了感觉,从工人、副领班、办公室后勤,周敏的职务和收入随着自己的努力不断提升。到县里规定的打工期限将到时,她已经是一家工人逾千的电子厂月薪1 200元的劳资管理人员。

这段话语由平行的五个句子组成,后四个句子都以首句的话题为话题,分别引出自己的述题。后五个句子的话题语言形式并不完全相同,但都因具有同指关系而保持了话题的平行性。如果后句的话题都以零形指代的方式出现,就形成了汉语很有特色的一种流水句。例如:

(2)杨志$_1$取路,不数日0_1来到东京,0_1入得城来,0_1选个客店安歇下,众庄客$_2$交还0_1担儿,0_1与了0_2银两,0_2自回去了。

B.派生式

从上文语句话题中派生出后继语句各个话题,不过分属不同层次:原话题属上位,后续句话题属下位,它们之间并不能构成平行关系。例如:

(3)一个六十多岁的女人,步态从容地从长途车上跨到地上。她的脸是黝黑而狭长的,眼睛略微长得有点靠上,但是她的手指间夹着香烟,腋窝里夹着人造革皮包……

例(3)"她的脸""眼睛""她的手指间""腋窝里"都是从"一个六十多岁的女人"这个上文话题派生出来的子话题,形成上下文的层次关系。

2.述题延伸式推进

各后继语句的话题都来源于首句述题的延伸,当然它们的延伸的语言方式也会有所不同:

A.线性式。依靠前一句的述题或述题的一部分延伸为后一句的话题,前句与后句就形成了一环扣一环的线性推进关系。例如:

(4)在这样的艰难岁月中。我多么希望得到来自她的帮助,但她的帮助是要付出巨大的情感上的代价的,这代价意味着什么,我不敢再想下去了。

例(4)述题从上句话题一环扣一环地延伸了两次,修辞格的顶针就是这样形成的。

B.分叉式。从前一语句的述题中延伸出来的话题如果不止一个,而这些话题之间又有着并列关系,形成分叉推进。分叉推进其实就是下位层次的平行推进或派生推进。

(5)7月18日,笔者在县看守所见到了戴着镣铐的刘建民,这是一个中等身材、黑瘦、看上去并不精干的农民,面对铁证如山的犯罪事实,他言辞闪烁,不承认自己为索财绑架幼童故意杀人。

(6)英语的语法研究经历了规范性、描写性以及解释性三个阶段,规范性研究强调的是哪些语言形式是最好的,应该以它为范本;描写性研究注重现实的语言是怎样的,必须如实反映它;解释性研究的兴趣则在探寻语言现象背后的原因。

例(5)"这""他"都是通过指代的方式从前句述题"刘建民"中直接转移过来的,使原先的单线推进出现了两个分叉话题,在下位层次平行推进。例(6)后面的三个子话题都是从首句的述题中派生出来的,在下位层次派生推进。

3.综合延伸式推进

由前句的话题和述题结合作为后句新话题而延伸推进。

(7)现在有些紧靠高架道路的居民楼和商业建筑已经开始受到冷落,这是一个信号,即人们愈加重视自己周边的生态环境。

(8)价值90万元的水晶钢琴被搬进人头攒动的大商场展示,商家的意图不在于销售,而在乎引导市民除"必要消费"以外的精神消费。

因为不可能把整个前句一起转移到后句作为话题,所以综合延伸式推进总要借助与一个总括性词语来接纳前句,如上面的"这""商家的意图"。

在汉语实际话语中,以上这些推进方式往往会交错出现,从而使话题推进呈现出非常复杂的状况。例如:

(9)大屋就在苏忆视线所及的地方,它默默地伫立在灰尘蔽天的路旁,昔日的雕梁画栋不仅脱尽了当初华丽的色彩,且0给人一种苍老莫名暗自忧伤的感觉。

"大屋"与"它"是话题平行推进的关系,而"昔日的雕梁画栋"的出现又是对"大屋"的一个话题派生推进,而末句有一个对"雕梁画栋"的零形指代"0",它与语言形态的"雕梁画栋"又形成了一对话题平行推进,而话语中的两个话题平行推进又不在一个层次上。

三、会话结构

(一) 会话的整体结构

在口头话语中,独白和会话的结构有很大差别。通常一次会话由开端、主体、结尾三个部分组成。

1. 会话的开端

会话的开端具有两方面的功能:发话者用一定的手段引起对方的注意,并表示邀请参与这次言语活动的意向;受话者则表示已经把注意力转移过来,并愿意参与这次言语活动,因此一般采用"召唤——回应"的结构方式。实现召唤功能最普通的方式是运用称呼语(小李、王总、爷爷等)和呼语(喂、哎等),作用主要是导入话语,以引起注意并邀请参与。体态语,如眼神、表情、手势以及体位(如走到对方的跟前)等也能起到相同的作用。这些方式有共同的导入作用,但在礼貌程度、正式程度等方面有一定的差异。值得注意的是,邀请参与的意向通常是暗示出来的,但有时也可直说出来,如:"老周,我有话对你说。""小吴,过来听我说。"

实现回应功能最普通的方式是运用应答语(哎、嗯等),也常用反问的方式:"什么事?""干嘛?"也可用眼神、表情等来表示。"喂"有时也能起回应的作用,例如在打电话时铃声就是召唤,而"喂"的作用却是回应。

"召唤——回应"有一些特殊的形式。在现场语境中,如不会引起误会,也可采取零形态,直截了当地进入会话过程。

有时召唤是与会话的主体同时出现的,这时回应就会免去,因为答话就已经是最好的回应。例如:

(1) 甲:赵老师,您的讲座安排在下周三下午好吗?

乙:恐怕不行,我下周二就要到北京去开会了。这个星期五可以吗?

"赵老师"是召唤,但不可能在答句中安置一个"哎"作为回应。

也有时我们会通过说一些与主题无关或不直接相关的话来表示召唤,受话者则通过对这些话的回答来表示回应。例如:

(2) 甲:哈,最近气色不错嘛。

乙:托福,身体好多了。

然后才切入正题。不过在这一段对话之前肯定已经有了一个零形态的或用体态语表示的"召唤——回应",所以它实际上是开端与主体之间的过渡阶段。

2. 会话的主体

会话的主体围绕主题而展开,它的形式主要有话轮、话对、话段三种。

A. 话轮。**会话的参与者各方不断互换角色轮番说话,每一个参与者一次连续说的话,就是一个话轮**。话轮至少是一个句子,只要对方没有插进话语,无论有多少个句子都属于一个话轮。在下面的会话过程中,鲁四凤和鲁贵说的话都是一个话轮,尽管四凤的话轮只有一个句子:

(3) 鲁四凤 (紧张地望着他)您瞧见什么?

鲁　贵　就在这张桌上点着要灭不灭的洋蜡烛。我恍恍惚惚地看见两个穿黑衣裳的鬼,并排地坐着,像是一男一女,背朝着我。这个女鬼像是靠着男的身边哭,那个男鬼低着头直叹气。

B. 话对。**前后相邻、内容相关的两个话轮构成的会话单位称为话对**。所谓内容相关指的是两个话轮在功能上对应,如提问与回答、提议与认可或谢绝、批评与接受或解释或反驳等。例(3)中四凤和鲁贵的两个话轮就构成了一个话对。

C. 话段。**围绕着同一个主题展开的一组话对构成一个话段**。一个话段具有多少个话对也是没有上限的。当然,只要发生了会话主题的转换,这一话段也随之而转到了下一个话段。例如:

(4) 周繁漪　怎么这两天没见着大少爷?

鲁四凤　大概是很忙。

周繁漪　听说他也要到矿上去,是么?

鲁四凤　我不知道。

周繁漪　你没有听见说么?

鲁四凤　没有,倒是侍候大少爷的张奶奶这两天尽忙着给他捡衣裳。
周繁漪　你父亲干什么呢?
鲁四凤　不知道。——他说,他问太太的病。
周繁漪　他倒惦记着我,(停一下,忽然)他现在还没起来么?
鲁四凤　谁?
周繁漪　(没有想到四凤这样问,忙收敛一下)嗯——大少爷。
鲁四凤　我不知道。

例(4)由六个话对或十二个话轮组成,它们可以分为三个话段。从第一到第六个话轮属第一话段;第七、第八两个话轮组成第二话段;第九个话轮的前半部分还属于第二话段。后半部以"停一下"为标记,主题发生了转换,进入了第三语段。

一次完整的会话由连续发生的若干个话段组成,但也可以只有一个话段。而话段又可以只由一个话对组成,所以一次最简单的会话只包括一个话对。这是会话的最低要求,否则就是独白而不是会话了。

3. 会话的结尾

结尾一般由三个部分组成：结束信号语、前置收尾语和收尾语。

A. 结束信号语。会话过程中交际各方一旦产生了结束会话的动机,总有一方会率先发出会话结束的信号,另一方则作出回应——认可或是反对。能起到结束信号作用的话语方式很多,例如示意、归纳、提醒、今后安排等。

B. 前置收尾语。结束信号语发出之后,会话在正式结束之前,往往还会有一个过渡阶段,它是通过发出前置收尾语来实现的,目的是从礼貌上提供缓冲时间,希望在结束会话上与对方取得一致。典型的前置收尾语有"就谈到这里吧""下次再聊"等。对方可以附和,也可重复对方的话。如果真正还有话说,就会引出一个新的主题来。

C. 收尾语。收尾语的发出是会话正式结束的标志,一般是由各方交换道别语、叮嘱语组成,例如"再见""多保重"等。

下面是一个完整的会话结尾,前面两句是结束信号语,当中两句是前置收尾语,最后两句是结束语:

(5) 甲:这次活动安排得差不多了。

乙:对,已经很周全了。

甲:那就谈到这里吧。

乙:行,有问题再电话联系。

甲:再见!

乙:再见!

(二) 会话的轮换原则

在一次成功的会话当中,会话各方必须共同遵守许多会话规则,最重要的当然是合作原则、礼貌原则,此外,会话还有它自身需要遵守的轮换原则,一个说完了另一个接着说。考察整个会话过程,可以发现,会话之所以能够顺利进行,就是因为会话各方或多方都在遵守轮换原则。典型的轮换方式有:

1. 发话者点明下一个发话者

在两个人的会话当中,下一个发话者只能是对方。但在多人的会话当中,就存在着谁做下一个发话者的问题。有时,发话者在讲话的同时,就指定了接下来的发话者,并确定了下一个发话者的主题。例如:

(1) 甲:老场长,你不介意谈谈你们那里的春耕情况吧?

乙:当然。我们那里的情况是……

(2) 甲:张小明,你知道画竹子的方法吗?

乙:不太清楚,我只知道用笔和墨。

以上两例,发话者在讲话时不仅分别指定了"老场长"和"张小明"为接下来的发话者,同时还规定了他们的谈话内容。除了指名道姓外,发话者也可以用眼神、手势等体态语来确定接下来的发话者。

2. 发话者点明接下来的主题

发话者在说话的同时可以不确定下一个发话者,但却常常确定接下来要说的主题。这种情况以课堂上老师和学生的会话最为典型。例如:

(3) 教师:我刚才已对会话原则作了大量的解释说明。希望有人能把会话原则总结一下。

教师并未指明谁为接下来的发话者,但规定了谈论的内容——总结会话原则。谁将成为下一个发话者,由学生自己来决定。

3. 自由抉择

在多方参与的会话中,发话者既不指定下一个发话者,也不约定接下来谈什么,而是由参加会话的其他人自行决定自己该不该说话,该说什么。这种情况在日常的会话当中最普遍,尤其是在参加会话的人身份、地位大体相等时。例如:

(4)(在街心公园里几位退休工人谈论旅游的事)

　　甲:我准备去黄山玩一趟,昨天我到光明旅行社报了名。

　　乙:是黄山四日游吗?

　　甲:对。

　　丙:多少钱?

　　甲:1 200元。

　　丁:太贵了。你不如随中青旅游团去,只需要1 000元。

上述三种典型的轮换方式,前两种有共同之处:会话中某个人有权力决定哪个人接着说话。例如,在课堂上,老师有权指定哪个学生说话;法庭上的法官、会议上的主席等也都具有这种权力。

"自由抉择"类的会话有一个问题,那就是想要说话的人怎么知道正在讲话的人话已讲完,自己可以开始说话了呢?要想完全准确地判定发话者已经讲完并非易事,因为任何发话者都可以在自己貌似结束的话语之后再加上一句甚至更多的话语。因此,严格说来,没有绝对的话语结束之处,只有相对的可能结束之处。这就涉及要能够准确判断话轮延伸标记和话轮结束标记。

所谓的话轮延伸标记,主要有两种:

第一,延续性词语。发话者说了一个或几个句子后,容易给受话人此次发话即将结束的感觉,发话者也会意识到这一点。但当发话者不想结束,他还有别的话要说时,为了避免被打断,常常使用一些具有延续功能的词语来提醒受话人不要接。具有这类功能的词语有"嗯……""这个,这个……"等。

第二,显示话语整体结构的词语。当发话者要讲大段的话语时,为了避免被打断,他往往把多个语句组成较大的话语结构。这种话语结构经常用能够表示逻辑顺序的词语连接起来,如"第一……,第二……,第三……"等。准备发话的人不可在听了"首先……"后就来接话,因为在"首先……"这个话语结构中,大都会有"其次……最后……"等。

所谓的话轮结束标记主要有:

第一,话轮结束停顿。一个话轮可以包括一个或更多个句子,句子与句子之间一定有停顿,但比较短;而作为一个话轮结束时的停顿就会比较长,而且在话轮结束时,语速会明显放慢,语气会加强,似乎在提醒听话者:我的话就快结束了。

第二,体态语。除了上述几种句法、语义的判断方法外,还可以通过观察发话者的目光和手势等体态语来判断发话者的话语是否结束。一般说来,会话时受话者的目光总是注视着发话者,而发话者的目光并不总是停留在受话者的脸上,但在他的话语行将结束时,他的目光大都会停留在受话者的身上。另外,发话者处于说话状态时,他的手一般都会有些手势动作。当他的手从紧张的状态放松下来,并停止了一切动作时,这就意味着他准备结束他的话语了。

以上四种标记基本上可以解决话轮转换的问题,但实际会话还会不时地出现问题,例如冷场和打断话头等。出现冷场时,前一个发话者最好重复他刚说过的一句话,以便引起接话人的注意,也可以运用指定接话人的方式;打断别人的话头是一种不礼貌的行为,会话中每一个人都应尽量避免。如果发生此类情况,接话人通常应主动退出。

练习题

一、话语衔接使用指代关系、省略关系、替代关系、逻辑关系和词义关系等手段,请分析下面话语,具体指出使用了哪一种手段?

1. 有人从湖北来,带来了洪湖的几颗莲子,外壳呈黑色,极硬。据说,如果埋在淤泥中,能够千年不烂。因此,我用铁锤在莲子上砸开了一条缝,让莲芽能够破壳而出,不至永远埋在泥中。这都是一些主观愿望,莲芽能不能够出,都是极大的未知数。反正我总算是尽了人事,把五六颗敲破的莲子投入池塘中,下面就听天由命了。

2. 美国摄影家安瑟·亚当斯原来学的是音乐,也许是受到很大的压力,后来生病了。可正是他在养病期间,到一个长辈开的照相馆随便玩摄影器材。这一玩,他产生了很大的兴趣。本来摄影只是他生了病消遣玩一玩的,谁料以后他花费很多时间、精力在这里,成了当时非常受欢迎的一位摄影家。

3. 所有的星星和恒星系全都在飞快地运动着。太阳也带着地球和其他行星以每秒十九公里的速度飞奔。同时,太阳系也参加银河系的自转运动。在这运动中,太阳系每秒钟要走二百五十公里。

二、试分析下面的话语,说明话题链如何使结构的语义接续?属于何种话题链推进方式?

1. 暑假期间,为了让孩子们多了解历史,我打算带着他们到北京去游览。一听说要到北京旅游,孩子们都高兴极了。北京有许多古老的建筑,其中,孩子们最想去的是长城。据说长城最早是秦始皇时代修建的,能保存到现在真是个奇迹。

2. 小时候,母亲外婆就曾说我是"书虫脱胎",我想如果真有"前世"的话,这话大概是不错的。至今,我仍将淘书买书读书视为人生最大之快事。而我的凤愿,便是有朝一日将我买的书读完,当然,首先我得活着。不过如果真有"轮回"的话,死去也无妨,我将递上一纸申请报告:大慈大悲的菩萨、上帝、真主啊,来世再让我变成一只"书虫"吧!

3. 俗话说:"一句话能把人说笑,也能把人说跳。""把人说笑"的句子,能使交谈在愉快的气氛中进行,"把人说跳"的句子,只能使交谈陷入困境。我们在交谈中,应尽量使用"把人说笑"的方式。

三、请在小说、剧本中选择一段对话,或者记录实际生活中的对话,针对会话结构中"话轮"的轮换特点进行分析。

思考题

一、除了上面所说的话语衔接类型,现代汉语话语还有没有其他衔接方式?怎么表现?

二、从日常交际观察,改变话题通常在什么情景下发生?一般使用什么方式?

三、话轮转换中,话语标记如何起作用?

第五节 语言要素的修辞

> 学习要点:从语音、词语、语法三个方面了解语言要素运用于修辞的技巧及主要表现方式,能够用语言知识解释有关的修辞现象。

修辞,是指为了增强语用表达效果,对语言要素进行的选择、加工和调整。修辞是交际过程中有效地运用语言要素的一种语用策略,特别注重研究如何通过语言的三要素——语音、词语和语法这三者巧妙的配合,而达到最佳的交际效果。具体来讲,就是指语音的协调、词语的选用和语法的调整,在语言和语境结合上体现汉语的表现力。

一、语音与修辞

(一)语音的美学功能

汉语语音的音乐美主要体现在两个方面:

第一,节奏的匀称感,它要求重复,由于相同的语音成分重复出现彼此呼应而造成。

第二，音韵的和谐感，它要求变化，由于不同的语音成分相互对比映衬而造成。

1. 节奏的匀称感

第一，语音节奏的语言学基础。语音是声音流的时间切分，当我们在接受一段语音话语时，会清楚地感受到音节单位在有规律地流动。语音音节的节奏首先是这一种语法结构和语义规律的体现，语言基本单位都有韵律感。这就是"语感"的重要特征之一。例如：

* 阅读报/阅读报纸　　　　* 种植树/种植树木
* 他看书在家/他在家看书

汉语构词和句法规律有其韵律规律，以上的汉语句法结构能说或不能说，会受到内在韵律的制约。这是汉语语音修辞的重要基础。

第二，双声叠韵现象，就是汉语节奏感的特有体现。把声母相同的音节排列在一起，或者把韵母相同的音节排列在一起，相同的声母或韵母成为听觉上的突出点而重复出现，就会造成语言接受者随时间的流动而在心理上产生对这些突出点的期待而造成节奏感。汉语特有的双声联绵词，例如"伶俐""崎岖""仓促""坎坷"，叠韵联绵词，例如"灿烂""逍遥""苗条""唠叨"等都具有一种音乐美。根据这个原理，我们就可以有意识地选择同声或同韵的音节来造成新的双声词、叠韵词或双声、叠韵的词组，例如"大地""环湖""刚强""住宿"；或者把双声音节、叠韵音节组合在一起，例如"娇小伶俐"（叠韵 + 双声）、"光怪陆离"（双声 + 双声）、"孤苦伶仃"（叠韵 + 叠韵）；或者延长时间单位，让双声叠韵隔一个音节出现，例如"孤芳自赏"（"芳"与"赏"叠韵）、"翻云覆雨"（"翻"与"覆"、"云"与"雨"双声）等。

"叠韵如两玉相叩，取其铿锵；双声如贯珠，取其婉约。"如果双声兼叠韵，就形成叠字，念起来朗朗上口，造成一种特殊的情趣。例如李清照著名的词《声声慢》一连用了七组叠字，充分表现了作者内心在抽泣的悲切心境：

（1）寻寻觅觅，冷冷清清，凄凄惨惨戚戚，乍暖还寒时候，最难将息。

现代散文例如朱自清的《桨声灯影里的秦淮河》，重叠的音节渲染出的河上意境：

（2）夜幕垂垂地下来时，大小船上都点起灯光，从两重玻璃里映出那辐射着黄黄的散光……透过这烟霭在黯黯的水波里，又逗起缕缕的明漪。

第三，押韵现象，更是句子之间节奏感的充分表现。押韵并不一定要求韵母完全相同，通常只是韵腹或韵腹韵尾相同，如"霞"与"花"是韵腹相同而韵头不同，"狂"与"香"是韵腹韵尾相同但韵头不同。押韵以句子为节奏单位，这就大大扩展了节奏感在营造语言音乐美的过程中的作用。

押韵的方式很多，常见的有：逢双句押韵的"偶韵"，逢单句押韵的"奇韵"，一韵到底的"排韵"，每两句押一个韵的"随韵"，还有"交韵"（一、三句押一个韵而二、四句押另一个韵）等。为了避免韵脚节奏单调，所以押韵中会有一定的变化，古典诗歌中的绝句第三句一般就不押韵，现代诗歌也同样如此。例如：

（3）千山鸟飞绝，万径人踪灭。孤舟蓑笠翁，独钓寒江雪。

（4）小嘴巴，小嘴巴，哭一哭，像喇叭；笑一笑，像朵花。

除了诗歌和韵文，一般的书面语写作或口语表达（如演讲）中给一些关键的句子押韵，也能增加表达的感染力。试比较下面两则新闻标题：

（5）赔了夫人又进班房　　法国酒鬼状告酒商

（6）夫妇吵架动起手　　飞机误点三小时

前一个标题押了韵而后一个未押，它们之间效果的差异是不言而喻的。

第四，音节组合及呼应造成节奏感。现代汉语中有两个比较明显的节奏倾向：一是构词上的"双音节化"，二是语言使用上的"四字格趋势"。两个音节的组合是现代汉语基本的节奏单位，当一个双音节组合结束后人们就会期待着下一个双音节组合的出现，从而形成一种节奏感。由于换气的需要，同时也因为受到人注意力以及表义基本单位的制约，这双音节组合后面需要有一个停顿，这样就成了"2 + 2 的四音节"，也就是通常所说的"四字格"。四字格不仅有鲜明的节奏感，而且能容纳汉语所有的句法结构，具备了非常丰富的语义表现力。

以上两种原因互相配合，使"2 + 2 的四音节"成为现代汉语运用中一种最重要的节奏倾向。人们甚至不

顾实际的语义结构,把所有的四字格式都按2+2的结构来发音,以求得一种节奏感。例如:

(7) 望而｜生畏(1+3)　　乘人｜之危(1+3)

(8) 丧家｜之犬(3+1)　　弦外｜之音(3+1)

然而一个四字格的出现,本身又成了一个节奏单位,同样让人期待着另一个四字格的出现,于是语言运用中出现了四字格连用现象。例如:

(9) 不入虎穴,焉得虎子　　种瓜得瓜,种豆得豆

(10) 今年二十,明年十八　　热气腾腾,蒸蒸日上

"2+2的四音节"是现代汉语的一种重要节奏倾向,而不是唯一的节奏形式。事实上什么样的音节组合能成为节奏单位,并不取决于音节本身,而是决定于音节组合的相互关系。孤立的一个五音节组合出现在一般的话语中固然显得很突兀,毫无节奏感可言,可是有后一个五音节出现呼应,节奏感就显示出来了。例如杜甫《八阵图》五言绝句:

(11) 功盖三分国　　名成八阵图　　江流石不转　　遗恨失吞吴

相同音节数量的配合就可以造成节奏感,我们可以利用这一点有意识地制造语言的节奏感。修辞格中的对偶、排比就是这样造成的。

2. 音韵的和谐感

首先,音韵和谐的最低要求是音节组合流畅自然而不拗口,语音听辨依赖于音节之间的差异。如果把语音特征过于接近或完全相同的音节放在一起,发音容易拗口,听辨过程也会很费劲。例如绕口令:

(12) 四十四只石狮子

(13) 吃葡萄不吐葡萄皮儿

绕口令音节组合中语音差异不明显或根本就没有差异,是专门为了训练提高发音的清晰流利能力而设计的,但是在正常的语言交际中则应该力避这样的音节组合。

其次,音韵和谐的进一步要求是不同的语音成分相互对比、彼此衬托,这在汉语中最突出的表现就是平仄相应、高低错落,汉语最明显的特征是有声调的高低变化,要造成音韵和谐的语音效果,先要考虑的就是如何利用声调的高低变化。中国古典诗词中平仄规则是最重要的声律。具体方法:一句之内平仄相间,平声连接仄声,仄声再连接平声;在相续两句对应的句法位置上平仄相对,平声对应仄声,仄声对应平声。例如:

(14) 春蚕到死丝方尽,蜡炬成灰泪始干。

　　　平平仄仄平平仄　　仄仄平平仄仄平

现代汉语普通话中已经没有了入声,平仄音律在现代汉语中就成了阴平阳平与上声去声的对立。平声显得高而扬,上声去声则或折或降显得较为低沉,利用它们之间的高低差异形成对比,就能造成音韵和谐的效果。

现代汉语的诗歌、散文等,虽然不可能像古典诗词韵文那样讲究平仄,但是在关键语句中把声调高低安排得当,也可以由于语音和谐而给人以深刻的印象。例如:

(15) 弯弯的月儿小小的船,小小的船儿两头尖,我在小小的船里坐,只看见闪闪的星星蓝蓝的天。

(16) 与其说他们吃的是美味佳肴,不如说他们嚼的是人生苦果。

例(15)是我国一首著名的儿歌,用词虽然简单,但由于在语句声调和押韵等配合上巧妙运用平仄音律,使儿歌朗朗上口,响亮和谐,给予千千万万孩子对美的无限向往与渴求。例(16)"美味佳肴"是上声、去声、阴平、阳平,"人生苦果"是阳平、阴平、上声、上声,这四个音节前后呼应,就非常悦耳动听。

(二) 语音的表象功能

表象指的是感知觉形象的表现,包括听觉形象、视觉形象、味觉形象、嗅觉形象、触觉形象等。语音的表象功能能够跟绘画、雕塑、音乐一样,向我们提供一定的感知觉形象。语音的表象功能是这样形成的:语音与我们意欲表达的某种声音相似,例如"哗哗"与流水声相似,"咚咚"与敲门声相似,流水声和敲门声就被语音表现出来了。

汉语中的拟声词是语音实现表象功能的主要手段。拟声词模拟外部世界的某种声音,运用在话语中直接向我们展现表象而不需要通过词义中介的特点。例如在《黄冈竹楼记》中有这么一段描述:

(1) 夏宜急雨,有瀑布声;冬宜密雪,有碎玉声;……宜围棋,子声丁丁然;宜投壶,矢声铮铮然,……

"瀑布声""碎玉声"需要我们在理解词义的基础上想象瀑布和碎玉的声音;可是"丁丁然""铮铮然"却不然,我们就似乎真切地听到了这两种声音。

汉语中这样的词特别丰富,例如形容人说话的声音,有"哇啦哇啦"(孩子声)、"叽叽喳喳"(姑娘声)、"嘟嘟囔囔"(老人声);形容水声,有"咚咚""潺潺""荷荷""淙淙""哗哗""汩汩""哇哇""曈曈";形容笑声,有"咪咪""嘻嘻""嗤嗤""呵呵""吃吃""咯咯""嘿嘿""哈哈"。现代汉语的拟声词能非常准确地把具体语境的不同人物、不同情感的声音描绘出来。

拟声词还可以表现到其他感觉上。例如:

(2) 脑袋嗡嗡地响。

(3) 天黑了,楼房噼噼啪啪亮起一方一方灯光。

(4) 我拉着他,只觉得他的全身在得得得地颤抖。

(5) 舌头底下,"刷"地一下涌满了唾液。

(6) 那烟味儿呼呼地扑过来了。

例(2)是心理感觉的移用,例(3)是视觉的移用,例(4)是触觉的移用,例(5)是味觉的移用,例(6)是嗅觉的移用。

二、词语与修辞

(一) 词语意义和语境限制

古人特别讲究"炼字",也就是重视词语的选择,据说"推敲"这个词就是从一句诗里主要动词到底是用"推"好还是用"敲"好发展而来的。汉语词语有丰富的表现力,语用策略关键在于善于掌握词的意义和在语境中的用法两个方面。

1. 词语的选择

汉语不少词语本身就有感情色彩,例如:"超人""恶棍""傻瓜""万人迷"等。这些名词语义本身就有感情评价因素,汉语词语修辞最容易碰到的表达问题就是近义词选择。例如:

喜悦/喜乐/高兴/快乐/愉悦/愉快/欢乐/欢快/喜洋洋/喜滋滋/喜冲冲/喜气洋洋/喜笑颜开/笑眉笑眼

这十多个是近义词语,词义本身包含着感情的评价色彩。如果要表现高兴、愉快的情绪应该选用哪一个词语呢? 这就要求在具体语境中充分理解这些词义,才能选用其中最合适的词语来表达。

2. 语境的限制作用

词语理解受语境制约包括词语前后搭配、上下文和具体情境。例如下面的话语,"问题"和"意思"的理解就必须依赖语境:

(1) 老师向学生提问题。

(2) 那辆车出问题了!

(3) 领导:这是什么意思?

小明:没什么意思,只是意思意思。

领导:你这就不够意思了。

小明:小意思,小意思。

领导:你这人真有意思。

小明:其实也没有别的意思。

领导:那我就不好意思了。

小明:是我不好意思。

例(1)中"问题"仅仅是需要回答和解释的题目。例(2)中"问题"却是事故或者是麻烦的意思,具有评价意义。像"问题食品""问题工程"等短语,只要用"问题"充当定语,毫无例外都含有消极评价意义。例(3)中真正理解"意思"必须依靠话语前后句子和具体情境。

如上分析,词语的选择必定以词义的辨析为基础,词语意义需与语境的要求相契合。词语意义的构成是相当复杂的,几乎积淀了我们整个民族全部经验,以及价值评判、情感体验。不同的词,所积淀的精神内容又会有所差异。要使词义中丰富的蕴藏、词义间微妙的差异在语言交际中充分显示来,就要使它们更切合具体交际语境的需要。

(二) 文化含义的品味辨析

词义并不仅仅是所指对象的本质属性的反映,事实上词在反映所指对象时还会蕴含相应的传统观念、文化心态甚至于社会偏见,形成了这个词的文化含义。例如"资本家"与"实业家"在意义上并没有什么区别,都是指占有资本并通过把资本投入生产或流通领域以获取利润的那一类人,但它们的文化含义却有着根本性的差异。当我们使用"资本家"这个词的时候必定还包含着历史文化所赋予的含义:他们是通过剥削工人的剩余劳动而牟取利润的;而使用"实业家"一词时所蕴涵的意义就不同了:他们是通过自己的经营智慧、风险意识而获取利润的,他们在发财致富的同时也为社会增加了税收和就业机会。

了解词的文化含义必须把词语意义放在整个社会的文化大背景中去考察,文化背景变化了,词语的文化含义也会随之而发生变化。例如"发廊"是我国改革开放之初刚从境外引进的,让人想到的是充满现代时尚的场所,把它与以前通用的"理发店"进行比较,这种文化含义区别就可以清楚地显示出来;但是,现在"发廊"也很少说了,代之以"形象设计中心",文化含义更加贴近公众追求新潮的要求。

词语意义上的特点,往往就集中表现在文化含义上。例如汉语的"梅花"和英语的"wintersweet"所指对象都是一样的,但若要真正理解汉语"梅花"一词,就要把它与汉民族的传统文化联系起来,如大量诗词作品赋予它的冰清玉洁的品格,与松竹兰并列为君子的形象。可见,词是文化的重要载体,其背后都蕴含着文化。

(三) 联想意义辨析

话语交际中的词语以语言意义为基础,在具体语境中表现出相关的语义内容,于是产生了联想意义。有的词如基本词,不同的年代、不同的地域以及不同的社群和语体都会使用它们,但也有不少词语经常在一定的环境中才会使用,它们与相应的环境之间就形成了非常稳定语义联系,以至于只要一使用该词就会激发起相应环境的联想,甚至加进了价值评判和情感反应。这种联想关系积淀在词义认知中就形成了词语的各种联想意义。

由于词语稳定地使用于某历史时期,就会形成时代的联想意义;如果词语稳定地使用于某个地域,如港台、上海、北京等,就会形成地域的联想意义;如果稳定地使用于某个社会群体,如股民、公务员、自由职业者等,就会形成社群的联想意义;如果稳定地使用于某种语体,如口语体、书面语体、正式语体等,就会形成语体的联想意义。

(1) 这是电影公司给你的工资。

这是电影《阮玲玉》中的台词,观众听了"工资"感到很别扭,因为这个词是近几十年才出现的,它的联想意义与电影所反映的时代就产生了强烈的冲突。如果能使用"薪水"一词,就符合语境了。这是词语的历史联想意义。有的词语只在一定的历史时期中使用,过了这个历史时期,它们或者所指的现象已经消失而不再被人们使用,或者已被别的词语替代,但由于它们与特定历史时期的稳定联系,它们的词义中就有历史时期的联想意义。

(四) 形象意义辨析

词与词在形象的表现功能上是有极大差异的,它们的表象功能是通过词义与所指对象之间的联系而实现的。例如听到"阳光"一词,只要理解了它的词义,随之就可以想象出它的光和热;看见"粗糙"一词,同样也可以想象出有关的触觉感受。有的词语根本没有表象功能,因为词所指的对象是根本无法感知的抽象事物,如"运气""思维""范畴"等。

从语用的角度看词的形象意义,就要分辨词与词之间在形象意义上的差异,就要研究用什么方法可以改变一个词的形象意义。有的词改变构词语素,有的词构词时着眼于对象的内在性质、功能特征,有的则着眼于对象的外部形象。例如:

（1）人行横道线——斑马线　　的士——出租车　　吊车——塔吊

这几组词每组所指对象基本一致,但形象意义却有很大的差异,原因就在于构词时的着眼点不同。构词语素的不同,不仅会造成形象意义的强弱,也会造成形象意义的性质差异。

曾经有一家食品公司用蚯蚓制造食品,直接命名为"蚯蚓面包""蚯蚓软糖",引起消费者很不愉快的形象联想。于是他们对"蚯蚓"一词加以改造,利用蚯蚓的别名"地龙"构成"金龙""玉龙"两个词,从而上市的"金龙玉液"(保健酒)、"玉龙雪糕"就很畅销。

词语的后缀重叠强化了形象意义,但是会有区别。例如:

（2）a. 香喷喷　沉甸甸　绿油油

　　　b. 黑乎乎　暖乎乎　软乎乎　胖乎乎

　　　c. 紧巴巴　干巴巴　眼巴巴　凶巴巴　可怜巴巴

例(2)a组重叠后缀只能用在某一个特定的词上,"喷喷""甸甸""油油",形象就很明显;b组的后缀"乎乎"适应面较广,形象性就比a组差一些;而c组"巴巴"组合范围更大,它的形象意义就更弱。

词语意义辨析的角度还可以有许多。观察的角度越多,词语的意义构成、意义之间的差异就越会淋漓尽致地显示出来,使用时更贴切适应语境的需要也就有了更充分的依据。

三、语法与修辞

汉语语法的特点为修辞表达提供了多种方式。这里主要从语序安排、句子形式选择两方面来观察汉语语法的语用策略。

（一）语序变化

汉语语序的变化一般可分为三种类型:一种是词语语序变化后,语法结构关系不变,但是语义却变化了;一种是语序变化同时引起了语法关系的变化,称为语法语序的变化;一种是没有引起语法关系的变化,称为语用语序的变化。

1. 词语语序的变化

有时候词语的语序发生了变化,句法结构也发生变化,但语义却没有明显变化。例如:

（1）西昌通铁路了——铁路通西昌了

（2）纸已经糊了窗户——窗户已经糊了纸

（3）这匹马没有骑过人——没有人骑过这匹马

有时候语序发生了变化,句法结构随之发生变化,语义却发生了明显变化。例如:

（4）一锅饭吃不了五个人——五个人吃不了一锅饭

（5）三十岁才结婚——结婚才三十岁

（6）屡战屡败——屡败屡战

例(4)前句意思是饭少人多,后句的意思则相反,是人少饭多;例(5)前句是说三十岁结婚迟了,后句却暗示早了;例(6)前句是说虽然屡战但是屡败,后句却倒过来,是说虽然屡败但是屡战,两句所显示的语义重心是完全不同的。

2. 语法语序的变化

相对于常规语序来说,我们要变化语序在表达上总是有一定目的:

第一,最常见的就是话题化,这是为了强调,因为话题具有吸引受话者注意力的作用。句中任何一个名词性成分都可以提到句首成为话题,所以,一种方法是名词性成分直接位移到句首,另一种方法则是移位后在原位置上安置一个代词与话题保持语义上的联系。例如:

（7）我不知道如何回答这个问题。——这个问题我不知道如何回答。

（8）鲁迅用这支普通的毛笔写出了多少惊世骇俗、振聋发聩的犀利杂文。——这支普通的毛笔鲁迅用它写出了多少惊世骇俗、振聋发聩的犀利杂文。

第二,是为了上下文的连贯衔接,也就是为了满足从已知信息到未知信息的信息传递规律。例如:

(9)"老太太,信是早收到了。……"闰土说。

"信"是受事,在常规语序中,它应该出现在句末宾语位置上。为什么要把"信"提到句首话题化呢?因为它正是闰土与老太太之间的已知信息。

除此之外,语序的变化还有好多种,例如受事宾语提前到主语和动词之间(我吃完了苹果——我把苹果吃完了/我苹果吃完了),状语提到句首(我悄悄地走了——悄悄地我走了)、偏正复句中偏句位移到正句之后(今晚却很好,虽然月光还是淡淡的)等。

总的来说,语法语序变化的动因都是修辞的最基本要求:强调、连贯、信息的突出等。如果要追求特殊的修辞效果,就要依靠语用语序的变化了。

3. 语用语序的变化

语用语序的变化,最大的特点就在于变化后词语所处的位置不是正常的,正因为它不正常,就能产生特殊的修辞效果。这有两种情况:

第一,强调后移成分,多见于书面语。例如无论哪一种主语,既为主语就必须处在句首,起码也要在动词之前。可是在语用变化中,主语却可以跑到谓语之后的句尾。例如:

(10)终于过去了,中国人民哭泣的日子,中国人民低垂着头的日子。

例(10)"……日子"很长,移到句子后部,突出了句义的重点。句尾的位置是信息焦点所在的位置,把主语放在句尾,它所承载的信息就被放在了最突出的位置上,从而促使人们去感受它、体验它。而且人们熟悉的语序一旦打破,带来的就是一种较强烈的冲击力和语义吸引力。

又如定语、状语总是位于中心语之前,我们也可以打破这种人们司空见惯的语序:

(11)我们看见了一轮西部的太阳,用黄土捏就的,用血汗揉就的,用黄河水塑就的……

这样的语序变化把定语从依附性的语法位置提升到了具有一定独立性的语法位置,它所传递的信息也就更容易凸现而得到特殊的关注。

第二,强调前移成分,多见于口语。例如:

(12)干嘛呀,这是?

(13)你可别忘了我嘱托你的事情,千万千万!

例(12)是急于把最重要的信息尽早说出来,例(13)是想追加某种重要的信息。

正因为语用语序的变化所造成的位置相对来说都是不正常的,但它们的语法关系却没有变化,主语还是主语,宾语还是宾语,所以它们与句子的主要部分之间一般都用逗号隔开,这是一种标记,实际上在暗示受话者。这种强调方式,既要从变化后的位置把握它们带来的修辞效果,又要回到原先的位置上去掌握它们的语法意义。

(二) 句子格式的变化

现代汉语的句子格式是极为丰富多彩的,不同的句式有着不同的表达作用,句式的多样化为句式的选择提供了一种可能性。例如:

我赞成明天去游泳。

我不反对明天去游泳。

我不会不赞成明天去游泳。

以上三句话虽然说同一个意思,但是肯定句、否定句及双重否定句却有不同表达效果。

1. 简单句与复杂句

一个句子从简单变得复杂,主要有三个途径:添枝加叶,局部发达,前后衔接。例如:

(1)弟弟回来了。——他的弟弟已经回来了。(添枝加叶)

(2)弟弟回来了。——去美国读了五年研究生的弟弟终于回来了。(局部发达)

(3)弟弟回来了。+弟弟又走了。——弟弟回来又走了。(前后衔接)

如果有某种比较复杂的内容要表达,可以尽量把它压缩在一个句子中,这时不仅需要利用每一种句子成分,而且每一个句子成分都必须承载相当多的语义分量,这时句子的结构就可能会很复杂;句法成分承载语义分量要完整地表现出来,句子成分就必须充分扩展开来。扩展的方法无非有两种,一是句法成分的复杂化,一是并列性成分的增加。再高一层次的扩展则是递归,也就是在某句法结构中再套用该句法结构。例如:

(4)科学给现代人带来了令人忘乎所以的物质力量和享乐,但是把科学知识同时夸张为解释一切的精神力量和思维方式,则又带来了许多始料不及的危险。从根本上说,"现代"并非由反抗神权、反抗皇权和封建制度以及生活世俗化和商业发展造成的,而是由科学的物质力量和科学化思维的普遍化造成的。

(5)……而妈妈在黑暗的背景中拎着鲜艳的红色塑料桶吱呀一声推门进来的时候到底是1968年的年底还是1969年的年初呢?忆瑜已经记不清了……反正妈妈和忧郁的面容端正的能和她一样说一口标准普通话的严圣和好,是妈妈在二十九岁到三十二岁时发生的事情,……

同样的语义内容如果想通过多个句子来表达,那么每个句子的成分就可以比较简单,例如只有主语和谓语,甚至其中一个还可以省略;由于句子中每个句法成分所需承载的语义分量很轻,也就无须扩展。如下面的句子几乎没有修饰性成分,主语、宾语也大量省略:

(6)……豆腐出净渣,装在一个小蒲包里,包口扎紧,入锅,码好,投料,加上好香油,上面用石头压实,文火煨煮,要煮很长时间。……这种茶干外皮是深紫色的,掰了,里面是浅褐色的。很结实,嚼起来很有咬劲,越嚼越香,是佐茶的妙品,所以,叫"茶干"。

(7)念小学,我就自个儿找戏听。我那会儿家住门框胡同,门口儿就是"同乐园",出胡同,"之庆""华乐""文明",方圆不够半里地,七个戏园子! 一年三百六十五天,除了封箱那几日,天天有戏,郝寿臣、梅兰芳、李万春,尽是名角儿。

复杂句的修辞效果是严谨缜密,一气呵成,用在论证辩驳中则气势逼人,不容置疑;用在叙述描写中则细致绵密,引人入胜;而简单句的效果却是轻松随意,活泼自如。前者多见于书面语,后者多见于口语。

2. 紧凑句与松缓句

简单句与复杂句是就句子内部构造的繁密程度而言的,紧凑句与松缓句则是就句子之间的关系而言的。一群句子,如果受到了某种结构关系的严密控制,或者彼此之间的结构方式相同或相近,从而给人一种关系紧密的感觉,这样的一群句子就是紧凑句;相反则是松缓句。例如:

(8)嘶哑的嗓子吼出的歌声如嚎如喊。那啸声猛地变成一道竖起的巨浪,变成一道坍塌而下的大墙。水鸟如鬼锐烈地掠着,朝着他淹过来,盖过来,冲过来了。

(9)在黑格尔对形而上学与科学进步进行综合的企图失败之后,欧洲哲学开始为纯粹理性寻找其他的出路。这种寻找构成了近代哲学向现代哲学的过渡,或者也可以说,构成现代哲学的一个基本开端,并且成为它所包含的一个贯穿要素,从而使十九世纪以后的哲学以新的面貌突出于近代哲学。

(10)我没有,也不愿意,事实上更不可能向他提出这样的要求。

例(8)之所以给人关系紧密的感觉,是因为句子之间都有共同的结构关系,还有相同的语言成分"如""变成""过来"在不同的句子中时时向人们提示着这相同的关系;例(9)则是因为一连串的衔接成分把句子与句子紧紧地连接在一起了;例(10)看来是一个句子,其实却是三个句子合并了共同的成分"我"和"向他提出这样的要求",保留了不同的成分"没有""也不愿意""事实上更不可能"后形成的,所以也是紧凑句。所有的紧缩复句其实是一种关系更为密切的紧凑句。

紧凑句的修辞效果很明显,充分显示出了语言的表达力度,让人的注意力高度集中,感受到句子气势澎湃、一泻而下,节奏强烈整齐、一脉贯通。

绝大多数句子构成的都是松缓句,它的修辞效果与紧凑句相反,语气舒缓平和,节奏随意轻松。例如:

(11)这里也是海。人们称作瀚海。风,绝对是有形的实体,像浪一样,或许比浪还硬,梗着头向钢架房冲撞。钢架房,便发疟疾般一阵阵战栗、摇晃,随时都要散架。

(12)来,吃点菜。要不,喝点酒? 吃吧! 吃不穷我们! 不吃? 那我就不让了,随你便。

很明显,句子之间共同的因素越少,句子就越松缓;句子之间的衔接关系越不紧密,句子也就越松缓。所以松散句之间往往句子长度相差很大,结构很不一致,衔接手段多采用隐性的,也就是依靠句子在话题或述题语义上的联系,而较少使用专门的衔接手段,如关联词语等。

不管是简单句、复杂句,还是紧凑句、松缓句,除了某些特殊的修辞要求,通常我们都是让它们交叉出现、随物赋形,从而错落有致、变化自然。除此之外,句子变化的重要内容是句式的变换,这主要是指:主动句和被动句、把字句和被字句、肯定句和否定句、设问句和反问句、常式句和变式句,这些也是我们利用语法要素进行修辞时应该密切注意的。

练习题

一、请从语音音律方面分析下面的古诗和现代诗,它们异同点在哪里?

早发白帝城(李白)

朝辞白帝彩云间,
千里江陵一日还。
两岸猿声啼不尽,
轻舟已过万重山。

今夜的夜色好啊(闻捷)

海的颜色像初秋的晚霞,
刹那间可以千变万化;
渔家姑娘最爱海的本色——
蓝锦缎上绣几朵雪白的花。

二、分析下面话语,词语使用有什么特点?

中国的哲学家是睁着一只眼做梦的人,是一个用爱和讥评心理来观察人生的人,是一个自私主义和仁爱的宽容心混合起来的人,是一个有时从梦中醒来,有时又睡过去,在梦中比在醒时更觉得富有生气,因而在他清醒时的生活中也含着梦意的人。他把一只眼睁着,一只眼闭着,看透了他四周所发生的事物和他自己的徒劳,而不是仅仅保留着充分的现实感去走完人生应走的道路。因此,他并没有虚幻的憧憬,所以无所谓醒悟;他从来没有怀着过度的奢望,所以无所谓失望。他的精神就是如此得了解放。

三、请评析下面话语中语法的特点及其修辞作用。

1. 苏州园林中的假山虽然小,但颇具自然美,高高低低的,小路蜿蜒而上,使人忘记城市的喧闹。至于池塘,则玲珑清新,形状各异,荷花、金鱼在水里水上探头探脑,充满乐趣。

2. 最后的芬芳总是感人,那样的嗅觉,从鼻孔一直达到他的灵魂。秋天。成熟的江南。古典的庭院。月光。童时。诗。

3. 啊,是谁,这么早就把那亲切的令人心醉的乡音送到我的耳畔?是谁,这么早就用他那吱吱哇哇的悦耳动听的音乐换来了玫瑰色的黎明?是一个青年人。

4. 过去的十年中,科学家们发现,一些基因可以解释为什么有些人特爱感冒。研究证明,这些基因促使他们体内的感受细胞和炎性化学物质的分泌量多于常人,所以他们患感冒的几率更高,感冒症状更严重。

思考题

一、现代汉语的书面话语可以体现语音修辞的美感吗?为什么?
二、你认为词语运用好与不好以什么来评判?为什么?
三、有些话语口语夹用文言,你对此有什么看法?例如:

话说回来,厂甸儿的魅力究竟在哪儿呢?……请想,一粒明珠,一方古玩,自非显贵莫得,非专业莫辨;可一碟儿糖豌豆,一盏走马灯儿,虽是平民童稚,也不难到手。人们可以掂量着自个儿的财力,依了个人的喜好,或快其颐朵,或饱其眼福,或遂其雅兴,何乐而不来?

第六节 语用效果与辞格

> 学习要点：了解常用辞格在话语交际中的作用及其分类：进行超常搭配的有比喻、比拟、移就、夸张、双关、拈连、反语、借代；拥有特殊形式标志的有对偶、排比、顶真、回环、反复。能够分析话语中的辞格以及辞格的综合运用。

为了达到某种语用效果，人们通常在语言交际中有意识地突破语言组合的常规，进行超常的搭配，以达到特定的修辞效果。**这种在言语行为中对语言规则或语用规则进行有效偏离的特定格式，就是辞格。**

辞格大致上可以分为两类：

一是语义内容的超常表达。分为两种：第一是超常搭配，例如比喻、比拟、移就、拈连等；第二是超常理解，例如夸张、双关、反语、借代等。这类辞格在结构上形式标志不特别明显。

二是结构形式的偏离表达，从而激发受话人的认知心理，以达到特定的语用效果，例如对偶、排比、顶真、回环、反复等。这类辞格在结构上往往有形式标志。

一、超常搭配的常用辞格

（一）比喻

用与本体（甲）本质不同但有相似性的喻体（乙）来描写或说明本体，这种辞格叫比喻。

从结构上说，比喻应由四个要素构成：本体、喻体、喻词、相似点。本体是被描写或说明的对象，喻体是用来作比的对象，喻词是用来联结本体和喻体的词语，本体与喻体应有相似点——相似点是比喻形成的关键要素。例如：

（1）他的自尊心（本体）像（喻词）弹簧（喻体）一样，谁碰一下，就蹦得很高（相似点）。

但通常比喻的相似点多不显示出来，而是以隐含的方式存在，从而给人留下想象的余地。这时，比喻大多由三个要素构成。例如：

（2）二月春风（本体）似（喻词）剪刀（喻体）。

根据表达形式特征，比喻主要可以分为明喻、暗喻和借喻三种类型。

1. 明喻。**直接明白地用喻体来描写或说明本体，有"像""似""如""宛如""宛然""仿佛""一般"等比喻词来联结本体和喻体。**典型结构式是：甲像乙。例如：

（3）这平铺、厚积着的绿，着实可爱。她宽松的皱缬着，像少妇拖着的裙；她滑滑的明亮着，像涂了"明油"一般，有鸡蛋清那样软，那样嫩；她又不染些尘滓，宛然一块温润的玉，只清清的一色——但你却看不透她。

这里虽然用了"像""……一般""宛然"等喻词，但是把"绿"跟"少妇的裙""明油""鸡蛋清""温润的玉"等形象联系起来，显然属于超常搭配，因而也增强了"绿"的可爱和美感，让读者虽未身临其境，却有了切身的感受。

2. 暗喻。**直接将本体等同于喻体，常用"是""成为""成了""等于"等动词联结本体和喻体。**典型结构式是：甲是乙。例如：

（4）建筑是凝固的音乐。

（5）战士的勇敢成了她心中永远抹不去的丰碑。

"建筑"作为物体与"音乐"本来相距很远，但因其内在的流畅和美妙而被巧妙地联结起来，给我们以新奇和生动感；用"丰碑"比喻"战士的勇敢"则在刻画出她内心震撼的同时，也强调了"勇敢"的神圣性。

暗喻除了以上典型形式外，还有一些具有同样表达功能的变式。它们没有喻词，而是通过超常的特殊搭配，把本体和喻体直接组合成为一个句法结构，实现想象的飞跃。例如：

（6）我的思想感情的潮水，在放纵地奔流着。

（7）随着归期的临近，我的心更紧张了，常在心里呼喊：祖国母亲，我就要回来了。

（8）想想个人的未来,也为我的朋友——书籍担一份心。过去只恨书太少,这时又觉得它太多了。

例(6)本体和喻体构成了偏正短语,例(7)本体和喻体构成了同位短语,例(8)的破折号就相当于一个喻词。多种暗喻变体的存在,说明了语言的可塑性和语言运用的灵活性。

3. 借喻。**不出现本体和喻词**,直接用喻体替代本体来描写或说明。借喻是一种超常搭配。典型结构式为:乙(代替没有出现的甲)。例如:

（9）夕阳映照下的西湖湖面上洒满了碎银,波光粼粼,熠熠生辉。

（10）这个鬼地方,一阴天,我心里就堵上个大疙瘩。

例(9)"碎银"和例(10)的"大疙瘩"都是喻体,直接替代了没有出现的本体。

网络使用者利用比喻联想出丰富的网络词语,表现出创意和标新立异。例如:

"菜鸟"（新手） "大侠""老鸟"（网络高手） "楼主"（发帖者）

"潜水"（在论坛光看不说） "楼上""楼下"（论坛上下两个帖子的关系）

（二）比拟

运用联想,直接将本体当作拟体进行描写或说明,这种辞格叫比拟。

从语义上说,比拟包含三个要素:本体、拟体、拟词。本体指被陈述或描写者;拟体是被模拟的对象,拟词就是拟体的行为、属性。从形式上说,比拟只出现本体和拟词,拟体并不出现。从句法关系看,本体与拟词构成了超常的主谓关系。例如:

（1）春天来了,百花快乐地唱起了歌、跳起了舞。

按常理,能够唱歌跳舞的不可能是"百花",而只能是人,显然,这里的"百花"已被赋予了人的行为动作的特性,因此是超常搭配。

比拟分为两类:

1. 拟人。**将事物或现象当作人来描写或说明**。例如:

（2）小猫似乎在那儿自言自语:有好几天没有吃到鱼了。

（3）真理总是悄悄地走进勇敢者的心间,向他昭示智慧的魔方。

在童话作品中,拟人很常见,例(2)将小猫赋予了人的特征,这样描写,可以加强表达的感染力;例(3)则把抽象"真理"写得富于人情味,并从中揭示其实质。

2. 拟物。**将人当作事物,或将此物当作彼物来描写或说明**。例如:

（4）淘气见事不好,连忙夹着尾巴回家去。

（5）我的歌呵,你飞吧,飞到爱人的心中,去找你停泊的地方。

"夹着尾巴……"一般只用于描述普通动物,例(4)却用人的身上,这样的超常搭配暗含讽刺地描述了"淘气"这个人的举止行为。"歌"本身并不能"飞",例(5)却赋予它以生命,表达出作者的喜悦和期待。

（三）移就

将本不能描写甲事物的词语描写甲,构成修饰语与中心语的偏正关系,但在语义上却是描写与甲相关的人或事,这种辞格叫移就。移就可以分为两类:

1. 移情式。**用描写人的词语来描写事物,以突出人相关的情感**。例如:

（1）看着丈夫手握着支无精打采的笔,半天没写一个字,萧雅知道他又遇到什么不顺心的事了。

（2）多少年的相思只能寄托于频传的飞鸿,在孤寂中品尝这甜蜜的忧愁。

例(1)中"笔"本身是无所谓"无精打采"的,这里妻子将丈夫无精打采的神态转移至他所使用的工具,间接将人的情态更生动地展现了出来。例(2)则用事物的属性词"甜蜜"去修饰人的忧愁,有助于将"相思"情态更形象、可感。

2. 移觉式。**形式上此感觉修饰彼感觉,语义上却是描写人的情感**。例如:

（3）每想起儿时学堂生活,眼前便浮现出俞老先生从讲台上看我们的那辣辣的眼神来。

（4）打王琳转学进我们班起,教室里每天都可听到她甜甜的声音。

例(3)中"辣辣"并非描写眼神,而是表现俞老先生的严厉神态。例(4)则用形容味觉的"甜甜"来描写声音,突出"王琳"声音柔和、动听。这种方式,也叫"通感",通过话语表达人的感觉在心理层面互相通转,包括视觉、听觉、嗅觉、味觉、触觉以及第六感觉等。

(四)拈连

将用于甲事物的词语顺势搭配到乙事物上,产生两个相关联的陈述或描写结构,这样的辞格叫拈连。从形式上看,前一个句子搭配符合语法习惯,而后一个句子则明显是超常搭配,并与前一个句子构成某种因果关系。拈连可以分为两类:

1. 完整式。指在形式构成上,甲事物和乙事物都出现的拈连。例如:

(1) 夜晚,昏黄的灯下,母亲埋头为我缝补着远行的背囊。她缝上的是密密的针脚,不也缝进了母亲的深深祝福吗?

(2) 新婚夫妇们在公园里种下了一株株合欢树,也种下了一个个美好的希望。

以上例句都是把第一句具体行为描述的词语,顺势"拈"到第二句连接起来,表达出强烈的感情因素,给人以深刻的印象。

2. 缺省式。仅仅是乙事物出现,甲事物没有出现,但由于有语境补充,意思还是很明确。例如:

(3) 这架飞机该有多大的重量啊!它载着全国人民的希望,载着我们国家的命运!

(4) 我只好静静地,静静地坐在这里,用针线牵引出我心底的思念。

如例(3)并没出现"飞机载着国家的领袖"之类的前句,例(4)没出现"用针线缝衣服"的前句,但具体的语境弥补了这一缺省,因而并不会影响理解,反而显得生动形象。

(五)夸张

故意对事物或属性的范围、数量、程度等方面进行超出或者缩小等的描述,这种辞格叫夸张。夸张可以分为两类:

1. 扩大夸张。把事物、属性的范围、程度往大、高、强等方面去描述。例如:

(1) 别哭了,就是你哭出一太平洋的泪来,也唤不回他要走的决心。

(2) 他哥哥你可惹不得,力气大得给座山都能把它扛起来扔了。

例(1)用"一太平洋的泪"来形容哭者的悲痛程度,例(2)则用"把山扛起来扔了"来形容"他哥哥"的力气大。

2. 缩小夸张。把事物、属性的范围、程度往小、低、弱等方面去描述。例如:

(3) 他呀,胆子小得很,连树叶掉下来都怕把自己砸死了。

(4) 小军很贪玩,语文、算术在他心中,只占芝麻绿豆般的地位。

例(3)用对极轻的"树叶"的害怕,形容"他"的胆小,例(4)用体积极小的"芝麻绿豆"来说明"小军"对功课极度轻视。

(六)双关

在特定的语境中,利用语言要素,使同一语句具有"语内"和"语外"两层意义,这种辞格叫双关。双关可以分为三类:

1. 谐音式。利用同音或近音联系,使某个词语关涉两层意义。例如:

(1) 孔夫子搬家——尽是书

(2) 我看你是贾家姑娘嫁贾家,贾门贾氏,明明是熊蛋包,还要往自己脸上贴金。

例(1)借助孔夫子搬家特点"书"多,引出同音词"输",表达出真正的意思。例(2)中借谐音表义:"贾"在语面上是指姓,实际上表达"假"的意思,"贾门贾氏"也就是"假模假样"。

网络词语在书面谐音双关使用频率颇高,网民们用谐音方法改写原词语的书写方式,以表现谐趣、形象的目的。常见的分为汉字谐音式和数字谐音式。例如:

"版主"(斑竹、版猪)　"主页"(竹叶)　"俊男"(菌男)　"美女"(霉女)

"邮箱"(幽香)　"请进"(青筋)　"这样子"(酱紫)　"主页 homepage"(烘焙鸡)
"拜拜"(88)　"就是就是"(9494)　"气死我了"(7456)　"了不起"(687)

2. **语义式**。**利用语义，使某个词语或句子关涉两层意义**。例如：

（3）她们的死，不过像无边的人海里添几粒盐，虽然使扯淡的嘴巴们觉得有些味道，但是不久还是淡、淡、淡。

（4）北大荒使他联想到了开拓初期的美国西域。一下吉普车，在迎接他的人们面前，专家滑了一跤，爬起来后，他情不自禁地扬臂大呼："朋友们，我是为你们的北大荒而倾倒的！"

例(3)出自鲁迅杂文《论人言可畏》，是借说"盐"的味道，表达当时人们对影星阮玲玉等的死的冷漠态度。例(4)"为你们的北大荒而倾倒的"，在表面上反映了"滑了一跤"的事实，但又表达出了另一层含义："我喜爱上了北大荒"，不但避免了摔跤引起的尴尬，而且显得非常机智幽默。

3. **对象式**。**借助语境和话题关涉两层意义**。多用于讽刺、揶揄甚至漫骂，也就是平时所说的"指桑骂槐"。例如：

（5）院子里，强英在喂猪。

水莲和仁芳哼着歌子回到家里。

强英白了她们一眼，挖一勺猪食骂一句："死东西，哼呀哼的，看把你自在的！"

两头猪抢食吃，她用勺子敲黑猪，骂道："再叫你这张嘴称霸道！"又用勺子敲白猪，骂道："再叫你大白眼耍心眼！"……

仁芳忍无可忍，又从堂屋跑到院子，怒气冲冲地质问强英："大嫂，你骂谁？"

强英头一扬："骂兔子骂猪骂畜生！你心惊什么？"

仁芳："有意见公开提，指桑骂槐我不爱听！"

该例出自辛显令创作的电影《喜临门》中的场景。从交际语境看，大嫂强英在骂猪、兔，但联系到她与二嫂水莲与小姑仁芳之间的不和，她实际上采取的是指桑骂槐的手段。

（七）反语

故意使用相反的词句来表达真正意思，这样的辞格叫反语，也叫反话。在书面上，有时使用某种标记的形式，比如引号或着重号来显示。反语可以分为两类：

1. **讽刺反语**。**表达批评、抨击等真正的态度**。例如：

（1）当三个女子从容地转辗于文明人所发明的枪弹的攒射中的时候，这是怎样的一个惊心动魄的伟大啊！中国军队的屠戮妇婴的伟绩，八国联军惩创学生的武功，不幸全被这几缕血痕抹杀了。

（2）他真是一个"廉洁"的表率！在任市长的短短的两年间竟然就贪污了三千万元！

例(1)中的"伟大""伟绩""武功"真正想表达的是"卑鄙""无耻"等意义，表达出鲁迅对统治者的强烈愤怒和谴责。例(2)中的"'廉洁'的表率"其实是揭露批判贪污的罪恶。

2. **风趣反语**。**为表达风趣、幽默等轻松愉快的效果**。例如：

（3）你这个死丫头，工资有多少呀？一下子给妈妈买这么多东西！

（4）你呀，可会挑好日子了，这么大的风雨还赶过来，船万一出了事怎么办？

例(3)用"死丫头"这个贬义词语表达由衷的夸赞，例(4)用"可会挑好日子"的幽默表达出对在"坏天气"行动容易出事的担忧。

（八）借代

用与本体相关的事物（代体）来指称本体，这种辞格叫借代。借代有以下六种常见类型：

1. **特征借代**。**用本体的某一特征指称本体**。例如：

（1）门卫说："两天前，老王家来了一个光头青年，昨天傍晚，我看见光头急匆匆地背包走了。"

该例用人的特征"光头"指称那个"青年"。

2. **成分借代**。**用本体组成成分指称本体**。例如：

(2) 为了两国尽早恢复外交关系,北京和华盛顿都秘密地有了惊人的举动。

"北京"与"华盛顿"分别是中国和美国的首都,这里用来指称两个国家。

3. 地名借代。**用与本体相关的地名指称本体**。这一类多为商品。例如:

(3) 平时他最喜欢喝的茶是杭州的"龙井"。

"龙井"本为杭州一种著名茶叶的出产地的名称,后被指称这种茶叶。

4. 作者借代。**用作者姓名指称其作品**。例如:

(4) 虽然时代不同了,但现在再读鲁迅,仍然不时会让我们背脊上惊出细细的汗来。

这里是用鲁迅名字指称其文学作品。

5. 品牌借代。**用商品的品牌指称该商品**。多见于广告。例如:

(5) 在国产汽车中,"红旗"的信誉资产评估价高达三十八亿元人民币。

这里"红旗"指称的是红旗牌轿车。

6. 材料借代。**用本体的材质指称本体**。例如:

(6) 现在生活好了,酒也高档了起来,但"高粱"还是老头子最喜欢的。

这里用酿酒的材料"高粱"来指称这类酒。

二、特殊标志的常用辞格

(一) 对偶

将字数相等、结构相同或相似、意义相关的两个句子(或短语)并举,这种辞格叫对偶。

对偶有严式与宽式的区别。严式对偶在语音、词汇和语法等方面都有严格的规定;宽式对偶较为自由。从内容上看,对偶可分为三类:

1. 正对。**上下两句的内容相互补充、强调**。例如:

(1) 种牡丹者得花,种蒺藜者得刺,这是应该的,我毫无怨言。

该例出自鲁迅《答有恒先生》,其中的对偶句,互相补充地说明了"种瓜得瓜,种豆得豆"的道理。

2. 反对。**上下句的内容相反、相对**。例如:

(2) 青山有幸埋忠骨,白铁无辜铸佞臣。

这是杭州岳庙里的一副对联,反义相对,深刻地揭示了对忠臣岳飞的敬慕和对奸臣秦桧的鄙视。

3. 串对。**上下句之间含有某种逻辑关系,又称流水对**。例如:

(3) 才饮长沙水,又食武昌鱼。

(4) 为有牺牲多壮志,敢教日月换新天。

(5) 欲穷千里目,更上一层楼。

例(3)有连贯关系,例(4)有因果关系,例(5)有目的关系。

(二) 排比

用三个以上字数大体相等、结构相似、语气一致的短语或句子排列起来,这种辞格叫排比。排比可以分为两类:

1. 平排。**构成单位之间在内容上具有并列平铺的关系**。例如:

(1) 时间就是生命,时间就是速度,时间就是金钱,时间就是力量。

(2) 松树既不需要谁来施肥,也不需要谁来灌溉。狂风吹不倒它,洪水淹不没它,严寒冻不死它,干旱旱不坏它。它只是一味地无忧无虑地生长。松树的生命力可谓强矣!

例(1)连续用四个比喻句并列,强调了时间的重要,加强了表达的语气。例(2)中用了四个结构相似的句子:"狂风吹不倒它,……"歌颂松树生命力之强,气势磅礴。

2. 递排。**构成单位之间在内容上具有逐层递进的关系**。例如:

(3) 保卫黄河! 保卫华北! 保卫全中国!

(4) 难道我不爱我的祖国? 不爱我的故乡? 不爱我的生我养我的家?

例(3)出自冼星海的《黄河大合唱》,歌词从中华民族的母亲河开始,逐层扩大范围,直至整个中国,表现出中华儿女誓死捍卫民族尊严,争取抗战最后胜利的决心。语势强劲,撼人心魄!例(4)用三个句子从大到小逐层连续反问表达出对祖国、家乡和家的深切的爱。

(三) 顶真

前一个句子的结尾部分作后一个句子的开头,使相邻的两个句子头尾蝉联,前后串联,这种辞格叫顶真,也称顶针、联珠。顶真可以分为两类:

1. **词和短语顶真。用词及短语构成的顶真**。例如:

(1) 中国南方有一座美丽的城市,城市的名字叫杭州,杭州城里有个秀美的西湖,西湖——那是一个留下了多少美好传说的地方。

(2) 创作离不开灵感,灵感来自生活的积累,生活的积累又决定于对创作的态度。

例(1)用"杭州"和"西湖"两个词构成顶真,移步换景,把美丽的杭州西湖展推到了我们的眼前。例(2)则环环相扣,揭示了"灵感""生活的积累"跟"对创作的态度"三者之间的依存关系。

2. **句子顶真。用句子构成的顶真**。例如:

(3) 山岗伏下身躯,村庄已经沉睡。战士站在山头,雨点滴着钢盔。雨点滴着钢盔,仿佛把心儿敲扣。眼光穿过云雾,望见熟悉的窗口。望见熟悉的窗口,闪着灯火的光辉。爱人正凝眸沉思,数着檐头的滴水。数着檐头的滴水,想着闪亮的钢盔。在这风雨的深夜,战士在边疆守卫。

丁芒的这首爱情诗《边疆夜雨》通过句子顶真的方法连接四个段落,巧妙地将景致的切换与思绪的变动有机地串联起来,使结构紧密、语势流畅,形式精巧别致。

(四) 回环

前一个句子或句子的一部分次序颠倒,形成第二个句子,使前后两个句子内容循环往复,紧密相关。这种辞格叫回环。回环的结构式是:甲+乙→乙+甲。回环可以分为两类:

1. **严式回环。语序颠倒、构成成分基本不变**。例如:

(1) 人民需要艺术,艺术更需要人民,艺术的生命之源,正是在人民中间。

(2) 窗外的明月缺了又圆,圆了又缺。她的枕巾湿了又干,干了又湿,女儿默默地在心中呼喊着,呼喊着爸爸的早日归来。

例(1)用回环的形式揭示出"艺术"与"人民"之间的辩证关系,例(2)则用描写岁月的流逝和"她"悲痛和思念的绵绵不断。

2. **宽式回环。语序颠倒、构成回环的成分不完全相同**。例如:

(3) 往日不见,一日就好像三年;今日不见,三年却如同一日。

(4) 远远的街灯明了,好像是闪着无数的明星。天上的明星现了,好像是点着无数的街灯。

例(3)虽然中间有插语,"好像"与"如同"不完全一样,但句子主干回环格式很明显;例(4)从形式上看更为复杂,但同例(3)一样,诗句主干"街灯——好像是——明星,明星——好像是——街灯"仍然运用了回环,回旋动听。

(五) 反复

同一个词语或句子使用两次以上,这种辞格叫反复。对同一语义的强化表达,以宣泄特定的感情、思想。反复可以分为两类:

1. **连续反复。对同一个语言形式反复使用**。例如:

(1) 滚、滚、滚!你这个忘恩负义的东西!

(2) 大刀向鬼子头上砍去,
　　全国武装的兄弟们,
　　抗战的一天来到了,

抗战的一天来到了。……

例(1)对"滚"的连续反复,表达出对"你"厌恶,也再现了表达者的愤怒。例(2)则通过句子的反复,表现了当时中国人民强烈的抗战意志与激情,极具号召力。

2. 间隔反复。某些词或句子间隔地反复使用。例如:

(3)你们想找出路吗?对,大家都在找出路。那么,出路在哪儿?我想出路就在反抗,出路就在斗争,出路就在把咱们个人的命运结合在一起。

(4)她嫁了,女婿是个清秀的人,我喜欢,她生儿子了,是个聪明活泼的孩子,我喜欢。他们俩高高兴兴当教员,和和爱爱相对待,我更喜欢,因为这样才像人样。

例(3)用"出路"构成的设问句间隔性地出现话语中,表达发话者论证的层次。例(4)则是用"我喜欢"间隔性地贯穿于整段话语中,突现了作者绵绵不绝的喜悦与欣赏。

三、辞格的综合运用

在实际语言表达中,更为常见的是辞格综合使用。一般说来,可以有连用、兼用和套用三种情形。

(一) 辞格连用

在一句话内,一个或几个辞格前后连续性地出现,叫辞格的连用。它可以分为两类:

1. 同格连用。**相同的辞格接连出现**。例如:

(1)海在我们脚下沉吟着,诗人一般。那声音仿佛是朦胧的月光和玫瑰的晨雾那样温柔;又像是情人的蜜语那样芳醇;低低的,轻轻的,像微风拂过琴弦;像花飘零在水面上。

(2)此外的锦帆十里,殿脚三千,后土祠琼花万朵,玉钩斜青冢双行,计算起来,扬州的古迹,名区,以及山水佳丽的地方,总要有三年零六个月才逛得遍。

例(1)接连用了四个比喻来描画海水沉吟的声音,将这种似有似无,迷离恍惚而又真切可感的韵致和轻灵的气息勾勒于纸上。例(2)出自郁达夫《扬州旧梦寄语堂》一文,连用两个对偶,用骈文句式揭示出扬州城内不胜枚举的名胜古迹。

2. 异格连用。**不同的辞格接连出现**。例如:

(3)父亲变了。几十年的辛苦劳作使他脸上的皱纹像黄土高原的纵横沟壑,注满了岁月的艰难;世态的炎凉又让他本就拘谨的嘴合得更紧了,仿佛已有几个世纪也未曾吐过一个字儿。

(4)蒲公英立在路旁,在春风的抚慰下享受着和煦阳光的温暖,看着整天行色匆匆的过客,不免深沉地对朋友嘀咕道:名利追逐何时休,光阴空掷哪里求?

例(3)首先使用比喻,将"父亲"皱纹比作黄土高原的沟壑,表现生活的无比艰辛;接着用夸张形容"父亲"寡言少语,揭示出炎凉的世态给他带来的痛苦。例(4)先是用比拟将蒲公英人格化,然后用对偶句。虽然是作者表达对人生严肃的思考和态度,但由于运用了异格修辞方式,显得生动形象,充满情趣。

(二) 辞格兼用

两种或者两种以上的辞格融合到一起,这种现象叫辞格的兼用。例如:

(1)黄河,你千百年来坚韧地浇灌着华北大地,养育着华夏子孙,就如一位慈祥、坚韧的伟大母亲护养着她生养的儿女!

(2)此时,积压在心底的仇恨,就像沉埋在地下几千年的火山一样喷发出来,一泻千里,势不可挡。

例(1)同时融合了比拟和比喻,深情歌颂了母亲河——黄河给华夏大地带来的福祉。例(2)则夸张和比喻融合,使较抽象的"仇恨"表现得气势汹涌,形象具体。

(三) 辞格套用

一个辞格中包含着另一个或多个其他的辞格,这种现象叫辞格的套用。例如:

(1)史学家是凸面镜,汇集无数的光线,凝结起来,制造一个实的焦点;史剧家是凹面镜,汇集无数的光线,扩展出去,制造一个虚的焦点。

(2) 激情,你是灵感的火花,你是创作的动力,你又是爱情的试金石!

例(1)用对偶包含比喻,清晰而又形象地描画出史学家与史剧家的不同特征。例(2)排比包含比喻,在人格化地揭示"激情"作用的同时,又显示了语言的气势和力量。

辞格综合运用实际情形很复杂,通常两种以上的辞格缠粘在一起,难以归类。例如:

(3) 人生有限,知识无穷。当你用汗水敬献她的时候,她和你携手前进;当你用懒惰讨好她的时候,她和你分道扬镳。

(4) 春分刚刚过去,清明即将到来。"日出江花红似火,春来江水绿如蓝。"这是革命的春天,这是人民的春天,这是科学的春天!让我们拥抱这个春天吧!

例(3)综合使用了对偶、比拟和借代。前后两个对偶连用;后一个对偶套用——包含着比拟兼借代,而比拟和借代是兼用。例(4)前两句是对偶,后两句是对偶兼比喻,"这是……"为反复和排比,最后一句是比拟。综合使用辞格,使话语表达感情强烈,既具体形象,又音律和谐,使受话者易于理解和受到感染,从而推导发话者的交际意图。

练习题

一、请指出下列句子中的辞格及其修辞作用。

1. 老麦为避开这些四个轮子,把自己的两个轮子随手一扔,进了一条小马路。

2. 春运的大幕在寒潮中开启。

3. 梅塘总是弥漫着清香,这是传统的法兰西乡村的清香,散发在卢梭孤独散步的郊区小道上,弥漫在雨果惊涛骇浪的笔尖上……

4. 当你在某个问题或者某一件事情上遇到了挫折,千万不要陷在这个坑里爬不出来,赶快换一个方向爬出来……

5. 就像突然学会骑自行车的快感般,从此我迷恋上一个人的旅行,一直到现在。

6. 设想一下,地球悬在半空,如同漆黑夜幕中一颗暗淡的珍珠。

7. 世界杯欧洲赛区两场小组榜首大战,排名第二奥地利和保加利亚队实力不俗,得意恐难得意。

8. 我们并没有搬家的念头,要想聆听黄河激情澎湃的涛声不一定非要到这块偏僻的地方来。

9. 他根本不知道,那天买来的小蜡烛为我点亮了小房间的灯光,从此也点亮了我的心。

10. 在口粮紧张的情况下,他不相信用粮食奖励养猪是积极的办法,因为大部分农民想方设法养猪的目的已是为了取得奖励粮来弥补口粮,小耳朵盼大耳朵的粮食吃,养猪事业是不会有多大发展的。

11. 镇里那新来的丁医生待人非常和蔼,总是笑眯眯的,很多乡亲说,现在到医院看病,只要见着丁医生,病都几乎全好了。

12. 我的车子缓缓驰过快乐的绿林翠木,驰过那阳光之下奇花盛开的山谷。

13. 春风秋月,地北天南,时间的长河流过了九曲十八弯,他至今还留在我记忆的沙滩上。

14. 人的心只有拳头那么大,可一个好人的心容得下全世界的人。对于梵高来说,绘画伴随他成长、漫游世界、恋爱、漂泊、疲倦、失落、挣扎,最后又跟他一起枯萎。

二、请指出下列句子中的辞格及其修辞作用。

1. 近来呀,我越帮忙,她越跟我好,她越跟我好,我越帮忙,这不是越来越对劲儿了吗?

2. 跟爸爸一起干活,她喜欢;逗着兄妹俩玩,她喜欢;看门前小溪的水活泼地流过去,她喜欢;听晓风晚风轻轻地吹过森林,她喜欢。那是满池的新荷,圆圆的绿叶,或亭亭立于水上,或宛转靠在水面……

3. 君子兰兼有松柏的遒劲,荷花的娇艳,文竹的清雅,杜鹃的火炽,牡丹的端庄,水仙的俊逸。

4. 我是个普天下郎君领袖,盖世界浪子班头。

5. 我由悲伤又转为仇恨,又由仇恨变为愤怒,这愤怒就像火一样烧遍我的全身,不,我不能害怕。

6. 她没有陪嫁的资产,也没有什么法子让一个有钱的体面人认识她,了解她,爱她,娶她。

7. 生活在我们这里,你可以在夕阳下缓缓散步,可以安闲地看屋顶的炊烟,可以静听小鸟的鸣叫,可以闻到野外的花香。

8. 胡杨生下来千年不死,死后千年不倒,倒下去千年不朽。

三、请分析以下话语综合使用了什么辞格？有什么特点？

1. 当他拭着泪水难为情地朝大家微笑时,他看到许多人的眼睛都湿润了,于是他不再克制,纵情任眼泪像瀑布般直泻而出。

2. 初雪是一位美丽的小姑娘,她从高高的天空中向我们轻轻地飘下来,长长的裙裾在随风飘扬。

3. 朋友们的关怀都不能使她开心起来,也许只有像良药苦口一样的时间,才能将她失去妈妈的创伤抚平。

4. 在我们看来,天分是飘忽云端的锦彩,天分是闪耀水面的流光,天分是女人神秘的眼睫毛,秋蝉声中,含不住任何一滴眼泪。

5. 表面上,日子是一天天过去了,而到了晚上,冰冷的梦境从此一次次地重演,把我拉进最黑暗最无助的深渊。

思考题

一、汉语修辞方式非常丰富,依你看,语用知识能够更深入地对它们的规律进行解释研究吗？为什么？

二、社会语言发展得很快,根据你了解,目前有哪一些现代汉语的修辞方式应该列入辞格？为什么？

三、辞格对你平时话语交际(口语和书面语)的作用有多大呢？学习和运用辞格的意义在哪里？结合实际情况谈谈你的看法。

第七节 语体的分类与功能

> **学习要点**：了解现代汉语语体类型及其特点,掌握口语语体、书面语体,以及常用语体的主要特征,学会正确利用语体提高表达能力、分析能力和鉴赏能力。

语体是语言交际手段的直接体现,就是要求在不同的场合,对不同内容、目的、对象和条件,采用正确的语体手段,就是常说的"得体"。为了交际得体,言语方式就必然遵循于某一种表达规律、具有某一种表达特征。

语体是语言在长期的使用过程中,为适应不同的交际语境的需要(内容、目的、对象、场合、方式等)而形成的具有不同风格特点的语言表达体系。通常分为口语语体和书面语体。表达形式指常用词汇、句式结构、修辞手段等一系列运用语言的特点。

一、语体的基本属性及分类

(一)语体的基本属性

1. 系统性。从形式上看,语体是由言语行为所运用的各种语言材料和手段,如词语、句子以及修辞手段等构成的特征体系。

2. 稳定性。语体是语言符号在长期的使用过程中形成的,一旦形成,便在一个相当长的时期对该语体的表达形式具有约束效应,充分体现和发挥语体的社会交际功能,完成交际任务。

3. 开放性。作为语言符号的交际功能变体,语体是在运用中形成的,同时,它也将随着社会生活的变化、分工的细密而进一步分化。因此,语体系统在保持自身相对稳定的同时,又必然处于不断发展、更新的开放状态中。

从语言系统性特征给语体分类,语体可以分为口头语体和书面语体。口头语体又可分为日常谈话语体、正式演说语体；书面语体又可分为大众传播语体、公文事务语体、科学技术语体。还有新兴语体品种——网络语体。

需要明确的是：口语语体不等于口语(口头表达),书面语体也不等于书面语(文字表达)。口语语体和书面语体划分主要根据,是语言符号组织构成的系统特征,而不是根据语音/文字的传递方式。因此,书面语体可用口头语音表达,例如电台或电视的新闻播音、学术讨论中的报告、政治演讲等等;口语语体也可以用文字写出,例如剧本、纸媒小说里的人物对话等。

(二) 口头语体的特征

口头语体指为适应现场交际语境的需要而形成的口头话语表达体系。其主要特点是:

1. 辅助言语手段的参与

口语语体源于并形成于交际现场,以语音为媒介。由于有具体语境的参与,在交际活动中,体态语成为口语交际的重要组成部分,如人的面部表情、手势及眼神等体态语都对交际有着重要的影响。下面是文字记载的口语现场交际情况:

(1) 歹徒<u>眼露凶光</u>地威胁道:"快说,钱在哪里?"她知道此时正面冲撞于事无补,便<u>假装害怕、可怜的样子</u>说:"别,别杀我,我真地不知道钱在哪儿,都是我爸爸管的,别杀我,我帮你找找还不行吗?"歹徒看看她的样子,相信了她。她趁着歹徒不注意,机智地闪进卧室,拨了110。

现场交际活动中,交际者总是难以词斟句酌,加上发话者和受话者面对面及强调信息焦点等原因,例(1)中非语言的体态信息"眼露凶光"表现出歹徒的狠毒,而"假装害怕、可怜的样子"的表情则使"她"骗过了歹徒,得到求生的机会。

2. 语音手段的充分运用

由于口语用口耳相传,语音形式作为表情达意的主要媒介手段积极地参与交际。例如:

(2) "喂,你哪儿?(听不清,大声)<u>我问你哪儿?你要哪儿</u>(暴躁地)你到底要哪儿……啊,你骂人……你才是……什么?(声渐低)你姓金?啊……哦……您老人家是,金八爷!……是……是……是……我就是五十二号……您,我实在看不见,我不知道是您老人家……(赔着笑)您尽管骂吧!"

例(2)记述的是话剧《日出》中一段电话对话——现场因看不见对方的会话,其间语调高低的快速变化、轻重音和停顿等语音手段都极好地表现出茶房王福升在待人接物上的玲珑百变和极其势利的人格。括号中的内容就是现场情景和人物交际体态表情书面记录。

3. 通俗易懂的生活化用词

口语语体多选择日常生活的词语,有时还夹带出富有地方特色的俗词、俚语等。例如:

(3) "<u>盖了</u>!化装得真棒,肯定学过!"

"她多大?"

"十九吧。考音乐学院没考上,在家<u>待了半年业</u>,听经理说的……"

"嗓子不错,就是<u>长得一般了点儿</u>。"

"<u>得了呗</u>!这嗓子干专业肯定不行,也就是长相还凑合,往那一站像那么回事……

她眼好,可惜一只单眼皮,一只双眼皮,不过倒挺有神的……"

"你看得还挺细。"

"她<u>挺招人看</u>……卖了八箱可乐?这么快!"(刘恒《本命年》)

这段对话中两个女服务员用极富生活化的词语表达了她们对女歌星外表及表演水平的评价,同时也显示出表达者自身的文化水准。

4. 灵活多变、简短轻便的句子形式

由于有交际各方的语境知识和现场情景的参与,口语语体在句子的组织和形式上经常出现省略、倒装等情形,限定、附加成分少。例如:

(4) "星期天你想去哪儿玩啊?"

"随便。"

"你喜欢去公园吧,你说?"

"哪儿都成。您怎么,星期天想动弹动弹了?"

"我是想带你去玩。我答应过带你玩一次,我说到得做到。"

"我无所谓,星期天待家里也可以,不一定非去,真的。"

"去游乐场?"

"去过了,没劲,……"

现从文字看来,似乎凌乱无序,但在现场,因为是家庭成员之间面对面的谈话,有语境知识、具体的眼神、手势等辅助,双方理解上没有问题,因此,句法成分的完备、结构的完整、正常的语序等就不再成为最重要的条件。

5. 极富生活化的修辞格式

口语语体中,运用得较多的辞格是:比喻、比拟、借代、双关、反语、夸张、排比、反复等;所运用的材料也具有鲜明的生活气息,表现出人们日常交际的鲜活、灵动。例如:

(5)儿子:妈,您往后别再烦我这事儿了,瞧您上次给我找的媳妇,整个一个冬瓜!

  妈妈:别瞎编排小胡姑娘,看看你自己,三十好几的人了,像个抽飞了的陀螺,整天乱转!

6. 游离的话题中心、随机不定的话轮转换

跟书面语体相比,口语语体话题中心和主题转换也常常出现较大的随机性和不可预测性,即使是事前有准备的交际,例如较为正式的谈判、交流,都难以确保在交际现场彼此按照同一个话题展开。这一特点在没有经过预先设计的日常谈话中表现得最为突出,因此,口语语体的话语结构在话题中心上游离涣散,在话题转化形式上随机不定。例如:

(6)李:老张,这两天怎么没来听戏呀?

  张:别提了,来不了哇。

  李:咦,出什么事啦?

  张:老伴儿前几天在家里摔了一跤,去医院做了手术,这几天都在医院里忙呢。

  李:诶呀,那可是大事,手术做得好吗?听说现在都要给医生送红包,送了吧?

  张:是啊,我们也听说了。不过,我们这一会可没被宰,医院最近正抓行风建设,态度不错。

  李:算你运气。哎,老张,过两天,我们街道要搞桥牌比赛,要不要来看看?

  张:那敢情好,得空一定来。咦,不早喽,我得去买早点啦,明天见!

  李:走好,明天见。

以上例子,都是用书面语记录出来的现场交际对话,不过,现场语音(包括重音)、环境和背景知识、人们的表情和体态等,无法还原了。这说明,口语语体是可以用书面语表现出来的,但是口语交际不少信息被"损耗"掉了。

(三)书面语体的特征

书面语体是指为适应不同交际语境的需要而形成的书面话语表达体系。与口语语体主要使用语音不同,书面语体主要媒介是文字,在词语的选择、句子结构的安排、话语篇章的衔接上都有自身的特征。书面语体有下面这样一些特点:

1. 常用词语、术语及文言词的选用

书面语体一般产生在交际前,属于有准备的交际,往往显示出表义严谨、风格典雅等特点,词语在选择和使用上偏重于书面语词、术语甚至文言词语。例如小说《动物凶猛》的开头文字就充分表现了这一特点:

(1)我羡慕那些来自乡村的人,在他们的记忆里总有一个回味无穷的故乡,尽管这故乡其实可能是个贫穷凋敝毫无诗意的僻壤,但只要他们乐意,便尽可以尽情地遐想自己丢失殆尽的某些东西仍可靠地寄存在那个一无所知的故乡,从而自我原宥和自我慰藉。

从这段文字中,我们可以发现其中较多地使用了带有很强书面语色彩的词语,它们使这段文学作品语言具有严谨、庄重的色彩,交际风格上较符合经过多年风雨曲折的人生的并已过上"体面生活"的主人翁的身份,如将其中的"羡慕""遐想""原宥""慰藉"等换成"眼馋""乱想""原谅""安慰"等,其效果可能会大打折扣。

2. 句子结构成分完备,较少省略、跳脱,限制语及修饰语复杂

书面语表达因缺少现场语境的帮助,为不影响表义的完整清晰,就要求话题明确,采用固定常规的句子结构,使用关联词语加强衔接,表现复杂的逻辑关系,常常要增加修饰成分,这样一来,书面语体的句子显得

较长、结构比较复杂。如例(1)一句话竟长达110个字。

3. 语序结构总体上相对固定,合乎常规

为了表达的严谨和庄重,书面语体在句子结构尤其是主谓结构的安排上,一般采用固定的常规语序,很少有像口语语体中为了强调变化的信息焦点而改变语序,产生倒装句等。例如:

(2) 80年代以来,语体学研究发展迅速,比起60年代,<u>研究队伍有了增多,研究规模逐步扩大,研究方向更趋多样,研究领域有了开拓,研究深度也有了新的开掘</u>。

当然,书面语体句子结构的语序有时也有一定的灵活性,尤其是作为修饰语的定语和状语,在文学作品的书面表达中为了突出其重要性或补足信息,可以将它们后置。例如:

(3) 他此时此刻躺在公园的草坪上梦想着美好的未来生活,<u>一种他期待已久而从未经历过的</u>。

(4) 我活着,我总得向着新的生路跨出去,那第一步,——却不过是写下我的悔恨和悲哀,<u>为子君,为自己</u>。

4. 强调形式上的均衡、对称效果

书面语体,从一定意义上说,是用来"看"的,因此,在意义得以充分表达的同时,还尽可能甚至刻意地追求形式上的均衡、对称,给人以美感,在文学等富于情感表达的作品中,这种均衡、对称的结构形式还能起到加强语气、强化感染力的作用。排比、对偶、顶真、回环等辞格是为实现这一效果提供的有效手段。例如:

(5) 河南农民说:"联产责任制办法灵,<u>能治穷,能治懒,能高产</u>。""<u>治好了病人,挖出了闲人,卡住了滑人,管住了特殊人,拴住了外流人</u>。"

这段转述性的语言既分别从不同方面揭示出联产责任制的优越性,内容上全面完整,形式上也均衡、对称,无疑增强了内容的表达力,给读者的印象也更深刻。

5. 话题中心突出,分话题围绕总话题展开

书面语体的中心话题是突出的。一个交际话语,一般只有一个中心话题,即便里面含有多个分话题,也都是围绕这个交际的中心话题内进行。如例(1),不管下文对"我"有几个段落的描写,它们作为整个小说的构成部分,都服务于"我"的生活现状及对过去生活的回忆这样一个中心话题,书面语体的这一特点在学术科技语体、公文事务语体以及大众传播语体等表达中更为突出。

6. 丰富多彩、形式齐备的辞格表达

书面语体表达的大多不是即兴的言语行为,而是有充分的时间和条件对表达手段进行选择锤炼,加上书面语体的可视性的审美特性,允许并要求其在可能的范围内最大限度地追求生动活泼的内容和形式上的变异效果,所以,辞格由于形式多样、表达效果好在书面语体中显示了更大的语用价值,其中强调形式均衡、对称的对偶、排比、顶真、回环等辞格使用频率更高。文学艺术语体是其中变异表达最集中的,各种辞格都可以有其用武之地。在其他书面语体中,也程度不同地存在着这一特点:大众传播语体中强调语音上的和谐、结构上的对称;公文事务语体这方面的要求则相对较低,但也允许一定程度的变异表达。

二、六种主要语体

(一) 日常谈话语体

谈话语体指的是人们日常交谈活动的话语表达体系,所用词语极为丰富。它对语言环境的依赖性强,经常使用省略形式,句子一般都比较简短。在语音上,常常会夹杂一些超语言的剩余部分,有时还允许个别音素的脱落,产生同化或异化等音变现象。

(二) 正式演说语体

演说语体指的是说明事理,表明自己观点的话语表达体系。它有鲜明的话题中心,对语言环境的依赖性不像谈话语体那么强。它句式简短,表情色彩强烈,与之配合有手势动作、情感语调来补充,并且普遍使用具有表情色彩和描绘色彩的词句,充分利用词汇和语法体系中的种种表情成分。

（三）大众传播语体

大众传播语体，是指在公众生活语境中关涉大众和社会生活主题的话语表达体系，从其外部条件来看，带有明显的公众性和有备性，因此它在语体特征上跟书面语体大体一致，如电视、广播、报刊的新闻通讯和社论、时评，以及公众性演讲等。

值得注意的是，即便是新闻通讯，对事实的"再述"不是对客观状态的简单"照相"，而是有选择的"编辑"，并通过这一过程或展现生活中的积极面以赞扬美好，或揭示生活中的消极面以鞭挞丑恶，但无论哪一种内容，其语言表达上都同样具有倾向性和感染力。对于社论、时评及演讲来说，这一特点更为明显。

（四）公文事务语体

公文事务语体，是指在社会公众语境中关涉公务或行政管理主题的话语表达体系，又称公文体，如政府的各类法规、通告，社会管理部门之间的来往信函、文件，企业部门间的合同、协议等。这类语体只能是书面语体，尽管也可以以口头形式表达，如判决书的公开宣读，因此，除了具备书面语体的一般特征，公文语体有其自身特点：

第一，词语选择上书面语体色彩浓厚。比如政府政令及法律文书中的用词，就有很强的专业性，有些还要求经常性使用文言词语，常用"兹、此、其、为、欣悉、际此、值此、为荷（盼）"等词语。

第二，用词力求客观准确、避免歧解模糊。公文事务性文字用于公众性的交际，有契约价值，因此，它要求词语客观、简洁，避免个人风格。

第三，句类上以陈述句和祈使句为主，这是公文事务性语体内容所决定的：一是对某些现象和行为作出解释阐述，使用陈述句能更清楚地直接陈述事务；二是对全社会发布法令规范，祈使句更能体现国家法令的权威性、指导性。

第四，具有固定的行文格式。例如，《社团登记管理条例》要求包含"总则""管辖""成立登记""变更登记、注销登记""监督管理""罚则""附则"等七个方面。

（五）科学技术语体

科学技术语体，指关涉科学研究、教育等主题进行交际所形成的话语表达体系。其功能在于准确地记录自然、社会及人类自身的各种现象，用一定的语言符号将其过程和结果表述出来进行交流，这些作品包括科技专著、学术论文、考察、实验报告、技术标准、教材等，科技通俗读物也应属于这一语体。科学技术语体又称科技体、智慧体或知识体。

科学技术语体总体上看，具有书面语体的一般特征。与一般严肃性科技作品略有差异，通俗科技读物是将科学知识、理论简易化，使其抽象深奥的理论理解难度降低，虽然从言语表达上看，仍然是书面化的，但增加了形象性和情感性等属性。因此，这里的科学技术语体以严肃的科技作品为主。这类语体除了书面语体的一般特征外，还有以下几个特征：

第一，与专业相对应的特殊符号。科学技术语体在运用共同语作为表述媒介外，还会设计或借用一些专用符号。

第二，大量的专业名词术语、外来语。除了自身的理论系统的完整性外，它还有拥有一套自己的词汇系统，基本不使用带有特殊修辞色彩的词语，比如方言词、俚俗词及具有描绘性、摹拟性、表情性的词语。

第三，句子结构紧凑、多限制和修饰成分、多用逻辑关系严谨的复句。在各类书面语体中，科学技术语体在这一点上的表现是最为突出的，以体现准确性、严密性。

第四，语言风格上平实、朴素，没有语言变异形式，对辞格的选用较严格（科技专业论著中极少使用辞格）。科学技术语体旨在阐明事实、揭示规律，条理性、逻辑性是基本的也是最高的要求，因此，各个层面的语言规则都要得到严格的遵守。

（六）文艺语体

文艺语体是以语言文字为工具，形象化地反映客观现实的话语表达体系，也称为"文学语体""艺术语

体"。它通过作者情感直接或间接的表达,感染受话者(听众/观众、读者),引起共鸣。文艺语体的主要特征是:

第一,充分利用语音手段,实现和谐的韵律美。文艺语体利用汉语音节表义的特点,有效地利用汉语声韵调等因素实现优美的韵律美,如双声、叠韵、叠音以及押韵、对仗等形式,产生抑扬顿挫、往复回环的音乐美、节奏感,达到声情并茂的艺术效果。诗、词、韵文自不必说,散文有时也借助以上手段构筑整散有致、声韵和谐的韵律美的篇章。如:

(1) 洋槐伴我一春一夏的绿色,到秋,艳阳在树顶涂出一抹金黄,不几日,窗前已是装点得金碧辉煌。秋风乍起,金色的槐树叶如雨纷纷飘落,我的思路便常常被树叶的沙沙声打断。我明白那是一种告别的方式。它们从不缠缠绵绵凄凄切切,它们只是痛痛快快利利索索地向我挥挥手连头也不回。

第二,词语选择上强调色彩和形象,借以描绘形象、勾勒情节、展示情怀。同科技等语体力避个人色彩的风格不同,文艺语体追求的正是突出和强化词语的色彩和形象效果,并以此记录、反映生活,塑造人物性格,从而给读者带来情理上的愉悦、震撼等审美效果,使行文隽永、绵长,让读者回味无穷。例如下面这段对峡谷、森林描写的文字,除了行文在韵律上的悠扬美妙和内容的深沉隽永外,也可以读出作者内心对大自然的赞赏和热情。而这一切都是在一个个生动、形象的词语中获得的:

(2) 山顶的鱼鳞松时时顾盼着它。虽然相对无言,却是心心相通。它敬仰峡谷深沉的品格,钦佩峡谷坚韧的毅力,它为阳光的偏爱愤懑,为深渊的遭遇不平。秋天,它结下了沉甸甸的种子,便毅然跳进了峡谷的怀抱,献身于那没有阳光的"地下"。也许为它所感召,纯洁的白桦、挺拔的青杨、秀美的黄菠萝,它们勇敢的种子,都来了,来了。一粒、几十粒、几百粒。不是出于怜悯,而是为了证明生命的力量。

第三,句子结构形式活泼,不拘一格。句式的形式完全取决于作品题材、形象和个人的表达风格。在这方面,文艺语体可以说是个真正的大熔炉,我们可以看到丰富多彩、风格迥异的种种表现。少有口语语体的跳脱、省略,没有事务公文语体的固定程式,也没有科技语体的严谨的长句等。

第四,语言规则的变异运用,适应特殊的形象塑造、情感表达。文艺语体与其他语体不同的一个很重要的表现就是,允许和提倡偏离语言的一般规则,利用变异手段,进行创造性运用,以适应形象塑造、情感表达。如下面的"丈夫"的活用,用改变词语功能的方式幽默地描绘了"王处长"家庭角色的错位。

(3) 王处长虽然级别不低,可在家里却是"二把手",难得夫人出远门,他终于"丈夫"了三天。

在诗歌类作品中,偏离语言常规更是普遍,如闻一多1925年带着满腔希冀回到祖国,接待他的却是一个军阀混战、列强逞威,正遍体鳞伤的中华,面对贫弱的祖国,他写下了渗着爱与恨、血和泪的诗篇:

(4) 我来了,我喊一声,迸着血泪,
"这不是我的中华,不对,不对!"
我来了,因为我听见你叫我;
鞭着时间的罡风,擎一把火,
我来了,不知道是一场空喜。
我会见的是噩梦,哪里是你?
那是恐怖,是噩梦挂着悬崖,
那不是你,那不是我的心爱!
我追问青天,逼迫八面的风,
我问,拳头擂着大地的赤胸,
总问不出消息;我哭着叫你,
呕出一颗心来,——在我心里!

第五,辞格的大量使用。辞格作为偏离语言常用规则而凝结成固定的表达格式,无论是侧重于内容的还是侧重于形式的,都是文学作品中描写细节、塑造形象、表达情感的语言手段,为文艺语体这一强调感情和形象表达的语体提供丰富的资源。例如:

(5) 天上的云,真是姿态万千,变化万千。它们有的像羽毛,轻轻地飘在空中;有的像鱼鳞,一片片整整齐齐地排列着;有的像羊群,来来去去;有的像一床棉被,满满地盖住了天空;还有的像峰峦,像河川,像雄师,像奔马……它们有时把天空点缀得很美丽,有时又把天空笼罩得很阴森。

第六,话题中心含蓄,话题转换灵活。文艺语体的话题寓于具体情节的描写、形象的塑造之中,作者总是将抽象的哲理或情感化为生动、形象的生活化的细节叙述中,因此,多数情况下,不同的读者对同一篇(部)作品话题的理解会随着自己生活经历、文化程度、审美趣味的不同而各异,正所谓"一千个观众,就有一千个哈姆雷特"。在这个意义上,我们说,文艺语体的话题中心较为含蓄、隐晦。与此相关联,文艺语体的话题转换也不是以严密的理性逻辑为基础,看上去是续接松散,但却是发话者以作品主题为"序",使用形象性的话语,按照时间、地点、情节变化、人物性格塑造、情感的变迁等为线索来安排的。由于文艺作品是通过形象、情感去打动读者、感染接受者,而不是以理性的逻辑证明去说服人,从而使得话题的连贯推进呈现出灵活性和隐蔽性。

三、网络语体

网络语体,指的是利用互联网即时通讯工具和社交平台进行交际而形成的话语表达体系。网络语体表现了社会发展和语言发展的密切关系,体现了语体渗透交融的关系,"自媒体"的传播方式对汉语交际形式及表达工具的发展产生了深远的影响。

网络语体兼有口语语体和书面语体的特点,具有视觉性、即时性和非当面性等特征,要求话语符号充分显示变异表达的语用功能,同时体现使用主体——网络用户们崇尚个性、追求新奇、戏谑娱乐、热衷模仿等社交心态。

(一)网络语体的语言特征

1. 词语创新立异

网络语体除了使用规范词语之外,也自造很多词语,追求视觉上的冲击力,以达到表情达意的效果,由此产生了很多网络流行语。例如:高富帅、白富美、宅男、腐女、吐槽、毁三观、土豪、打酱油、躺枪、跪了、你懂的……

网络词语的构造方式十分丰富。例如:

图形:囧(尴尬无奈)、^o^(惊讶)、😢(难过)。

数字谐音:88(拜拜)、555(呜呜呜)、7456(气死我了)。

汉字谐音:偶(我)、酱紫(这样子)、杯具(悲剧)、有木有(有没有)。

汉语拼音缩略或拟音:MM(妹妹)、PMP(拍马屁)、Hiahia(怪笑声)、K(咳声)。

汉字变异:能猫(熊猫)、湄惯(习惯)、想埝(想念)。

语义比喻:拍砖(引起讨论)、楼主(发帖人)、菜鸟(初学者)。

英文缩略:TYVM(太感谢你了。Thank you very much 的简缩)、CUL(再见。See you later 的缩写)。

2. 句式混用

网络语体中,句式表达形式较随意,有时会不按传统规则写句,例如出现多语混合句或句法不规范的现象。由于有特定语境,交际各方都明白彼此意思。例如:

(1)阿!晕。闪。(叹词、形容词、动词独词句。)

(2)思过 ing—美慕 ing—贺下先!!!(a. 汉英混合句:汉语动词+英语动词后缀,表进行体意义;b. 方言句式。)

(3)有事短信我哦。("短信"带宾语。)

按照汉语句法结构造出一种紧缩句。例如:

(4)城会玩。(你们城里人真会玩儿。)

(5)活见久。(活的时间久了什么事都可能见到。)

(6)普大喜奔。(普天同庆,大快人心,喜闻乐见,奔走相告。)

(7)不明觉厉。(虽然不太明白话语的意思,但是感觉到很厉害。)

3. 辞格兼用

网络语体追求表达的独特和效果,积极吸收、模仿传统的修辞格式,创造出富有想象力的生动、幽默的形式。例如:

(8) 祝你聪明如鼠,强壮如牛,胆大如虎,可爱如兔,自信如龙,魅力如蛇,浪漫如马,温顺如羊,顽皮如猴,美丽如鸡,忠诚如狗,长得像猪,哈哈哈哈哈哈哈哈哈(a. 排比和比喻套用;b. 排比、重复连用。)

(9) 众里寻他千百度,蓦然回首,hey, how do you do? 床前明月光,there's something wrong. 春蚕到死丝方尽,describe the city you live in. (巧妙地把古诗词与英语搭配押韵,达到谐趣的效果。)

(二) 网络流行体

网络流行体指的是在网络交际中快速传播,具有一定时效性的文本模块,通常根据其特征被称为"××体"。它起源于文学作品、影视节目、社会事件、网民原创等。篇幅短小,格式固定,内容新颖,易于复制,颇具娱乐效果,深受年轻人的欢迎。例如:

(1) 凡客体:爱网络,爱自由,爱晚起,爱夜间大排档,爱赛车;也爱59块帆布鞋,我不是什么旗手,不是谁的代言,我是××,我只代表我自己。我和你一样,我是凡客。

(2) 淘宝体:亲,祝贺你哦! 你被我们学校录取了哦! 亲,9月2号报到哦! 录取通知书明天"发货"哦! 亲,全5分哦! 给好评哦!

此外还有"梨花体""脑残体""蜜糖体""咆哮体""hold住体""宝黛体""元芳体""禅师体"…… 网络流行体发展很快,充分体现了网络语体的性质和功能,同时也反映了思想内容和审美趣味的高低差别。

练习题

一、话语语体跟表达风格有关系吗? 下面话语分别是什么语体? 如有风格,是从哪里表现出来的呢?

1. 1930年,钱穆到燕京大学任教,校长司徒雷登问他对燕大印象如何,他答道:"起初听说燕大是中国教会大学中最中国化的大学,心中特别向往。我来燕大一看,才发现并非如此。一入校门就看到M楼和S楼,这难道就是中国化吗? 我希望将燕大各建筑都改为中国名。"不久,燕大专门召开会议,决定改M楼为穆楼,S楼为适楼,贝公楼为办公楼,其他建筑一律赋以中国名称。钱穆还为校园的一个湖取名"未名湖"。

2. 存储果蔬的误区:把所有果蔬混在一起存。实际上,无论是常温保存还是冷藏保存,都应该注意不同果蔬应保持一定距离。因为很多果蔬会释放乙烯,如苹果、梨、木瓜、香蕉等,而乙烯会加速果蔬的成熟和老化,若将其他果蔬与此类果蔬放在一起,就容易提早老化、腐烂。

3. 中午,父亲和哥哥喝酒。喝过几盅,父亲对哥哥说:来,咱爷俩儿划几拳。每次开划,他们都喊爷儿俩好哇,爷儿俩好哇! 不管谁输谁赢,他们喝得都很自觉,都说我喝我喝。田桂金和嫂子一块儿帮母亲包饺子,她怕父亲喝得太多,降不住酒,便腾出手凑过去说:我跟我哥划两拳。她把哥哥的大手握了一下,喊的是:哥儿俩好哇,好哇,好哇……

4. 在情感的追寻中,我默默承受被抛弃与背叛的痛苦。在生命成长的过程中,我也常常流下悲伤的眼泪。经过编织美梦的少年时代,我逐渐知悉了生命并没有结局,每一个结局只是一个新过程的开始罢了,美好的过程可能带来惨痛的结局,痛苦的过程也可能带来幸福的结局。当然,过程平顺而结局圆满,是最理想的,但一时圆满不代表永远美满,只是走向一个新的起点。

5. 1840年,大英帝国的维多利亚女王和她的表哥阿尔伯特结婚了。与女王同岁的阿尔伯特喜欢看书,不太爱交际应酬,对政治也不太关心。

有一次,女王要找阿尔伯特,到房间门口敲门。

"谁?"里面问道。

"英国女王。"

门一直没有开。敲了好几次以后,女王突然感觉到了什么,又敲了几下,用温和的口气说:"我是维多利亚,你的妻子,阿尔伯特。"

这次房门从里面打开了。

二、演讲是在公众场所用有声语言进行面对面的交际活动,既要抒发热情,又要阐明事理。请找出两篇著名演讲词,用语言材料具体分析演讲语体的特点。

三、试着找出 20 个网络词语和 5 个网络句式,说明其用法和构成方式。

四、请找出一种网络流行体的实例,说明其结构特点。

思考题

一、语体可以有不同分类方法,例如把语体分为 4 类:公文语体、科学技术语体、政论语体、文艺语体。对此你有什么看法?

二、从语用知识来看,中国传统的文章学的内容与现在所说的语体内容一样吗?为什么?

三、你对网络语体怎么看?网络语需要规范吗?怎么规范?

第八节 病句的类型与修改

> 学习要点:了解病句的性质与本质,掌握发现及修改病句的原则和方法,做到句子正确、通顺,提高现代汉语表达的规范能力。

一、判断病句的原则和方法

(一)什么是病句

汉语运用过程中,最常见的语用失误就是病句。所谓病句,就是指不合规范的句子;所谓规范,一是要符合语法组合规则,二是要符合语义的搭配要求,三是要符合语用的表达习惯。寻找产生病句的原因,可能涉及语法、语义和语用多个层面。

确定一个句子是否病句,要注意几点:

第一,语言是复杂的。语言规则是多方面的,千万不要用某种现成的但却是片面的教条来作为衡量句子是不是合乎规范的标准。例如当年曾经有人认为"恢复疲劳""打扫卫生""救火""养病"等说法是病句,这就是因为他们认定动词与宾语关系只能是动作和受事的关系,而忽视了实际上还存在着许多其他的语义关系,例如动作与结果、目的、原因等关系。

第二,语言是发展的。当年认为是不规范的句子,由于群众的广泛使用,这种句子的用法逐渐已经被接受,因此我们必须具有历史的发展的眼光。例如 20 世纪 50 年代初《语法修辞讲话》曾经批评过"我军为寻找有利战机……""释放的释放,劳改的劳改……",认为其中"战机""劳改"是"生造词语",还批评"转变了过去站在生产之外,空喊保证生产的作风"中的"转变"是不及物动词,所以不能带宾语,而现在我们再也不认为"战机""劳改"是生造词语,"转变"不能带宾语了。

第三,语言常常是超越逻辑的。任何一个合法的句子当然应该符合逻辑,符合常理。但是,语言,特别是语法并不等于就是逻辑。例如"老爷爷生了个孙子""他是语音,我是语法""他是最受欢迎的运动员之一",虽然不太符合逻辑,但却是个好句。至于修辞上故意违背逻辑常理以达到某种修辞效果的做法就更多了,例如"他是块木头""绿色的生命"等。

(二)修改病句的原则

1. 忠于原意的原则

所谓忠于原意,就是修改后的病句,应该尽量保持句子原来的意义。例如:

(1) *A 法国电影周的上映,加强了中法两国人民的传统友谊。

    ? B 法国电影的上映,加强了中法两国人民的传统友谊。

      C 法国电影周的举办,加强了中法两国人民的传统友谊。

A 是病句,因为只能是"电影"而不能是"电影周""上映",但如果改成 B,句子虽然通顺了,但却丧失了"电影周"这一层意思,所以最好是改换动词,C 句合乎规范又忠于原意。

(2) *A 只有弄清 30 年来教育战线的是非得失,认识教育规律,才能改革教育适应四个现代化的要求。
? B 只有弄清 30 年来教育战线的是非得失,认识教育规律,才能使教育改革适应四个现代化的要求。
C 只有弄清 30 年来教育战线的是非得失,认识教育规律,才能改革教育以适应四个现代化的要求。

例(2)最后一个分句是杂糅,如果改成 B,句子虽然通顺了,但因改为"使"字句而附加上了原句所没有的"使动义",与原意不符,所以应该用连词"以"显示其"目的义"。

2. 从简不从繁的原则

所谓从简不从繁,就是指在修改病句时,以改动最少为准则。凡是只需要调动语序的就不随意加减词语,凡是只需要加减一个词语的,就不加减两个词语。例如:

(3) *A 中学时代打下的坚实的基础知识,为他进一步自学创造了条件。
? B 中学时代学到的坚实的基础知识,为他进一步自学创造了条件。
C 中学时代打下的坚实的知识基础,为他进一步自学创造了条件。

"打下的"不能跟"基础知识"搭配,如果改为 B,句子虽然改通了,但改动多处,而且与原意不符。实际上只要将"基础"和"知识"语序对调,改成 C,句子通顺流畅、忠于原意,并且方法最为简单。

(4) *A 今年又是一个丰收年,粮食产量超过去年的百分之十二点五。
? B 今年又是一个丰收年,粮食产量比去年增长了百分之十二点五。
C 今年又是一个丰收年,粮食产量超过去年百分之十二点五。

A 是个有歧义的句子,不知道今年的产量到底是去年的百分之一百十二点五以上,还是只有去年产量的百分之十二点五以上;B 句虽然改通了,但比较复杂,而且跟原意还是有距离;C 句只将"的"删去,歧义消失,改法也最简便。

3. 尽量维持原句结构的原则

所谓尽量维持原句结构的原则,是指在修改病句中,不调整原句语法结构(特别是一些特定句型、句式或格式)就足以把句子改通顺时,就不要轻易地变动原句的结构。因为汉语的语法结构是形式和意义的有机结合,在许多情况下,结构变化往往会引起意义的变化。例如:

(5) *A 大家先把这个问题考虑,以后再抽时间研究。
? B 大家先考虑这个问题,以后再抽时间研究。
C 大家先把这个问题考虑一下,以后再抽时间研究。

A 句不符合把字句对谓语部分必须是复杂的基本要求;如果改成 B 句,虽然通顺了,但由于改成了主动句,结构发生了变化,处置义也没有了,正确的改法应该是 C 句。

(6) *A 在改善学生生活上,我们学校采取了一些措施。
? B 关于/对于改善学生的生活,我们学校采取了一些措施。
C 在改善学生生活的问题上/方面,我们学校采取了一些措施。

A 句的毛病是介词结构中不能出现动词性短语,如果改成 B 句,由于以"关于/对于……"取代"在……上"的结构,就意味着以"关涉义"或"对象义"取代了"方面义",即不忠于原意。正确的改法应该是 C 句。

4. 修改跟造成病句的原因保持一致的原则

病句错误的原因,有时候可以有几种不同的角度来分析。例如:

*(7) 在改革开放的形势下,对我们的教育质量提出了更高的要求。
*(8) 这些角色不同类型,如果没有善于塑造人物性格的技巧是演不好的。

例(7)的毛病可以说是"主语残缺",也可以说是"滥用介词结构"。例(8)的毛病可以说是"谓语残缺",也可以说是"语序有误"。其实这些解释都是对的。这样,在修改的时候就要尽量"对症下药",比如上面两个病句就可以分别有两种修改的办法:

(7a) 在改革开放的形势下,人民对我们的教育质量提出了更高的要求。
(7b) 改革开放的形势,对我们的教育质量提出了更高的要求。

(8a) 这些角色属于不同类型,如果没有善于塑造人物性格的技巧是演不好的。

(8b) 这些角色类型不同,如果没有善于塑造人物性格的技巧是演不好的。

例(7a)是针对"主语残缺"来修改的,例(7b)是针对"滥用介词结构"来修改的。例(8a)是针对"谓语残缺"来修改的,例(8b)是针对"语序有误"来修改的。

修改病句的四原则,是以"忠于原意"的原则为根本的一个有机整体。在修改病句中,只要违背其中一个原则,往往也就违背了其他三个原则。在修改病句中,应该努力贯彻这四原则,才能把学到的语言知识运用到具体的语言实践中去。

(三)修改病句的方法

在修改病句时,首先要肯定"语感"的价值,因为汉语是我们的母语,可以而且必须充分利用我们关于汉语的感性知识。有一些病句凭"语感"就可发现其毛病并予以纠正,但是,如果要分析其错误的原因、说明修改的理由,就非要运用现代汉语的基本知识不可。例如:

*A 我们之间只相处了几天,但他们对我的教育实在太大了。

B 我们只相处了几天,但他们对我的教育实在太大了。

A 句单凭"语感"并不太容易发现其毛病,但运用语言知识予以分析即可发现,第一分句犯了主语残缺的毛病。因为方位短语虽然可以充当主语,但只能在存现句中,这里的"我们之间"只能充当状语。据此,就有理由把它判为病句,并改为 B 句。

因此,修改病句应该在充分利用语感的基础上,自觉地运用所学的语法知识予以理性的分析,找出其症结所在并对症下药。具体来说,有两种常用的辅助方法。

1. 紧缩法

紧缩法是先检查句子的"主干"再检查句子"枝叶"的一种方法。其步骤是首先检查主语(中心)、谓语(中心)、宾语(中心)之间能否搭配、有无残缺或多余等。例如:

(1) *A 建桥工人充分发扬了不怕苦、不怕累的精神和团结互助的友情。

B 建桥工人充分发扬了不怕苦、不怕累的精神和团结互助的风格。

A 句紧缩为"工人发扬……精神和……友情"后,即可发现,"发扬"与"精神"能够搭配,但与"友情"不能搭配,属于动宾搭配中顾此失彼的毛病,可改为 B 句。

如果句子的主干没有毛病,则进一步检查定语、状语或补语与其中心语等能否搭配、有无残缺或多余等。例如:

(2) *A 屋里陈列着各式各样的鲁迅生前用过的东西和书籍。

B 屋里陈列着鲁迅生前用过的各式各样的东西和书籍。

例(2)A 句紧缩为"屋里陈列着东西和书籍"后,"主干"成分没有问题,但分析"枝叶"成分即可发现,"东西和书籍"前的两个定语,即表示性状的"各式各样"和表示领属的"鲁迅生前用过",这两个定语语序倒置了,会误解为"各式各样的鲁迅",所以应该调整语序,改为 B 句。

2. 类比法

类比法是造出一些相类似的格式来同原句比较,以判断原句正误的一种方法。例如:

(3) *歌声突然变得格外亲切而且动人多了。

该例似是而非,一时难于判定其正误。那么,就可以类比原句格式"格外亲切而且动人多了"来仿造若干个句子:

A *十分整齐、干净多了。

B *特别香甜可口多了。

C *格外美丽而且雄伟多了。

D 分外明亮,而且清洁多了。

A、B、C 三式都有毛病,因为"十分""特别""格外"与"多"语义重复;B 式和 C 式还把状心短语和述补短语套合在一起,犯了结构杂糅的毛病。因此,跟 A 式同构的原句格式也是不能成立的。D 句则是对的,可据此对例(3)进行修改:

(4) 歌声突然变得格外亲切,而且动人多了。

规范句子的格式总是有限的,而错误句子的情况则是非常复杂的。以上帮助检查病句的方法,只是一种示范和导向。病句的鉴别以及纠正能力的提高,有赖于我们在充分利用"语感"的基础上,自觉地主动地运用所学到的有关现代汉语的知识、理论及分析方法,予以理性的思考和实践。

二、语法病句类型

(一) 词性不对

词性不对是指在某个句法位置上应该出现这类词,却用了另外一类词。例如:

* (1) 湖面上倒影着点点白帆。
* (2) 经过半年多的学习,小张已经非常熟练大客车的驾驶技术。
* (3) 但是,遗憾得很,我们至今还极其罕见这样的著作问世。
* (4) 除了银幕上活跃的人物之外,我仿佛还感到了一个没有出场的人物,那就是作者自己。
* (5)《丝路花雨》用生动的艺术形象阐明了"历史悬明镜,强盛不闭关"。

例(1)"倒影"是名词,不能带宾语,应该改为"倒映"。例(2)"熟练"是形容词,也不能带宾语,可以改为"熟悉",或者改为"熟练地掌握了"。例(3)"罕见"是形容词,它不能带宾语,所以要改为"我们至今还很少见到这样的著作",或"这样的著作我们至今还极其罕见"。例(4)"感到"是个谓宾动词,带的必须是谓词性宾语,所以宾语要改成"有一个人物没有出场"。例(5)"阐明"是体宾动词,要求带体词性宾语,因此,宾语要改为"'历史悬明镜,强盛不闭关'的真理"。

(二) 虚词不妥

汉语的虚词极为丰富,不仅用法复杂,而且语义微妙,稍微不注意,就会用错。例如:

* (1) 最近,一百六十多名在职人员通过自修取得了博士和硕士学位。
* (2) 亚明曾被应邀到荷兰、丹麦、冰岛、挪威等五国访问和讲学。
* (3) 负责建造大厦的无锡建工二公司施工员杨炳兴介绍说……
* (4) 这座县城对他是陌生的,没别的熟人,没别的可落脚的地方。

例(1)连词"和"表示的是并列关系,这里显然应该用表选择关系的"或"。例(2)既然是"应邀",已经是被动的了,就不必再用"被"了。例(3)必须在"施工员"之前添加个"的",否则就好像建造大厦的不是"建工二公司"反而是"施工员"了。例(4)的关键是谁对谁的问题,可以改为"他对这座县城是陌生的",或者改为"这座县城对他来讲是陌生的"。

(三) 成分残缺

句法成分残缺,是指不符合隐含、省略的条件而缺少应有的句法成分。一般情况下,出现一个成分,与它匹配的另一个成分就必须出现;否则,就会造成句法结构的不完整,表达的句义不准确。

1. 主语残缺

* (1) 由于计算机应用技术的提高,为高校文科开展多媒体教学研究打下良好的技术基础。
* (2) 看到老师们忘我工作的情景,使我很受感动。

例(1)因滥用介词而造成主语残缺,只要去掉介词"由于"就可以了。例(2)因多用了"使"字而造成主语残缺,或者去掉"使",或者去掉句首的"看到"。

2. 谓语残缺

* (3) 朱老师在去教学大楼的路上,突然有一位老人面带笑容地迎面走来。
* (4) 为适应专业改造的要求,我校必须建立新的规章制度等一系列工作。

例(3)主语"朱老师"后只有状语,没有谓语中心语,以致对"朱老师"的陈述不完整,可改为"朱老师在去教学大楼的路上,突然发现有一位老人面带笑容地迎面走来"。例(4)"建立新的规章制度等一系列工作"是同位短语充当宾语,句中因没有谓语动词充当动语而使宾语无所支配,应改为"为适应专业改造的要求,我校必须做好建立新的规章制度等一系列工作"。

3. 宾语残缺

*（5）鲁迅乐于为出版青年的作品写序作跋，有时还从版税中拿出钱来资助。

*（6）在音乐学院的一间古色古香的大厅里，站着一位身穿绿色绒线上衣，咖啡色西裤，宛如春天早晨亭亭玉立的小树。

例（5）"资助"所支配的对象不明，可改为"鲁迅乐于为出版青年的作品写序作跋，有时还从版税中拿出钱来资助他们"。例（6）述语"站"所涉及的对象既不是"上衣"也不是"西裤"，应该是"人"，可见，在"一位身穿绿色绒线上衣，咖啡色西裤"这一长定语后丢失了宾语中心语，可改为"在音乐学院的一间古色古香的大厅里，站着一位身穿绿色绒线上衣，咖啡色西裤的女孩，宛如春天早晨亭亭玉立的小树"。

4. 修饰语残缺

*（7）要想取得优异成绩，必须付出劳动。

*（8）在本届演讲比赛中，中山大学代表队和暨南大学代表队获得冠军和亚军。

例（7）"劳动"缺少定语"艰苦"，否则，会使人误认为只要劳动就能取得优异成绩。例（8）状语不完整，应改为"在本届演讲比赛中，中山大学代表队和暨南大学代表队分别获得冠军和亚军"。

5. 补语残缺

*（9）昨天我找了你。

*（10）大家的不同意见，表现在如何计量。

例（9）不能独立成句，是补语残缺，可改为"昨天我找了你三次"，或改为"昨天我找过你"。例（10）补语不完整，应改为"大家的不同意见，表现在如何计量上"。

（四）结构杂糅

所谓的句法结构杂糅，是指把两种不同的说法硬凑在一起，把两种不同的结构套叠在一起，以致造成结构不合法则，语义混乱费解。

1. 格式套叠

*（1）水的化学成分是一个原子的氧和两个原子的氢化合而成。

*（2）自修大学是一所培养在岗职工学习专业知识的新型学校。

例（1）述宾短语"是……两个原子的氢"和状心短语"（由）……两个原子的氢化合而成"套叠，可改为"水的化学成分是一个原子的氧和两个原子的氢"，或改为"水是由一个原子的氧和两个原子的氢化合而成"。例（2）述宾短语"培养在岗职工"和主谓短语"在岗职工学习专业知识"套叠，可改为"自修大学是一所培养在岗职工的新型学校"，或改为"自修大学是一所在岗职工学习专业知识的新型学校"。

2. 句式杂糅

*（3）今年国庆将放假一周，我们应该把这个好消息让大伙儿知道。

*（4）你不认真学习，那怎么会有好的成绩是可想而知的。

例（3）"把"字句与被动句杂糅，可改为"今年国庆将放假一周，我们应该把这个好消息告诉大伙儿"，或改为"今年国庆将放假一周，这个好消息应该让大伙儿知道"。例（4）反问句和陈述句杂糅，可改为"你不认真学习，那怎么会有好的成绩呢"，或改为"你不认真学习，成绩不好是可想而知的"。

三、语义病句类型

（一）搭配不当

语法结构上符合规则的句子并不一定就是好句，我们还要注意语义上的搭配关系。主语与谓语，述语与宾语，述语和补语，修饰语（定语、状语）与中心语，都是一对对相互搭配的成分。所谓的搭配不当，通常情况下，是指这些相互搭配的成分在语义上不能贯通。

1. 主谓搭配不当

*（1）风夹着豆大的雨点哗哗地下起来了。

＊(2) 这个核电厂的发电量,除供应本地外,还向香港等地输送。

例(1)主语"风"与充当谓语"下起来",语义上不能搭配,因为能与"风"搭配的是"刮""吹"一类的动词,应改为"风夹着豆大的雨点呼呼地刮起来了"。例(2)主语中心"发电量"与谓语中心"输送",语义上不能贯通,因为"发电量"只能论大小与多少,"输送"的是"电",不是"发电量",应改为"这个核电厂发的电,除供应本地外,还向香港等地输送"。

2. 述宾搭配不当

＊(3) 采取各种办法培养和提高师资水平,实在是一件迫在眉睫的事。

＊(4) 我抬起头,伸了伸疲倦的肢体,红肿的双眼,陷入了深思。

例(3)可以说"提高师资水平",但不能说"培养师资水平",这是述宾组合中的顾此失彼。例(4)第二分句的述语"伸了伸",无法跟"红肿的双眼"组合,这是偷换述语,应补出述语,改为"我抬起头,伸了伸疲倦的肢体,揉了揉红肿的双眼,陷入了深思"。

3. 主宾搭配不当

＊(5) 秋天的北京是一年中最长最美的季节。

＊(6) 河南以北的收复,表示安史之乱取得了最后的胜利。

例(5)主语中心语是"北京",所以不可能是"季节",可能是受到"秋天"的误导,应改为"北京的秋天是……季节"。例(6)的宾语是个主谓短语,显然不是"安史之乱"取得胜利,而应是"平定安史之乱取得了最后的胜利"。

4. 偏正搭配不当

＊(7) 他丰富的发言,吸引着所有的听众。

＊(8) 矿区的师生,都为矿区中学教学质量的提高而担心、焦急。

例(7)定语"丰富"与中心语"发言",语义上不照应,应改为"精彩的发言"。例(8)状语"为……的提高"与中心语"担心、焦急",语义上不相呼应,应改为"为……的滑坡而担心、焦急"。

5. 述补搭配不当

＊(9) 对不起,这次我们对你们照顾得太不周全了。

＊(10) 大家把教室打扫得干干净净、整整齐齐。

例(9)补语"太不周全"与述语"照顾"在语义上不相呼应,应改为"对不起,这次我们对你们照顾得太不周到了"。例(10)述语"打扫"的结果可能是"干干净净",但却不会是"整整齐齐",这是述语跟补语的顾此失彼,可补上述语"布置得整整齐齐"。

(二) 表述歧义

语义的表达要明确,不能有歧义。产生歧义的原因是很复杂的,但是不管哪种歧义,在表达上都是要力求避免的。

＊(1) 姐姐借他十块钱。

＊(2) 同志之间,特别是领导干部之间有了意见,要开诚布公地摆到桌面上来,否则,这将不利于团结,不利于工作。

＊(3) 国庆晚会上,十几个少数民族的同学跳起了欢快的民族舞蹈。

＊(4) 南京长江大桥是双层铁路、公路两用桥,铁路桥和公路桥由正桥和引桥组成。

例(1)"借"有借进和借出两个意义,可改为"姐姐借给他十块钱",或改为"姐姐向他借了十块钱"。例(2)由于"这"指代不明,或指向"有意见",或指向"摆到桌面上来",可能引起歧解,应该删去"这"。例(3)关键是"十几个少数民族的同学"可以有两种切分,"十几个少数民族的/同学"或"十几个/少数民族的同学",所以要改为"少数民族的十几个同学"或"分属十几个少数民族的同学"。例(4)"双层铁路、公路两用桥"有歧解:或者是一层铁路,一层公路;或者是两层都有铁路和公路。应该改为"南京长江大桥是一座双层两用桥,下层铁路桥和上层公路桥都由正桥和引桥组成"。

四、语用病句类型

（一）成分多余

所谓的成分多余，是指句子中的语义相同的成分重复出现，或者出现了不应该出现的成分，以致造成语义啰唆甚至不合逻辑。

1. 主语多余

＊（1）我们的革命先辈，为了人民的利益，他们一不怕苦，二不怕死。

＊（2）往事的回忆又像电影一样一幕一幕地在我眼前映现。

例（1）"我们的革命先辈"跟"他们"重复，宜去掉"他们"。例（2）"往事"跟"回忆"语义累赘，应删去"的回忆"。

2. 谓语多余

＊（3）国庆之夜，到处张灯结彩，人来人往也特别多。

＊（4）清明节，我们全班同学前往烈士陵园进行了献花。

例（3）"也特别多"多余，应删去。例（4）"进行"多余，应改为"清明节，我们全班同学前往烈士陵园献了花"。

3. 宾语多余

＊（5）气温骤然下降，我们合盖着一条被子还冻得发抖，只好相互用身子暖和着对方。

＊（6）全国人民决心以实际行动热烈庆祝中华人民共和国成立五十周年的到来。

例（5）宾语"对方"多余，应删去。例（6）宾语中心语"的到来"多余，应删去。

4. 修饰语多余

＊（7）历代古今中外的经验证明，温室里是培养不出有用的人才的。

＊（8）同学们都静静地全神贯注地听着王教授的讲演。

例（7）主语中的定语"历代"多余，应删去。例（8）状语"静静地"和"全神贯注地"语义重复，应删去一个。

5. 补语多余

＊（9）从此，这栋楼房就经常发生出使人不安的怪事。

＊（10）为了精简字数，不得不略加删节一些。

例（9）补语"出"多余，应删去。例（10）既然已经"略加删节"，就不必用"一些"了，宜删去"一些"，或删去"略加"。

（二）语序有误

所谓的语序有误，是指一些句子成分倒置了应有的语序，以致造成语义模糊或不合逻辑。

1. 定心错位

＊（1）一阵急促的敲门声打破了宁静的夜晚。

＊（2）由于提高了产品质量，近年来我国电视机的出口深受东南亚国家的欢迎。

所谓定心错位，是指定语与中心语的语序错误地颠倒了。例（1）宾语"宁静的夜晚"应改为"夜晚的宁静"。例（2）主语"电视机的出口"应改为"出口的电视机"。

2. 定状错置

＊（3）李红等六名毕业生要求去山区当教师的申请公布后，在同学中强烈地引起反响。

＊（4）这次会议对引进外资问题交流了广泛的经验。

所谓定状错置，是指错将定语置于状语的语序上，或错将状语置于定语的语序上。例（3）状语"强烈"应该是"反响"的定语，应让它复位。例（4）定语"广泛"应该是"交流"的状语，也应让它复位。

3. 状补错置

＊（5）几个小孩游玩在月光照耀的街道上。

＊（6）我们整整齐齐地穿衣服，准备去参加国庆游园活动。

所谓状补错置，是指错将状语置于补语的语序上，或错将补语置于状语的语序上。例（5）"在月光照耀的街道上"应是"游玩"的状语,应让它复位到状语的位置上。例(6)"整整齐齐"是"穿"的结果,应让它复位作补语。

4. 状语错位

*(7) 迎面吹来一股寒风,不禁使我打了个寒噤。

*(8) 每天早晨,图书馆一开门,就有人陆续来借书了。

所谓状语错位,是指错将应置于甲语序上的状语置于乙语序上。例(7)的状语"不禁"修饰的应该是"打了个寒噤"。例(8)状语"陆续"修饰的应该是"有"。

5. 误补为定

*(9) 几个值日生擦好了洁白通亮的玻璃窗。

*(10) 这位老教授被剥夺了整整十年教学、科研的机会。

所谓误补为定,是指错将补语置于定语的位置上。例(9)的"洁白通亮"是"擦"的结果,应复位改为"几个值日生把玻璃窗擦得洁白通亮"。例(10)的"整整十年"是"被剥夺"的时间,应复位改为"这位老教授被剥夺了教学、科研的机会整整十年"。

6. 多层定语语序混乱

*(11) 三岁的黑李长子小李已经病了三天了。

*(12) 批评和自我批评是有效的改正错误提高思想水平的方法。

例(11)定语"三岁"是限定"长子小李"的,全句应改为"黑李三岁的长子小李已经病了三天了"。例(12)定语"有效"是修饰"方法"的,全句应改为"批评和自我批评是改正错误提高思想水平的有效方法"。

7. 多层状语语序混乱

*(13) 我把张老先生家里珍藏的古书几次借来看。

*(14) 妈妈亲切地走到我跟前,对我说:"学习是长期的,不能搞突击,要妥善安排好时间。"

例(13)对象状语要求紧挨着谓语中心语,应改为"我几次把张老先生家里珍藏的古书借来看"。例(14)"亲切"是修饰"说"的,应改为"妈妈走到我跟前,亲切地对我说……"。

五、复句常见病句及其修改

复句常见的病句类型,跟单句有所不同。主要发生在分句间意义上缺乏联系,分句间次序层次混乱以及关联词语使用不当这三个方面。

(一)分句间意义缺乏联系

1. 分句间意义缺乏照应

*(1) 我沿着小路走着,两旁是一片绿油油的麦田,春风吹来,是一丛丛五颜六色的野花。

*(2) 中国人民是勤劳勇敢的,中国人民决心发展同世界各国人民之间的友谊。

例(1)第三分句"春风吹来"与第四分句"是一丛丛五颜六色的野花",缺乏意义联系。可调整为"我迎着春风,沿着小路走着,路的两旁是一丛丛五颜六色的野花和一片绿油油的麦田"。例(2)第一和第二分句意义上互不相关,应改为"中国人民是勤劳勇敢的,中国人民是热爱和平,中国人民决心发展同世界各国人民之间的友谊"。

2. 分句间意义不合逻辑

*(3) 乡镇企业办得好坏,对提高农民生活水平,进一步发展农业生产具有十分重要的意义。

*(4) 他接过同学们的捐款,连声道谢,感动得说不出一句话来。

例(3)第一分句具有选择性,第二分句不具选择性,两句逻辑不一致。应改为"办好乡镇企业,对提高农民生活水平,进一步发展农业生产具有十分重要的意义"。例(4)第二分句"连声道谢",即说了很多话,第三分句却"说不出一句话来",显然逻辑相悖。应改为"他接过同学们的捐款,感动得热泪盈眶,并连声道谢"。

3. 分句陈述对象不一致

*(5) 半夜里,我被一声巨雷惊醒了,接着,马上是一场暴雨。

*(6) 林师傅脸上挂满了笑容,身材高大,实有一座大山的气势,步履比往日更加矫健了。

例(5)第一分句的陈述对象"我",在第二分句中被暗换了。应改为"半夜里,一声巨雷把我惊醒了,接着,是一场暴雨"。例(6)第一分句陈述对象是"林师傅脸上",后面几个分句转化为"林师傅",陈述范畴大小不一。可改为"林师傅脸上挂满了笑容。他身材高大,实有一座大山的气势,步履也比往日更加矫健了"。

(二) 分句间次序层次混乱

汉语复句分句间的意义关系,在语法上主要是通过汉语的语序和层次来体现的。如果违背了,就会造成分句间次序和层次的混乱,以致影响句子的合法性。

1. 分句间次序混乱

*(1) 可怜的民工已经奄奄一息地躺在地上,满脸伤痕,无力呼救了。

*(2) 即使我们的工作取得很大的成绩,也不要自满自足,沾沾自喜,否则就会一落千丈,停滞不前。

例(1)第二分句和第一分句次序倒置,可调整为"可怜的民工已经满脸伤痕,奄奄一息地躺在地上,无力呼救了"。例(2)第四分句和第五分句次序倒置,可调整为"即使我们的工作取得很大的成绩,也不要自满自足,沾沾自喜,否则就会停滞不前,一落千丈"。

2. 分句间层次不清

*(3) 在革命的征程中,他,不怕困难,顽强战斗,英姿飒爽,茁壮成长。

*(4) 我虽然下决心要好好学习,可成绩老是上不去,老师也经常个别辅导。

例(3)"英姿飒爽"与"不怕困难"等并列,结构不相同,语义不相称,以致层次不清。可调整为"他,英姿飒爽;在革命的征程中不怕困难,顽强战斗,茁壮成长"。例(4)第一和第三分句显然是先组成一个层次,再跟第二分句组合,应改为"我虽然下决心要好好学习,老师也经常个别辅导,可成绩老是上不去"。

(三) 关联词语使用不当

1. 关联词语与分句间的逻辑意义相悖

*(1) 我在班级里参加劳动时拈轻怕重,常落后于别人,任务不能很好完成,况且自己自觉去做就更谈不上了。

*(2) 由于作者没有很好地深入调查,凭主观想象加了一些不恰当的情节,反而大大减弱了小说的感染力。

例(1)最后一个分句用了表示追加一层理由的"况且",但该句无此意思,应改为"我在班级里参加劳动时拈轻怕重,常落后于别人,任务不能很好完成,至于自己自觉去做就更谈不上了"。例(2)的第一、二分句和第三分句之间所构成的是因果关系,原句却用了表示递进关系的"反而",应改为"由于作者没有很好地深入调查,凭主观想象加了一些不恰当的情节,因而大大减弱了小说的感染力"。

2. 关联词语滥用

*(3) 因为怕要下雨,所以我还是把伞带走。

*(4) 我国古代的这类神话反映了人和自然的斗争,但是也反映了古人朴素的自然观。

例(3)为日常用语,因果关系清楚,不用关联词语更显得简洁自然,应改为"怕要下雨,我还是带把伞走"。例(4)分句间没有转折关系,应去掉转折连词"但是"。

3. 关联词语欠用

*(5) 冬天毕竟是冬天,晚上我穿着厚厚的衣服到操场上看电影。

*(6) 她回头看武妹,武妹已不似刚才那样悠闲地点竹篙,紧张地从排尾跑到排的前半部,又从前半部跑到排尾,不停地用竹篙撑在石头上使木排不与乱石相撞。

例(5)因缺少必要的关联词语,以致分句间的顺承关系不太明显,句子也令人感到有点别扭,应改为"冬天毕竟是冬天,晚上我还是穿着厚厚的衣服到操场上看电影"。例(6)第二分句和后面的几个分句语义上正好是相对的,且第二分句用了"不(似)",应有"而(是)"与之相配。可改为"她回头看武妹,武妹已不似刚才那样悠闲地点竹篙,而是……。"

4. 关联词语搭配不当

*(7) 一个国家的工业水平,既取决于产量,而且取决于质量。

*(8) 只有从思想上解决为什么人的问题,就能更好地为人民服务。

例(7)的关联词语"既"跟"而且"不能配搭,可改为"既……又",或改为"不仅……而且"。例(8)的关联词语"只有"不能跟"就"配搭,可改为"只有……才",或改为"只要……就"。

5. 关联词语位置有误

*(9) 我国原来是半封建半殖民地的国家,工业不但不发达,而且农业也很落后。

*(10) 他是个急性子,不等大家到齐,就他一个人走了。

例(9)后两个分句主语不同,所以"不但"应像第三分句一样,置于主语前。全句改为"我国原来是半封建半殖民地的国家,不但工业不发达,而且农业也很落后"。例(10)最后一个分句的"就"应置于主语"他"后面,全句改为"他是个急性子,不等大家到齐,他就一个人走了"。

练习题

一、下列句子有无搭配不当的毛病？如果有,请予以改正并说明理由。

1. 中学生是青年学生学习的重要阶段。
2. 近几年来文坛非常活跃,小说、散文、诗歌的数量和质量都显著地增加了。
3. 节日的公园,洋溢着一派生机勃勃、欣欣向荣的景象。
4. 我们不但盖出了林立的工厂、学校、住宅,而且盖出了人民大会堂和历史博物馆这样宏伟浩大的工程。
5. 从事这种工作的人,他们的思想负担和精神状态往往是沉重的。
6. 我们要到最艰苦的地方去锻炼,决不做温室的花朵,要做暴风雨中的栋梁材。
7. 这一研究成果,曾前后在去年的上海化学化工年会和全国结构化学学术会议上作过汇报,得到了好评。
8. 这一看似可笑的举动,包含着她心中多少痛苦、孤寂和辛酸！
9. 不仅这样,他们还把小岛建得花园一样美丽。
10. 在诗歌朗诵会上,她的感情表现得很丰满。

二、下列句子有无成分残缺的毛病？如果有,请予以改正并说明理由。

1. 通过这些事实,使我们认识到进行爱国主义教育的重要性、必要性和迫切性。
2. 鲁迅先生在斗争中创造了杂文,成了文学艺术中的奇葩。
3. 我们要为把我国建设成四个现代化的社会主义强国。
4. 他以最新的科研成果向科学大会的献礼。
5. 叶老师虽然每天工作很忙,但还是抓紧和同学们谈心。
6. 他说他要写出三部巨著来反映改革开放前后以及我们所取得的成就。
7. 这是对全国人民进行学习科学、破除迷信的一次展览。
8. 在我穿上军装,我就决心做一名祖国改革开放事业的护航兵。
9. 大家的不同意见,主要集中在如何更彻底地改革陈规陋习。
10. 这支古老遗民仍然保留着以钻木取火方法获取火种照明和取火。

三、下列句子有无成分多余的毛病？如果有,请予以改正并说明理由。

1. 我哥哥到深圳打工离现在已经整整十年了。
2. 一立方米的空气中最多可以包含水汽是17.30克。
3. 大家的关心使我感到一点儿也不想家。
4. 母亲雪白的乳汁,哺育着婴儿的生机。
5. 我们要为建设现代化的社会主义强国的美丽前程而贡献出自己的一份力量。
6. 这句话的后面,包含了多么丰富的"无声"的潜台词呵。
7. 鲁迅先生在他自己的整个一生中用毕生的精力一直不停息地战斗着。

8. 翻开科学史的记录可以看到：从天体运动规律的总结中得出了万有引力定律。

9. 过去,我曾多次见过总理。总理和我亲切握手交谈的情景,经常在我眼前浮现。

10. 经过一夜苦战,他已经累得直不起腰的样子。

四、下列句子有无语序不当的毛病？如果有,请予以改正并说明理由。

1. 这次会议对引进外资问题交流了广泛的经验。

2. 这次运动会共进行了六十九个比赛项目。

3. 故宫博物院最近展出了两千多年前新出土的文物。

4. 这个问题,去年热烈地在这里讨论过。

5. 中国政府一贯认为和平谈判是最好的解决边界问题的办法。

6. 驰名中外的我国万里长城不是最近的事。

7. 我第一次平生见到这样的奇观,真使人激动不已。

8. 树上的桃子被人采得差不多了,只剩下几颗数得清的小桃。

9. 我们和农民一起,参加了积肥的紧张劳动。

10. 纪昌就把虱子用牛尾毛挂在窗口上。

五、下列句子有无句式杂糅的毛病？如果有,请予以改正并说明理由。

1. 今天我们教《词的构成》这篇基础知识短文的主要内容是合成词的结构方式。

2. 这张报纸比任何特效药都好,把夜班后的疲劳、瞌睡都赶到九霄云外去了。

3. 这届学术研讨会是由中文系为主持单位召开的。

4. 在有一次攻击敌人重兵把守的山头时,他只身冲入敌阵,孤军作战,炸毁两个敌堡。

5. 小说《吕梁英雄传》的作者是马烽、西戎合写的。

6. 我们就不得不敬佩关汉卿在七百多年前就在舞台上为我们创造了这样一个熠熠生辉的女性形象。

7. 他是我们家中第一个人对国家所受到的威胁加以严肃而清醒的考虑,而毅然去参军的。

8. 我省是全国主要的侨乡之一,各条战线上的有数以百计的归侨、侨眷应当广泛地动员起来,使他们在科教兴国中发挥更大的作用。

9. 我站在马路边,抬头看着建筑工人攀着脚手架,非常敏捷地爬了上来。

10. 我们今天学习这则小故事,对我们还很有启发意义。

六、下列句子中有无歧义的毛病？如果有,请予以改正并说明理由。

1. 昨天,我们八个科技小组的成员都参加了市里组织的竞赛。

2. 出席座谈会的有我校各系教师和学生代表一百多人。

3. 大家不由得热烈鼓掌,望着慰问团微笑着走进会场。

4. 每次她叫他吩咐什么,他总是站在门口,从不进她的屋门。

5. 为了进一步了解农村改革的情况,我在那里调查研究了一个星期之后,又走访了附近的几个村落,在那里所了解到的情况基本同我过去插队落户的大名村相同,变化也很大。

6. 早晨,苍穹湛蓝,和风习习,到处是盛装的行人,鲜艳的红旗高竖在一幢幢高大的建筑物上,随风招展。在这个普天同庆的日子里,人人都洋溢着一种民族的自豪感。

7. 这部散文集是一幅历史长卷,文章写作年代前后经历四十五个春秋。

8. 这部由广东电视台新录制的电视剧,将于明晚八点首播,电视剧里将给观众讲述一个动人的故事。

9. 校长、副校长和其他学校领导出席了本届迎新大会。

10. 老人说,他的家在加利利地区的阿卡山下,那里有他的橄榄树、苹果树,真是美极了。

七、下列复句有无毛病？如果有,请予以改正并说明理由。

1. 在这次扑灭森林大火的战斗中,武警战士和烈火搏斗了几个昼夜,保住了森林,战胜了烈火。

2. 他不仅迅速端正了学习态度,而且诚恳地接受了老师的批评。

3. 这个工厂,由于生产搞上去了,因此各项政策也落实了。

4. 这种工艺品畅销海内外,所以最近又改进了工艺流程。

5. 如果我们前一时期已经克服了学习上的一些困难,那么今后的困难同样也能克服。
6. 不论我们做了很多的思想工作,他就是不通。
7. 只要增加投入,才能使粮食生产稳步增长。
8. 新加坡的竹节虫,不仅体色几乎和竹子一样,体形在安静时完全像一根树枝。
9. 农民一方面向化肥厂提出合理的要求和建议,另一方面化肥厂积极改进技术,提高质量,保证化肥的供应。
10. 阿里发音不但准确清晰,而且笔译通顺流畅。
11. 北京举行科学技术展览会,但总有一大部分科技人员想参观而得不到机会。
12. 那时她心里只有仇恨的烈火在燃烧;可是现在,不但巨大的痛苦在撕裂她,而且感到莫大的伤心。
13. 北风在呼啸,大雨在哗哗地下,98次列车也就在奔驰前进。
14. 中国人民是勤劳的,中国人民决心发展同世界各国人民之间的友谊。
15. 如果分析什么文章,只有掌握了这种分析方法,才能迎刃而解。

思考题

一、我们如何凭借"语感"来识别病句?在语文实践中应该怎样识别病句?

二、语言的规范与语言的发展是怎样的一种关系?代表语言发展方向而又突破语言现有规范的句子,算不算病句?为什么?

三、语言不规范的病句跟言语不规范所造成的病句如何区别?

四、"贵宾们所到之处,受到热烈欢迎。"这是病句吗?为什么?

参考文献

倪宝元(1980)修辞,浙江人民出版社。
刘焕辉(1986)言语交际学,江西教育出版社。
黄国文(1988)语篇分析概要,湖南教育出版社。
西積光正(1992)语境研究论文集,北京语言学院出版社。
胡壮麟(1994)语篇的衔接与连贯,上海外语教育出版社。
沈开木(1996)现代汉语话语语言学,商务印书馆。
何兆熊(2000)新编语用学概要,上海外语教育出版社。
姜望琪(2003)当代语用学,北京大学出版社。
何自然 冉永平(2010)新编语用学概论,北京大学出版社。
徐默凡 刘大为(2011)汉语语用趣说,暨南大学出版社。
池昌海(2014)现代汉语语法修辞教程(第3版),浙江大学出版社。
索振羽(2014)语用学教程,北京大学出版社。

第 三 版 后 记

《现代汉语通论》(上海教育出版社2001年第一版,2007年第二版)经过十多年教学实践、精心修订,已成为具有全国乃至国际影响的中文本科通用教材,并出版辅助教材《现代汉语通论教学指导》和《现代汉语通论参考文献》。简明本《现代汉语通论精编》也于2012年6月出版,并配以多媒体光碟。

《现代汉语通论》能够在众多同类教材中脱颖而出不是偶然的,主要取决于三方面的因素:

第一,适应了21世纪汉语走向世界的大趋势,"汉语热"在呼唤着新颖好用的新教材,我们的教材自始至终不忘这一伟大的历史使命。

第二,现代汉语课程经过50来年的建设,已经涌现出不少优秀的教材可供借鉴,我们的教材虔诚地从前辈学者那里学习到许多经验和长处。

第三,新的研究成果以及新的教学理念打开了我们的眼界与思路,我们的教材坚定不移地把"创新求实"作为自己旗帜。

本教材的特色,主要表现在三个方面:

1. 以提高学生的语言素质与语言能力为最终目标。充分吸取1978年以来的现代汉语研究领域比较成熟的优秀成果,在教学内容上进行大胆革新,强调可读性、应用性和前沿性。

2. 以方法论为教学的重点。基础知识只是前提,分析、综合与比较的方法才是关键。在教学模式上坚持学生为本,强调学生参与教学的主动性、强化师生互动的双向性。

3. 教材必须好读易懂,信息量大,具有高度的应用价值。不仅有大量题型丰富的练习题,还有发人深省的思考题。强调在实践中提高,在比较中深化,掌握分析运用的实战能力。

多年的教学实践以及全国各高校的反馈信息,表明这一教材创新模式的尝试对提高学生语言素质和语言能力是卓有成效的。本教材出版以来,获得各方面的青睐,尤其是广大学子的热忱欢迎,这是我们感到最为欣慰的。

本书2005年入选"国家汉办教师资格证书考试推荐书目",2006年被台湾地区"教育部"列为"华语文教师资格证书考试必读书目"。后又于2006年与2012年先后入选"教育部十一五国家级规划书目"与"教育部十二五国家级规划书目"。本教材2010年获得广东省第六届高等教育教学一等奖(政府奖),2013年获得暨南大学校长特别奖(全校唯一的"杰出教育贡献奖")。

教材印数年年呈上升趋势,第一版(2001—2006年)6年里重印了13次,印数近十万册;第二版(2007—2015年)9年里重印了18次,印数达几十万册,在全国同类教材中数一数二。目前已有吉林大学、浙江大学、华东师大、南京大学、暨南大学、南京师大、华南师大、厦门大学、安徽师大、浙江师大、河北师大、延边大学、青海民族学院、华侨大学、烟台大学、新疆大学等一百多所大学使用,并用作香港政府公务员培训以及香港浸会大学、香港理工大学语言学研究生教材。"当当网上书店"读者评论4000余条,总评为五星级畅销教材。

当我应邀前去一些大学演讲时,往往有许多同学热情地拿着这本教材要求我签名,对该教材的喜爱之情溢于言表。面对这些荣誉与褒奖,我们也深知教材不可避免地还存在着大大小小的问题,深感责任重大,决心不断地广泛地听取各方面意见,精益求精,准备修订第三版。为此,我们连续举办七届"现代汉语教学研讨会",力争打磨出一本深受广大教师和学生欢迎,具有深远影响力,贯穿最新教学理念的特色教材、精品教材、领军教材。

第三版修订的基本原则与措施是:

1. 以学生的需要为第一宗旨。学生们不只是需要熟悉有关现代汉语的基本概念、基本知识、基本理论,关键是能够掌握分析乃至研究的方法,对现代汉语种种语言现象能够熟练地加以观察、分析与运用,这将有助于学生们加强语言的理解能力与表达能力,表现为语言能力综合素质的提高。

2. 与时俱进,继续吸收最新的比较成熟的研究成果。比如跟构式理论有关的框式结构分析、认知解释与动态变化。比如语音的节律变化、汉字规范的最新标准、繁简字的比较。比如港澳台社区词的对比、口语习用语。尤其是词汇、语用部分进行了全面改写,面貌为之一新,更适应教学的需要。

3. 加强练习题与思考题的现实性、趣味性与启发性。增添、删节、替换了部分习题。

4. 文字力求准确、简洁、明快、生动、有趣。消除硬伤,包括错字、别字、漏字以及含糊不清模棱两可的词句。压缩章节,比如语法原来14节,现改为12节。总字数适当削减,删除部分比较繁杂的讲解文字,部分比较重要但是难度较大的内容将移到《现代汉语通论教学参考》里。

5. 全面增订《现代汉语通论教学参考》(预计2017年出第三版),包括练习题参考答案等资料。

6. 为了确保我们的教材继承性,第二版的编者原则上全部保留,只是郭熙教授由于担任更为重要的领导职务,主动辞去第三版的修订工作,改为由在教学第一线的赵春利教授负责词汇的修订。对两位教授的合作我们表示诚挚的感谢。

必须指出,教好学好现代汉语这门课程,仅仅靠优秀教材是不够的,更为关键的是教师。必须充分调动学生的兴趣与热情,提升他们的语感与潜力,提倡教师与学生的互动,学生与学生的互助。充分利用互联网+,开辟第二课堂,对学生进行网上辅导和答疑,组织兴趣小组,开展小论文写作,增强他们对汉语的热爱,这样才能让学生终身受益。

长江后浪推前浪。近些年来,新教材不断问世,我们举双手欢迎这些新教材的诞生,我们欢迎竞争,欢迎挑战,这也是对我们的鞭策和鼓励。没有竞争,没有比较,就没有发展,就没有前进。我们希望"现代汉语"教材百花齐放,共同迎来明媚灿烂的春天。

主编　邵敬敏

2016年春节于上海

第二版后记

《现代汉语通论》从一开始编写,我们的目标就定位于"面向21世纪的中国高校文科新教材",希望在编写宗旨、理念、思路、方法等方面摸索出一条比较新鲜的路子来。(参见邵敬敏《现代汉语课程改革的实践与创新意识》,《中国大学教学》2002年12期)本教材于2001年6月正式出版,并出版配套辅助教材《现代汉语通论教学指导》(2002年7月)以及《现代汉语通论参考文献精选》(2002年8月)。该教材出版以来获得各方面的好评,使用本教材,大体上有几种不同的情况:一是作为大学本科教材,除了编者所在13所著名大学之外,还有吉林大学、延边大学、华侨大学、青海民族学院、乐山师院、浙江财经学院等上百所高校;二是用作考语言学研究生的必读参考书,例如复旦大学、南京大学、南京师范大学等几乎所有高校;三是用作研究生教学参考书,例如台湾师大、香港浸会大学、四川大学、苏州大学等;四是其他领域,例如浙江省的自考、新疆电大、河北省的专升本等。

编写教材最担忧的是无声无息、自生自灭。我们感到比较欣慰的是,本教材的出版,在现代汉语教学界引起了比较积极的、正面的、令人鼓舞的反响。这主要表现为三点:

一、教材一出版,就引起学界的重视,正式评论的论文有五篇:沈阳《继承与创新结合,知识与能力贯通》(语言文字应用2002.8)、田小琳《适应新世纪要求的一本好教材》(语文研究2003.1)、张潜《面向21世纪,加强语言素质教育》(南京晓庄学院学报2003.1)、刘俐李《系统性是现代汉语教材之魂》(忻州师院学报2004.4)以及吴婕《从〈现代汉语通论〉看现代汉语课程新思路》(芜湖职业技术学院学报2006.2)。总的评价认为该教材"出新、稳妥、好用",是一部充分吸取了20世纪80—90年代现代汉语研究成果,真正面向21世纪的优秀教材。至于网上(GOOGLE)有关报道,也已达到5 000篇左右。

二、截至2006年11月,已经重印13次,印数累计达到83 400册。绝对数虽说不算太多,但是,现行的现代汉语教材少说几十种,能够突破重围,脱颖而出,每年至少重印两次,每年至少1万5千多册,应该说还算不错。

三、2006年顺利进入高层次的三大书目:1.教育部"十一五"国家级规划书目;2.国家对外汉办教师资格证书考试必读参考书目;3.台湾地区"教育部"华语文教师资格证书考试必读书目。现代汉语教材中,能够全部进入这三大书目的恐怕是唯一的一本,这第3项,更是我们压根儿没有想到的。

在此期间,我们举办了三次"现代汉语通论教材教法研讨会",两次在上海(2001、2002),一次在广州(2004),邀请语言学界知名专家、编者讲授本教材的构想和现代汉语教学中的热点、重点和难点。几年来,使用该教材的广大教师和学生,尤其是因为考研而仔细钻研的同学也提出了许多宝贵的批评意见,有的是印刷、校对出现的问题,但更多的是我们编写者的失责。对此,我们怀有深深的歉意。

为了使我们的教材精益求精,为了让本教材更好地为教学服务,我们决定进行一次全面的修订。为此,第一次修订会于2005年11月在暨南大学召开,并得到了上海教育出版社,尤其是袁正守副总编、张荣主任和徐川山先生的大力支持。会议责成主编邵敬敏继续负责全面修订工作,并且做了分工:邵敬敏——导论和语法;伍巍教授——语音;费锦昌教授——汉字;郭熙教授——词汇;方小燕教授——语用。修订执笔者集中在广州,主要是便于检查、交流和统稿。2007年1月召开了第二次修订会议,就修改中发现的重大原则以及争议问题进行商讨。最后,由我进行全面统稿,负责最后取舍和文字润色。尽管我们尽了最大努力,但是修订稿不可避免地还会存在这样或那样的问题,这当然应该由我本人负责,同时希望使用本教材的同学和老师们能够继续给我们提出意见和建议,在适当的时候进行再一次修订。

本次修订的总原则是:以提高学生的语言素质、语言能力为目标,在保持原有的理念、框架、特点前提下,进行适当修正,适当增删,适当调整,使之更上一层楼,力争成为"精品"教材。

我们广泛而虚心地听取各方面意见,主要做了以下几个方面的修订:

(1) 有明显错误的坚决改正,特别是定义力求准确无误,强化教材的科学性,比如现代汉语的起始,不应是20世纪初,而应该追溯到清初(17世纪)。

(2) 把有关辨析以及注意事项尽可能地移入"教学参考",以便留给教师讲课更大的空间。至于前后重复、多余的则坚决压缩、删略,例如语体部分章节保留,但字数压缩;音译词前后有重复,也进行了调整。总字数比第一版略有减少。

(3) 内容不准确、不合理、不妥帖的做出调整,例如儿韵 er,原本说成舌尖元音,显然不妥,改为舌面元音。不典型的实例坚决更换,宁少毋滥,例如原本同形词举例就有不少问题。现代汉字更是更新资料,更新观念,加强中文信息处理,加强语言文字政策的宣传。

(4) 增加新的有前瞻性的内容,比如语法部分增添了"句法语义的认知解释"一节,内容虽然不多,但为今后的拓展打开了一扇"天窗"。导论部分增添了"语言的规范与语言的变化",引进语言的动态观。

(5) 大胆提出了一些新的看法、新的观点。例如,提出进入21世纪以来,现代汉语正在向"当代汉语"转型。语法研究的最终目标为了揭示"语义的决定性、句法的强制性、语用的选择性、认知的解释性"等。

(6) 疏通文字,力求前后风格一致。尤其是个别章节的表述比较艰涩,难读难解,这次进行必要的梳理,增加"可读性"。

我们真诚地希望本教材在修订以后,更加贴近现实,比较好地反映汉语学界20世纪80年代以来最新的比较成熟的研究成果;反映汉语学界主流观点,使得学生一开始接触语言学就能够步子正、步伐稳、步速快,为今后的发展创造一个良好的开端。

我们做教材,也是在做事业,我们坚信几个原则:

一是不怕不识货,只怕货比货;欢迎竞争,欢迎比较。

二是酒香还要吆喝,所以在各种场合不遗余力地进行广泛而深入的推广与宣传;

三是把任何批评都看作是对我们最大的支持,一部几十万字、有那么多专家参与编写的教材如果没有问题,那才是咄咄怪事,所以批评就是爱护,就是帮助。

我们真挚地感谢使用本教材的学校、系科、专业的师生们。

我们真诚地感谢那些对本教材提出意见的老师、同学、朋友和专家。

我们非常感谢上海教育出版社的领导,尤其是文科第二编辑室的编辑。

我们特别感谢暨南大学和华东师大,尤其是中文系的领导和同事的理解和支持。

邵敬敏
2007年5月于暨南大学明湖苑

第一版后记

一、背景情况

20世纪80—90年代,在全国最有影响的现代汉语教材主要有两本:一本是胡裕树先生主编的(上海教育出版社,1962年9月第一版,1995年6月第五版),一本是黄伯荣和廖序东先生主编的(甘肃人民出版社,1980年6月第一版;高等教育出版社,1997年7月增订第二版)。后来,陆续又出版了若干种有关教材,这大体上可以分为两个系列:一是力图采取新思路的。例如:

《现代汉语》钱乃荣主编,高等教育出版社 1990/4
《现代汉语教程》邢公畹主编,南开大学出版社 1992/10
《现代汉语》刘汉城主编,复旦大学出版社 1992/10
《现代汉语》北京大学中文系现代汉语教研室编,商务印书馆 1993/7
《现代汉语教程》应雨田编,中国书籍出版社 1995/6
《实用现代汉语》张静编,河南人民出版社 1996/1
《现代汉语新编》孙仁生编,大连理工大学出版社 1996/7
《现代汉语纲要》李忠初编,湖南教育出版社 1998/5
《现代汉语引论》骆小所主编,云南人民出版社 1999/7

二是专门为某方面需要而编写的。例如:

《现代汉语》(师范本)冯志纯编,西南师范大学出版社 1989/8
《现代汉语》(电大本)张斌主编,中央广播电视大学出版社 1990/7
《现代汉语》(师专本)徐青主编,华东师范大学出版社 1990/10
《现代汉语》(师范本)邢福义主编,高等教育出版社 1991/5
《现代汉语》(自考本)林祥楣主编,语文出版社 1991/8
《应用汉语教程》(非中文系本)易洪川主编,北京语言学院出版社 1992/1
《现代汉语》(电台本)邢福义主编,高等教育出版社 1993/11(修订版)
《现代汉语》(自考本)张斌主编,语文出版社 2000/3

这些教材,各有所长,也各有所短,适用的对象也不尽相同,但都不同程度地进行了某些改革。有关现代汉语的改革,由于史有为先生的文章引发了一场讨论,对此,我们也作过一些思考,形成了一些想法。

要编写新教材,首先要对目前存在的问题有深刻而准确的了解,我们认为,"现代汉语"课程所存在的问题涉及两个方面:一是教材体系本身,框架陈旧、知识老化、信息量不足、结构不合理,尤其是编写的指导思想存在明显的问题,即过分强调"知识性",而忽略了"能力性",偏重于形式、静态、微观的描写,缺乏对意义、动态和宏观的把握。二是教学方法本身,一直是一种单向式填鸭式的教学方式,不能充分地调动学生学习的主动性,因此必须讲究教学方法的科学性,并且在教材上面体现出来。

二、总体构想

我们的目标就是编写一部适应21世纪需求的采用新思路新框架并且切实好用的全国高校普遍通用的优秀新教材。

以往对现代汉语,无论教材,还是课程,都有一个很大的误区:即以为这门课主要是让学生掌握有关现代汉语的基本知识,因此教师就拼命地把各种各样的概念、术语塞给学生,让学生死命地记、背,学生当然非常反感。我们的观念必须有一个根本的改变,即认识到,现代汉语课程重点要解决中文系学生两个能力:理解、分析现代汉语的能力,表达、运用现代汉语的能力;使他们踏上工作岗位后,能够得心应手地解决工作或者教学中有关现代汉语的基本问题。这里特别要防止两个不切合实际的倾向:第一,以为学习了现代汉语就会大大提高写作水平,这是一种误解,因为一个人写作水平的提高,涉及许多因素,不能希图现代汉语一门课程独力承担起来;第二,以为现代汉语的目标主要是培养学生的语言学研究能力,这又是一个误解,我们必须明白这是一门基础课,对象是刚刚从中学升入大学的一年级学生,不要把选修课的任务提前让必修课来承担。

"现代汉语"课程是中文系本科最重要的基础课和必修课之一。它既不是一门工具课(非"古代汉语"),也不是一门实践课(非"写作"),更不是一门理论课(非"语言学概论"),但是,实际上它兼有工具、理论和实践三方面的性质。它是一门为高校文科(特别是中文系)一年级学生开设的公共基础课,一方面要讲授大量有关现代汉语最重要的基础知识,另一方面又要强调以分析方法为核心,以培养学生的语言能力为目的,使中文系的学生具有语言知识和语言能力的必要素质。

这种"语言能力"可以分为三个层面:第一层面是"理解能力"和"表达能力";第二层面是"思辨能力"和"分析能力";第三层面是"研究能力"和"创新能力"。其中第一层面是最基本的,第二层面是提高性的,第三层面是最高要求。对不同的学校、不同的学生,要求也会有所区别。总之,就是要把学生对现代汉语的"语感"从感性认识提高到理性认识的高度上来。

三、创新思路

要编好一本教材,我们认为,首先处理好以下八大关系:

(1) 知识与方法:以知识为前提,以方法为主导。
(2) 静态与动态:在静态基础上作适当动态分析。
(3) 继承与创新:三分之一继承,三分之一调整,三分之一创新。
(4) 形式与意义:兼顾形式与意义,力求双向验证。
(5) 分析与应用:先讲分析,再讲应用。
(6) 事实与理论:一切从事实出发,在事实分析基础上提升到理论高度。
(7) 描写与解释:描写为主,适当解释。
(8) 微观与宏观:微观阐述,宏观说明。

这也就是说,第一,我们决不彻底推翻现行教材的所有设想,而是尽可能地保留其中最精彩的内容,以体现任何一本优秀教材都应该具有的继承性。第二,充分吸取近二十年来现代汉语各个分支学科研究的比较成熟的优秀成果,以体现我们教材的前沿性。第三,对一些非常有用但原有教材处理不妥的内容做适当的调整,或变换角度,或突出重点,以体现提高学生语言素质和语言能力的编写思想的创新意识。第四,我们决不着重介绍编者的一家之说,而是以国内主流看法作为基础;我们也决不强调体系对立,不卷入学术争论,不故意标新立异,一切从现代汉语的语言事实出发,以体现我们教材在学术上的主体意识。

具体到各个章节的具体做法是:

1. 语音部分,根据汉语特点,从音节出发,强调现代语言学的元音和辅音分析法和中国传统的声韵调分析法的有机结合,以前者为本,以后者为体,加强了音位分析和节律分析。

2. 汉字部分,基本上采用全新的框架,即以现代汉字为分析的唯一对象,加强现代汉字的字形、字音、字义、字序、字量的分析,突出现代汉字的标准化、规范化以及信息化处理。

3. 词汇,建立词汇内部各分支系统,包括:构词系统、本体系统、来源系统、熟语系统和词义系统,特别是加强词义的分析和描写,引进义素分析法以及语素分析法、构词分析法。

4. 语法,加强语法分析的宏观意识以及词类分析的理论与实践,重视虚词的运用,提高短语的地位,强化层次分析法的运用,建立了句型、句类、句式三大系列,增加了句法结构中的语义分析、歧义分析,以及句子动态变化分析。

5. 语用,主要以言语行为理论作指导,吸收语用学的最新研究成果,在分析话语结构、语用意义的同时,也保留了我国传统的修辞研究中的精华,例如辞格分析和语体分析,并从语法、语义和语用三个平面讨论病句的类型及其修改。

具体写法要求：举例生动、典型、有个性，叙述清晰、简明、有条理，定义准确，层次分明，解释合理，强调在对比中显示特点，有比较强的可操作性。总的来说，一是新颖，二是好用。

教材内容实行"板块组合"，以一个学期20周，两个学期40周进行计算，六个板块讲授内容的学时分配如下：导论2、语音6、文字5、词汇7、语法13、语用7。从学习心理学出发，可以根据不同对象、不同需要进行"板块组合"。大体上可以有以下A（上下学期学时相同）、B（上学期3或4，下学期2）两种类型的板块组合：

A 上：导论（2）+语音（6）+文字（5）+词汇（7）=20

A 下：语法（13）+语用（7）=20

B 上：导论（2）+语音（6）+文字（5）+语法（13）=26

B 下：词汇（7）+语用（7）=14

该教材每一课前面有"学习要点"，以提示学生和教师注意本节最重要的内容；课后附有"练习题"，主要是帮助巩固课上所学到的知识和方法，另外还有"思考题"，主要是启发性的、思辨性的，帮助一些比较优秀的学生开拓思路。每一章最后附录"参考文献"，为优秀学生提供课外阅读资料。

每一节的教学参考、练习题答案以及某些重要的附录，将另外编写一本"教学参考书"。重要的参考文章将另行编为《现代汉语通论参考资料汇编》。

四、编写过程

主编邵敬敏，特地聘请复旦大学胡裕树先生和北京大学陆俭明先生为本书顾问，并且约请十三所高校的十八位教授和副教授担任编者，具体分工如下（均为第一版编写时所在单位）：

导论：巢宗祺（华东师范大学）
　　　邵敬敏（华东师范大学）
第一章　语音：唐健雄（河北师范大学）
　　　　　　　方小燕（华南师范大学）
　　　　　　　周　静（河南大学）
第二章　汉字：高家莺（华东师范大学）
　　　　　　　范可育（华东师范大学）
第三章　词汇：苏新春（厦门大学）
　　　　　　　刘永耕（福建师范大学）
　　　　　　　杨锡彭（南京大学）
第四章　语法：邵敬敏（华东师范大学）
　　　　　　　杨启光（暨南大学）
　　　　　　　李宗江（解放军外语学院）
　　　　　　　吴继光（徐州师范大学）
　　　　　　　孔令达（安徽师范大学）
　　　　　　　蒋同林（安徽师范大学）
第五章　语用：刘大为（华东师范大学）
　　　　　　　段业辉（南京师范大学）
　　　　　　　池昌海（浙江大学）

我们十几年前就有编写一本现代汉语新教材的设想，但由于种种原因，一直到1999年才得以启动。这一计划，不仅得到校内各级领导的支持和教研室同事的帮助，而且在全国各大学的同行中也得到了广泛的认同和响应，这一计划还得到了上海教育出版社的全力支持，列入出版计划并给以必要的资助。

本教材由主编邵敬敏提出总体构想，于1999年11月在上海举行第一次编写会议，统一思想，落实任务；在编写者写出草稿以后，于2000年2月在杭州召开了第二次编写会议，讨论编写中发现的问题，分组提出具体修改意见。4月底第一稿（初稿）集中到主编那里，然后由主编进行修改、统稿，拿出第二稿（修改稿），为了保证全书的质量,避免明显的差错,我们分章请专家审阅:语音是毛世桢先生,汉字是高家莺先生,词汇是颜逸明先生,语法是任芝锳先生,语用是刘大为先生。根据这些先生所提出的意见,主编又作第二次修改,拿出第三稿;全部改完以后,又从头到尾再修改、调整、润色一遍,最后是第四稿(定稿)。虽然我们如履薄冰,战战兢兢,但是我们深知,由于教材篇幅比较大,涉及问题也非常复杂,如何处理往往一时难以确定,再加上编者,特别是受主编水平的局限,错误在所难免,我们恳切地希望使用这本教材的老师和同学提出宝贵的意见,使我们在再版时得以改正。

我们特别感谢上海教育出版社领导及编辑同志的理解和支持,也感谢所有关心这本教材的朋友们。

邵敬敏

2001 年 1 月于上海

附录一

汉语拼音方案

(1957年11月1日国务院全体会议第60次会议通过)
(1958年2月11日第一届全国人民代表大会第五次会议批准)

一、字母表

字母名称	Aa ㄚ	Bb ㄅㄝ	Cc ㄘㄝ	Dd ㄉㄝ	Ee ㄜ	Ff ㄝㄈ	Gg ㄍㄝ
	Hh ㄏㄚ	Ii ㄧ	Jj ㄐㄧㄝ	Kk ㄎㄝ	Ll ㄝㄌ	Mm ㄝㄇ	Nn ㄋㄝ
	Oo ㄛ	Pp ㄆㄝ	Qq ㄑㄧㄡ	Rr ㄚㄦ	Ss ㄝㄙ	Tt ㄊㄝ	
	Uu ㄨ	Vv ㄪㄝ	Ww ㄨㄚ	Xx ㄒㄧ	Yy ㄧㄚ	Zz ㄗㄝ	

v 只用来拼写外来语、少数民族语言和方言。
字母的手写体依照拉丁字母的一般书写习惯。

二、声母表

b ㄅ玻	p ㄆ坡	m ㄇ摸	f ㄈ佛	d ㄉ得	t ㄊ特	n ㄋ讷	l ㄌ勒
g ㄍ哥	k ㄎ科	h ㄏ喝		j ㄐ基	q ㄑ欺	x ㄒ希	
zh ㄓ知	ch ㄔ蚩	sh ㄕ诗	r ㄖ日	z ㄗ资	c ㄘ雌	s ㄙ思	

在给汉字注音的时候,为了使拼式简短,zh ch sh 可以省作 ẑ ĉ ŝ。

三、韵母表

	i ㄧ 衣	u ㄨ 乌	ü ㄩ 迂
a ㄚ 啊	ia ㄧㄚ 呀	ua ㄨㄚ 蛙	
o ㄛ 喔		uo ㄨㄛ 窝	
e ㄜ 鹅	ie ㄧㄝ 耶		üe ㄩㄝ 约

(续表)

ai ㄞ 哀		uai ㄨㄞ 歪	
ei ㄟ 欸		uei ㄨㄟ 威	
ao ㄠ 熬	iao ㄧㄠ 腰		
ou ㄡ 欧	iou ㄧㄡ 忧		
an ㄢ 安	ian ㄧㄢ 烟	uan ㄨㄢ 弯	üan ㄩㄢ 冤
en ㄣ 恩	in ㄧㄣ 因	uen ㄨㄣ 温	ün ㄩㄣ 晕
ang ㄤ 昂	iang ㄧㄤ 央	uang ㄨㄤ 汪	
eng ㄥ 亨的韵母	ing ㄧㄥ 英	ueng ㄨㄥ 翁	
ong (ㄨㄥ) 轰的韵母	iong ㄩㄥ 雍		

（1）"知、蚩、诗、日、资、雌、思"等七个音节的韵母用i，即：知、蚩、诗、日、资、雌、思等字拼作 zhi，chi，shi，ri，zi，ci，si。

（2）韵母儿写成 er，用做韵尾的时候写成 r。例如："儿童"拼作 ertong，"花儿"拼作 huar。

（3）韵母ㄝ单用的时候写成 ê。

（4）i 行的韵母，前面没有声母的时候，写成 yi(衣)，ya(呀)，ye(耶)，yao(腰)，you(忧)，yan(烟)，yin(因)，yang(央)，ying(英)，yong(雍)。

u 行的韵母，前面没有声母的时候，写成 wu(乌)，wa(蛙)，wo(窝)，wai(歪)，wei(威)，wan(弯)，wen(温)，wang(汪)，weng(翁)。

ü 行的韵母，前面没有声母的时候，写成 yu(迂)，yue(约)，yuan(冤)，yun(晕)；ü 上两点省略。

ü 行的韵母跟声母 j，q，x 拼的时候，写成 ju(居)，qu(区)，xu(虚)，ü 上两点也省略；但是跟声母 n、l 拼的时候，仍然写成 nü(女)，lü(吕)。

（5）iou，uei，uen 前面加声母的时候，写成 iu，ui，un。例如：niu(牛)，gui(归)，lun(论)。

（6）在给汉字注音的时候，为了使拼式简短，ng 可以省作 ŋ。

四、声调符号

阴平　　阳平　　上声　　去声
  ˉ　　　ˊ　　　ˇ　　　ˋ

声调符号标在音节的主要母音上，轻声不标。例如：

妈 mā　　麻 má　　马 mǎ　　骂 mà　　吗 ma
（阴平）　（阳平）　（上声）　（去声）　（轻声）

五、隔音符号

a，o，e 开头的音节连接在其他音节后面的时候，如果音节的界限发生混淆，用隔音符号(')隔开。例如：pi'ao(皮袄)。

附录二

国际音标简表

辅音

发音方法			双唇(上唇下唇)	唇齿(上齿下唇)	舌尖前(舌尖齿背)	舌尖中(舌尖上齿龈)	舌尖后(舌尖硬腭前)	舌叶	舌面前(舌面前硬腭前)	舌面中(舌面中硬腭)	舌面后(舌根软腭)	喉
塞音	清	不送气	p			t				c	k	ʔ
		送气	p'			t'				c'	k'	
	浊		b			d					g	
塞擦音	清	不送气		pf	ts		tʂ	tʃ	tɕ			
		送气		pf'	ts'		tʂ'	tʃ'	tɕ'			
	浊				dz		dʐ	dʒ	dʑ			
鼻音	浊		m	ɱ		n	ɳ		ɲ		ŋ	
闪音	浊						ɽ					
边音	浊					l						
擦音	清		ɸ	f	s		ʂ	ʃ	ɕ	ç	x	h
	浊		β	v	z		ʐ	ʒ	ʑ	j	ɣ	ɦ
半元音	浊		w	ɥ	ʋ					j(ɥ)	w	

元音

舌位		口腔	唇形	舌尖元音 前		舌尖元音 后		舌面元音 前		舌面元音 央			舌面元音 后	
				不圆	圆	不圆	圆	不圆	圆	不圆	自然	圆	不圆	圆
高	最高	闭		ɿ	ʮ	ʅ	ʯ	i / ɪ	y				ɯ	u / ʊ
	次高													
中	高中	半闭						e	ø		ə		ɤ	o
	正中					ɚ		ɛ	œ		(ɐ)		ʌ	ɔ
	低中	半开												
低	次低							æ			ɐ			
	最低	开						a			A		ɑ	ɒ

附录三

普通话声韵配合总表

音节 声母 \ 韵母	开口呼														
	-i	a	o	e	er	ê	ai	ei	ao	ou	an	en	ang	eng	ong
b		ba 巴	bo 玻				bai 掰	bei 杯	bao 包		ban 班	ben 锛	bang 帮	beng 崩	
p		pa 趴	po 坡				pai 拍	pei 胚	pao 抛	pou 剖	pan 攀	pen 喷	pang 旁	peng 烹	
m		ma 妈	mo 摸	me 么			mai 埋	mei 煤	mao 猫	mou 谋	man 蛮	men 门	mang 忙	meng 萌	
f		fa 发	fo 佛					fei 非		fou 否	fan 翻	fen 分	fang 方	feng 风	
d		da 搭		de 的			dai 呆	dei 得	dao 刀	dou 兜	dan 单	den 扽	dang 档	deng 登	dong 东
t		ta 他		te 特			tai 胎		tao 涛	tou 偷	tan 滩		tang 汤	teng 疼	tong 通
n		na 拿		ne 讷			nai 奶	nei 内	nao 脑	nou 耨	nan 难	nen 嫩	nang 囊	neng 能	nong 农
l		la 拉		le 勒			lai 来	lei 雷	lao 劳	lou 楼	lan 蓝		lang 郎	leng 冷	long 龙
g		ga 嘎		ge 哥			gai 该	gei 给	gao 高	gou 沟	gan 甘	gen 根	gang 刚	geng 更	gong 工
k		ka 咖		ke 科			kai 开	kei 剋	kao 考	kou 抠	kan 刊	ken 肯	kang 糠	keng 坑	kong 空
h		ha 哈		he 喝			hai 孩	hei 黑	hao 毫	hou 侯	han 寒	hen 痕	hang 夯	heng 哼	hong 红
j															
q															
x															
zh	zhi 知	zha 渣		zhe 遮			zhai 摘	zhei 这	zhao 招	zhou 周	zhan 沾	zhen 真	zhang 章	zheng 争	zhong 中
ch	chi 吃	cha 插		che 车			chai 拆		chao 抄	chou 抽	chan 搀	chen 尘	chang 昌	cheng 成	chong 充
sh	shi 师	sha 纱		she 赊			shai 筛	shei 谁	shao 烧	shou 收	shan 山	shen 深	shang 伤	sheng 生	
r	ri 日			re 热					rao 饶	rou 柔	ran 然	ren 人	rang 让	reng 扔	rong 荣
z	zi 资	za 杂		ze 责			zai 灾	zei 贼	zao 遭	zou 走	zan 咱	zen 怎	zang 脏	zeng 增	zong 宗
c	ci 雌	ca 擦		ce 测			cai 猜		cao 槽	cou 凑	can 蚕	cen 岑	cang 仓	ceng 层	cong 从
s	si 私	sa 撒		se 色			sai 腮		sao 嫂	sou 搜	san 三	sen 森	sang 桑	seng 僧	song 松
		a 啊	o 喔	e 鹅	er 儿	ê 欸	ai 哀	ei 欸	ao 熬	ou 欧	an 安	en 恩	ang 昂	eng 鞥	

（续表）

音节 声母＼韵母	齐齿呼									合口呼		
	i	ia	ie	iao	iou	ian	in	iang	ing	iong	u	ua	uo
b	bi 逼		bie 别	biao 标		bian 边	bin 宾		bing 兵		bu 不		
p	pi 批		pie 瞥	piao 飘		pian 偏	pin 拼		ping 平		pu 扑		
m	mi 眯		mie 灭	miao 妙	miu 谬	mian 棉	min 民		ming 名		mu 木		
f											fu 夫		
d	di 低		die 爹	diao 叼	diu 丢	dian 颠			ding 丁		du 督		duo 多
t	ti 踢		tie 贴	tiao 条		tian 天			ting 听		tu 秃		tuo 脱
n	ni 泥		nie 捏	niao 鸟	niu 牛	nian 年	nin 您	niang 娘	ning 宁		nu 奴		nuo 挪
l	li 离	lia 俩	lie 列	liao 撩	liu 流	lian 连	lin 林	liang 粮	ling 铃		lu 炉		luo 罗
g											gu 姑	gua 瓜	guo 锅
k											ku 哭	kua 夸	kuo 阔
h											hu 呼	hua 花	huo 活
j	ji 基	jia 家	jie 接	jiao 交	jiu 纠	jian 间	jin 今	jiang 江	jing 京	jiong 窘			
q	qi 欺	qia 掐	qie 切	qiao 敲	qiu 球	qian 牵	qin 亲	qiang 枪	qing 轻	qiong 穷			
x	xi 希	xia 虾	xie 些	xiao 消	xiu 休	xian 先	xin 新	xiang 香	xing 兴	xiong 兄			
zh											zhu 珠	zhua 抓	zhuo 捉
ch											chu 初	chua 欻	chuo 戳
sh											shu 书	shua 刷	shuo 说
r											ru 如		ruo 若
z											zu 租		zuo 昨
c											cu 粗		cuo 错
s											su 苏		suo 锁
	yi 衣	ya 压	ye 耶	yao 腰	you 优	yan 烟	yin 因	yang 央	ying 英	yong 用	wu 乌	wa 蛙	wo 窝

（续表）

声母\韵母	合口呼						撮口呼			
	uai	uei	uan	uen	uang	ueng	ü	üe	üan	ün
b										
p										
m										
f										
d		dui 堆	duan 端	dun 蹲						
t		tui 推	tuan 团	tun 吞						
n			nuan 暖				nü 女	nüe 虐		
l			luan 峦	lun 轮			lü 驴	lüe 略		
g	guai 乖	gui 归	guan 关	gun 滚	guang 光					
k	kuai 快	kui 亏	kuan 宽	kun 坤	kuang 筐					
h	huai 怀	hui 灰	huan 欢	hun 昏	huang 黄					
j							ju 居	jue 决	juan 捐	jun 军
q							qu 区	que 缺	quan 全	qun 群
x							xu 虚	xue 靴	xuan 宣	xun 勋
zh	zhuai 拽	zhui 追	zhuan 专	zhun 准	zhuang 庄					
ch	chuai 揣	chui 吹	chuan 穿	chun 春	chuang 窗					
sh	shuai 摔	shui 水	shuan 栓	shun 顺	shuang 双					
r		rui 瑞	ruan 软	run 润						
z		zui 最	zuan 钻	zun 尊						
c		cui 催	cuan 氽	cun 村						
s		sui 随	suan 酸	sun 孙						
	wai 歪	wei 威	wan 弯	wen 温	wang 汪	weng 翁	yu 迂	yue 约	yuan 冤	yun 晕

图书在版编目（CIP）数据

现代汉语通论：全2册/邵敬敏主编. —3.版 — 上海:上海教育出版社, 2016.8
ISBN 978-7-5444-6988-3

Ⅰ.①现… Ⅱ.①邵… Ⅲ.①现代汉语—高等学校—教材 Ⅳ.①H109.4

中国版本图书馆CIP数据核字(2016)第186437号

现代汉语通论（第三版）
邵敬敏　主编

出版发行	上海教育出版社有限公司	
官　　网	www.seph.com.cn	
地　　址	上海市闵行区号景路159弄C座	
邮　　编	201101	
印　　刷	上海展强印刷有限公司	
开　　本	890×1240　1/16　印张 19　插页 4	
版　　次	2016年8月第1版	
印　　次	2024年9月第12次印刷	
书　　号	ISBN 978-7-5444-6988-3/H·0254	
定　　价	75.00 元(上、下册)	

如发现质量问题，读者可向本社调换　电话：021-64373213